楊振寧傳

（最新增訂版）

楊建鄴 著

楊振寧傳

最新增訂版

中和出版
OPEN PAGE

1923 年，楊振寧十個月大時與父親楊武之、母親羅孟華攝於合肥四古巷故居窗外。楊武之當時正在安慶（舊名懷寧）教書，故為兒子取名「振寧」。

楊武之，1925 年攝於芝加哥大學。他於 1923 年留學美國，最終獲得芝加哥大學數學博士學位。

1929 年攝於廈門。楊武之回國後曾在廈門大學任教，一家人團聚的歡欣可想而知。羅孟華此前甚至做好了獨自撫養楊振寧成人的準備。

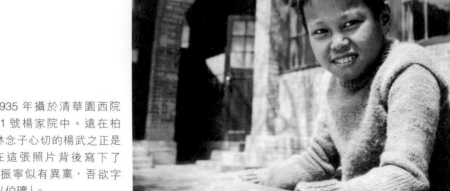

1935 年攝於清華園西院 11 號楊家院中。遠在柏林念子心切的楊武之正是在這張照片背後寫下了「振寧似有異稟，吾欲字以伯瓌」。

1944 年攝於昆明。在西南聯大經過世界級的教育之後，楊振寧最終成為清華大學當年 22 名公費留美生之一。

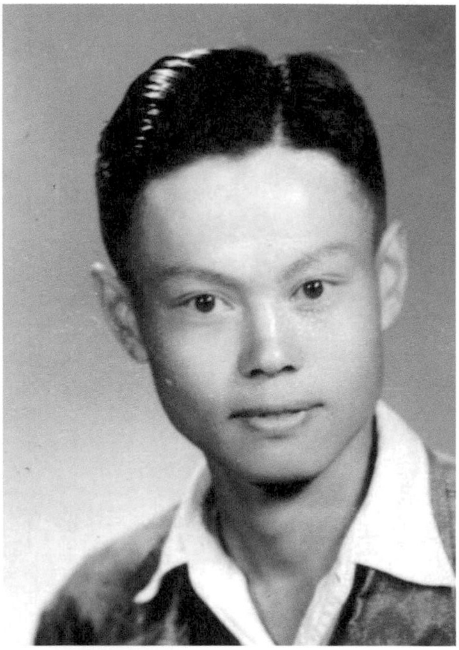

張景昭，1944 年前後攝於雲南路南石林。楊振寧在昆明的美好回憶，想必包括他的這位初戀女孩。

1948 年的楊振寧風華正茂。與父親一樣，他也在芝加哥大學獲得了博士學位。

結婚前的杜致禮端莊秀麗，當時在紐約的聖文森學院學習。1949 年攝於紐約。

楊振寧融入了美國的生活之中，這是他買的第一輛汽車。攝於 1950 年。

1950 年 8 月，28 歲的楊振寧與 22 歲的杜致禮喜結連理。杜致禮曾是楊振寧在西南聯大附中教書時的學生，他們是在 1949 年的聖誕長假期間邂逅於普林斯頓街頭的。

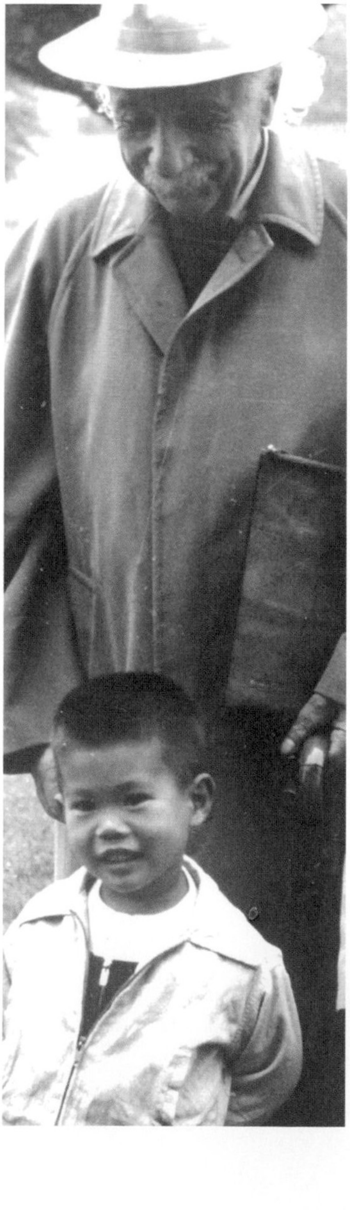

楊振寧的長子楊光諾與愛因斯坦，1954 年攝於普林斯頓。楊振寧曾十分惋惜自己沒有與愛因斯坦合影。

奧本海默説，楊振寧與李政道親密合作的景象曾被視為普林斯頓一道美麗的風景線。1957 年攝於普林斯頓。

1957 年諾貝爾獎的頒獎現場。左起第一人為楊振寧，第二人為李政道，第五人為文學獎得主卡繆。

楊振寧獲得的諾貝爾獎章與證書

1957 年，楊振寧到日內瓦工作，他電邀父母來歐洲團聚。這是同年楊武之與長子楊振寧、長孫楊光諾三代人在日內瓦的合影。

左起：派斯、李政道、楊振寧、戴森，1961 年前後攝於普林斯頓。美國「原子彈之父」、普林斯頓高等研究所所長奧本海默當時邀請了很多青年才俊來這裡工作。楊振寧於 1949 年來此。

1966 年，楊振寧受邀前往紐約州立大學石溪分校籌建理論物理研究所，這是楊振寧在石溪的辦公室全景。

周恩來與楊振寧，1971 年 8 月 4 日攝於人民大會堂。這是楊振寧出國 26 年後首次返華，也是華裔科學家第一次訪問新中國。受其影響，林家翹、任之恭、何炳棣等一大批學者於此後訪華，從而促進了中美學術交流。

毛澤東與楊振寧，1973 年 7 月 17 日攝於中南海。這是楊振寧第四次訪問新中國。他對於毛澤東的人格特質印象深刻，並認為其詩詞將會傳世。

楊振寧全家，1976 年感恩節攝於石溪家中。左起：次子楊光宇、杜致禮、長子楊光諾、女兒楊又禮、楊振寧。

1979 年元旦，中美正式建交，鄧小平隨即訪美，當時擔任全美華人協會會長的楊振寧在歡迎儀式上發表了致辭。左起：楊振寧、何炳棣、鄧小平，1979 年 1 月 30 日攝於華盛頓。

1982 年 1 月，楊振寧與母親團聚於香港。楊振寧認為自己在治學方面受父親影響較深，而在精神氣質上受母親影響較深。楊振寧一生最重要的兩篇論文都發表於陽曆 10 月 1 日，這一天正巧是母親生他的日子。

1982 年，楊振寧與恩師吳大猷合影。吳大猷指導了楊振寧的本科論文，正是他把楊振寧引入了對稱性領域。吳大猷還曾破格把李政道推薦到美國留學。1957 年，楊、李兩人在獲得諾貝爾獎後分別致信吳大猷深表謝意。

To Chen Ning Yang
With best wishes,
Ronald Reagan

1986 年，列根總統授予楊振寧「美國國家科學獎」。照片下方為列根的簽名。

鄧稼先與楊振寧，1986 年 6 月攝於北京。7 月 29 日鄧稼先逝世，他是清華大學教授、美學家鄧以蟄之子，是楊振寧的「髮小」，曾赴美留學，後來成為中國的「兩彈元勳」。

1992 年攝於澳大利亞大堡礁。楊振寧夫婦二人在半個多世紀裡相濡以沫。

左起：黃昆、張守廉、楊振寧，1992 年 6 月 1 日攝於北京。三人當年同年入西南聯大，共住一室，被稱為「西南聯大三劍客」。黃昆曾與玻恩合著《晶格動力學》，被譽為「聲子物理學第一人」。張守廉是國際著名電機工程學家，曾擔任石溪分校電機系主任。

1992 年，香港中文大學為楊振寧舉辦了七十壽辰生日晚宴。對聯上寫的是「對稱見宇宙恆律，涵蓋如湖海泰山」，橫批為「與天地兮比壽」。

1995 年攝於汕頭。當時還是汕頭大學一年級學生的翁帆被安排接待參加學術會議的楊振寧夫婦。

楊振寧 1986 年即擔任香港中文大學「博文講座教授」，但直到香港回歸後才接受該校的名譽博士學位，為的就是不向英國學監鞠躬。圖為 1998 年 5 月的學位授予儀式，左為李國章校長。

1999 年 5 月，石溪分校為楊振寧舉行了盛大的退休儀式，校長肯妮在儀式上宣佈，該校理論物理研究所自此更名為「楊振寧理論物理研究所」。

楊振寧與米爾斯，1999 年 5 月攝於石溪。楊—米爾斯規範場是楊振寧一重大成就，他因此獲得了北美地區獎額最大的鮑爾獎。頒獎詞認為，這項工作足以和牛頓、麥克斯韋以及愛因斯坦的工作相提並論。

楊振寧與巴克斯特，1999 年 5 月攝於石溪。楊—巴克斯特方程是楊振寧在統計物理學中的重大成就，他因此獲得了昂薩格獎，這是一個地位僅次於諾貝爾獎的物理學獎項。

1998 年起，楊振寧擔任清華大學教授，從事教學和科研，他為清華大學高等研究中心的籌建和發展出力甚多。圖為 2002 年 6 月，參加清華大學「前沿科學研討會」的部分學者合影，其中有九位諾貝爾獎得主。

楊振寧與本書序言作者陳方正，2002 年 6 月 25 日攝於香港。陳方正曾任香港中文大學中國文化研究所所長，兩人有近 30 年的交往。

楊振寧與熊秉明及夫人陸丙安，2002 年 7 月攝於巴黎郊外梵谷墓地。雕塑家、書畫家熊秉明是數學家熊慶來之子，也是楊振寧的「髮小」。熊秉明曾為楊振寧七十、八十壽辰書寫立軸，楊振寧九十壽辰時，他已辭世。

2005 年 10 月，清華大學陳賽蒙斯樓揭幕，左起為顧秉林校長、楊振寧、賽蒙斯夫婦、聶華桐。捐助者賽蒙斯教授提出，要在樓名上冠以「陳」字以紀念曾與他合作完成一項重要研究的陳省身教授。聶華桐時任清華大學高等研究中心主任，他也曾在石溪分校工作過。

楊振寧與翁帆，2006 年 5 月攝於美國黃石湖畔。西南聯大校友、翻譯家許淵沖贈詩道：「振寧不老松，揚帆為小翁（指婚後揚帆遠航去度蜜月）。歲寒情更熱，花好駐春風。」

窈窕淑女，翁帆，攝於 2007 年。翁帆是上帝給楊振寧的「一份禮物」，是他「甜蜜的天使」，兩人於 2004 年底走到了一起。

2008 年 1 月，楊振寧著、翁帆編譯的《曙光集》由生活・讀書・新知三聯書店出版。圖為新書發佈會現場，左起：顧秉林、楊振寧、翁帆、周光召。

本書作者楊建鄴與楊振寧，2009 年 7 月 8 日攝於清華大學科學館辦公室。

2012 年，楊振寧在中國農業大學的演講中回答一位學生的提問。

2018 年，楊振寧、翁帆編著的《晨曦集》在商務印書館出版。圖為新書發佈會現場，會上楊振寧笑稱，希望到 100 歲的時候再出一本《天大亮集》。

費米獎，1979年
Enrico Fermi Medal, 1979
潤福德獎，1980年
Rumford Premium, 1980
奧本海默紀念獎，1981年
Oppenheimer Memorial Plaque, 1981
NATIONAL MEDAL OF SCIENCE
美國國家科學獎，1986年
US National Medal of Science, 1986
莫斯科國立大學獎，1992年
Moscow State University Medal, 1992

富蘭克林獎，1993年
Benjamin Franklin Medal, 1993
鮑爾獎，1994年
Bower Award, 1994
愛因斯坦獎，1995年
Albert Einstein Medal, 1995
DEVS SCIENTIARVM DOMINVS
教皇學術獎，2000年
Academicum Pontificium, 2000
費薩爾國王國際科學獎，2001年
King Faisal International Prize for Science, 2001

楊振寧一生建樹頗多，這是除諾貝爾獎之外，他所獲得的其他主要獎項。攝於香港中文大學楊振寧資料館。

目 錄

回首天外，腳踏實地（代序）

陳方正

為偉人作傳，似易而實難。易在其事跡、功業盡人皆知，相關文獻、資料、風評俱在，只要辛勤搜集，謹慎下筆，自然能夠成書；難在千頭萬緒，要披沙揀金，挫鋭解紛，洞燭傳主的人格、氣質、精神，非識力超卓者不辦。太史公文章傳頌千古，就在於他獨具慧眼、畫龍點睛的功夫，至於文筆高妙，猶錦上添花而已。但要為當代科學偉人作傳，則困難更添一重，因為所牽涉的學問非內行人無從窺其堂奧，更遑論指點曲折原委了。派斯（Abraham Pais）的《上主之奧妙》（*Subtle is the Lord...*）被公認為愛因斯坦傳記的經典，正是因為作者不但親炙愛氏文獻掌故多年，更且以現代理論物理學為專業，談到 20 世紀初的各種大發現並無隔霧看花之苦。

從這一角度看來，對中國科學史家、作家而言，為楊振寧這麼一位不世出的科學大師作傳，既是義不容辭，也是天賜良機，但更是絕大的挑戰與考驗。迄今為止，接受此挑戰者，已經不下六七位之多。他們之中，楊建鄴教授當是最努力勤奮的一位。他早年參軍，復員後進蘭州大學攻讀物理學，不旋踵便為了不難想像的原因，被迫返回農村老家，虛度光陰二十載，直到 1981 年方才得到機會，進入華中科技大學物理系任教，自此全力投入科學史和科普工作。迄今為止，出版專著、譯著、編著 50 種之多，包括多位大科學家的傳記、《楊振寧文錄》，以及派斯粒子物理學史名著 *Inward Bound* 的翻譯[1]，此外主編辭典、史話、文錄亦將近 10 種，真可謂夙興夜寐、持志不懈了。在這眾多著述之中，毫無疑問，這部《楊振寧傳》是扛鼎之作，也是他面對平生挑戰的認真響應。此書從 1996 年開始構思，2003 年初版，翌年出修訂版，近年再經過大量補充和修訂，包括與楊振寧教授本人兩度晤談，然後才有這部全新擴充版面世。因此，我們對它寄予厚望是很自然的。

這本傳記有好幾方面是值得注意的。首先，它着重每個題材的前因後果，對相關人物、現象、理論進展都廣事搜羅資料，詳為介紹。例如談到規範場理論，便是從諾特（Noether）定理講起，跟着追溯外爾（Weyl）理論的發展，以及福克、倫敦、泡利諸人的貢獻，然後才轉入楊振寧在這方面的工作，包括他前此所受的啟發，到布魯克海文國家實驗室訪問的經過，以至楊—米場理論提出後產生的反應等；此後更縷述希格斯（Higgs）機制、電磁和弱作用統一、W 和 Z 規範粒子的發現，最後以「漸近自由」與色動力學的討論做結束。這樣，在短短 27 頁篇幅裡面，作者提供了一篇規範場發展小史，令讀者對楊—米場的來龍去脈得到相當完整的了解。書中其他部分也同樣包含大量生動、相互關聯的細節，為所涉及的主題構築寬廣有深度的背景，在其中像費米、特勒、奧本海默、泡利、海森伯、狄拉克、

---

〔1〕此書詳徵博引，是極認真的科學史作品，可惜其論述基本上以 1960 年為下限，此後只略為提及而已。着力介紹此後新發展的，有華裔物理學家徐一鴻（A. Zee）的科普作品 *Fearful Symmetry: The Search for Beauty in Modern Physics*，它着重介紹對稱觀念在當代物理學中的關鍵作用，特別是電弱作用之統一以及色動力學的內涵。據了解，作者曾反覆閱讀和應用此書，但因為未能見及原文，故不予徵引。此書有湖南教育出版社的中譯本，但很不幸，譯者竟然不加深究，將作者的名字翻譯為「A · 熱」。—— 本書作者註。「代序」頁下註未特別說明者，均為本書作者註。

吳健雄這些人物都有了清晰面貌。本書能夠如此全面、深入，無疑因為作者得力於以前的眾多著作、編譯，但也還是認真下了大功夫所致，這是值得稱道的。

其次，此書在佈局上頗講究。例如上述楊—米場這個大題目時間跨度長達六七十年，作者卻把它全部歸為一節，依其「重心」(1954 年) 的時序放在講「普林斯頓時期 (1949—1966)」的第四章，整個論述因而得以統一。下一個主題是大家熟知的「θ-τ 之謎」和宇稱守恆問題，其跨度同樣漫長，重心則在緊接着的 1956 年，所以也別無選擇，只有全部放在同章隨後一節。然而，楊先生還有第三方面重要工作，即統計力學，這從 50 年代初延續到六七十年代，乃至今日，倘若再一股腦兒塞進第四章，就勢必令讀者腸胃堵塞，消化不良了。所以作者將之分為兩節，伊辛模型和楊—巴克斯特方程按後者的主要時序 (1967 年) 移到下一章即「石溪時期 (1966—1999)」，從此衍生的冷原子系統問題則歸於再下一章即「清華大學高等研究中心時期 (1999—)」，這樣敘事便從容不迫，內容分佈也比較均衡。本書讀來明白流暢，那既是筆下功夫，也是佈局煞費苦心所致。

除此之外，作者還專門闢出一節，詳細討論楊先生對物理學與美之間關係的看法，也就是對稱觀念、理論結構和物理現象三者之間的互動。的確，楊先生從大學時代開始就在這方面有非常強烈的感覺，後來二維伊辛模型、規範場理論、基態一維原子模型等的巨大成功更增強了他的自信。但這是個很抽象、滑溜的題材，本書徵引了楊先生多段原話作為核心，又遠從哥白尼、玻爾兹曼的相關說法開始，跟着提到狄拉克的相對性量子力學，這才轉入楊本人的工作，其後再回到麥克斯韋如何通過對稱觀念發現他的方程組，最後以愛因斯坦的廣義相對論之發現作結。這個迴環往復的大敘述以烘雲托月的方法凸顯了楊先生思想上的要點，也顯示了作者對楊先生多篇著述的熟悉，以及所做的統合功夫，那都是值得讚賞的。

說到美感、對稱與大自然探究，誠如楊先生所曾一再指出，那並非到近代方才出現，而是淵源於古希臘以圓為天體運行軌道的形狀，因為它最對稱，所以最美；與此相關的各種觀念一直延續到 17 世紀，甚至在開普勒和牛頓的工作中表現出來〔1〕。我們曾經為楊先生的說法提供了一些佐證和補充，而稱之為對稱觀念的「史前史」〔2〕—— 其實，說到底，對稱觀念與嚴格幾何論證正是西方傳統科學亦即古希臘科學的核心。然而，倘若如此，就生出一個大問題來了：為何現代科學沒有在古代希臘出現？

我們知道，古希臘科學從發現幾何三大難題開始（約公元前 450 年），隨着最後一位幾何學家帕波斯（Pappus of Alexandria，300—350）去世而結束，其間延續了足足 800 年之久，在數學、天文學、靜力學、光學等各方面有非常輝煌的成就。然而，在天文學家托勒密（約 90—168）之後，它就開始停滯，不能繼續發展了。為甚麼呢？是甚麼因素使得現代科學要在 17 世紀英國而不是公元前 3 世紀的亞歷山大城出現？這個問題曾經在科學史家之間引起熱烈爭論，觸發各式各樣的答案，甚至有專家堅決認為，其實並沒有甚麼

〔1〕楊振寧提到古希臘人以圓為天體軌道形狀的話原載新加坡《聯合早報》1988 年 1 月 17 日，轉引自潘國駒、韓川元編著《寧拙毋巧：楊振寧訪談錄》（新加坡：世界科技出版社，1988 年），第 86—87 頁；他討論開普勒的天體軌道大小之幾何模型見 1982 年 1 月 21 日在香港中文大學的演講，收入《楊振寧演講集》（南開大學出版社，1989 年），第 411—429 頁；他強調牛頓以幾何學方式建構其巨著，則見 1993 年 4 月 27 日在香港大學的演講，收入《曙光集》（生活 · 讀書 · 新知三聯書店，2008 年），第 205 頁。

〔2〕見作者《徜徉於天人之間 ——〈曙光集〉讀後感》，載《讀書》（北京）2008 年 6 月號，第 51—58 頁。

根本道理使伽利略的革命不可以在古希臘發生[1]！我們不必重溫這些爭論，因為在今天，答案已經有共識了，那就是：古希臘科學過分倚賴純粹推理精神，也過分沉醉於幾何論證之美妙，因而疏遠了大自然的整體—特別是，它面對紛亂的「地上現象」一籌莫展，畏縮不前，認為它變動不居，故此不可理解——亞里士多德是例外，卻又魯莽地忽視數學工具[2]。這樣，古代科學就失去了繼續發展的動力。

這個狀況一直到16世紀才發生根本改變，原因是當時西方科學受伊斯蘭文化影響，湧現了兩個嶄新因素：計算型數學與實驗精神。前者起源於伊斯蘭科學中的代數與三角學，這在中古傳入歐洲，到16世紀蓬勃發展，由是導致「數」觀念之擴充、符號算式之發展、高次方程之嚴格解、解析學和解析幾何學之興起乃至微積分學之出現等一連串發展。因此，17世紀的數學已經與古代完全不一樣，成為幾何推理與符號計算相輔並重的了。至於實驗精神，也同樣可以追溯到伊斯蘭文化，特別是它的光學、煉金術（即雛形化學）以及精密天文觀測。這些傳入歐洲之後，刺激了實驗性的光學、磁學、運動學等「地上科學」之發展——但它們卻是與數學結合的，和古代並不一樣。這個傳統在15–16世紀促成了實證科學的興起，包括哥白尼、第谷、開普勒的天文觀測和理論探究，北意大利的彈道學和拋射體研究，以及帕拉薩

---

〔1〕此專家就是研究伽利略而成大名的柯瓦雷（Alexandre Koyré），他的論據見其 *Galilean Studies*（J. Mepham, transl. Sussex Harvester Press, 1978），第201–209頁。該書的中譯本為《伽利略研究》（江西教育出版社，2002年）。

〔2〕當時以天體現象（主要是其運行）為恆久不變，認為是可以用數學來探討解究的，至於「月球以下」的地面現象則被視為變化莫測，沒有一定規律，而不可以用數學來探究。這主要是亞里士多德的見解，影響非常廣泛而深遠。

爾蘇斯（Paracelsus）的煉金術。因此，與古代相比，17 世紀的科學文化已經脱胎換骨了：它是論證與計算並重，實驗與推理並重的。這表現為培根強調實驗與笛卡爾強調思考這兩種截然相反精神的碰撞、互動，由是才醞釀出牛頓的歷史性綜合，即所謂「實驗哲學」。所以，西歐是通過伊斯蘭文化而間接承受古希臘傳統的，這是個關鍵性轉折：它在傳統的科學文化中注入了新血液、新精神，也就是在優美的、以嚴謹推理為尚的、專注天上永恆事物的幾何型科學以外，又發展了雜亂的，倚靠嘗試、猜測多於推理的，包羅萬象的計算型科學。現代科學是這表面上矛盾、不兼容的兩種精神、兩種方法相互碰撞、相互結合的產物，而並非其中任何一者單獨發展的結果。

以上這段歷史許多人耳熟能詳，我舊事重提，是要強調：在現代科學出現之後，這兩種精神仍然是緊密配合、互相促進的；而且，即使在同一科學家身上，也是同時並存，重要性無分軒輊。譬如牛頓開天闢地，是建立現代科學理論體系的天才，但他之前的伽利略、開普勒、惠更斯等，都是與現象糾纏、搏鬥[1]，從中尋覓表象規律者，他們也就成為把肩膀供他站立的巨人。在他的《自然哲學的數學原理》這部巨著之內，也同樣可以見到這兩種不同精神的體現。它開篇第一條定理是：受向心力支配的運動符合開普勒第一定律，亦即角動量守恆，這只需要不足一頁的幾何證明，簡潔優美之至。此書隨後估算地球的扁平度則牽涉大量近似計算，顯得迂迴繁複，異常淩亂艱辛。但《原理》的嚴謹數學震撼歐陸，萬有引力觀念卻遲遲不被接受，最後形勢得以扭轉，正是因為這扁平度的估計得到證實。同樣，麥克斯韋的方程

〔1〕 開普勒在《新天文學》中宣稱，他是在與火星做艱辛「戰鬥」，而且降伏了它，也就是發現並且證明它的軌道的確是橢圓的。

組美妙絕倫，其實是累積了整一個世紀許多不同工作之綜合與融會——麥氏在其上所添加的關鍵一項誠然是神來之筆，卻很難說是超越時代與經驗。同樣，愛因斯坦也有他的巨人肩膀——邁克爾遜、洛倫茲、費茲傑羅、龐加萊等的眾多前期實驗和理論工作，狹義相對論應該說是這一連串發展所帶來的剎那間洞見；更何況，他在「奇跡年」對布朗運動和光電效應等「塵世」現象的探究，至終對量子力學也有巨大貢獻。因此，現代科學數百年來都是由理性思維與具體現象探索這兩種相關而不相同的精神交相推動，才得以穩步前進、蓬勃發展的。「兩條腿走路」是它與古希臘科學的最基本的分別。

當然，必須承認，這有特殊例外。廣義相對論就是不折不扣的超越時代和經驗（雖然不是數學發展）之創造：它從洛倫茲不變性到（局部的）普遍不變性這一淩空飛躍，的確工奪造化，不啻令人重睹希臘幾何之優美，體會柏拉圖宣言「倘若人對於知識與智能的熱愛是認真的，並且運用心智過於身體其餘部分，那麼自然就會有神聖和永恆的思想」（《蒂邁歐篇》90C）之崇高潔淨。不過，這樣從一個信念、一點穎悟出發淩空飛躍而獲得大自然首肯者，在整部物理學史上可謂鳳毛麟角。狄拉克的相對性量子力學方程雖然驚人，卻是憑藉相對論、量子力學與（非相對性）自旋觀念這幾塊強力彈板起跳的。要找第二個例子，只有楊—米場庶幾近之。它所根據的規範不變性和同位旋守恆原則雖然久已為人熟知，但極其抽象、縹緲，以此居然能夠建構起一個粒子相互作用的基本理論，在數十年後更證明是與現實世界在最深層次若合符契，那真使人生出憑空御虛、飛渡天塹之感！楊先生如此看重對稱觀念，以及品味、美感在物理學中所起的作用，當是由此切身經驗與驚喜而來吧。但無論如何，楊先生和以前諸位大師一樣，在此理論飛躍以外也同樣有大量實證性的現象規律探索，宇稱守恆問題只是其中最著名的例子而已。倘若楊—米場顯得回首天外、思入風雲，那麼如他自己所經常強調，他的雙腳始終是牢牢踏在實地上的。因此，他期期無法認同優美奇妙、風行一時的超弦理論為物理學正道，因為在現實世界中它始終缺乏支撐點，甚至連接觸點也闕如，就不足為怪了。

其實，就人生而言，楊先生也同樣有回首天外與腳踏實地這截然不同的兩個取向：前者是物理學，是他所承受於西方文化的；後者是故國情懷，是孔老夫子、清華園和西南聯大所灌注於他血液之中的。他經常以「幫助改變了中國人自己覺得不如人的心理」為驕傲，為畢生最大貢獻[1]；從70年代初開始，就致力於推動中美關係，促進中國科學發展；晚年更返回清華園定居，以「歸根居」命名寓所，處處都流露出這種感情。因此，物理學上的巨大成就僅僅是楊先生的一半，另外一半是他的中國情懷，兩者互為表裡，關係密不可分。本書以將近一半篇幅討論楊先生的成長與回歸，也就是他和中國的關係，是極其自然的。

對中國人來說，這兩個取向是理所當然、毋庸置疑的。從五四時代開始，科學報國就已經是知識分子的大傳統，創辦「中國科學社」的胡明復、任鴻雋如此，此後數十年間留學歐美的眾多科學家也大抵如此。他們回國效力時間有遲早，成就有高低，所作犧牲有多寡，歷程有曲折順利之不同，但振興中華的願望與承擔則人同此心，並無二致。楊先生只不過是其中成就最高、最為突出的一位而已。這是傳統文化的強大實用傾向和凝聚力使然，知識分子深受熏陶而有此以天下為己任的自覺，再自然不過了。然而，在西方觀念之中，探究自然與報效國家或者服務社會卻本來是全然不相干，甚至彼此矛盾的兩回事情，這在今日雖然已經改變，但與中國人心目中的「學以致

〔1〕例如，楊振寧著、翁帆編譯《曙光集》（生活 · 讀書 · 新知三聯書店，2008年），第232頁。

用」仍然大有距離。其中的異同，也還是很需要分辨明白的。

我們所要指出來的，簡單地說，是以下兩點。首先，科學的原動力本來不在實用，而在求知，到了現代，它雖然顯示出巨大的實用價值，但求知作為它的基本理念這一點仍然是根本，不能夠拋棄。其次，古代哲人探究自然奧秘純粹出於信仰與個人追求；到近代科學家方才發展出社會意識，但這既有積極的承擔，亦有消極的批判。也就是說，他雖然處身社會之中，卻不一定認同世俗價值，仍然可以超脫其外。統而言之，現代科學雖然已經成為社會密不可分的一部分，但功能不僅在於控制物質世界：它自有其獨立價值和思維方式，應該視為一種獨特的文化。

讓我們先從科學的原動力談起。在西方，作為科學前身的自然哲學傳統是在非常特殊的背景下形成的：它是純粹思辨性、理論性，完全不注重實用的；它的發展也不固定於任何地區或者文化傳統，而是不斷在多個地區之間轉移。最特別的是，它以嚴格論證的數學作為突破點，而背景則是畢達哥拉斯所創立的神秘教派，特別是它「萬物皆數」與「致力宇宙奧秘探索可帶來永生」這兩個理念。這些特點決定了西方科學傳統的基本形態，即它是以個人的超越性追求（包括思想性與宗教性兩個向度）為原動力的。基督教成為西方文化主流之後，這一特徵仍然留存，只不過其宗教向度被重新定位於基督教的上帝而已。但從 18 世紀開始，這個傳統出現了巨大變化。正如培根所預見和主張的那樣，科學不再限於探究自然，而日益展示它還具有主宰自然、改變自然的不可思議的力量，因此也就變成了人類活動的一個主要部分。中國人對科學的普遍認識，是 20 世紀初方才開始的，因此被視為富強之道，這和今日的「科教興國」觀念正好一脈相承。其實，西方也同樣有此傾向：美國在 50 年代面對蘇聯挑戰，以及在今日面對中國挑戰的時候，又何嘗不是號召大力發展教育與科技來做響應呢？

然而，單純從追求富強的角度來推動科學發展雖然容易鼓動人心，卻是短視的。為甚麼？根本原因是科學的真正秘密和精神在於：以宗教的謙虛、虔誠，與全部的生命熱忱、承擔，來探索自然奧秘，來追求「神聖與永恆思想」。而此奧秘、思想則是「無用之用」，是「無為而無不為」的大道[1]。由之而生出的無窮財富、力量，只是意想不到的連帶結果而已。倘若從頭便以富強為目的，則不免落於下乘，淪為「必欲得之，固將失之」了。世界上所有古老文明，從埃及、巴比倫、印度以至中國，都曾經發展出相當高水平的實用性科技，但它們至終卻全部受制於原先的淺近、有限度的目標，而只能夠停留在「蟪蛄不知春秋」、「夏蟲不可以語於冰」的階段。

在今天，科學對現實世界的重要性無疑是家喻戶曉了，但它原來的求知、求真理念卻仍然是最根本的。因為科學不是固定的：新的自然規律還會被發現—事實上，正在不斷湧現，而我們不可能判斷它哪些部分有實用價值，哪些沒有。愛因斯坦不可能預見狹義相對論會在數十年內徹底改變世界；盧瑟福宣稱「誰要從原子的蛻變來尋找能源無異癡人說夢」[2]，不旋踵就被證明為大錯而特錯了；混沌（chaos）和分形（fractal）觀念在其初只不過是應用數學家的玩物，但現在已經成為從激光和手機天線設計以至了解地貌不可或缺的原理了。因此，無論高科技產品如何令人目迷五色、眼花繚亂，我們仍然不可忘記，在實用與經濟意義以外，科學還有更高遠的追求和理想，那才是它真正的生命與

〔1〕此處借用老莊名言，其本意和本文要引申的新義並不相同，讀者鑒之。

〔2〕"Anyone who looked for a source of power in the transformation of the atoms was talking moonshine", *London Times*, September 12, 1933.

價值所在。放棄這理想，它就會喪失往前發展的動力，它的生機也不免枯竭了。

倘若科學的理念是超越實用的，那麼科學家本身又如何呢？這把我們帶入第二個問題，即科學家與社會的關係。在古代，科學家是昂首天外、疏離社會、對俗務不屑一顧的哲人。這定位與形象的改變是從啟蒙運動開始的：他們夢想掃除愚昧，造福人民，慨然以改造社會為己任，正是由百科全書學派吹響號角。自此以後，響應者如拉瓦錫、巴斯德、赫胥黎等就風起雲湧、不可勝數了，「科學主義」的觀念於焉形成。五四以來，中國好幾代的科學家也都深受其鼓舞與影響。另一方面，絕不能夠忽視的是：科學家亦並非盲目認同於所有科技應用。例如，深受國家器重、尊崇的法拉第，就曾經以道德信念為理由，拒絕為克里米亞戰爭中的英政府出任化學武器研究顧問。另一個為人熟知的例子，則是愛因斯坦在第一次世界大戰期間公開反對德國的軍國主義；以及他在 1955 年臨終之前響應羅素的號召，簽署反核子武器宣言，那至終得到泡利、玻恩等其他九位著名科學家聯署，從而導致了聲勢浩大、影響深遠的一場全球反核武運動。在當時，自然還沒有人能夠預見，雖然以科技改造世界的夢想轉眼就會成真，但它並不完美，至終會帶來禍害，甚至災難！自 50 年代以來，隨着科學的應用與影響日增，科學家在社會上也日益重要，不但進入主流階層，甚至有躋身商界大亨、政界要人、社會名流之列的。然而，與此同時，他們的批判意識也並沒有沉睡：半個世紀前，生物學家卡森（Rachel Carson）以《寂靜的春天》一書揭開了整個環保運動的序幕；在今日，數百名國際氣象學家組成的獨立委員會 IPCC（Intergovernmental Panel on Climate Change）在全球變暖這一高度敏感的問題上發揮了巨大作用與道義力量。那也就是說，在天真的科學主義以外，科學家還會唱反調，會顯示出社會批判意識，憑藉其專業知識對公眾事務做出獨立判斷，從而發揮超越政治利害的道義力量。在這個意義上，科學並非工具，而代表一種獨立文化，一套價值觀念。

當然，對於處身於冷戰時期美國的青年楊振寧來説，要發揮社會批判意識是很困難的，實際上是完全不可能的。更何況，就他而言，這也沒有任何文化上的意義。因此，如他一再在不同場合所披露，鼓動他的，基本上是埋藏心底的強烈民族意識。另一方面，他所投身的物理前沿研究本來就是高度抽象與理論性的；而且，為了竭力保持與上海家人的聯繫，以及將來回歸中國的可能性，他有意識地避開與軍事有任何關聯的所有研究題材與機構。這樣，很奇妙（但並不獨特）地，他雖然有那麼強烈的入世意識，然而在物理學上的主要貢獻——楊—米場、宇稱不守恆、二維伊辛模型解、楊—巴克斯特方程等，卻只是對物理學和數學產生巨大衝擊，迄今未有任何實際應用——而且，這和廣義相對論、宇宙論、基本粒子「標準模型」等基本理論也是完全一樣的。也許，這適足以説明，科學（特別是物理學）在現代世界的最重要功能在於其思想性和文化性，其實際應用反而是第二義的吧。

時光荏苒，猶記當年先生八秩榮慶，曾經有幸以「楊振寧的兩個世界」為題講論先生生平；如今這本傳記出版在即，承囑在卷首寫幾句話，想不到信筆所之，連篇累牘不能自休，不過，雖然蕪雜，卻也還是平日思考過的一些想法，也許正可用以慶賀先生年登期頤吧。當然，古人所謂耄耋，所謂期頤，所指都不外供奉、休息、靜養之意。如今先生康健如恆，仍然潛心於第一線物理研究而常有創獲，真所謂「天行健，君子以自強不息」了。謹以是為祝為禱，為先生壽。是為序。

2011 年新春於用廬

第一章　幸福的少年時代（1922–1938）

1922年10月1日（農曆壬戌年八月十一日），在安徽省合肥縣城西大街四古巷楊家大院，楊克純（字武之）喜得長子，這個圓頭大腦的男孩就是楊振寧——20世紀偉大的物理學家之一。

楊振寧的曾祖父楊家駒，字越千，原係安徽省鳳陽府人，當過清朝太湖縣分領營兵的都司。卸任後於1877年把家安在合肥縣，這是因為他覺得這裡物產豐富，民風敦厚，加之有好友相勸。楊家駒官職低下，俸銀微薄，因此家境十分困難，他的五個兒子中只有兩個讀了一點書，其他都當學徒從了商。楊振寧的祖父楊邦盛，字慕唐，生於1862年，是兩個有幸讀書者中的一個。他自幼讀書，1880年考中秀才。後來，他很長一段時間靠設蒙館開課維持生計。直到1904年，楊邦盛找到了一樁差事，家裡的生活才有了好轉，並在合肥西大街四古巷買下房舍（現為合肥市安慶路315號）。這樁差事與李鴻章有些關係。李鴻章得勢以後帶了不少合肥人到北京和天津做官。當時津南巡警道道台為段芝貴，楊邦盛就是在段芝貴手下做幕僚，負責文書一類的事務。

楊邦盛的長子楊武之1896年出生。母親王氏1905年去世時，楊武之才9歲。1908年，也就是楊武之12歲那年，段芝貴由天津調任黑龍江總督，楊邦盛便隨同他前往寒冷的北地。不料在瀋陽旅館裡染上了鼠疫，客死他鄉。父母去世以後，楊武之由叔叔楊邦瑞和嬸嬸范氏撫育成人。

楊武之讀書時，家裡十分困難，他的母親因為肺病常年臥床不起，父親一直在北方工作，漂泊不定，因此他不僅要照料生病的母親，還要照看比他小兩歲的弟弟。母親把買藥的錢省下來給兩個兒子上學時買早點吃，楊武之常常把自己的那一份給弟弟。為了讓弟弟能夠多吃上兩個小燒餅，他自己寧願捱餓。有時弟弟受同學欺侮，楊武之總是盡量保護弟弟。弟弟冬天穿的棉袍子是別人施捨的，因此很不合身，裡面的二棉袍本來應該短一些，但罩在外面的大棉袍小了罩不住二棉袍，結果二棉袍總是露出大棉袍下面一大截。一些家境富裕的同學見了，不免嘲笑或欺辱他。楊武之在憤怒之下和這些同學打過幾次架，並教訓他們不能仗勢欺辱同學。

楊武之自幼酷愛圍棋，還喜歡養鴿子。但還不大懂事的弟弟也許是因為好奇，有一天把哥哥剛養的鴿子放飛了。楊武之知道後，一時生氣未能控制自己，把弟弟抱住想把他摔倒。這時，他忽然想起了死去不久的父母，弟弟年幼就失去父母的呵護，實在可憐，自己怎麼能夠一時性起就欺負弟弟呢？他立即鬆手放開弟弟，還笑着安慰了弟弟幾句。自此，兄弟二人再沒有翻過臉，吵過架。[1，871–879]〔1〕

楊武之從小勤奮好學，中學時就讀於安徽省立第二中學（當時為四年制，校址為現合肥市第九中學）。但大約在 16 歲期間，楊武之曾兩次到隔壁住家賭博，被叔叔楊邦瑞知道了。第二次賭博到晚上很晚才返家，叔叔一直坐在客廳裡等候楊武之歸來。楊武之見叔叔夜深還在客廳等候他，心中極為不安，看來一頓嚴責在所難免了。但叔叔卻只問了一句：「天已不早，汝身上冷否？」這句多少帶有責備的關懷，讓楊武之慚愧、難過極了。他從此不再賭博，更加發奮讀書。

1914 年，楊武之以優秀的成績在安徽省立第二中學畢業，之後有一年時間沒有確定未來的生活道路。他先是想在京戲班子裡唱戲，後來又到漢口軍

〔1〕方括號裡有兩組數字，逗號前的數字表示引文來源在本書所附參考書目中的序號，逗號後的數字表示引文內容在該書的頁碼。例如「[1，871–879]」，其中「1」指參考書目中的第一本書《楊振寧文集》，「871–879」表示該書的第 871 到 879 頁。—— 本書作者註。後文頁下註未特別說明者，均為本書作者註。

官學校習武，但這些終究不是他內心所喜歡幹的事情。1915 年，他終於決定報考北平高等師範學堂（即北京師範大學前身）預科班，並隨後考中。據楊武之的女兒楊振玉説：「[父親]在校時讀書認真，成績斐然。國文、英文、數學都名列前茅，他的古文和中國歷史的修養，英文和數學的底子就是這時打下來的。每天課後他都要踢足球直到汗流浹背，晚飯之後則十分專心地上晚自修。青年時期的楊武之，學業上進，體魄健全，興趣廣泛，除踢足球之外，他還打籃球、唱京戲、下圍棋（圍棋是父親一生的愛好，50 年代父親還曾得過上海市高等院校圍棋比賽優勝獎）。」[1，905–906]

1918 年，楊武之從北平高等師範學堂畢業，正好有老同學蔡蔭橋先生聘請他，於是他應聘回到母校安徽省立第二中學任教，並擔任舍監（即訓導主任）。楊武之忠於教育事業，也很有決心在教育事業上貢獻自己的力量，但沒有想到他因為忠於職守，竟引發了一樁驚險的故事，並使他憤然離開了省立第二中學。據楊武之的姑老表劉秉均先生回憶，這個驚險的故事是這樣的：「當時社會風氣敗壞，學校紀律鬆弛，住讀生中有少數紈絝子弟經常不守校規，在外賭博深夜不歸。楊武之忠於教育事業，決心加以整頓。事先公開宣佈自某日起，晚間 9 時半熄燈，校門上鎖，任何人叫門均不得開鎖，並親自保管鑰匙。這個制度執行不久，即有少數人蓄謀鬧事。某晚有些人藉口在外看戲半夜始回，高聲叫門，武之堅拒不允。這些人遂越牆而入，手執鐵叉、木棒到處搜尋他，意欲行兇傷害。幸校中職工把他藏於床後，用蚊帳遮住，後又伺機將他送出校門，倉皇避於姑父劉芷生家。這些鬧事學生，覓楊不得，竟把他的臥室搗毀，蚊帳燒掉。次日鬧事者仍叫囂搜索，並揚言：在何處發現，就在何處將楊打死。出事之後，校方欲開除鬧事學生，請武之回校，但當時政治腐敗，阻力甚多，遷延未決，武之遂憤而離肥，去安慶某中

學教書，時在1921年前後。」[1，874-875]

在去安慶某中學教書前的1919年，楊武之與同鄉羅竹泉的女兒羅孟華結婚。他們的婚姻是指腹為婚決定下來的，這是因為羅竹泉是楊武之姑父劉芷生的好友。1922年，他們喜得長子振寧。楊振寧這一代為「振」字輩，而當時楊武之正在安徽長江邊上的小城安慶（舊名懷寧）教書，為紀念這一段教書經歷，他就給長子取名為振寧。

羅孟華沒有受過新式教育，舊式教育也受得很少，因此文化水平不高。楊振寧在《母親和我》一文中寫道：

> 母親出生於1896年的舊中國，沒有受過學校教育，只念過一兩年私塾。小時候她只有小名，和父親結婚以後才取了一個正式的名字：羅孟華。[101，44]

雖然楊振寧父母文化水平相差很遠，但他們之間的感情很好，相敬如賓。楊武之曾經說過：「夫婦應始終如一，胡適之從來不嫌棄他的小腳太太。我很贊成他。」[1，875]

楊振寧出生後僅十個月，父親楊武之就考取了安徽省官費留學美國名額。此後五年，楊振寧便和母親生活在一起，兩人相依為命。

一、出生的年代

楊振寧出生於1922年，這一年，瑞典的諾貝爾獎委員會把1921年的諾貝爾物理學獎授予了阿爾伯特．愛因斯坦（Albert Einstein，1879－1955），

20 世紀偉大的物理學家愛因斯坦

而把當年的諾貝爾物理學獎授予了丹麥物理學家尼爾斯・玻爾（Niels Bohr，1885—1962）。[1]愛因斯坦是「因為在數學物理方面的成就，尤其是發現了光電效應的規律」而獲獎，具體説來，愛因斯坦是因為相對論和量子論兩方面的貢獻。「數學物理方面的成就」指的是相對論方面的成就，因為當時反對相對論的呼聲還此起彼伏，再加上評審委員會的保守主義和實驗主義傾向，就沒有明確提到相對論這個詞；而「光電效應的規律」是指愛因斯坦在 1905

〔1〕1921 年的諾貝爾物理學獎空缺，其他獎項照常頒發，1922 年補發了 1921 年空缺的獎項。

年繼馬克斯·普朗克（Max Planck，1858–1947）提出量子論後，首次將量子論推廣到光本質的解釋之中，果斷地提出光子假說。玻爾是「因為原子結構和原子輻射的研究」而獲獎。玻爾在 1913 年根據普朗克的量子論思想和恩斯特·盧瑟福（Ernst Rutherford，1871–1937）的有核原子模型建立了劃時代的氫原子理論，從而開創了原子理論的新紀元，為了解元素的物理和化學性質奠定了堅實的基礎。

這一年，商務印書館出版了費祥先生翻譯的愛因斯坦通俗著作《狹義與廣義相對論淺說》；北平中國天文學會出版了中國氣象台台長高曙青編寫的《相對論原理》（上下卷）；《理化雜誌》1922 年第 2 期上，張貽惠先生翻譯了愛因斯坦於 1920 年在荷蘭的演講《以太與相對論》；1922 年 12 月 25 日出版的《東方雜誌》為「愛因斯坦專號」，上面刊有六篇介紹愛因斯坦相對論的文章。

1922 年 10 月初，愛因斯坦從法國馬賽港起程到亞洲做為期半年的學術旅行。這時楊振寧剛剛出生只有幾天。此後 11 月 12 日到 14 日和 12 月 30 日到 1923 年元月 2 日，愛因斯坦兩次落腳上海，可惜由於種種陰差陽錯的誤會，他原來打算在中國講學的計劃未能實現。

由以上簡單的介紹我們可以看出，楊振寧出生之時，20 世紀之初的科學革命已經接近高潮，相對論已經建成，量子力學的建成也已經指日可待。物理學已經跨過了現代物理學的門檻，正處於縱深大發展的前夜。這種態勢，對於楊振寧今後的科學歷程十分重要。我們常說「時勢造英雄」，這是很有道理的。物理學新的形勢，需要新的英雄來造就新的輝煌。楊振寧可以說恰逢其時，於是有了「50 年代的天下是楊振寧的」[1，916]之美譽，他成為繼愛因斯坦之後偉大的物理學家之一。

要想全面了解和認識楊振寧，還應該了解在他出生和讀書的年代發生在中國的事情。1911 年清朝垮台以後，軍閥混戰就一直沒有中斷過。1922 年，第一次直奉戰爭爆發，此前兩年是直皖戰爭，此後兩年是江浙戰爭，北洋直系軍閥孫傳芳把皖系軍閥盧永祥驅逐出了上海；1925 年，孫傳芳又起兵驅逐了江蘇、安徽各地的奉系軍閥勢力；1926 年，掌控長江中下游地區的直系軍閥吳佩孚、孫傳芳被孫中山的北伐軍打敗以後到處流竄，騷擾百姓。安徽正處於戰爭漩渦的中心，所以安徽的老百姓更飽受戰爭帶來的災難。這種深重的災難，甚至連遠在英倫三島的邱吉爾都注意到了。

楊振寧親身經歷了這些災難。在《讀書教學四十年》一文中，他寫道：

> 我頭六年在合肥的生活，現在只依稀記得很少的一些情景。印象最深的是那時軍閥混戰，常常打到合肥來。我們經常要「跑反」，跑到鄉下或醫院裡去躲避。因為醫院是外國教會辦的，在那裡比較保險。我印象中最深的第一個記憶，是三歲那年在一次「跑反」後回到四古巷家裡，在房子角落看到一個子彈洞。[1，439–440]

這是事態壞的一面，但也有為科學帶來希望的一面。除了前面提到的國內科學界開始比較深入地介紹相對論以外，中國還開始向國外派遣優秀學生學習現代科學。僅以物理學為例，1921 年，吳有訓到美國芝加哥大學學習物理學，1926 年獲得博士學位後，回國講授現代物理學，1937 年以後到西南聯大物理系任教。在吳有訓之前，還有 1913 年留學、獲普林斯頓大學博士學位的饒毓泰，1918 年留學、1923 年獲得哈佛大學博士學位的葉企孫。他們兩人後來也在西南聯大教過書。1922 年之後，有 1924 年到美國芝加哥大學留學的周培源，1927 年到美國加州理工學院留學的趙忠堯，1930 年到德國柏林大學留學的王淦昌，1931 年到美國密歇根大學留學的吳大猷，1935 年到英國劍橋大學留學的王竹溪……這些學成歸來的學者，在國外留學期間就已經做出了重要的研究，後來不少都會聚於西南聯大，對日後楊振寧在科學道路上的成長，起了至關重要的作用。他們為中國年輕學人帶來的不僅僅是知識，還有科學研究的思想和方法。

楊武之也在這批留學者行列之中，他於 1923 年到芝加哥大學攻讀和研究數學。

沒有這些先行者，就不可能有日後的楊振寧。楊振寧對此說過：

> 20 世紀以來，中國現代科學從無到有，在大約三四十年的時間裡跨了三大步，1919 年五四運動時，中國還沒有自己的自然科學研究事業。一部分留學生從國外回來，在全國各地辦起一批大學。20 年代的中國大學生已可達到世界上一般的學士水平。30 年代的清華、北大、浙大等名校，已聚集一批國外回來的博士，他們的教學研究開始接近國際標準，培養的學生已能達到碩士水平。到了 40 年代，像西南聯大這樣的學校，其課程設置和科研水準，已經和國外的一般大學相當接近，培養的碩士生實際上已和博士水平相齊。正是在這樣的基礎上，李政道和我才有可能在 50 年代獲得諾貝爾物理學獎。[3，107]

二、在父親留美的日子裡

1923 年秋天，楊武之離開合肥，告別妻子和不滿十個月的長子，經上海乘海輪前往美國舊金山。臨行前，他和妻子、兒子在四古巷故居窗前拍了一張照片。這是一張極為珍貴的照片，因為它是楊振寧最早的一張照片。照片上楊振寧的母親似乎有一絲憂鬱和苦澀，丈夫留學海外，肯定會使年輕的母親依依不捨。楊振寧看起來十分高興，他還不懂人間生離死別給人帶來的感情波瀾，他面前的照相機大約會使他感到驚訝和興奮。從照片上看，楊振寧除了頭顯得有些大以外，大概不會有人由此預言他今後會成就大的事業。關於楊武之，楊振寧在 54 年之後說：「父親穿着長袍馬褂，站得筆挺。我想那

1923 年，楊武之去美國留學前與妻子和不滿十個月的楊振寧在合肥四古巷故居留影。

以前他恐怕還從來沒有穿過西服。」[3，5]

父親走了以後，楊振寧開始和母親相依為命，在希望和期盼中度過了五年漫長的歲月。

在那軍閥混戰、兵荒馬亂的年代裡，動不動還得「跑反」，到郊外外國人設立的醫院去，躲避軍匪流氓的滋事，這對於一個弱女子和一個幼兒是何等的艱辛啊！

羅孟華雖然沒有很高的文化，卻是一個明事理、識大局、有遠見並且性格堅強的婦女。中國婦女的傳統美德在她身上得到了最完美的體現。楊振寧的三弟楊振漢曾在回憶中談到他父親給他講到的一件事情，從中足以看出羅孟華品格中堅強之處：「在廈門的一天，我到學校球場打網球，振寧上學去了，學校校工來通知開會，只是口頭通知，沒有文字的，[你]媽媽接待了這位校工。我回來後，[你]媽媽告訴我開會的事，但她只記得開會的地點，忘記開會的時間了，我當時很不高興，抱怨[你]媽媽文化低。事過幾天，我發現你媽媽曾用牙齒咬手臂直到出血，我很吃驚，詢問之下，[你]媽媽說她恨她父母親家窮，沒有錢給她讀書，恨她父親經商失敗使她得不到受教育的機會，很早就輟學了。我當時震動很大。我想你們媽媽非常堅強而且極有毅力，又極能吃苦耐勞，這些都是我及不上的。」[117，171]

楊武之的這些體驗，作為一直在母親身邊的長子的楊振寧，有更深切的感受。1982年楊振寧動情地說：

> 我母親是一位意志堅強而又克勤克儉的婦女，為了一家七口人的溫飽，她年復一年地從早到晚辛苦操勞。她的堅韌卓絕的精神支持全家度過抗戰時期。[3，25]

四歲時的楊振寧，
1926 年攝於合肥。

楊振寧與母親，1927 年
攝於合肥。

在丈夫留學期間，羅孟華肩負起教育長子的重任。除了讓兒子懂得做人必須「三立」（立德、立功和立言）以外，她還從振寧很小時開始教他識字。楊振寧後來回憶：

> 我四歲的時候，母親開始教我認方塊字，花了一年多的時間，一共教了我三千多字。現在，我所認得的字加起來，估計不超過那個數目的兩倍。[3，30]

羅孟華從自己很早就輟學的痛苦經歷中感受到嚴格要求兒子的重要性。有一次，楊振寧在習字時大約心不在焉，把字寫得歪歪扭扭，更糟糕的是還寫錯了幾個字。他母親十分生氣，罰他重寫，直到寫得令她滿意了為止。

即便在生活習慣上，一般被認為不值得重視的小事，羅孟華也要求得十分嚴格，絕不縱容姑息。楊振寧的二弟楊振平在回憶文章《父親與大哥》中講到下面一件事情：「振寧生來是個『左撇子』。在中國傳統裡，『左』是不吉利的。孩子生來左傾，至少用箸、執筆得換成右手。母親費了一番精力把大哥吃飯、寫字改成右手，可是他打乒乓、彈彈子、扔瓦片，仍舊自然地用左手，因為人的左腦控制右手，而右腦控制左手。我常常在想他後來異乎尋常的成就也許和兩邊腦子同時運用有關係。」[1，881]

英國思想家卡萊爾（T. Carlyle）說得好：「誰能在質樸的日常生活中給我們以指導和幫助，誰就是老師。」楊振寧此生有幸，不僅有一個與他感情極篤的母親，而且母親言傳身教，在質樸的日常生活中，靠其表率作用深深地影響了楊振寧。楊振寧日後能在科學事業上做出重大貢獻並具有高尚品格，與他母親是息息相關的。1987 年，楊振寧對記者說：

> 我本人的個性和作風，受到父母親的影響都很大，也許可以說，明顯的影響（如學術知識）是來自父親，而不明顯的影響（如精神氣質）是來自母親。[1，619–620]

1983 年，楊振寧出版了一本論文自選集《楊振寧論文選集》[*Selected Papers (1945—1980) with Commentary*]（以下簡稱《論文選集》）。在論文集的扉頁上，楊振寧用中文寫了「獻給母親」四個大字。〔1〕

楊家大院裡有不少小孩子，到楊振寧五歲時，楊家請來了一位私塾老先生，來教與他差不多大的一群孩子。楊振寧回憶：

> 在合肥，我是在舊式的大家庭裡長大的，我沒進小學。我的叔叔請了一位老先生，把楊家十多個小孩集中在一起教，就叫私塾。《三字經》是有名的啟蒙讀物，老先生沒選用它，而選了一本明清有名的啟蒙讀物《龍文鞭影》……我想從正統的眼光看，它作為一本啟蒙的書不太合適，其實卻是很有意思的一本書。它是四個字一句，共有一千多句。每一句講一個中國古代故事，比如有一句「武穆精忠」，武穆是岳飛的號，一句「重華大孝」，重華就是舜，是歷史上有名的孝子。當時我從頭到尾背下來，可是老先生並沒有教我們每句的意思。那時的教育普遍還是傳統私塾教育。[128，192]

〔1〕2009 年 7 月採訪楊振寧教授時，他特地對我說：「不少人問我為甚麼只寫『獻給母親』，那是因為我的父親在 1973 年已經去世。」

《龍文鞭影》是我國古代的一本兒童啟蒙讀物，最初由明朝學人蕭良有編寫，後來由楊臣錚進行增補修訂。全書分上下兩卷，主要介紹中國歷史上的人物典故和逸事傳說，四字一句，兩句押韻，讀起來抑揚頓挫，朗朗上口。這本書自問世以後影響頗大，成為最受歡迎的兒童啟蒙讀物之一。它為甚麼取了一個怪兮兮的名字「龍文鞭影」呢？原來「龍文」是古代一種千里馬的名字。傳說這種「龍文」馬只要看見鞭子的影子就會飛快奔馳。作者的意思是這本書可以使青少年盡快掌握各種知識，成為一匹千里馬，成就輝煌的事業。

這位私塾先生教了一年之後，楊武之獲得芝加哥大學的數學博士學位，回到祖國。楊振寧的生活，也隨之發生了極大的變化。

三、父親歸來

楊武之在 1923 年去美國後，先在舊金山附近的史丹福大學攻讀學士學位。讀了三個學期的大學課程後，獲得了數學學士學位。1924 年秋天，轉入芝加哥大學讀研究生。關於楊武之在史丹福大學留學期間的情形，現在知道得不多。幸好楊振寧為我們提供了一點可貴的信息，他在 1997 年寫的文章《父親和我》中寫道：

> 父親 1923 年秋入斯坦福大學，1924 年得學士學位後轉入芝加哥大學讀研究院。四十多年以後我在訪問斯坦福大學時，參加了該校的中國同學會在一所小洋樓中舉行的晚餐會。小洋樓是 20 世紀初年因為中國同學受到歧視，舊金山的華僑社團捐錢蓋的，樓下供中國學生使用，樓上供少數中國同學居住。60 年代這座小樓仍在，後來被拆掉了。那天

晚餐前有一位同學給我看了樓下的一個大木箱，其中有1924年斯坦福大學年刊，上面的Chinese Club團體照極為珍貴。[3，5]

到了芝加哥大學以後，楊武之寄了一張照片給妻子。把這張照片和1923年臨別前與妻兒的合影對比起來，楊武之的衣着和神情都大不相同。西服、領帶和手上拿的帽子，已經是一位進入20世紀的現代學人了，正如楊振寧所說：「父親相貌十分英俊，年輕時意氣風發的神態，在這張相片中清楚地顯示出來。」[3，5]

楊武之在芝加哥大學讀研究生時，曾與吳有訓（1897–1977）先生同住一間宿舍，成為室友。吳有訓先生後來成為很有名氣的物理學家，曾經幫助他的導師康普頓（Arthur Holly Compton，1892–1962，1927年獲得諾貝爾物理學獎）教授糾正哈佛大學反對「康普頓效應」實驗的錯誤。後來楊振寧讀西南聯大時，吳有訓也在這所大學執教，曾任該校物理系教授、系主任和理學院院長。新中國成立後，他還擔任過中國科學院物理學研究所所長和中國科學院副院長，於1977年去世。

楊武之為人正直，誠實，忠厚無私。吳有訓曾說過，楊武之具有磁鐵一樣吸引人的性格。在芝加哥大學留學期間，曾留下過一張很珍貴的照片，是楊武之和幾位中國同學的合影。左起第一個是吳有訓，我們在前面做過簡單介紹；接下來的是夏少平，後來不知去向，連楊振寧「也不大清楚他是誰」；再右邊的是蔡翹，曾經擔任過北京軍事醫學科學院副院長；蔡翹右邊的是潘菽，曾任中國科學院心理研究所所長；最右邊的是楊武之。蔡翹和潘菽都是中國科學院的院士。照片上的五位學者，都已先後故去。

在芝加哥大學，楊武之師從美國著名數學家列奧納德·狄克遜（Leonard

1923 年秋，史丹福大學「中國同學會」同學合影。第二排右三為楊武之。

1925 年前後，楊武之和中國同學合影。左起：吳有訓、夏少平、蔡翹、潘菽、楊武之。

E. Dickson，1874—1954）研究代數學和數論。1926 年楊武之以《雙線性型的不變量》一文獲得碩士學位；1928 年，又以《華林問題的各種推廣》成為中國因數論研究而獲博士學位的第一人，也是我國研究現代數論並發表創造性論文的第一人。在得到博士學位的那年夏天，楊武之乘海輪回國，在上海登岸。楊振寧和母親從合肥到上海專程迎接父親的歸來。對於六歲的小振寧來説，爸爸完全是一個陌生人，他後來回憶：「我這次看見他，事實上等於看見了一個完全陌生的人。」但對於羅孟華來説，那真是讓她激動不已的時刻。這兒有一個小小的插曲，可以從她的女兒楊振玉的回憶中看到：「父親和母親是自幼定親的舊式婚姻。父親雖然留過洋且有博士學位，但他和文化程度只有初小且纏過足的母親之間終生都是相親相敬的。父親留學美國時，母親帶一歲的振寧在家鄉合肥，親友中有人對母親説現在的留學生回國之後會拋棄舊式的妻子另娶新式的女學生，母親惶惑之餘下決心，萬一父親真是這樣，她將自己一個人撫養振寧成人。父親自美返回上海之前，即電報母親要她帶振寧去上海相聚。母親告訴我們説那時她真是喜出望外，眼淚盈眶。」[1，906]

羅孟華晚年還告訴她的孩子們，她當時甚至做好了最壞的打算：如果楊武之回國後果真拋棄了她，她就會帶上振寧去天主教堂。那時在離四古巷楊家大院不遠處，有一個開辦不久的天主教堂，去那兒可以帶上兒子「吃教」。

現在噩夢已經過去，光明、幸福的生活在向她招手，她怎麼會不喜極而泣呢！從 1929 年她與丈夫、兒子在廈門拍的照片上可以清楚看出，羅孟華是多麼欣慰、多麼歡悦，與 1923 年離別合影時憂鬱、苦澀的表情相比簡直判若兩人。

楊武之與妻子和楊振寧，1929 年攝於廈門。

楊武之離開祖國去留學時，楊振寧仍在襁褓之中，五年過去，兒子已經成了一個漂亮的小孩，他心中的喜悅可想而知。

他問這個已經有點陌生的兒子：「你念過書沒有？」

楊振寧回答：「念過。」

「念過甚麼書呢？」

「念過《龍文鞭影》。」

楊武之高興地說：「那你就背給我聽一聽，可以嗎？」

楊振寧從小聰慧，背書實在不在話下。他流利地背了一大段，楊武之又問：「書上講的是甚麼意思呀？」

這下楊振寧傻了眼，老師只讓他們死記硬背，何嘗講給他們是甚麼意思啊！他小心地回答：「不知道。」

楊武之並沒有責備兒子，反倒送了一支鋼筆給兒子。楊振寧從來沒有見過這種「自來水筆」，因此既驚訝又高興。

楊武之回國後，廈門大學聘他為數學教授，於是楊振寧隨着父母到了廈門，並在那兒度過了幸福的一年。廈門是海濱城市，比起落後的合肥要現代化多了。更大的變化也許是楊振寧進了比較現代化的小學，而不像原來要在私塾先生面前整天背書了。1995 年 8 月 30 日，楊振寧在廈門大學演講時回憶：

> 在三分之二世紀以前，1928—1929 年，我曾在廈大校園內居住了一年，度過我的童年時代的一年光陰。對那一年的經歷我有極好的回憶。那時我家住在聽說現在叫作白城的區域，緊靠海邊。美麗的海、美麗的天是我人生旅程的一部分。我覺得那一年，是我一生中關鍵性的一年。為甚麼這麼說呢？因為我出生在安徽合肥，我頭六年是在合肥生活的。廈門那時比起今天雖然是一個很舊、不那麼先進的城市，可是比起那時的合肥還是非常先進的。我在合肥時，全城沒有電，我第一次用上電是在廈大；我在合肥從未見過抽水馬桶，我第一次用抽水馬桶也是在廈大。
>
> 那個時代的廈門大學校園很小，基本上有五座樓，其中有一座樓的一樓進門右邊一個相當大的教室借用來給廈大教職員子弟念書。那時教職員子弟一共只有十幾個，就請一位教師來教。這位教師是浙江人，叫

汪泮慶。我們無所謂分班，汪老師按每個人的進度來教。所以講不出那時我是在一年級、二年級，還是三年級。我的成績還算相當不壞。我的國文和算術比較好，可是手工非常不行。

在廈大那一年，之所以是我一生中關鍵性的一年，原因可以說是從19世紀跳到20世紀。[128，192–193]

楊振寧演講時說他的「手工非常不行」，起因於有一次老師讓同學們用泥捏一隻雞出來。他捏好以後大約還十分驕傲地帶回家讓父母看，以顯示他的能耐，但父母卻說：「做得很好，是一支藕吧？」

這種「手工非常不行」的經歷，恐怕與他日後成為一名理論物理學家有關：他後來留學美國時曾經想用一篇物理實驗的論文作為博士論文，無奈實驗做得實在不理想，只好半途易轍，做了一篇理論論文獲取博士學位。

廈門大學位於海濱，與風景美麗的旅遊勝地鼓浪嶼相距不遠。每到閒暇之時，楊武之就會帶着妻子和兒子到海濱散步。小振寧最高興的事情就是在海邊拾貝殼。大弟楊振平曾寫道：「大哥挑的貝殼常常很精緻，但多半是極小的。父親說他覺得那是振寧的觀察力不同於常人的一個表現。」[1，881]

楊振寧在廈門還留下一張珍貴的照片，那是他在廈門鼓浪嶼日光岩拍的。從照片上看，他長得胖胖的，十分可愛，但他的着裝似乎是他媽媽手工製作的，不僅式樣不新潮（尤其是那條褲子，看來絕對不是「西裝褲」），而且也不太合體，有點小。他的左手拿的似乎是一頂遮陽帽。從他面部表情上看，他眉頭緊鎖，嘴唇抿得很緊，似乎因為不滿意自己的衣着，顯得很不高興。後來到了1960年，楊武之才道出楊振寧不高興的真情。楊振寧曾經提到這件逸事：

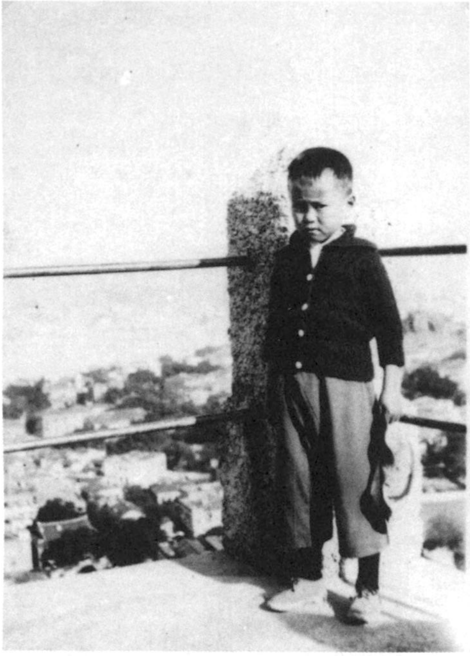

兒時的楊振寧，攝於廈門鼓浪嶼日光岩。

30 多年以後，在 1960 年父親與母親自上海飛到日內瓦跟我團聚以前，三弟翻出這張照片要他們帶去給我看。父親說：「不要帶，不帶，那天我罵了振寧一頓，他很不高興。」這是沒有做過父母的人不易完全了解的故事。[1，859]

楊武之在廈門大學只任教一年，就由他在芝加哥大學的同學請到北平的清華大學數學系任教。在廈門生活的時間雖然短暫，卻給七歲的楊振寧留下了極為美好的印象。他後來回憶：

廈門那一年的生活我記得是很幸福的，也是我自父親那裡學到很多東西的一年。那一年以前，在合肥，母親曾教我認識了大約三千個漢字，我又曾在私塾裡學過《龍文鞭影》，可是沒有機會接觸新式教育。在廈門，父親用大球、小球講解太陽、地球與月球的運行情形；教了我英文字母 abcde⋯⋯；當然也教了我一些算術和「雞兔同籠」一類的問題。不過他並沒有忽略中國文化知識，也教我讀了不少唐詩，恐怕有三四十首；教我中國歷史朝代的順序「唐虞夏商周⋯⋯」；干支順序「甲乙丙丁⋯⋯」，「子丑寅卯⋯⋯」；八卦「乾三連，坤六斷，震仰盂，艮覆碗，離中虛，坎中滿，兌上缺，巽下斷」等等。

父親少年時候喜歡唱京戲。那一年在廈門，他還有時唱「我好比籠中鳥，有翅難展⋯⋯」。不過他沒有教我唱京戲，只教我唱一些民國初年的歌曲如「上下數千年，一脈延⋯⋯」，「中國男兒，中國男兒⋯⋯」等。

父親的圍棋下得很好。那一年他教我下圍棋，記得開始時他讓我十六子，多年以後漸漸退為九子，可是我始終沒有從父親那裡得到「真傳」。一直到 1962 年在日內瓦我們重聚時下圍棋，他還是要讓我七子。[3，6]

楊振寧的這一段回憶讓我們知道許多許多信息，尤其是他由此接觸到了「新式教育」，不再死記硬背《龍文鞭影》一類書中的「彥升非少，仲舉不凡。古人萬億，不盡兹函」，而是太陽、地球與月球的運行情形，是「abcde⋯⋯」和「雞兔同籠」一類的問題，而且還唱《中國男兒》等頗有豪氣的歌曲。在廈門時，楊武之還只有楊振寧一個兒子，他們之間的接觸和楊武之對兒子的教育一定會更加周到細緻，楊振寧受到的影響也許會比弟弟妹妹們更大。楊振平在《父親和大哥》一文中寫道：「1928 年，父親剛從美國留學歸國，任教於靠海的廈門大學數學系。他、母親和六歲的大哥常去海濱散步。」[1，881]

如果我們還想從楊振寧今後的生活中找出廈門一年的生活留在他身上的印跡，有兩件事也許值得一提。

其一，廈門大學是愛國華僑陳嘉庚先生於 1921 年創辦的，楊振寧雖然只在廈門大學生活了一年，總算是和陳嘉庚先生有些緣分。20 世紀 90 年代初，楊振寧先生牽頭與丁肇中、田長霖、李遠哲等世界一流學者在香港成立了「陳嘉庚國際學會」。在成立大會上，楊振寧高度讚揚了陳嘉庚先生光輝的一生。他認為，陳嘉庚先生傾資辦學，發展民族教育，培養建設人才的光輝業績將永載史冊，是中國近代史上一位偉大的人物。楊振寧在 20 世紀 70 年代以後，積極為國家教育大計出謀劃策，費盡心血幫助年輕英才，也正是發揚了陳嘉庚先生的精神，以不同的方式回報社會。

其二，他從廈門到清華以後，曾經將在廈門海灘上精心拾得的蚌殼與螺螄殼送給新交的同齡朋友熊秉明（數學家熊慶來的兒子）。熊秉明後來成為有名的書法家，在楊振寧 70 歲生日的時候，送了一幅他寫的立軸給童時朋友楊振寧，立軸上兩個大字「七十」渾然天成，厚實有力；下面寫了一段很有趣的文字：

> 我們七歲時，你從廈門來到清華園，給我看海邊拾來的蚌和螺；今年我們七十歲，你在另外的海灘拾得更奇異的蚌和螺。童話與預言，真實與象徵，物理學和美。

熊秉明的這個立軸有點典故。據說有人問牛頓：「您一生做過一些甚麼事？」

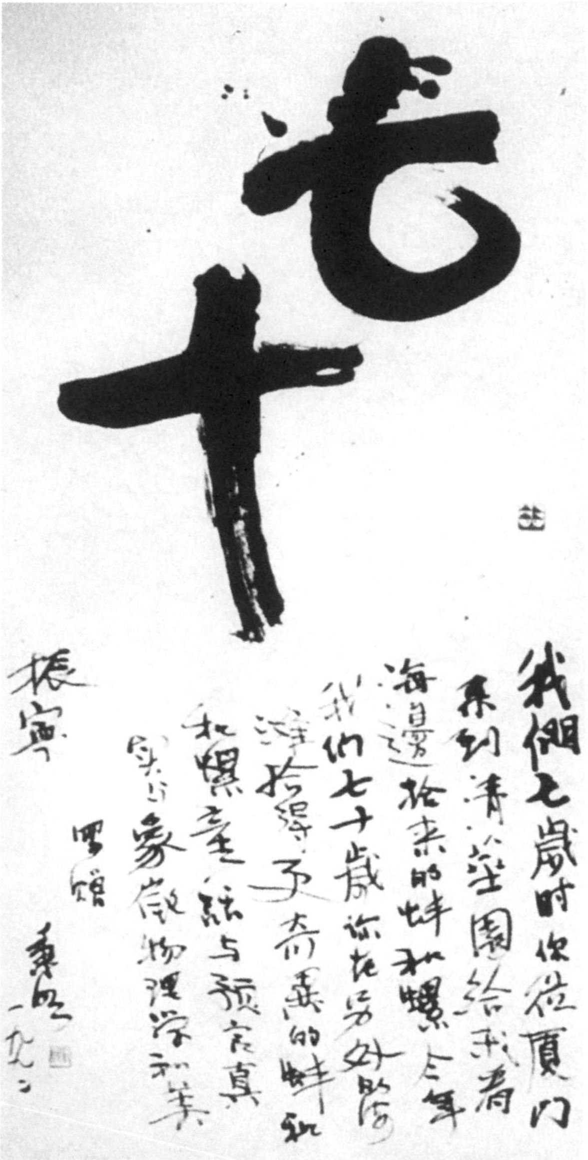

1992 年熊秉明先生送給楊振寧的立軸，作為楊振寧 70 歲生日禮物。

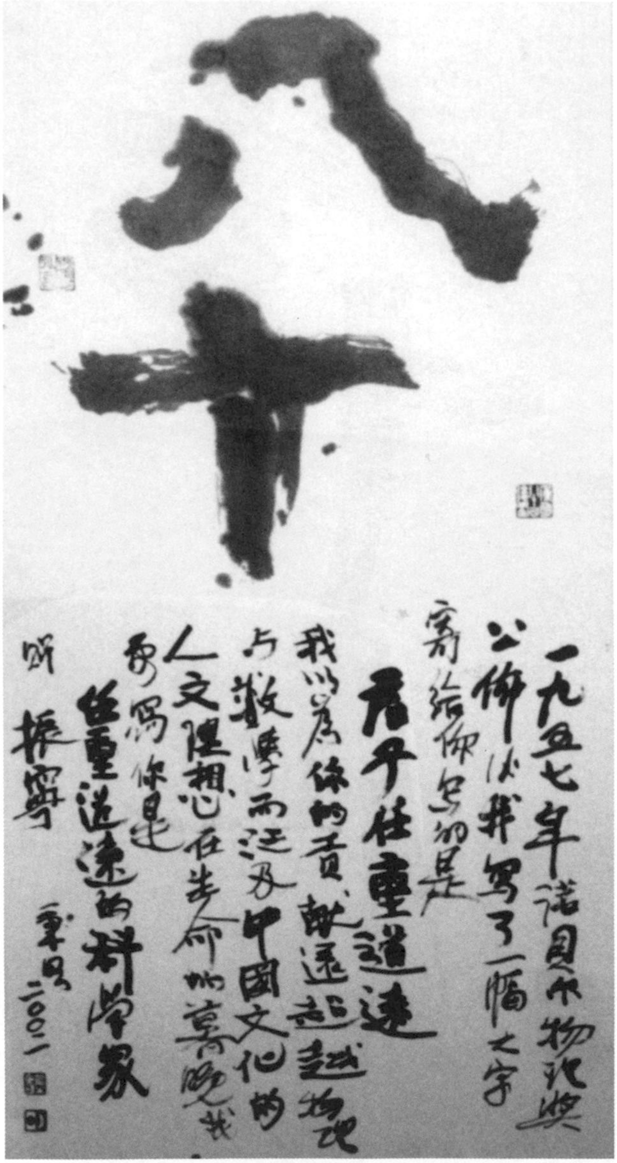

2002 年熊秉明先生送給楊振寧的立軸，作為楊振寧 80 歲生日禮物。

牛頓謙虛地回答：「我不過拾了一些蚌和螺。」

有趣的是，2002 年楊振寧 80 歲的時候，熊秉明又為楊振寧八十壽誕寫了一個「八十」的立幅，上面寫着：

> 一九五七年諾貝爾物理獎公佈後我寫了一幅大字寄給你，寫的是君子任重道遠。我以為你的貢獻遠超越物理與數學而延及中國文化的人文理想。在生命的暮晚，我要寫你是任重道遠的科學家。

楊振寧教授説，本來熊秉明答應到 2012 年楊振寧九十壽誕的時候還要為楊振寧寫一個「九十」的立軸，不幸熊秉明先生在 2002 年 12 月去世，他的願望也就不可能實現了。

四、世外桃源和「似有異稟」

楊武之結束了廈門大學一年的教學後，就準備全家遷往北平，到全國著名的清華大學任教。他們途經上海時，楊振寧的母親因為分娩，而且生下的女嬰立即就死了，因此身心都需要休息，一時不能成行。楊武之只好一個人先到北平，楊振寧和母親就在上海停留了一個多月。1929 年 10 月，楊振寧母子在周培源（1902–1993）先生的陪同下，乘津浦路火車來到北平。周培源也在芝加哥大學留過學，1928 年楊武之獲得博士學位歸國時，周培源於加州理工學院讀完博士學位後去歐洲學習。1929 年周培源也應聘到清華大學任教。楊武之託他路上照顧羅孟華母子二人。這是楊振寧一生第一次與物理學家有了近距離的接觸。

到了北平以後，楊武之一家住進清華園西端的西院 19 號。到 30 年代西院擴建以後，此處的門牌改為 11 號。這是西院東北角上的一個四合院。在這所全國知名的學府裡，楊振寧度過了他一生最幸福的八年時光。這八年對楊振寧一生的道路應該説影響深遠。楊振寧曾回憶：

> 我們在清華園裡一共住了八年，從 1929 年到全面抗戰開始那一年。清華園的八年在我的回憶中是非常美麗的、非常幸福的。那時中國社會十分動蕩，內憂外患，困難很多。但是我們生活在清華園的圍牆裡頭，不大與外界接觸。我在這樣一個被保護起來的環境裡度過了童年。在我的記憶裡頭，清華園是很漂亮的。我跟我的小學同學們在園裡到處遊玩。幾乎每一棵樹我們都曾經爬過，每一棵草我們都曾經研究過。[3，31]

清華園西院，楊振寧這兒度過了八年幸福的時光。

清華大學校園裡有一所職工子弟學校，在清華園當時的校門（現在稱為「二校門」）西邊，叫成志學校。楊振寧在這兒讀了四年小學。楊振寧在回憶中說：

> 成志學校，現在是工會。自 1929 年起我在這兒讀了四年書。我每天自西院東北角家門口 A 出發，沿着相片……上依稀可辨的小路向南行，再向東南走，爬過一個小土山便到達當時的清華園圍牆（B），然後沿着圍牆北邊的小路東行到成志學校。這樣走一趟要差不多 20 分鐘，假如路上沒有看見蝴蝶或者螞蟻搬家等重要事件的話。
>
> 另外一條我常常騎自行車走的路是……自家門口東北行的大路。此路的一端是當時的校醫院（即今天的蒙民偉樓）旁的橋（D）。每逢開運動會，我就騎自行車沿此路此橋去體育館，和成志學校的同學們組織拉拉隊吶喊助威。
>
> 父親常常和我自家門口東行，沿着……第三條小路去古月堂或去科學館。這條小路特別幽靜，穿過樹叢以後，有一大段路（在 C 附近）左邊是農田與荷塘，右邊是小土山。路上很少遇見行人，春夏秋冬的景色雖不同，幽靜的氣氛卻一樣。童年的我當時未能體會到，在小徑上父親和我一起走路的時刻是我們單獨相處最親近的時刻。[3，7]

楊振寧的回憶，也許會使我們想起也曾在清華大學任教的朱自清所寫的《荷塘月色》一文，因為二者竟有許多相似之處。朱自清寫道：「像今晚上，一個人在這蒼茫的月下，甚麼都可以想，甚麼都可以不想，便覺是個自由的人。白天裡一定要做的事，一定要說的話，現在都可不理。這是獨處的妙

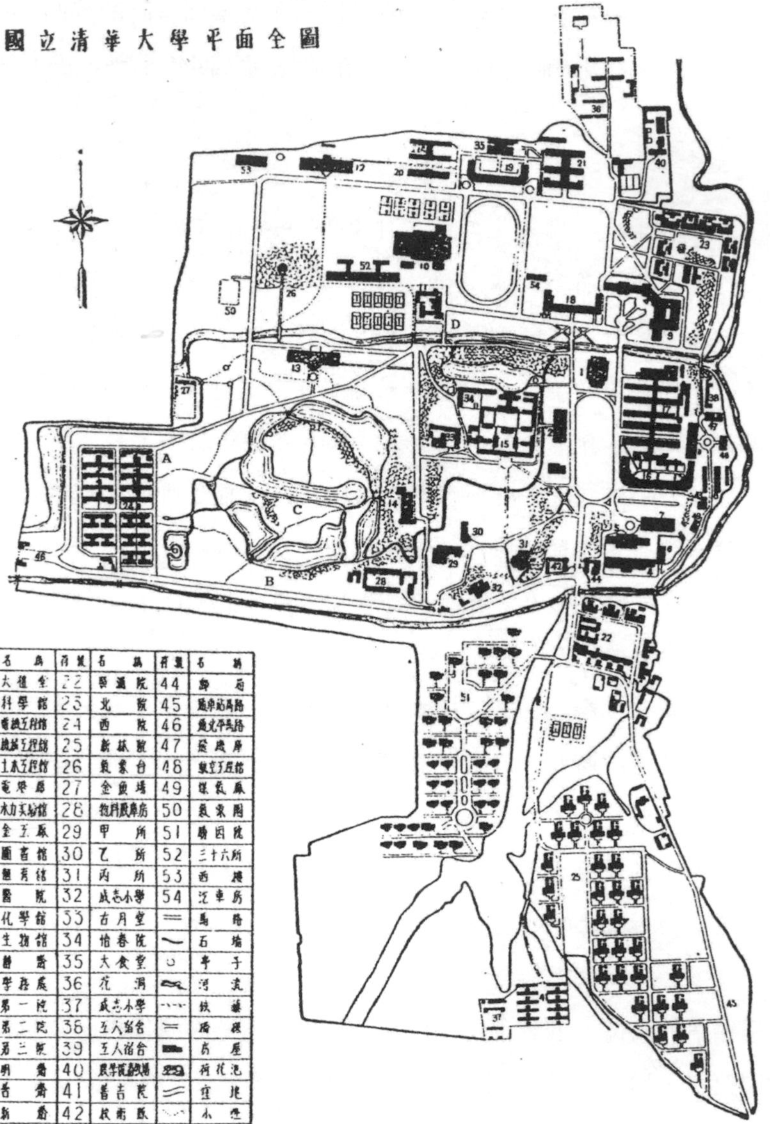

符號	名稱	符號	名稱	符號	名稱
1	大禮堂	22	照瀾院	44	鍋爐
2	科學館	23	北院	45	通車站馬路
3	電機工程館	24	西院	46	通北平馬路
4	機械工程館	25	新林院	47	發電房
5	土木工程館	26	氣象台	48	航空工程館
6	電燈廠	27	金魚場	49	煤氣廠
7	水力實驗館	28	物理系庫房	50	氣象圃
8	金工廠	29	甲所	51	勝因院
9	圖書館	30	乙所	52	三十六所
10	體育館	31	丙所	53	西樓
11	醫院	32	成志小學	54	汽車房
12	化學館	33	古月堂	═	馬路
13	生物館	34	怡春院	～	石牆
14	靜齋	35	大食堂	◌	亭子
15	學務處	36	花洞	≈	河流
16	第一院	37	成志小學	-·-·-	鐵籬
17	第二院	38	工人宿舍	═	橋樑
18	第三院	39	工人宿舍	▬	房屋
19	明齋	40	農學院試驗場	◍	荷花池
20	善齋	41	普吉院	≈	窪地
21A	新齋	42	校衛隊	⋯	小徑
21	平齋	43	木工場	北	大門

1948 年清華大學校園平面全圖

處，我且受用這無邊的荷香月色好了。」[78，155−156]

楊武之可能會像朱自清一樣獨自享受這「無邊的荷香月色」，但年齡尚小的楊振寧恐怕暫時還無法享用，對他最具吸引力的恐怕是與兒時的朋友一起捕蝴蝶、看螞蟻搬家、滑冰和騎自行車衝木板橋，等等。他的朋友多是當時清華大學教授的兒子，如數學家熊慶來的兒子熊秉明，數學家鄭桐蓀的兒子鄭師拙、鄭志清等。楊振寧除了學習成績優秀以外，在玩上也自有一套主張，充滿了冒險精神，很有刺激性，讓一群孩子十分佩服。他當時的外號叫「楊大頭」，也是這幫孩子的頭。

騎自行車是楊振寧的拿手好戲，平地上騎不算功夫，要在危險的狹窄木板橋上衝過去，那才叫真本事，那才叫過癮。他和一幫朋友最過癮的是從氣象台所在的坡頂上，騎車從一座沒有欄杆只有兩塊木板搭成的小橋上呼嘯而過。那種刺激，那種冒險，那種準確的判斷，那種機敏的技術，讓楊振寧得到一種巨大的精神享受！只是後來回想起來，才感到後怕，覺得那是一樁極其危險的事情。

衝坡衝多了也覺得乏味，於是楊振寧又常常要出新花樣。那時，清華大學生物系有幾排大金魚缸，每隔一定的時候，這些魚缸會搬走進行清理，這時一幫孩子就會乘這個難得的機會苦練自行車的本領。在每兩排魚缸之間有一條磚砌的小溝，大約有兩寸深，六七寸寬。他們就沿着溝騎車。這種騎法需要有極好的技術，車子不能彎行，彎了就會跌倒。楊振寧的車技超群，每一次他都可以輕而易舉地駛過小溝。他還覺得不過癮，又玩出一個花樣：讓只有四歲的楊振平坐在把手和座位之間，然後沿小溝行駛。有一次不知道是怎麼回事，楊振寧帶着弟弟行駛在小溝中時，車子忽然傾斜倒下，兩人都從車上摔下來，楊振平摔得不輕，左額頭撞到溝的邊緣上，撞開了一個口

楊振寧與玩伴，1931 年前後攝於清華園。左起：鄭士京（後改名鄭師拙）、楊振寧、吳人美（後改名吳人勉）、熊秉明。

1934 年的楊振寧，兩顆大眼睛閃爍着智慧，稍稍向下的嘴角顯示出性格的堅強。

子。楊振寧這下可嚇壞了，連忙把弟弟帶到醫院，找到醫生止血清理傷口，然後把弟弟帶回家，還專門給弟弟金錢酥吃，哄弟弟不要告訴爸爸和媽媽。但這種事如何能瞞得過大人呢？楊振平說：「那次大哥好像捱了一頓罵。」

除了會玩，楊振寧的學習成績絕對地好，而且在清華園裡已經小有名氣。學習對他來說是一件很輕鬆的事。

1933年秋，楊振寧考上了崇德學校。崇德學校在城裡西單絨線胡同，是一所教學質量享有盛譽的教會中學，從初一到高三，共有6個班，每個班只招50名學生，全校共有學生300多名，其中約有四分之一的學生是住讀。楊振寧的家離學校比較遠，因此是住讀，每週週末才能回家一次。新中國成立以後，這所學校改名為北京市第三十一中學。

在崇德學校，楊振寧受到了良好的中學教育，他不僅數、理、化等自然科學課程打下了很好的基礎，而且在國語和英語方面也得到良好的訓練。楊武之是一位頗有人文精神的教授，對於教育兒子很有心得。楊振寧對此曾深有感觸地說：

> 我九、十歲的時候，父親已經知道我學數學的能力很強。到了十一歲入初中的時候，我在這方面的能力更充分顯示出來。回想起來，他當時如果教我解析幾何和微積分，我一定學得很快，會使他十分高興。可是他沒有這樣做：我初中一與初中二年級之間的暑假，父親請雷海宗教授介紹一位歷史系的學生教我《孟子》。雷先生介紹他的得意學生丁則良來。丁先生學識豐富，不只教我《孟子》，還給我講了許多上古歷史知識，是我在教科書上從來沒有學到的。下一年暑假，他又教我另一半《孟子》，所以在中學的年代我可以背誦《孟子》全文。

楊振寧和弟妹，1935 年攝於清華園西院 11 號。左起：振玉、振平、振漢、振寧。

父親書架上有許多英文和德文的數學書籍，我常常翻看。印象最深的是 G. H. Hardy 和 E. M. Wright 的《數論》中的一些定理，和 A. Speiser 的《有限群論》中的許多 space groups〔1〕的圖。因為當時我的外文基礎不夠，所以不能看懂細節。我曾多次去問父親，他總是説「慢慢來，不要着急」，只偶然給我解釋一兩個基本概念。[3，7–8]

〔1〕 space groups 即「空間群」。

對於楊振寧能夠背誦《孟子》全文，後來與楊振寧同時考進西南聯大外語系的許淵沖讚歎地說：「成功的第二個因素是努力。每個人應該做的事如果做得盡善盡美，那就是成功。楊振寧在初中的兩個暑假裡，跟清華大學歷史系的高才生丁則良學上古的歷史知識和《孟子》，結果他全部《孟子》都背得出來。這不是盡善盡美嗎？而我的歷史知識卻是聽鄉下大伯講《三國》、自己看《説唐》等書得來的；至於《孟子》，我只會背開頭一句：『孟子見梁惠王』和『王何必曰利，亦有仁義而已矣』。我是學文的，他是學理的，這樣一比，更看得出差距多麼大了。」[47，43]〔1〕

除了上課和完成作業以外，楊振寧最喜歡做的事是到中學圖書館看書和借書。圖書館對楊振寧的成長起了不可忽視的作用。對此，楊振寧在 1995 年對上海交通大學的學生們做「關於治學之道」的演講時曾特意講道：

> 崇德中學對我比較有影響的是圖書館裡的書籍。譬如，當時有一本雜誌，叫《中學生》，每個月厚厚一本，我每期都看。從文學、歷史、社會到自然科學，都有些文章。我記得特別清楚的是有一篇文章，講排列與組合。我第一次接觸到排列與組合這個概念，就是在這本雜誌上。另外，1925—1927 年是 20 世紀物理學發生革命性變革時期，產生了量子力學，這是人類歷史上最高的智慧革命之一。……當時，有一些物理學家

〔1〕許淵沖教授這裡是借用馮友蘭先生關於成功三種因素的說法來説明楊振寧成功的必然性。馮友蘭先生曾説過：「在人生成功的過程中，須具有三種因素：(1) 天才：學問方面，天才成分佔得多。有無發明與創作是不只以得多少分數、幾年畢業所能達成的。(2) 努力：道德方面，努力成分佔得多。每個人都有他所應做的事，做到盡善盡美就是成功。(3) 命：事業方面，命或機會成分佔得多。命指人在一生之中所遭遇到的宇宙之事變，而且又非一人之力所可奈何的。」[47，42]

> 寫了一些科普書，國內有人翻譯成中文，我從圖書館裡借來，這些書給了我很大的營養，儘管有些內容，我不能完全理解，但對我很有幫助。我對其中所描述的科學上新的發展，許多奇妙的幾乎是不可信的知識，產生了嚮往的感覺，這對於我以後學物理，不是沒有幫助的。[1，838]〔1〕

楊振寧在學習上優秀的表現，尤其是數學上表現的異稟，楊武之早有察覺。當時數學系的助教陳省身（1911—2004）經常到楊武之家裡做客，他在回憶中寫道：「楊武之教授經常提及作為小學生振寧的聰慧，這給我留下了深刻的印象。」[34，80]

楊武之對朋友談起楊振寧時常常高興和讚賞地說：「1928 年我回國時，振寧六歲，在廈門和在清華園，我已感到他很聰明，領悟能力很強，能舉一反三，能推理，還善於觀察，他的表達能力也不錯，在北平崇德中學念書時，參加演講比賽，得過兩個銀盾，他的演講稿是他自己準備的。」[47，44]

1935 年在柏林訪問時，楊武之在楊振寧的一張照片上親筆寫下了一句話：「振寧似有異稟，吾欲字以伯瓌」。據楊振寧說，這張照片是因為遠在柏林的父親掛念兒女，特別讓家裡寄到柏林的。這句話中的「伯瓌」是他父親給他取的字。楊武之還給振平、振漢和振玉分別取字為：仲琪、叔勇和稚溫。

對於「伯瓌」兩字，在香港中文大學翻譯系任教的童元方教授解釋說：「『瓌』這個字通『瑰奇』的『瑰』，多出現在賦裡面。比如曹子建的《洛神賦》有『瓌姿豔逸，儀靜體閒』的句子。從外在看是美丰儀，從內在看自然是異稟了。《晉書》上記阮籍，就說他是『容貌瓌傑，志氣宏放』。『伯』是長子，

〔1〕這一段引文，在 2004 年 2 月 6 日採訪時，楊振寧教授做了一點修改。

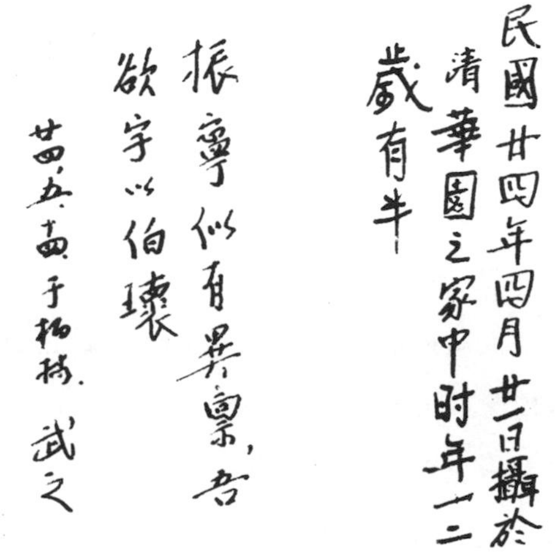

照片後面的題字，楊武之手書。

楊武之在端詳十二歲時的長子的相片，越看越心有所動，而『欲字以伯瓌』，其期許多深啊！」[76，127]

但楊武之並沒有拔苗助長，而是全面加強振寧的素質教育。

楊武之這種「慢慢來，不要着急」的教育思想，以及重視人文科學教育的理念，正是楊振寧身心得到全面健康發展的基礎；他日後輝煌的科學成就和高尚的人格與其父的正確教育有着密切的關係。

1990 年，楊振寧還以自己這一親身的經歷，給一位馬來西亞華人學者羅先生寫了一封很長的信。事情起因於這年秋天楊振寧收到羅先生的信，說他的兒子羅章雄非常聰明，12 歲已經高中畢業，是一位天才少年。他希望把 12 歲的孩子送到大學去深造。

楊振寧接到這封信以後想了很多，聰明的孩子到底應該接受甚麼樣的教育？他想到自己幸福的少年，也想到了世界著名數學家諾伯特．維納

(Norbert Wiener，1894—1964)不幸的生活。於是他給羅章雄的父親回了一封信。全文如下：[128，141—142]

親愛的羅先生：

我收到您 9 月 20 日的信函。

我期望章雄能成功地進入 NU[1]。然而，我強烈地感到，如果他不能進入的話，您不應該認為那是件壞事。

既然這是個相當重要的問題，我想展開我的看法。章雄現在非常年輕，沒有理由去着急。我在新加坡和您談論過關於 Norbert Wiener 的經歷。請閱讀他的自傳《曾經是神童》[2]。Wiener 曾經是個聰明的兒童，在他年輕的時候，他父親曾經給他施加壓力，結果如何呢？即使他 60 歲時還是一位著名的數學家，Wiener 的思想仍處於不穩定的狀態，他雖然是一位才智超人、出類拔萃的數學家，但是在有些思想行為方面卻很不成熟，就如同一個孩子。他在自傳裡深深地顯示出對他父親強烈的憤恨。

---

〔1〕指新加坡國立大學(National University of Singapore)。

〔2〕維納的回憶錄《曾經是神童》(*Ex-Prodigy: My Childhood and Youth*，1953)，有雪福的中譯本《昔日神童——我的童年和青年時期》，上海科技出版社，1982 年；上海科技出版社還在 1987 年出版維納回憶錄的續集《我是一個數學家》(*I Am a Mathematician*，1956)，周昌忠譯。

在《我是一個數學家》的第 3 頁裡，維納痛苦地寫道：「父親的訓練必然造成我孤獨，於是我成了一個靦腆的傻大個，而且心情多變。當我意識到自己的能力時，就變得自負；當我不管其含義而照直接受我父親對我缺點的責備時，或者當我想到我所受的那種極為古怪的教養逼使我走的那條通往成功之路是漫長而又捉摸不定時，我就心灰意懶。」

在自傳裡，Wiener 還講述了一些與他一起在哈佛大學的聰明孩子並描寫了他們以後發生的故事。他們以後幾乎每個人都有非常不幸福的生活，有的甚至走上自殺的道路。

也許我可以告訴您我自己的親身經歷。我在新加坡見到章雄以後，回想起我的童年。我念數學的時候還是在小學。我父親是一位數學教授。他意識到我在這個學科裡是有天賦的。在我 12 歲的時候，如果他教我演算的話，我確信我會學得很好並且喜愛它。但是，我父親沒有對我向這方面施加壓力。在我 11 歲和 12 歲時的暑假，他從大學裡請了一位歷史系的大學生來給我補習中國古文——《孟子》。他曉得人的一生是多方面的，他知道他兒子的數學不需要過早地去催促。我深切地感激他的明智。

我要給您的忠告是：讓章雄像正常的孩子那樣發育成長。每週花一兩個小時，經常讓他得到一些大學教授的指教。但不要過於急迫在數學和科學方面給他施加壓力。在他的面前有一個漫長的人生旅途，尤其重要的是，像他這樣的年紀，在心理上和學習上要保持全面、均衡的發展。

我還認為，在報紙上過多地宣傳他的事跡，可能對他的將來會產生不好的影響，它會引起壓力，對他的發展是非常危險的。

羅先生，概括地說，我看不出對章雄急求成才有甚麼好處，而我看得出拔苗助長是有嚴重危險的。

您真誠的楊振寧

1990 年 10 月 30 日

有一天，楊振寧在學校圖書館看到一本名為《神秘的宇宙》的書，他被書中所講的奇妙的宇宙和最新的研究成果所吸引，回家竟對父母親說：「將來有一天我要拿諾貝爾獎！」那時，楊振寧12歲，上初中才一年左右。楊武之聽了這話也沒放在心上，只當作少不更事的兒子一時聊發少年狂的妄語罷了。哪知23年之後，一句妄語竟成了事實！每思及此，楊武之不免感到浩渺宇宙中世事之微妙。

楊振寧的「異稟」，在清華園裡流傳很廣，人們常常用「楊武之之子」來教育、鼓勵自己的兒女；後來，連相鄰的燕京大學的家長們都知道了楊振寧的聰慧和懂事。與楊武之在芝加哥大學同過學的物理學家謝玉銘（1893–1986）教授當時任燕京大學物理系主任，他常常跟自己的兒女提到楊振寧。謝玉銘的女兒謝希德（1921–2000，曾任復旦大學校長）在回憶中曾說道：「我和振寧雖然歲數相近，但不上同一個小學和中學，因此我和他在北平並沒有見過面。但聽父親說振寧曾隨其父到過我家，振寧的聰明好學給父母留下了深刻的印象。當我的弟弟們小時由於貪玩，學習不夠認真時，父親常以『楊武之之子』的好學精神為典範來教導他們。這是我最早從父親那裡得到的有關振寧的印象。遺憾的是，1957年振寧和李政道榮獲諾貝爾獎時，父親已經在菲律賓，因而我無法和他討論這個重要的消息，但我深深為父親看出振寧幼年時非凡天才而感到驕傲。」[27，序1–2]

楊振寧不是一味嗜書的書呆子，他的精神和智力有全面均衡的發展。他積極地參加各種社會活動，多次在演講比賽中獲得獎勵。1931年9月18日，日本發動了震驚世界的炮轟瀋陽的事件，公然武裝侵略中國的領土。到1932年1月，東北三省全部淪陷；接着，日本又開始向華北發動進攻。1935年下半年，日本帝國主義進一步控制察哈爾，並在冀東成立傀儡政權。而國民政府依然堅持不抵抗政策，從而激發了全國人民的憤慨。12 月 9 日，北平六千多名學生高呼「停止內戰，一致抗日」、「打倒日本帝國主義」的口號，舉行罷課、示威和遊行活動。北平的抗日救亡運動風起雲湧，一浪高過一浪。12 月 10 日，楊振寧所在的崇德學校學生也集體加入全市學生總罷課的救亡運動中。

「我的家在東北松花江上，那裡有森林煤礦，還有那滿山遍野的大豆高粱……」這悲壯的歌聲以及國破家亡的悲劇，給少年楊振寧的心靈上以極大的震撼，他同全國人民一樣，悲憤難平。12 月 16 日，在中山公園舉行了聲勢浩大的中學生演講競賽，楊振寧代表崇德學校參加了比賽，他的演講題目是「中學生的責任」。

這年寒假後開學的第一個星期天，讀初三下學期的楊振寧和玩得好的幾個夥伴頗為莊重地開了一個會，討論出版一個小小的刊物《赤子之心》，每週出一期。他們自己組稿，自己也寫稿，還親手抄寫、插圖，自做封面，自己裝訂，總之，一切都由這幾個 13 歲左右的少年親手去完成。忙活了幾個月，到 4 月底終於「出版」了第一期。以後還接着出了大約三期。

在崇德學校值得一提的事情還有他與鄧稼先（1924－1986）的友誼。鄧稼先的父親鄧以蟄（1892－1973）是安徽懷寧人，鄧、楊兩家是世交。鄧以蟄的父親鄧藝蓀（1857－1913）在民國元年曾任安徽省教育司司長，在安徽學界頗有聲譽。鄧以蟄自幼接受父輩的嚴格教育，苦讀詩書。1907 年，剛滿 15 歲的鄧以蟄便東渡日本留學，在東京早稻田大學攻讀文學；一年以後又到美國哥倫比亞大學哲學系學習，從大學讀到研究生院共讀了五年。1913 年學成歸國後，被聘為北京大學哲學系教授。1924 年 6 月 25 日，鄧稼先在安徽懷寧縣白麟坂鎮出生。鄧稼先前面有兩個姐姐，他是長子，當然讓鄧以蟄十分高興。在給寶貝兒子取名時，鄧以蟄說：「我們的兒子就取名『稼先』吧！古人說，『禾之秀實，而在野曰稼』。『稼』，就是在田野已經秀穗結實之禾。叫稼先如何？」沒等夫人回答，他又補充說：「『稼先』這個名字內蘊很深，他預示我們的兒子根植於中華大地，並且早早地秀實和成熟於中華大地，成為造福民眾的滄海一粟。」[10，3]

40 多年以後，鄧稼先果然如父親期盼的那樣，成了一株植根於中華大地的秀禾，成為共和國的「兩彈元勳」之一。

鄧稼先比楊振寧小兩歲，也比楊振寧晚兩年進崇德學校。鄧稼先從小就跟父親學英語，八九歲時便可講得一口流利的英語，所以在進入崇德學校後，鄧稼先的英語成績在班裡總是最棒的。但是使人料想不到的是，這個哲學家的兒子數理化成績也很好，而且酷愛數學。後來他在 1941 年繼楊振寧之後考入西南聯大物理系。鄧稼先除了先天聰明以外，他選擇理科道路，恐怕與楊振寧的影響有關。

鄧稼先進崇德學校以前，家住城裡，所以楊振寧並不認得鄧稼先；自從鄧稼先進了中學以後，兩人開始成了好朋友。楊振寧是老師同學都喜歡的「機靈鬼」，天資聰穎，才思敏捷；而鄧稼先也聰明過人，但性格較為沉穩，忠實厚道，誠摯可靠，外號「老憨」。兩人如果單獨在一起閒聊，楊振寧是哥哥，見識比鄧稼先廣，所以他總是口若懸河，上天文下地理地說起來，鄧稼先則敬慕地洗耳恭聽。

有一次，楊振寧在他父親的書架上找到一本介紹牛頓專著《自然哲學的數學原理》的通俗讀物，它是根據牛頓宏偉的原著，用通俗的語言寫成的。《原理》一書初版於 1687 年，在 1713 年和 1725 年牛頓又先後兩次對它進行了修訂和補充。在《原理》一書中，牛頓提出了力學的三大定律和萬有引力定律，對宏觀物體的運動給出了精確的描述，總結了他自己的物理學發現和哲學觀點。這本巨著把地面上物體的運動和太陽系內行星的運動統一在相同的物理定律之中，從而完成了人類文明史上第一次自然科學的大綜合、大統一，是自然科學的奠基性巨著，是自然科學史上最偉大的著作之一。楊振寧很快就被這本書宏大精緻的結構和驚人的綜合結論所迷住，便拿出來與鄧稼先一起欣賞和閱讀。鄧稼先畢竟比楊振寧低兩年級，因此書中許多地方看起來似懂非懂。但這本書也強烈地吸引了鄧稼先，他仍然堅持閱讀，並潛心做筆記，後來還把這本書帶回家閱讀到深夜。

楊振寧的愛好很多，不但功課好，而且還會玩。鄧稼先在學校裡可以算得上是花樣滑冰能手，可是在楊振寧這個「機靈鬼」面前也還是自愧弗如，甘拜下風。但鄧稼先也有他的強項：放風箏和抖空竹，抖起空竹來那是出神入化，龍蛇飛動，讓人目不暇接，驚歎不止。

楊振寧還酷愛藝術，尤其酷愛音樂。每逢休息時間，他和鄧稼先兩人就會一起用手搖式留聲機聽音樂唱片。每逢這時，楊振寧就會對鄧稼先講起音樂的美妙和意義。他說：

> 音樂是人類最純潔、最迷人的語言。它可以使你閉着眼睛看到世界。憑藉着音符的表現力，高大的山就在身邊無言地聳立，湍急的河在你面前生動地流淌，小鳥在鳴囀，草蟲在啍叫……總之，你想到的和沒想到的，音樂都可以給予你。音樂給予我們的實在是太多太多了。它使得我們的生命變得豐富多彩。[10，19]

在他們共同聽完貝多芬的《英雄交響曲》的時候，楊振寧更是激動不已

鄧稼先姊妹兄弟合影。左起：大姐鄧仲先、二姐鄧茂先、小弟鄧檇先、鄧稼先。

地對鄧稼先説：「《英雄交響曲》，是悲壯崇高的聲音，是使世人心靈為之震顫的『心聲』，是如雷如電的英雄絕唱。它激勵人們萌生自我意識，教你重樹做人的尊嚴。」[10，19]

楊振寧還動情地向鄧稼先介紹説，這首直接受法國大革命的激勵而寫的交響曲，開始是為謳歌法國革命的英雄拿破崙·波拿巴而作。那時貝多芬對拿破崙的評價特別高，把他比作羅馬最偉大的行政長官。當貝多芬後來知道拿破崙宣佈自己為皇帝的消息後，他勃然大怒，抓起桌上寫着拿破崙的標題的第一頁曲譜，撕成碎片，扔在地上，並將第一頁重新寫過。於是這部交響曲被獻給了代表某種理想及革命精神的英雄，而不是獻給某一個人。

接着，兩人談起了崇高的理想和高層次的精神生活。楊振寧在交談中還引用了貝多芬的一句箴言：「幸福不是來自外界，你必須動手去創造一切；只有在理想世界中，你才能找到歡樂。」

兩個少年，靜靜地思考着偉人的名言，也思考着自己未來該如何生活和工作。

楊振寧廣泛的愛好和對事物的敏感，由他弟弟楊振平回憶中提起的一件事可以體會到。楊振平在回憶中寫道：「初中的時候，無聊起來有時翻大哥高中時的國文課本，記得在李白的《將進酒》長詩後面有他寫的幾個字：『勸君更盡一杯酒，與爾同銷萬古愁！絕對！』多年後我問他為何把王維的《渭城曲》的一句和李白的《將進酒》的一句湊在一起，他説那是父親當年在安徽某小城的一個酒家看到的一副對聯。」[1，883]

李白在《將進酒》中悲憤狂放、豪縱沉着地寫道：「君不見黃河之水天上來，奔流到海不復回。君不見高堂明鏡悲白髮，朝如青絲暮成雪。人生得意須盡歡，莫使金樽空對月。……五花馬，千金裘，呼兒將出換美酒，與爾同銷萬古愁。」通觀全詩，詩人奔湧跌宕的感情激流，真是大起大落，筆酣墨飽，氣象不凡，非如椽大筆不可為也！

唐朝詩人王維《渭城曲》（又稱《送元二使安西》）是一首送朋友去西北邊疆的詩，詩中寫道：「渭城朝雨浥輕塵，客舍青青柳色新。勸君更盡一杯酒，西出陽關無故人。」這首詩所描寫的是一種最有普遍性的離別，沒有特殊的背景，只有依依惜別的情誼，前路珍重的殷勤祝願，於平淡之中給人豐富複雜的情感衝擊。

現在把其中似有關聯的兩句連在一起，「勸君更盡一杯酒，與爾同銷萬古愁」，讓人覺得頗有新意。楊武之也許是覺得有趣、有意思，才把它記下來。楊振寧與父親的感受和欣賞能力一定有相似之處，故而記在了課本上。由此我們依稀可以看到，楊振寧的愛好和興趣多有父親留下的痕跡。

當時，清華大學教師有休假制，教師在休假期間可以到國外研究、訪問。1934 年秋到 1935 年秋，楊武之利用這難得的機會，去德國柏林大學研究數學一年。楊振寧那時正 12 歲，雖然還是一個少年，但他下面已經有三個弟弟妹妹，是大哥了。他不負父親的重望，在家裡頗有大哥的風範。楊振玉後來在回憶中寫道:「父親於 1934 年秋休假去德國柏林研究數學一年。大哥每週替母親寫信寄往柏林，報告母親和弟妹們的一切情形。信上還時常和父親討論代數或幾何題，可以有多種解法的心得。父親感到欣慰的是從振寧的信中他能及時得知妻子和孩子們的近況。他更感到振寧聰慧，純正，數學方面能舉一反三、觸類旁通，『似有異稟』。」[1，906]

五、戰亂中的奔波

1931 年 9 月 18 日日本帝國主義一手製造了「九一八事變」後，立即侵佔了長春、營口、海城等城市。到 1932 年 1 月 3 日錦州失陷為止，日軍先後侵佔了我國東北近 100 萬平方公里的土地，3000 萬同胞淪入日本帝國主義的鐵蹄蹂躪之下。一曲《松花江上》唱盡了東北同胞流落關內思歸故鄉的悲憤之情。

侵佔東北三省以後，日本帝國主義貪婪的目光又盯上了熱河、察哈爾等華北地區。1933 年 1 月 3 日，日本軍隊攻佔山海關，接着又佔領了熱河。

1936 年 9 月 18 日，正好是「九一八事變」五週年，日本一個中隊的步兵在北平西南郊的豐台演習，當他們試圖越過中國的防線時，中國駐軍嚴詞拒絕。日本軍隊根本不予理睬，於是衝突不可避免地發生了。雖然經過調解得以暫時和平解決，但是日本人的狼子野心根本不可能得到遏止，他們調來重兵，對盧溝橋做包圍態勢，並從 1937 年 6 月開始在北平西南宛平城附近連續舉行挑釁性軍事演習。7 月 7 日夜，日軍藉口一名士兵失蹤，要求進入宛平搜查，並蠻橫無理地要求中國駐軍撤出宛平等地。這些毫無道理的蠻橫要求，理所當然地被中國駐軍拒絕，日軍即開始炮轟宛平城和盧溝橋。當地中國駐軍 29 軍 37 師官兵在師長馮治安將軍指揮下奮起反抗。這就是震驚中外的「七七事變」。7 月 22 日，29 軍軍長宋哲元與天津日本駐屯軍司令香月清司談判，22 日達成協議。日方要求 37 師馮治安的部隊調駐冀南，其原來防務由 132 師趙登禹的部隊接管。宋哲元在蔣介石不抵抗主義的挾制下，只好委曲求全，答應了這個要求。哪知正在調防的時候，日軍利用中國疏於防守之際猛烈地炮轟宛平城和長辛店等地。25 日晚上，日軍突襲北平廣安門。29 日，北平淪陷；30 日，日軍攻佔了天津和盧溝橋。

「七七事變」標誌着日本全面侵華，也由此開啟了中華民族艱苦卓絕的全面抗日戰爭。這場戰爭影響了楊振寧幸福寧靜的清華園生活，他不可能不對此做出反應。1982 年他在《超晶格》一文的後記中寫道：

> 那是一場漫長的浩劫，與中國悠久歷史上所發生過的任何一次戰爭相比，都有過之而無不及。降臨到千百萬老百姓頭上的是難以名狀的災難。有 1937 年 12 月的南京大屠殺。有日本人的「三光政策」（殺光、燒光、搶光），由於這一政策，單在華北地區，從 1941 年到 1942 年的一年

之內，人口就從4400萬銳減到2500萬。有1944年河南省的大饑荒（我實在不知道應該怎樣來形容這場慘劇！）。有1944年底日軍的最後一次攻擊，當他們攻到桂林和柳州時，在昆明人人都擔心貴陽會隨時陷落。還有數不清的轟炸。1940年9月30日，我家在昆明租賃的房屋正中一彈。我們少得可憐的一點家當幾乎全部化為灰燼。萬幸的是，全家人都已躲在防空洞裡，免於遭難。幾天之後，我帶着一把鐵鍬回去，挖出了幾本壓歪了的但仍可用的書本，欣喜如狂。今天已很難了解，在那種困苦的歲月裡幾本書的價值。[3，25]

1937年「七七事變」時，楊振寧已經在崇德學校讀完高中一年級，放假回到清華園。這時楊振寧的母親正懷着小兒子振復。考慮到大戰在即，楊武之決定將妻子和兒女送到老家合肥，離開危若纍卵的北平。他帶着妻兒，沿途經過天津、南京和蕪湖，回到了合肥的故居。楊武之也許是因為家中大小人員太多，也許是因為形勢看得比較清楚，所以比一般教授更早地將家人向南方疏散。浦薛鳳在回憶錄中寫道：「佩玉……聞各家有紛紛南下者，不免驚惶，時[楊]武之、[沈]仲端、[浦]志清及[鄭]桐蓀先生等，都已攜眷南下。」[68，7]後來許多教職員工因為決心下得太晚而慌忙出逃，方佩服早有計劃的人。

9月，楊振寧進了合肥廬州中學繼續讀高中二年級。廬州中學位於大書院，原來是省立第六中學，1934年改名為廬州中學，但一般人仍然習慣地稱為六中。後來為逃避日本侵略軍飛機的轟炸，廬州中學由合肥遷到合肥南邊70多里處的三河鎮，繼續在那兒上課。楊振寧在廬州中學讀了剛好一學期的書，但日後他並沒有忘記這所中學。1992年6月18日，楊振寧曾回到母校

（現合肥一中）訪問，看望了當年的外語老師王道平先生，還為母校題詞。在這短短的半年時間裡，楊振寧也給他人留下了很深的印象。他的堂兄楊振聲回憶：「振寧對運動也很有興趣，曾教我打牆球、玩玻璃球、鬥蟋蟀等。『七七事變』後，他們全家逃難合肥，我和振寧在廬州中學讀了一個學期，又逃到三河鎮。那裡到處是河港、水田。記得振寧說，他要發明一種水上可以行走的腳踏車。因為他有廣泛的興趣，對甚麼事情都想了解，隨時隨地都在思索答案，所以對他來說，讀書、做學問是一種樂趣。」

他的堂弟楊振懷回憶：「振寧大哥隨父母避戰火從北平回到合肥。他從北平帶來兩個木箱，其中有許多化學試杯，經常拿出來表演給我們看，白水倒來倒去，一會兒變成紅色，一會兒變成藍色。還用放大鏡來點燃紙張，自己製作氫氣灌在球中飛上天等，我們看得都迷住了，像玩魔術似的。」[128，8]

1937 年 12 月，日本侵略軍侵佔南京，在華中派遣軍司令松井石根和第六師團長谷壽夫的指揮下，對中國人民進行了長達六個星期的血腥大屠殺。不久，日本飛機開始頻繁地轟炸合肥，大批災民經過三河鎮向西奔去。

楊振寧的母親羅孟華帶上振寧、振平、振漢、振玉和剛在合肥出生不久的振復，來到巢湖西邊的三河鎮。楊武之那時人在湖南長沙，原委如下。

北平淪陷，已經容不下一張小小的書桌。國立清華大學、北京大學和天津私立南開大學的師生，一路風塵南下。幾經波折，歷盡千辛萬苦，總算零零散散地到達南下目的地湖南長沙。

9 月 10 日，國民政府教育部發出第 16696 號令，宣佈這三所大學加上中央研究院成立國立長沙臨時大學，由北京大學校長蔣夢麟（1886－1964）、清華大學校長梅貽琦（1889—1962）、南開大學校長張伯苓（1876－1951）及湖南大學校長皮宗石（1887－1967）等人組成臨時籌備委員會。到 9 月底，臨時大學在嶽麓山左家龍尚在修建中的清華大學長沙分校，以及借用長沙韭菜園原聖經學院、南嶽市山上的聖經學校等處，積極設法安排師生居住和準備復課。

臨時大學學生很多，清華大學的有900多人，北京大學的不到300人，南開的有100人左右，還有借讀的學生100多人，共計1500人左右，出乎原來的意料。

11月1日，臨時大學正式上課。就在開課的那一天上午9時，空襲警報長鳴，所幸日本人並沒有投彈。但11月24日，日本空軍開始轟炸長沙，因為轟炸前沒有拉警報，引起大混亂和部分傷亡。轟炸時數學系鄭桐蓀教授的夫人在校門口，聞炸彈聲後急忙躲避跌倒受傷；有一處名為「可可園」的地方一座樓房轟垮，物理系饒毓泰（1891—1968）教授恰好因為生病休息沒有在這個樓房裡午睡，實乃大幸！[68，47—48]

接連四天轟炸沒有中斷。12月，南京淪陷，日本侵略軍沿長江推進，直逼武漢，長沙又處在危急之中，學校在這兒也難以辦下去。

在這種情形下，三校不得不再次考慮搬遷。1937年底，三校決定西遷雲南昆明。

楊武之這時在長沙，既憂心國難當頭，又擔心家眷在合肥遭遇不測，尤其是妻子剛剛生下幼子。一心掛兩頭，真是讓人日夜不安啊！後來，楊武之的學生朱德祥曾回憶：「老師在長沙，多次同我們討論日本和德國法西斯政權侵略成性，中國擺脱帝制不久，國勢不強，人民受教育水平低，在日本侵略者面前要吃大虧。老師還擔心師母帶着五個幼小弟妹留在合肥，師母又是纏足，若有閃失，老師必將抱恨終生。老師日夜思念，幾星期後，前額頭髮就一片斑白了。……我們都勸老師請假趕快回合肥，將家眷接來長沙。老

楊武之全家和侄兒、侄女，1938 年 2 月攝於漢口。後排左起為侄兒振聲、振寧；坐者左起為楊武之、羅孟華、侄女振華；前排左起為振平、振復、振玉、振漢。

師考慮臨時大學剛成立，教學研究工作緊張，一直不肯請假，拖到寒假時才走。」[1，889–890]

楊武之在 1937 年底經漢口趕回安徽，在三河鎮附近不遠的桃溪鎮終於與分別近半年的妻兒會了面。

長沙臨時大學於 1 月上旬得到最高當局的批准，遷往雲南省省會昆明。楊武之也決定將全家遷到那兒去。他們共有十人（楊武之家七人，以及弟弟楊力瑳的長女楊振華、長子楊振聲和用人牛媽），浩浩蕩蕩從桃溪鎮出發，經過六安、宿松和湖北的黃梅，過武穴到武漢，然後從武漢乘火車到廣州，與臨時大學的同事們會聚，再經香港、越南河內到雲南河口，最後乘滇越線火車於 1938 年 3 月初到達昆明。

到了昆明以後，楊振寧進入昆華中學，繼續讀高中二年級下學期的課程。

第二章　西南聯合大學（1938–1945）

國立西南聯合大學校門，1946 年春。

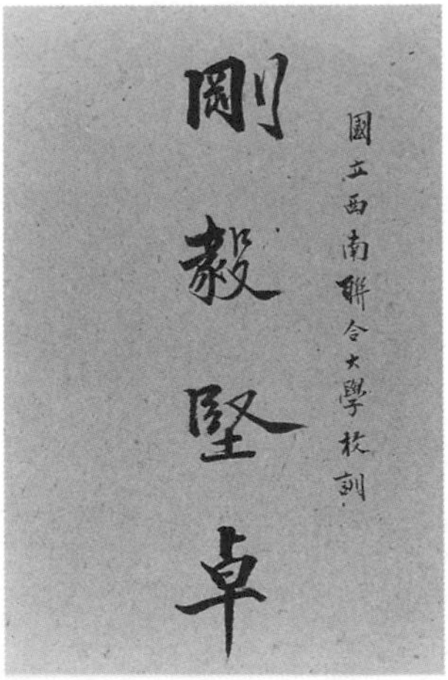

西南聯合大學的校徽和校訓

西南聯合大學存在的時間只有九年（包括長沙臨時大學在內），在這九年中，學校不只是在形式上弦歌不輟，而且在極端艱苦的條件下，為國家培養出一代國內外知名學者和眾多建國需要的優秀人才。雖然西南聯大的實體今日已不復存在，但它在中國20世紀文化史和教育史上卻具有非常突出的重要地位。西南聯大將永遠載入史冊！1983年，西南聯大北京校友會成立時，著名語言學家、中國現代語言學的奠基人之一王力先生（1900–1986）寫了一首詩《緬懷西南聯合大學》：

盧溝變後始南遷，三校聯肩共八年。
飲水曲肱成學業，蓋茅築室作經筵。
熊熊火炬窮陰夜，耿耿銀河欲曙天。
此是光輝史一頁，應叫青天有專篇。[8，1]

王力先生用詩的語言概括了西南聯大艱苦的物質生活和飛揚的精神面貌，更指出西南聯大的歷史是我國近代史中光輝的一頁。

西南聯大學生張起鈞則從更深層的意義上說：「西南聯大便具備了雙重意義。一個是表面的意義，那當然就如其名稱所揭，是一個『學校』，是一座研究學問、傳授知識的最高學府；但在另外卻還有一重不為人們所見的隱潛意義，那就是一個醞釀輿論、領導思想的政治中心。這一面雖然潛隱不露，非能一望而知，但卻是西南聯大一個非常重要的『存在意義』。若棄此不顧，只談上課講學，那實在不能算是了解西南聯大。」[80，13]

我國學者謝泳十分贊同張起鈞的這種見解，他在《西南聯大與現代中國知識分子》一書中說：「西南聯大不僅培養了楊振寧、李政道等大批自然科學家，而且也培養了何炳棣、王浩、鄒讜等社會及人文科學家，還養育了像殷海光這樣具有思想家氣質的學者。西南聯大的存在，對分析中國現代知識分子的活動有重要意義。」[81，22]

張起鈞和謝泳的見解非常值得我們重視，即使在認識作為物理學家的楊振寧的時候，也應該用他們的見解來認識、分析楊振寧的人生歷程，尤其是楊振寧在非科學領域的活動，更是必須如此，否則我們便不能充分理解楊振寧的思想和活動軌跡。

楊振寧在昆華中學讀了半年書，在16歲的時候即以同等學力從高二直接報考剛遷來不久的西南聯合大學。在全國總數兩萬名的考生中，他名列第二，被西南聯大化學系錄取（入學後轉到物理系）。

在西南聯大，楊振寧度過了艱苦而又歡樂的六年時光，這是他人生道路上極不平凡的六年。後來，他在1982年寫的《憶我在中國的大學生活》一文中曾經深情地寫道：

> 西南聯大是中國最好的大學之一。我在那裡受到了良好的本科教育，也是在那裡受到了同樣良好的研究生教育，直到1944年取得碩士學位。戰時，中國大學的物質條件極差。然而，西南聯大的師生員工卻精神振奮，以極嚴謹的態度治學，彌補了物質條件的不足：學校圖書館存書不多，雜誌往往過了一兩年才收到；但就在那座圖書館裡，我學到了許多知識。冬天，我們的教室又冷又透風，實驗課時，我們只有少得可憐的一點設備；但是，總的説來，課程都非常有系統，而且都有充分的準備，內容都極深入。[3，24]

對於這樣一所深刻影響了楊振寧一生的大學，我們理應對它做一番簡單的介紹。

一、戰火中的西南聯大

1937 年 12 月 13 日南京陷落後不久，武漢又告急。長沙臨時大學的搬遷問題又成了師生們焦急議論的話題。有一部分人認為不宜再遷，當時湖南省政府主席張治中表示長沙絕對安全，絕對不必再興師動眾地往內地搬遷；廣西的李宗仁則希望長沙臨時大學遷到桂林，認為廣西地處偏遠山區，比較安全，是遷徙的理想之地。但學校校務委員會高瞻遠矚，為了讓學校能長期安定地辦下去，堅持認為必須事先選擇一個更加安全合適的地方，並預先有組織地遷移。如果坐等武漢失守、長沙告急，再談遷校，其後果將不堪設想。最後常委會經多次研究，決定將學校遷到雲南省省會昆明，一則昆明地處西南邊陲，距前線較遠，比較安全；另則昆明有滇越鐵路可直通海外，有利於採購圖書和儀器設備等。1937 年底，學校當局將決定申報到教育部，1938 年 1 月上旬得到批准。

當時戰局緊張萬分，長沙也經常遭到日本空軍的轟炸，搬遷之事當立即進行，容不得半點遲疑。常委會決定，1 月 20 日開始放寒假，下學期在昆明復課，並決定西遷昆明的師生分成兩路，大部分教師和學生經粵漢路到廣州，轉香港、海防，再由滇越路進入雲南到昆明；另一部分體質強健的男學生和少數教師組成「湘黔滇旅行團」，步行到昆明，具體路線是經常德、芷江、晃縣（今新晃）進入貴州省，再經貴陽、永寧進入雲南，到了雲南省經平彝（今富源）到昆明，總計步行 1300 公里。這一壯舉堪稱中國現代文化教育史上一次意義重大的事件，就是世界文化教育史上恐怕也很難找到第二個這樣的例子。

兩路人馬定於 3 月 15 日前到昆明會合，並報到、復課。旅行團這一支隊伍在 1938 年 2 月 19 日下午，在聖經學校門前集合宣誓，20 日上船沿湘江下洞庭，22 日到益陽附近甘溪港下船開始步行。旅行團中有聞一多、曾昭掄等 11 名教師。聞一多先生是國內知名教授，這一年 39 歲，身體也不怎麼好，他本可以乘車走海路，但是他卻堅持要與旅行團一起翻山越嶺。旅行團的教師們櫛風沐雨，翻山越嶺，不僅經受了體力的考驗和意志的磨練，沿途還採集了不少罕見的植物標本，收集到上千首民歌民謠。聞一多教授在美國學過繪畫，因此沿途作了數百幅風景速寫，還幽默地說：這就是寫日記啊！

4 月 27 日，旅行團遲於規定時間到達昆明東郊大板橋宿營，第二天上午在東郊賢園集合，然後整隊入城，經拓東路、金碧路、正義路，繞過五華山，進入圓通公園。先行到達的校領導和師生們在唐繼堯墓前舉行隆重的歡迎儀式。

楊武之和他的全家則從海道到昆明。這一路從 2 月中旬起分批離開長沙，經粵漢路到廣州後，在嶺南大學寄住。嶺南大學只有 300 多名學生，而臨時大學倒有四五百人，比主人還多。本來計劃是到了廣州盡快在一兩天之內到香港，但因昆明校舍一時難以解決，校常委會叮囑他們暫時住在廣州不要急於動身，於是這一路的學生在廣州住了半個多月。3 月初，第一批學生才到達香港。到了香港，由於到海防的輪船太少，又裝不了多少人，因此臨時大學的學生又在香港滯留了一段時間。

4 月 2 日，臨時大學已奉行政院命令將校名正式改為「國立西南聯合大

「湘黔滇旅行團」全體教師合影。前面中間蹲着的人就是聞一多先生。

學」。學生總數為 993 人，除了大部分是長沙臨時大學轉來的以外，還有少數是在昆明接收的借讀生。

由於路途的延誤，西南聯大到 1938 年 5 月 2 日才開學，到 8 月 1 日開始考試，這是 1937–1938 年的第二學期。

西南聯大共有 5 個學院：文學院、法商學院、工學院、理學院和師範學院，共 28 個系（其中有一個是師範專修科）。學院的院長和各系的主任都由國內外知名教授擔任。全校師生在民族存亡的緊急關頭，都深感自身責任之重大，而且從上到下都明白，精神重建，樹立起抗日戰爭必勝之信心，最為重要。為了達到這一目的，聯大還成立了一個專門委員會，向全體師生徵集校訓、校歌，以振奮師生的精神，樹立民族的自信心。徵集通知發出以後，在全校師生中激起了巨大的反響，成為全校師生思考民族命運和自身歷史責任的一次嚴肅思考。經過半年多的討論和篩選，最後選定的校訓是四個字：剛毅堅卓；校歌是中文系羅庸（1900–1950）教授用《滿江紅》詞牌填寫的歌詞，由聯大教師、語言學家張清常（1915–1998）譜曲。校歌歌詞是：

萬里長征，辭卻了五朝宮闕。暫駐足，衡山湘水，又成離別。絕徼移栽楨幹質，九州遍灑黎元血。盡笳吹，弦誦在山城，情彌切！

千秋恥，終當雪，中興業，須人傑。便一成三戶，壯懷難折。多難殷憂興國運，動心忍性希前哲。待驅除仇寇，復神京，還燕碣。[8，40]

在趙新林和張國龍編寫的《西南聯大：戰火的洗禮》一書中，他們高度評價了這首校歌：

這是一曲20世紀中國大學校歌的絕唱。它凝聚了中國文人學者、莘莘學子在民族危難時刻最悲壯的呼喊，濃縮了聯大文人在國家危亡之際的所有情感和意志。在中國歷史上，岳飛的一曲《滿江紅》已成為歷代中華兒女救國存亡的慷慨悲歌。羅庸先生感人肺腑的《滿江紅》則是20世紀文人學者的一曲新的救亡悲歌。

聯大校歌充滿悲憤、激昂之情，歷數三校遷移、聯合的經歷，痛陳國家急難，民族仇恨。表明聯大學人堅持抗戰的堅強意志，闡明為國發

憤學習的意義和必勝的信念。……對聯大師生的精神，激勵莘莘學子為國發憤學習起到了十分重要的作用。[8，40]

正如《西南聯大紀念碑碑記》上所雕刻的那樣：「聯合大學之終始，豈非一代之盛事，曠百世而難遇者哉！」

1988 年 9 月 9 日，楊振寧在南開大學 1988 級新生開學典禮上充滿激情地回憶：

回想在西南聯大的情形，我有非常親切的感覺，而且非常感謝我有那樣接受良好教育的機會。……那時全校只有 1000 多人。我們的校舍是非常簡陋的，現在還有相片呢，可以看見，宿舍是茅草房子，沒有樓房；教室的屋頂是鐵皮的，下雨時，丁丁當當的聲音不停。教室和宿舍的地面是坑坑窪窪的土地，一個宿舍有 40 個人，就是 20 張上下鋪。飯廳裡面，沒有椅子、沒有板凳。那個時候沒有甚麼菜吃，而米飯裡面至少有十分之一是沙子。除了這許多困難以外，還有不斷的空襲，日本的飛機常常來轟炸，所以有一段時間，我們上課是從早晨 7 點到 10 點，因為差不多 10 點的時候，空襲警報就要來了，然後下午再從 3 點上到 7 點。在這樣一個困難情形之下，西南聯大造就了非常之多的人才。今天國際上，非常出色的第一流學者中，有科學方面的，有工程方面的，有文史方面的，很多是聯大當時造就出來的。聯大前後只有八年的時間，所以畢業的學生人數不過 3000 人，這 3000 畢業生為世界做出的貢獻，是一個驚人的成就。……我一生非常幸運的是在西南聯大念過書，因為西南聯大的教育傳統是非常好的，這個傳統在我身上發揮了最好的作用。[2，199–200]

西南聯大常委之一梅貽琦先生在清華大學任校長時曾對全體師生說過：「所謂大學者，非有大樓之謂也，有大師之謂也。」寥寥數語，深刻醒人。他還認為，辦大學應以「教授是學校的主體」，一再強調「師資為大學第一要素，吾人知之甚切，故圖之也至極」。正因為如此，西南聯大那時真是人才濟濟，風雲際會，呈現出中國大學從未有過的盛況。

在文史哲方面，有聞一多、朱自清、馮友蘭、湯用彤、金岳霖、陳寅恪、傅斯年、錢穆、吳宓、錢鍾書、朱光潛、王力等著名學者。在政治學、經濟學、法學方面有陳岱孫、張奚若、羅隆基、潘光旦、費孝通等聞名遐邇的學者。

在數理化方面，更是雲集了一群國內一流的學者。數學方面有華羅庚、許寶騄、陳省身、姜立夫、楊武之等知名數學家；物理學的陣容最強大，有吳有訓、葉企孫、周培源、任之恭、趙忠堯、吳大猷、王竹溪、張文裕、馬仕俊等知名物理學家。

由於師資力量強大，再加上聯大為學生的全面發展、獨立思考等方面提供了良好的條件，營造了人才培養的良好環境，這就使得聯大的3000多名畢業生，除800多名投筆從戎以外，許多人都成為世界一流的學者，如楊振寧、李政道、鄧稼先、黃昆、林家翹、朱光亞、王憲鍾等科學家，也培養了何炳棣、王浩、鄒讜等社會及人文科學家。

師資力量的強大，還表現在一些著名教授甘心與全國勞苦大眾同甘共苦，其強烈的愛國心和責任感，對學生無疑是最生動的教育和鞭策。就以世界著名數學家華羅庚（1910–1985）為例。當日本侵略者進犯中國時，華羅庚正在英國劍橋大學從事數學研究，並取得了很大的成就。但一聽說祖國和人民正在遭受災難，他立即放棄了在海外舒適而又有光明前景的研究，於1938

當年西南聯大校園的景象

1945 年，華羅庚全家在昆明茅屋家門口合影。

年從英國回到祖國。回國後西南聯大立即聘請他當數學系教授。就是在這樣不可思議的困苦條件下，華羅庚在回國後的四年中先後寫出了 20 多篇論文，並在 1941 年完成了他的第一部數學名著《堆壘素數論》。

被稱為現代微分幾何學奠基人之一的陳省身，也是 1938 年 1 月從國外回到昆明，到聯大執教。他在《聯大六年（1937—1943）》一文中寫到了在聯大時期的生活：

> 數學系有很多好的學生，不一一列舉了。教授中最突出的為華羅庚與許寶騄。前一段三校圖書都裝在箱內，後來則中外交通隔絕，設備可說是很差的。但是若干人就可以抓到材料，工作不輟。我每年寫論文，在國內外雜誌發表。我把法國大數學家 E. 嘉當的工作搞得很熟。後來這些成為近代數學主流之一。
>
> 有一個時期（大約有一年多）我同華羅庚、王信忠兩位同住一房間。每人一床，一小書桌，一書架，擺滿一個房間。早晨醒來便開玩笑，但是工作的情緒很高。[12，8]

西南聯大師生們的艱難困苦、英勇卓絕，由上面幾段回憶，即可以生動地想見。我們再引用英國科學家、中國科學史研究者李約瑟（Joseph Needham，1900—1995）博士對戰時西南聯大做的描述。李約瑟寫道：「他們所處的環境如何困難，實在不易描寫，學生的宿舍甚為擁擠，極易感染疾病，如肺病等。由於無適當的洗濯設備，如沙眼之類的傳染病也很普遍。守正規的科學家，將其以前與今日的生活相比，懸殊甚大。很多很有科學成就的男女們都住在東倒西歪的不易弄得很清潔的老式房屋中，他們的待遇只增

英國科學家、中國科學史研究者李約瑟

加 7 倍，而雲南的生活費已增加了 103 倍，我只能把這種生活與住在阿蓋爾（Argyll）〔1〕海岸居民所過之生活相比。他們以前一年工作之收入為 1000 鎊和一層樓房；而現時一年之收入，尚不及 70 鎊。常常有人聞名於歐美而不得一溫飽。我們之中有多少人願意過這種生活，而不願意在侵略者統治下過一種較為舒適的生活？」[27，17–18]

李約瑟說的「不得一溫飽」是一點也不過分的，因為戰時經濟的惡化嚴重威脅着聯大教師和學生的生存。1941 年底，歷史學家蔡維藩等 54 名教

〔1〕英國原蘇格蘭西部的一個郡，當地居民生活曾非常窮困。

授在一份聯合呼籲書中令人悲痛地描述了當時教師們的困境：「年來物價日增，維持生活日感艱難，始以積蓄補貼，繼以典質接濟。今典質已盡而物價仍有加無已。」

知識分子家中本來就沒甚麼值錢的東西，幾件好一點的衣物變賣完了，就只能賣他們最珍愛的書，可是書又能值幾個錢？著名的歷史學家吳晗（1909—1969）在家中掛着朋友送的一副對聯：「書歸天祿閣，人在首陽山。」書賣光了，還是得捱餓！

楊振寧在回憶中還提到發生在吳大猷（1907—2000）教授身上的一個故事：

> 有一次吳大猷教授的學生黃昆……到鄉下去請教吳教授，當兩人正在討論物理之際，吳教授看了一下錶說：「不成，我現在有事情！」黃昆問他有甚麼事情，他說：「我要去餵豬！」原來那時教授沒有錢，吳教授就養了幾條豬，可以賺到一點錢支持生活。[11，119]

關於養豬，還有一段逸事。那時吳大猷夫婦住在一個名叫崗頭村的小村子裡。崗頭村距離學校約 5 公里，吳先生步行或乘簡易馬車往返於聯大和崗頭村。1943 年春天的一個下午，吳先生搭馬車去聯大上課。路上由於馬受驚，吳大猷從馬車上跌下來，以致後腦受震，臥床長達四個星期。可是「屋漏偏逢連陰雨」，吳大猷先生剛好出院，他的夫人阮冠世又病倒了。無奈之下吳大猷請學生黃昆（1919—2005）代為看家和餵豬。但是黃昆實在無法管住一頭烈性豬，吳大猷只好讓黃昆把豬賣掉，還說：「也無心計算為餵豬買了多少糠，花了多少錢，到底是賺，還是蝕？」[28，20–21]

但聯大的教授們並沒有在幾乎是絕境中坐以待斃。朱自清由於長期的惡劣飲食使健康狀況惡化，但他卻擲地有聲地說：「窮有窮幹，苦有苦幹，世界那麼大，憑自己的身手就打不開一條路？」於是掛牌雕刻印章者有之，夫人擺攤做糕點者有之，養豬以貼補家用者有之，兼課賣文稿賣書者有之，憑着頑強的意志與貧困苦難做抗爭，很少有人低眉折腰、卑諂足恭，表現出聯大教授們高風亮節、皎若星辰的可貴品格。這些默默無言的行動，使聯大的學生受到深深的感染。更難能可貴的是，幾十位擔任各院系負責人的教授們，雖然比一般教授多了許多事務，多費了許多精神，卻不取一分一毫的報酬，甚至當教育部主動給予補助時都謝絕不要。

正是因為這種光風霽月的精神，聯大的教學和科研取得了突出的成就。從 1941 年到 1945 年，教育部舉辦的 5 屆學術評議活動，內容涵蓋文學、哲學、社會科學、自然科學、應用科學、工藝製造、古代經籍研究、美術 8 大類。參評成果數千件，獲獎 300 餘件，其中各科一等獎僅 15 件，而西南聯大就佔 7 件：馮友蘭的《新理學》、華羅庚的《堆壘素數論》、周培源的《湍流論》、吳大猷的《多原子分子的振動光譜和結構》、湯用彤的《漢魏兩晉南北朝佛教史》、陳寅恪的《唐代政治史述論稿》和楊鍾健的《許氏祿豐龍》。獲二等獎的有王竹溪的《熱學問題之研究》、張青蓮的《重水之研究》、趙九章的《大氣天氣之渦旋運動》、馬大猷的《建築中聲音之漲落現象》和蔡方蔭的《用求面積法計算變梁之彎曲恆數》等。

二、大學生活

1938 年初，楊武之全家到了昆明，開始住在翠湖北路玉龍堆 3 號，幾個月以後搬到靠近雲南大學的文化巷 11 號，鄰居有顧憲良、周珏良、李賦寧、錢鍾書以及雲南大學文史系施蟄存和呂叔湘等人。據施蟄存回憶，他與呂叔湘同住一室，與錢鍾書同住一樓，與羅廷光、楊武之同住一院。後來物理系的趙忠堯、霍秉權教授陸續遷入，住進 19 號、43 號。文化巷早先是昆明北城腳一處荒涼偏僻、蕁麻叢生之地，原來叫「蕁麻巷」。隨着聯大教職工的陸續遷入，這條原先默默無聞的小巷頓時繁榮起來，成為中國文化史上頗有紀念意義的處所。1940 年 9 月 30 日日本飛機轟炸昆明時，楊武之的家已經搬到小東城金鳳花園 3 號，正是在這兒他家的房屋中了一顆炸彈，炸得「徒有四壁」。後來為了躲避日本的「疲勞轟炸」，他家在 1940 年 10 月搬到龍院村，在這兒一住近三年。到 1943 年 5 月轟炸少了，再次搬到文化巷 27 號；1945 年底，楊家搬到西倉坡聯大教授宿舍。[45，131–133]

楊振寧在昆華中學讀完了高中二年級下學期以後，正好遇着那年夏天教育部公佈了一項臨時措施。那年夏天，由於戰爭形勢所迫，各地國立大學紛紛開始向大後方搬遷，中央大學遷到了四川重慶，西南聯合大學遷到了雲南昆明，西北聯合大學遷到了陝西城固、南鄭和勉縣等地，武漢大學遷到了四川樂山，中山大學遷到了雲南澄江，同濟大學遷到了四川宜賓和南溪，浙江大學遷到了貴州湄潭，東北大學遷到了四川三台。由於輾轉流落到大後方的中學生特別多，為了不讓更多的中學生失學，也為了不讓假文憑氾濫而敗壞社會風氣，國民政府教育部頒佈了《二十七年度國立各院校統一招生簡章》，《簡章》規定：所有學生不需要高中畢業文憑，都可以按照「同等學力」報考大學。但同時也規定：「同等學力者錄取人數不得超過錄取總額百分之十。」還對「同等學力」報考者做出若干限制。報考大學的報名日期為：8 月 10 日到 25 日。

在昆華中學讀書的楊振寧在得知這一消息後，在父親的鼓勵和支持下，

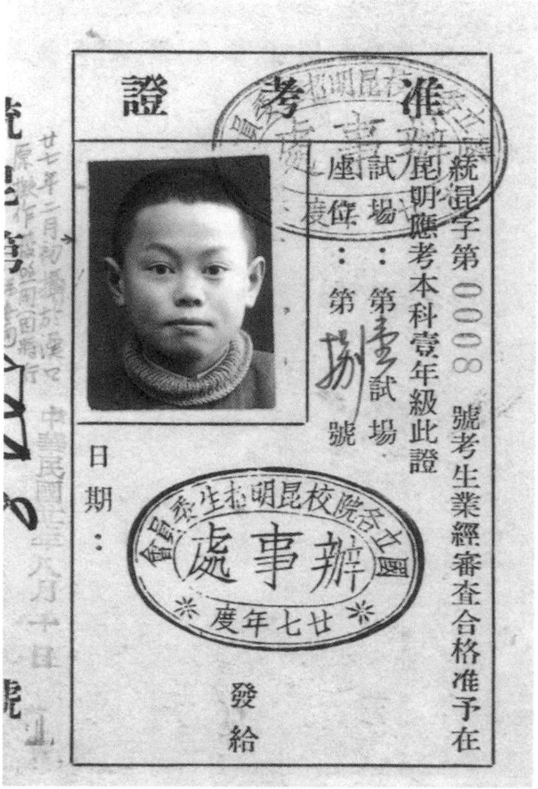

准考證

統昆字第 0008 號考生業經審查合格准予在
昆明應考本科壹年級此證
試場：第壹試場
座位：第　　號
日期：
發給

國立各院校昆明招生委員會
辦事處
廿七年度

楊振寧報考大學時的准考證，1938 年。

決定以高中二年級的學歷報考。在報名的第一天就到「國立各院校昆明招生處」報了名，招生處設於昆明崇仁街國立西南聯合大學辦公處。楊振寧的《准考證》是 0008 號，說明他報名的時間很早，發證日期是 1938 年 8 月 10 日。准考證左邊手寫的註是「廿七年二月初攝於漢口」，這是指貼在准考證上的照片是楊振寧在 1938 年 2 月拍攝的。

1938 年的全國統一招生考試地點分別設在武昌、長沙、吉安、廣州、桂林、貴陽、昆明、重慶、成都、南鄭、延平、永康等12地；考試日期定在9月1日到4日，全國各地同時舉行。考試科目按報考院系分3個組別，楊振寧報考的是第二組「工學院各學系及理學院各學系」，考試科目有公民、國文、英文、本國史地、數學甲（高等代數、平面幾何、解析幾何、三角）、物理和化學。

1938年9月1日考試那天，天還不亮，楊振寧早早就起床吃了早飯，很有信心地走進了設在昆華中學的考場。

在總數有兩萬名的考生中，以同等學力資格參加考試的楊振寧，居然以第二名的成績被西南聯大化學系錄取，說明他的確是一個出眾的學生。在報名時他還沒有學習過高中物理，只覺得高二學過的化學很有意思，因此報考的是化學系。但在準備入學考試時，他自修了高中物理，發現物理學更有趣，更合他的口味，於是在12月進大學以後，就轉到了物理系。

翻譯家許淵沖先生在他的回憶錄《逝水年華》和《續憶逝水年華》兩本書裡有對楊振寧有趣的回憶。許淵沖那時是西南聯大外語系的學生，他回憶：「1939年1月4日上午8時，我們在昆華農校西樓二層的小教室裡，等南開大學教授柳無忌來上『大一英文』。我坐在第一排靠窗的扶手椅上，右邊坐的一個同學眉清目秀，臉頰白裡透紅，眉宇之間流露出一股英氣，眼睛裡時時閃爍出鋒芒。他穿的黑色學生裝顯得太緊，因為他的身體正在發育，他的智力又太發達，彷彿要衝破衣服的束縛，他穿的大頭皮鞋顯得太鬆，似乎預示着他的前程遠大，腳下要走的路還很長。一問姓名，才知道他叫楊振寧，剛十六歲，比我還小一歲呢。」[46，41–42]

後來來上課的不是柳無忌教授，而是聯大外文系系主任葉公超教授。葉教授對學生很嚴，而且常常對學生冷嘲熱諷。在葉教授講課時，曾經發

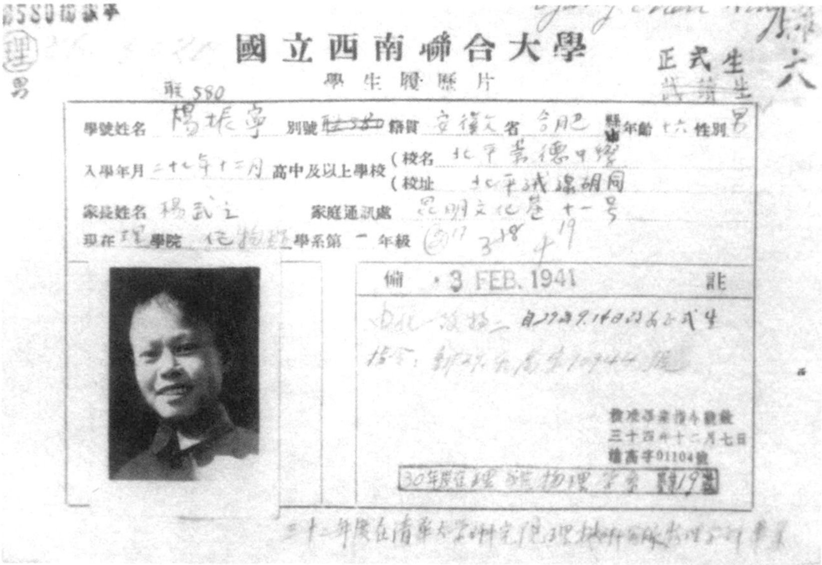

國立西南聯合大學

學生履歷片

正式生

學號姓名 楊振寧　別號　籍貫 安徽省 合肥 縣　年齡 十六　性別 男

入學年月 二十七年十二月　高中及以上學校（校名 北平崇德中學（校址 北平絨線胡同

家長姓名 楊武之　家庭通訊處 昆明文化巷十一号

現在 理 學院　學系第 一 年級

備　3 FEB. 1941　註

三十四年十二月七日

01104號

楊振寧在西南聯大的學生履歷卡。可以看到楊振寧是 1938 年 12 月入學，而且是由化學系轉到物理系的。

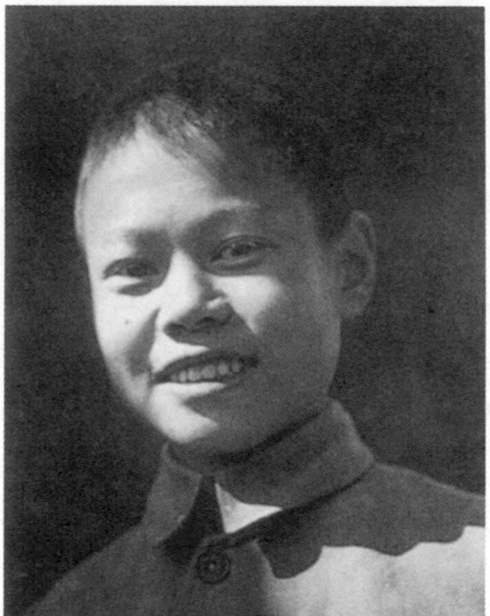

讀大學時的楊振寧

生一件小事，許淵沖回憶：「他講《荒涼的春天》時，楊振寧問他：『有的過去分詞前用 be，為甚麼不表示被動？』這個問題說明楊振寧能注意異常現象……但葉先生卻不屑回答，反問楊振寧 gone are the days 為甚麼用 are？楊以後有問題都不直接問他，而要我轉達了。……[葉教授]對別人要求很嚴，考試要求很高，分數給得很緊：一小時考五十個詞彙，造五個句子，答五個問題，還要寫一篇英文短文。楊振寧考第一，才得八十分，我考第二，只得七十九分。而楊振寧物理考一百分，微積分九十九，是全校成績最好的學生。」[46，43–44]

當時西南聯大實施的是通才教育，為學生的全面發展提供了優越的條件和良好的環境。梅貽琦校長在任清華大學校長時就說過：「通識為本，兼識為末」，「大學重心所寄應在通而不在專」。學校當局為保證這一方針得以貫徹，做出了三條規定：一是允許學生跨學科、跨專業自由選擇課程，以豐富和擴大學生的知識面，開拓學生的視野；二是允許學生在校內組織社團活動，促進各學科、各方面的思想交流；三是鼓勵學生積極參加多種社會實踐，以加深學生對社會的體認。

可以看出，西南聯大實施的通才教育中，民主自由和獨立思考的學術精神是其核心和靈魂。正是由於有這樣一種積極和寬鬆的氛圍，聯大才能真正發揚百家爭鳴的精神，人才輩出，成果驕人。校長梅貽琦曾經用北宋學者胡瑗（993–1059）的一句話來說明學術自由對於學校教育的重要性：「若夫學者，則無所不思，無所不言，以其無責，可以行其志也，若云思不出其位，是自棄於淺陋之學也。」國學大師陳寅恪先生在講課時就向學生宣佈：「前人講過的我不講，我自己過去講過的，也不講，現在只講未曾有人講過的。」這種學識和氣魄，能有幾人與之比肩！[8，49]

中科院院士鄒承魯1941年由重慶南開中學考進西南聯大，他在西南聯大成立45週年紀念會上發言說：「西南聯合大學在極端困難的條件之下堅持教學，堅持科研，這件事被人談得很多。可還有一個重要的東西一直沒被談過，那就是西南聯大的民主風氣。它和重慶不一樣，在政治上不是壓抑，而是有一定的自由度。它不但在學術上有自由度，在其他方面也有一定的自由度。西南聯大具有民主的傳統，這一點不應被忽略掉。」[102，122]

聯大非常注重專業基礎的訓練，對基礎課的要求非常嚴格，因為只有扎扎實實地打好基礎，才能培養出真正有用的人才。不僅有資深的教授給一二年級學生上基礎課，而且學生如果有一兩門基礎課達不到標準就不准升級；凡基礎課不及格的人，不准補考，只能再修。由於這種嚴格的規定，聯大學生能夠順利完成大一、大二的全部課程升入高年級，是一件很不容易的事情。

對聯大的這種教學方針，楊振寧感到對自己今後的成功起了至關重要的作用，他在回憶中說：

> 我記得很清楚聯大的大一國文是必修課，當時採用輪流教學法。每一位教授只講一個到兩個禮拜。一般說來，輪流教學法的效果通常是很差的，會產生混亂的情況。不過那時的教授陣容實在很強，輪流教學法給了我們多方面的文史知識。記得教過我大一國文的老師有朱自清先生、聞一多先生、羅常培先生、王力先生等很多人。[3，32]

因為每位教授都只講授他本人研究最透徹、心得最深和最拿手的部分，所以不僅非常吸引學生，而且讓學生受益匪淺。在這些一代宗師的熏陶下，楊振寧有了較深的人文知識功底。

楊振寧所在的物理系，陣容也是空前的強大。當時在西南聯大任教的吳大猷在《抗戰中的西南聯合大學物理系》一文中寫道：

> 西南聯大乃由北大、清華及南開三校於1938年春在昆明組成。物理系的教授，亦係由三校來的。清華有葉企孫、吳有訓、周培源、趙忠堯、王竹溪、霍秉權；北大有饒毓泰、朱物華、吳大猷、鄭華熾、馬仕俊；南開有張文裕……其中王、霍、張似是1941年由英回國的，馬則是1938年初由英國返國的，各人的專長略如下：葉、饒是最年長的；葉是哈佛的，饒是普林斯頓20年代初期的實驗物理學家；葉早年從事普朗克常數由X射線的測定；饒早年從事氣體導電研究，後從事光譜的斯塔克效應的研究。吳有訓研究康普頓效應是有貢獻的，周培源早年研究相對論（廣義的），在昆明時則從事激（湍）流的研究。趙忠堯在30年代初，在加州理工學院從事硬γ射線的吸收研究，此項工作極為重要，為後來安德森發現正電子的先河，惜失之交臂。朱物華乃哈佛電工博士，研究電網絡及瞬流等問題。王乃劍橋理論物理學者，專長統計力學；霍和張二人皆劍橋的實驗核子物理學者。鄭華熾則在法國及奧地利從事拉曼效應的研究。馬乃劍橋理論物理學者，專長為量子電動力學。……筆者從事原子及分子理論及實驗（光譜）工作。[14，53]

可以看出，物理系的教授都是從歐美留學回國，在物理學前沿研究中有一定成就的學者；而且在西南聯大極其艱難的情況下，仍然克服一切困難堅持研究。誠如吳大猷所描述的那樣：

……從事實驗研究者無法工作，只有從事理論工作的還可以做些研究。在實驗研究方面，趙忠堯用由北平帶出來的50毫克的鐳做了些人工（中子）放射性元素實驗；筆者試着用由北平帶出來的光譜儀的棱鏡等部分，放在木架製的臨時性粗形光譜儀，做 $Ni(NO_3)_2 \cdot 6NH_3$ 晶體的 Raman 光譜（為的是稍早在英國余瑞璜從 X 射線研究的結果，引起我想出一個相關的問題）。西南聯大物理系八年來的「實驗研究」工作，成就是這一點了；它們顯然都不是重要的工作，但它們卻是代表一種努力的精神——「知其不可為而為之」的精神。

在理論研究方面，則情形好得多了。除周培源的激（湍）流研究本身成就外，還引導了研究生林家翹；林（1939 年）考取中英庚款出國後，解答了激（湍）流理論上一個基本性的重要問題。王竹溪領導了楊振寧、李蔭遠從事一個統計力學問題的研究。馬仕俊繼續從事量子場論方面的工作。筆者到昆明的首年寫了一冊《多原子分子的振動光譜和結構》專著，做一些原子能態、自游離化理論等的研究。這些工作，都沒有甚麼重要性，大概是因為在極端困難情形下做的，為筆者獲得些意外的聲譽。[14，55]

一年級時，給楊振寧講普通物理學的是趙忠堯（1902–1998）教授。趙忠堯在國際物理學界享有一定的聲譽。諾貝爾物理學獎評選委員會前主任埃克斯朋（Gösta Ekspong）教授 1999 年在北京做關於諾貝爾獎歷史的報告時特別提到了趙忠堯，並高度評價了趙忠堯在 1930 年所做的實驗的貢獻。埃克斯朋說：

1981 年，我到安德森 (C. D. Anderson)[1]在帕薩迪納的家中拜訪他。他告訴我，他當研究生時，對隔壁辦公室趙忠堯博士的實驗很感興趣。趙離開美國後，安德森得到了一個 ThC″ 源。他建議用磁場中的雲室研究從鉛板上出射的粒子（電子）。但他的導師密立根 (Robert A. Millikan) 博士不同意，他讓安德森研究宇宙射線。安德森告訴我，他相信，如果他不被[密立根]阻止繼續趙的實驗，正電子可能提前兩年就被發現了。

1932 年安德森在宇宙射線中看到了正電子的徑跡後，與密立根教授發生了激烈的爭論。

正電子的發現完全是偶然的，它與任何其他工作，包括狄拉克的理論都沒有關係。

所以，趙忠堯博士在安德森發現正電子兩年之前，即 1930 年，就發現了正負電子的湮滅。[103，6]

作為趙忠堯的學生，楊振寧在 1989 年撰文專門介紹了趙忠堯的重要貢獻。

到了大學二年級，教楊振寧電磁學的是吳有訓教授。吳有訓是中國近代物理學的先驅者，是中國物理學會的創始人之一。1921 年吳有訓到美國留學，在芝加哥大學隨康普頓教授從事物理學研究，1926 年獲得博士學位後回國。在芝加哥留學期間，與楊武之同過學，還一度成為室友。在做康普頓的研究生時，他用精湛的實驗無可置疑地證實了康普頓效應。康普頓在他的《X 射線的理論和實驗》一書中，對吳有訓的實驗研究給予了很高的評價，全

---

〔1〕 安德森「因為發現了正電子」與赫斯 (V. F. Hess) 共同獲得 1936 年諾貝爾物理學獎。

中國著名物理學家
趙忠堯教授

楊振寧與吳有訓，
攝於 1977 年。

書有 19 處引用了吳有訓的工作，特別是吳有訓的一張由實驗得到的 X 射線光譜圖，康普頓把它作為證實他的理論的主要依據。我們知道，康普頓效應的發現及理論解釋，是量子力學發展歷程中的一個「轉折點」，具有里程碑的價值；1927 年，康普頓因發現這一效應而獲得諾貝爾物理學獎。

吳有訓不但在研究上成就斐然，還是一位優秀的教育家。他特別強調學物理就必須動手做實驗，他對中國傳統教育的弊病——只重書本、重分數和一考定終身，持嚴厲的批評態度，常說「念書把人都念傻了」。吳有訓總是身穿工作服，教學生們用簡單的器材做各種必備但又缺乏的實驗儀器。楊振寧能夠聽吳有訓講電磁學是十分幸運的，他也從沒有忘記恩師的教導。30 多年以後，楊振寧在普林斯頓見到康普頓時，康普頓還特意告訴楊振寧，他一生最得意的兩個學生就是吳有訓和阿爾瓦雷茨（Luis Walter Alvarez，1911–1988，1968 年獲得諾貝爾物理學獎），而且他始終不能確定這兩個學生哪一個天分更高。1962 年 1 月，楊振寧把自己寫的《基本粒子發現簡史》一書送給老師吳有訓時，在書的扉頁上寫道：

> 年前晤 A. H. 康普頓教授，他問我師近況如何，並謂我師是他一生中最得意的學生。

教楊振寧力學和另外兩門課的周培源教授，1924 年到 1926 年在芝加哥大學物理系深造時，也和楊武之同過學；1928 年在加州理工學院獲博士學位和最高榮譽獎。在廣義相對論和湍流理論的研究中，周培源有重要的貢獻。1982 年，他的湍流理論獲國家自然科學二等獎。1980 年和 1985 年兩次獲得加州理工學院「具有卓越貢獻的校友」榮譽。

周培源與楊振寧，1977 年攝於黃山。

中國物理學家張文裕教授

1992年周培源九十壽辰時，楊振寧在紀念文章中寫道：

> 周先生是我父親楊武之1925年前後在芝加哥大學的同學。1929年10月初我七歲的時候，母親帶我自上海乘火車去北平。周先生那年自歐洲回國，也坐那班車去北平。父親委託了他照顧我母子二人。那是我第一次認識周先生，已經是六十多年前的事了。抗戰期間我在西南聯大讀了四年大學、兩年研究生。前後念過周先生教的三門課。記得聯大物理系教授中研究生最多的兩位是周先生和吳大猷先生。和我同時的物理系研究生當中就有兩位跟周先生做論文：張守廉和黃授書。[104]

到了大學三年級，教物性論的是從劍橋大學卡文迪什實驗室獲博士學位的張文裕（1910—1992）教授。我們知道，卡文迪什實驗室的湯姆遜（J. J. Thomson，1856—1940，1906年獲得諾貝爾物理學獎）和他的學生盧瑟福，一個是「電子之父」，一個是「現代核物理學之父」；湯姆遜發現了電子，盧瑟福發現了原子的核結構。當張文裕1935年到卡文迪什師從盧瑟福時，盧瑟福的學生查德威克（James Chadwick，1891—1974，1935年獲得諾貝爾物理學獎）兩年前剛剛發現中子，原子核和原子結構終於大白於天下。在原子物理學發展的高潮中，張文裕來到劍橋大學，真可謂適逢其時。1937年抗日戰爭全面爆發，張文裕要求回國，但由於規定必須獲得博士學位才能回國，於是他申請提前論文答辯，答辯一結束，就立即起程回國，回國之後就到西南聯大任教。1943年他又到美國進行研究，於1948年發現μ子原子，並證明μ子是非強相互作用粒子。他於1956年從美國歸來，對中國核物理和宇宙射線的研究事業做出重要的貢獻。這樣優秀的學者為大三學生上課，使楊振寧很快了解了原子核研究的最前沿。

在大學三四年級時，楊振寧還聽過吳大猷的古典力學和量子力學，馬仕俊（1913—1962）的場論，王竹溪（1911—1983）的熱力學、統計力學、量子力學、電動力學等多門課程。由授課者的水平和開設的課程可以看出，西南聯大物理系的水平完全可以和當時世界上的名牌大學相媲美，有些基礎課程甚至超過了歐美的名牌大學。

由於有名師執教，加上楊振寧的天賦和刻苦努力的學習，在大學三年級的時候，楊振寧和經濟系的同學周大昌為西南聯大爭了光，雙雙獲得全國只有三個名額的穆藕初先生獎學金。另一個獲獎者是中山大學農科學生劉有成。

穆藕初（1876—1943），上海浦東人，是上海工商界名流，崑劇票友，崑劇傳習所的創辦者之一，民國時期著名的棉花專家。早年曾當過棉花行學徒、小職員。甲午海戰後發憤苦讀英文，考入上海海關當辦事員。1909 年赴美留學，專攻植棉、紡織和企業管理。1914 年獲碩士學位回國，五年裡成功建起德大、厚生、豫豐三大紡織廠，創辦中華勸工銀行、上海紗布交易所，並經營大規模的棉種試驗場。在從事企業創建和管理的同時，他還出版過不少著作和翻譯作品。

穆先生不僅事業有成，還在 1917 年與蔡元培等人共同發起成立「中華職業教育社」；1920 年，無償向北京大學捐贈白銀 5 萬兩，資助優秀學生出國留學，受益者包括羅家倫、段錫朋、周炳琳、汪敬熙、康白情、方顯廷、江紹原等著名人士。1937 年 6 月，受他資助而學有所成的方顯廷、羅家倫等 10 人，效法穆先生的義舉，集資 1 萬元設立穆藕初先生獎學金。1940 年，穆藕初先生獎學金在全國高校學生中第一次開展評選活動。教育部規定，第一屆穆藕初先生獎學金獲獎名額為 3 名。

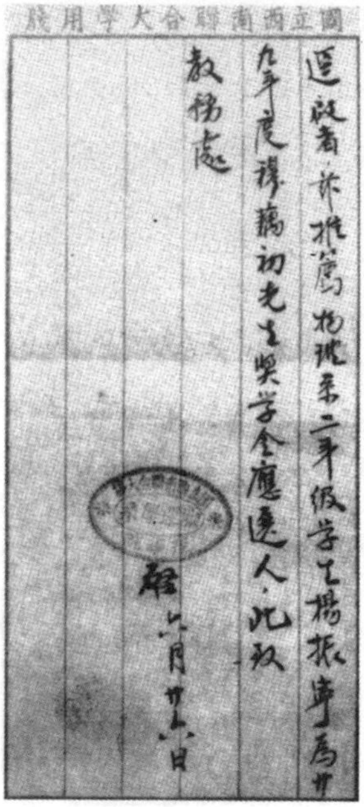

國立西南聯合大學用牋

逕啟者：茲推薦物理系二年級学生楊振寧為廿九年度穆藕初先生奬学金應選人，此致

教務處

六月廿六日

西南聯大物理系專門致函教務處，「推薦物理系二年級學生楊振寧為廿九年度穆藕初先生獎學金應選人」。

1940 年 6 月 26 日，西南聯大物理系按照穆藕初先生獎學金管理的有關規定，專門致函教務處，「推薦物理系二年級學生楊振寧為廿九年度穆藕初先生獎學金應選人」。此後再由學校層層評選，層層上報。

經過幾個月的評選，楊振寧被評上，成為三名獲獎者之一。1940 年 11 月 3 日，重慶《新華日報》第二版刊登了一則消息：「穆藕初先生獎學金首次得獎者已決定農科一名中大劉有成、理科一名聯大楊振寧、經濟一名聯大周大昌。」[129，99]

首屆穆藕初先生獎學金的三位獲獎者，就有兩位是西南聯大的，由此可見西南聯大在當時的大學中的地位是很高的。

我曾經問過楊先生有關這個獎學金的一些事情，楊先生回信說：「穆藕初先生獎學金對[我們家]當時困難的日子有很大的幫助。是的，那是我第一次獲得獎學金。」[1]

楊振寧能夠在全國統一高考中獲得第二名，大學三年級又能夠獲得競爭性很強的穆藕初先生獎學金，除了他的天賦以外，與他的學習目標明確、意志堅定、心無旁騖有關。楊振寧在聯大時期短暫的初戀，很能夠說明楊振寧的這一特點。

1938 年與楊振寧一起考入西南聯大物理系的，有一位美麗的女生張景昭，她是浙江嵊縣人，入學時 19 歲，比楊振寧大兩歲。張景昭在物理系讀了一段時間轉到數學系去了。

轉系後的張景昭，經常到他家向他父親請教，因此他們見面的機會比較多。隨着交往的增多，楊振寧喜歡上了常常穿着一件紅外套而特別顯眼的張景昭。這一喜歡不打緊，卻使情竇初開的楊振寧一時不能自持，為了能與張景昭見面，他總是打聽好她在甚麼地方上課，然後就請假到她上課的教室旁走來走去，以便她出來時能夠藉故跟她講上幾句話。楊振寧看出來，張景昭對他似乎也有好感。這樣持續了一兩個月，有一天楊振寧突然驚醒：自從戀上張景昭以後，自己就不再像以前那樣專心致志、心無旁騖地念書了。長此以往，堪可憂慮。於是他決心一如既往把精力全部投入緊張的學習中去，不必過早地交女朋友。

此後楊振寧盡力克制自己，不再主動去見張景昭；即使偶爾遇到的時候，他也像對待一般同學那樣，只與張景昭打打招呼。過了一段時間，楊振

〔1〕2011 年 3 月 12 日楊振寧給筆者的電子郵件，原為英文。

寧的情緒終於慢慢地平靜了下來，又能夠像以前那樣沉穩而緊張地學習了。

初戀畢竟是甜蜜的，更是難忘的，楊振寧一直把這段戀情深深地埋藏在心底。2006 年 7 月 9 日下午，楊振寧在新加坡南洋理工大學以「我的生平」為主題演講時，提到了自己的初戀，還說：「我遇見她前，情感狀況就像是一片平靜的水，之後則變成了暴風雨。……我那時告訴我自己，和她交往是一件不好的事情，因為這會給自己帶來煩擾。」

自 1938 年 3 月楊武之全家到了昆明以後，他們在昆明度過了抗日戰爭時期。他們的家庭如同其他所有教職員工的家庭一樣，都處於非常艱難的狀況。楊振漢曾回憶：「那時昆明的物質條件極差，父親的工資因為通貨急遽膨脹，實際收入大概只及戰前的幾十分之一，生活十分艱苦。在這些艱苦的歲月裡，父親母親十分注意我們兄妹五人的身體成長和家庭教育，很有限的收入，都用在我們子女身上，希望我們能獲得起碼的營養，能健康成長，還為我們買些書本和文具。」[1，890]

那時，昆明由於人口劇增，中小學無法把突然增加的少兒都收到學校裡讀書，所以楊振寧在昆華中學讀完高二就直接考上了西南聯大，而振平、振漢和振玉三個孩子實際上就失學了，振復還不滿一歲，學習問題還談不上，但這三個怎麼辦？楊武之擔心三個孩子荒廢學業太久，就自己擔任家庭教師，教振平和振漢念中國古文和白話文。振漢後來回憶，父親在那時教他的唐詩宋詞，他後來一直都記得，可以背誦。楊武之認為：「近代的數學物理化學等課目，到念中學時再讀都不遲，可是中國語文、中國古文一定要從小就學，從小就背誦幾篇精彩的白話文、精彩的古文，背誦幾首詩、詞、歌、賦等，將來一生都有好處。」[1，891]

除了教中國語文，楊武之還專門在家裡掛了一塊小黑板，先後教過幾個孩子語文、算術和英語、三角、代數、幾何、微積分，等等。楊振寧的妹妹楊振玉在回憶中寫道：「[父親]還教我們念《古文觀止》，講歷史名人故事如岳飛、文天祥等。父親讓大哥從西南聯大圖書館借來英文的《數學名人傳》（*Men of Mathematics*）〔1〕，由他和大哥分章分節講給我們聽。因此從小我們都知道笛卡爾、費馬等數學名人。我們後來都不從事數學研究，可是對學術研究都產生了敬慕之心。」[1，907]

《數學名人傳》的作者是加州理工學院一位神氣活現的數學教授埃里克·坦普爾·貝爾（Eric Temple Bell，1883—1960）。這本書與學校裡的教科書不同，它是一本引人入勝的數學家故事，是由數學符號和誘人秘密組成的神秘王國，它對數學問題生動的描述很容易激發年輕人的研究熱情。貝爾甚至保證說，有一些艱深而美妙的問題可以由年輕的（比如 14 歲）業餘愛好者來解決。這種非常具有誘惑力、穿透力的描述，曾經使得許多年輕人從此愛上了數學。例如，1994 年獲得諾貝爾經濟學獎的普林斯頓大學的數學天才納殊（John Nash，1928—2015）早年在看了這本書以後終生難忘，最終成為一名偉大的數學家。所以，楊振玉有這樣難忘的回憶是不奇怪的。這本書想必一定也大大激勵過年輕的楊振寧，使他對數學有了特殊的感情。

楊振寧作為大哥，在昆明那段艱難的時期，已經開始為父母分憂，幫助父母照料和教育弟妹們。那時他的四個弟妹都還是 12 歲以下的孩子，正是長身體長知識的時候，但他們家在 1940 年秋天由於日本飛機幾乎每天轟炸昆明，城裡的家被炸得甚麼也沒有了，只剩下一片廢墟。沒有辦法，楊家只

〔1〕這本書國內有兩種中譯本。商務印書館的譯本名為《數學精英》，上海科技教育出版社的譯本名為《數學大師》（徐源譯，2004 年）。

好遷到昆明西北郊十餘公里的農村——龍院村。龍院村是清華大學教授和職員家屬疏散居住地之一，坐落在玉案山腳下，坐西朝東，村後大山橫亙。全村南北展延約三四里，一條主街在村中蜿蜒，街道兩旁散落着農家住戶，樹叢、池塘和打穀場點綴其間。據說過去村裡梨樹很多，有「梨園」之稱。在雲南話裡「園」和「煙」相諧，因此通常在文字上把這個村子寫成「梨煙村」，後來正式定名為「龍院村」。楊家和許多教授家都住在龍院村，而且一住就是兩年多。

龍院村除了物質環境很貧乏以外，也沒有好的學校。楊振寧為了幫助弟妹們好好讀書，不給母親帶來更多的搗亂和麻煩，就想出了一個頗受弟弟妹妹們喜歡的辦法：如果誰能一天裡好好念書，聽母親的話，幫助做家務，就記上一個紅點，反之就要記下一個黑點。一週下來，如果哪一個有了三個紅點，就可以由他騎着自行車帶到城裡看一場電影以資獎勵。

從這個辦法定出來以後，幾個弟妹聽話多了，讀書也自覺多了，而且每週都急切地盼望週末的到來。週末大哥從聯大回來，不僅要總結一週的成績，看誰的紅點能達到三個，以便幸運地跟大哥進城看電影，而且，大哥還會接着講上週沒有講完的故事。楊振寧的故事不少，這主要是因為他自從進了大學以後就開始閱讀英文原版小說，並盡量少利用英漢詞典，以此來提高自己的英文水平。他念的第一本英文小說是英國小說家斯蒂文森的極為流行的小說《金銀島》，雖然這本書裡有許多與海洋有關的俚語，但他居然一週之內就把它讀完了，這說明他的英語水平已經不低。接着他又讀完英國女作家奧斯汀的《傲慢與偏見》。讀完了這兩本書以後，楊振寧閱讀原版小說就更流暢了一些。接着他又讀了法國大文豪雨果的《悲慘世界》英譯本和美國作家庫珀的《最後一個莫希干人》。楊振寧常常是自己一面看一面講給弟妹們

楊振寧與弟妹們，攝於龍院村一個大院。前排左起：楊振漢、楊振玉、楊振平；後排左起：楊振復、楊振寧。同院中還住有西南聯大十幾位教授。

2000 年，楊振寧兄弟三人回到龍院村住過的老家門口。左起：楊振寧、楊振平和楊振漢。

聽，鄰居聯大教授的孩子們知道這件事以後也都跑來聽，楊振寧則是來者不拒。鄰居的孩子有吳有訓家的吳惕生、吳希如、吳再生和吳湘如，趙忠堯的女兒趙維志，余瑞璜的女兒余智華、余慧華等。楊振寧像講書人一樣，每次只講一段，以後的故事嘛，「且聽下回分解」。因此楊振寧週末一回來，這一大幫小傢伙就圍着楊振寧急切地等待「下回分解」。楊振平曾生動地回憶：「我們聽得不但津津有味，而且上了癮，吃完晚飯就吵着要他說書，可惜他有一個大毛病，在一本書還沒講完之前，他就已經開始講第二本書了。這樣把四五本書的後半段都懸在半空，把我們吊得好難過。」[1，883]

楊振寧還有一招也讓弟弟妹妹和鄰居一幫小傢伙非常傾心，那就是他自己動手製作的「土電影放映機」。他把用過了的餅乾筒做機身，在筒的底部開一個洞，洞口裝上一個放大鏡，筒內再裝上一個電燈泡，就製成了一個「放映機」。畫片就由熊秉明繪製。這樣，在牆上就可以看到放大了的畫面。孩子們看到畫面投影到塗了石灰的牆上，都歡呼雀躍起來。其中讓他們印象最深的是名為《身在家中坐，禍從天上來》的組畫，講的是日本飛機的狂轟濫炸，讓中國老百姓家破人亡的悲慘遭遇。

談到日本飛機的轟炸，那恐怕是當時所有孩子，包括楊振寧在內，都有切膚之痛的感受。

1938 年 9 月初，西南聯大正式復課後不久，就遭受到日本空軍的轟炸。9 月 28 日，日本飛機襲擊昆明，西南聯大被作為襲擊目標之一，房屋被炸毀不少，師生亦有傷亡。朱自清目睹空襲後的慘狀，曾寫道：「見死者靜臥，一廚子血肉模糊，狀至慘。」

1941 年前後，日本空軍對昆明的空襲達到了高潮，其中有幾次是明顯針對西南聯大的。日本侵略者的罪惡目的是對這座大後方民主和文化的重鎮進行打擊，想讓師生們生活在恐懼中，以達到壓垮中國民眾精神的罪惡目的。1940年10月和1941年8月的兩次轟炸中，西南聯大遭受到重大的損失。梅貽琦校長曾在公告中揭露日本侵略者的暴行：「[1940年10月13日]亂機襲擊昆明，竟以聯大與雲大為目標，俯衝投彈……師範學院裡男生宿舍全毀，該院辦公處與教員宿舍亦多震壞……環校四周，落彈甚多，故損毀特巨。」[8，57]

1941年8月，西南聯大第二次成為日本空軍有針對性的轟炸目標，被投下大量炸彈。當時報紙上報道的損失情形是：「該校舍各部門幾無不遭炸彈波及……新舍男生宿舍第一、二、二八、三二等被毀，其餘受震。師院女生宿舍第二號被毀，男生宿舍第一二號亦被毀，損失甚重，南院女生宿舍、飯廳整個被炸，其餘臥室受震而有倒塌之勢。圖書儀器，第七、八教室被毀，南區生物實驗室一棟全被毀，內有儀器多件。圖書庫被毀，內有清華各類圖書甚多，悉成灰燼。其餘，常委辦公室、出納組、事務組、訓導組、總務處均被夷為平地。」[8，57]

在這種生命和財產受到威脅的情形下，梅貽琦校長代表廣大師生表示了他們不屈的心聲：「物質之損失有限，精神之淬勵無窮，仇深事亟，吾人更宜努力。」

楊振寧的家遷到了龍院村以後，開始了更加艱難困苦的生活。楊振玉回憶：「父親風塵僕僕，騎自行車每週往返於昆明和龍院村之間。有一次天黑時，自行車從鄉下崎嶇又泥濘的堤埂上滑到埂下的水溝裡，父親渾身是泥，幾處受傷。當時那個家，白天可見蛇行於屋樑上，夜半時後山上狼嚎聲不斷，令我們毛骨悚然。」[1，907]

在這種極端困難的條件下，楊振寧和他的同學們一樣，按照校訓所說，「剛毅堅卓」，發奮讀書，努力使自己知識豐滿，使自己盡可能成為國家有用之才。楊振寧喜歡唱歌，在校園走路時哼，在家裡做功課也哼。他唱得最多的就是他父親教給他的《中國男兒》：

> 中國男兒，中國男兒，要將隻手撐天空。
>
> 睡獅千年，睡獅千年，一夫振臂萬夫雄。
>
> ……
>
> 古今多少奇丈夫，碎首黃塵，燕然勒功，至今熱血猶殷紅。

楊振寧對這首歌一定很有情感，他說過：「我父親誕生於 1896 年，那是中華民族仍陷於任人宰割的時代。他一生都喜歡這首歌曲。」[3，64]

這首歌也一定使楊振寧熱血沸騰，深感天下興亡，匹夫有責，因為他說過：「假如有一天哪位導演要攝製鄧稼先傳，我要向他建議背景音樂採用五四時代的一首歌，我兒時從父親口中學到。」[3，64]他說的這「一首歌」，就是《中國男兒》。

三、獲得學士學位

楊振寧在大學時書念得很好，像在以前讀中學和後來讀研究生時期一樣，在學校裡都小有名氣。不少人覺得他將來一定是大有成就的，他自己也對自己的未來充滿信心和心懷大志，楊武之曾對人說：「振寧是 90 分以上的學生，振平是 80 分以上的學生。」後來楊振平風趣地說：「現在看來，他對大哥估價壓低，而對我估價太高。」[1，884]

進了大學以後，楊武之開始對楊振寧介紹比較高層次的數學知識和思想方法。在 1938 年到 1939 年這一年時間裡，楊武之讓楊振寧接觸了近代數學的精神，他借來哈代（G. H. Hardy）的《純數學》（*Pure Mathematics*）和貝爾的《數學名人傳》給楊振寧看，還同楊振寧一起討論集合論（set theory）、連續統假説（continuum hypothesis）等概念。這些介紹和討論給楊振寧留下了「不可磨滅的印象」，深刻地影響了楊振寧在科學研究上的風格。

楊振平在回憶中説，當時他們家有一塊黑板，父親和大哥常常在黑板上討論數學，「黑板上畫了許多幾何圖形和好些奇奇怪怪的符號。他們還常提起『香蕉』（相交，幾何術語），和有音樂聲調的『鋼笛浪滴』（*Comptes Rendus*，一份法國學術雜誌）」。[1，882–883]

楊振寧在 1992 年曾經説：

> 許多理論物理工作者在某些方面對數學有抗拒，或者有貶低數學的價值的傾向。我不同意這種態度，我曾這樣寫道：「也許因為受我父親的影響，我較為欣賞數學。我欣賞數學家的價值觀，我讚美數學的優美和力量：它有戰術上的機巧與靈活，又有戰略上的雄才遠慮。而且，奇跡的奇跡，它的一些美妙概念竟是支配物理世界的基本結構。」[1，739]

當華東師範大學數學系教授張奠宙問楊振寧先生「你父親對你有哪些影響」時，楊振寧舉例回答：

> 當我還是中學生的時候，就從父親那裡接觸到群論的基礎原理，也常常被父親書架上一本斯派塞（A. Speiser）的關於有限群的書中的美麗的插圖所迷住。當我寫大學畢業論文時，父親建議我讀一讀狄克遜的一

> 本名叫《現代代數理論》(*Modern Algebraic Theories*，1926) 的小書，其中短短 20 頁的一章介紹了特徵標理論的要點，這一章的優美和威力使我認識到群論的無與倫比的美妙和力量。[1，739]

他還說過：「群論……在物理學中的應用的深入，對我後來的工作有決定性的影響。這個領域叫作對稱性原理。」

1941 年秋天，楊振寧升到大學四年級。十分幸運的是，由吳大猷給他們講授古典動力學和量子力學兩門課，這對楊振寧日後的道路起了決定性的作用。因此我們應該對吳大猷教授做一簡要介紹。

吳大猷在 1907 年 9 月 29 日生於廣東番禺的一個書香門第。五歲時，他的父親在吉林當官時因遇到大疫而去世，此後由母親和伯父撫育成人。1925 年夏，吳大猷以同等學力跳級考入了南開大學，一年級讀礦科，到二年級才轉到物理系就讀。在讀大學二年級的時候，他就利用課餘時間翻譯了洛奇 (O. Lodge，1851—1940) 的一本科普讀物《原子》，這樣既學習了科學知識又練習了英語。後來他還將普朗克的《熱輻射理論》由德語譯成英語。1929 年，吳大猷畢業於南開大學物理系。

南開大學物理系的饒毓泰教授很看重聰明好學的吳大猷，建議他去當時的科學中心德國研究晶體物理學。1931 年 9 月，出於語言和經費上的考慮，吳大猷到了美國密歇根大學物理系，先後師從研究紅外光譜的蘭道爾 (H. M. Randall) 教授和理論物理學家高斯米特 (S. A. Goudsmit，1902—1978)。1933 年 6 月，他獲得了密歇根大學博士學位。接着，他又做了一年博士後研究，從事原子及分子光譜學研究。

1934 年，吳大猷的恩師饒毓泰已在北京大學任理學院院長兼物理系系主

1929 年夏，吳大猷畢業於南開大學物理系以後，與母親合影於廣東肇慶。

任，吳大猷剛一做完博士後研究，他就立即聘請吳大猷為北京大學物理系教授。1938 年夏，吳大猷作為北京大學物理系教授到西南聯大物理系任教。同年冬天，北京大學為籌備 40 週年校慶徵集論文著作，吳大猷開始用英文撰寫《多原子分子的振動光譜和結構》一書，1939 年寫完後交上海中國科學社出版。這本書後來獲得 1942 年教育部一等獎。

1939 年夏，西南聯大三所大學分別恢復其原有研究所；秋天，教育部下令繼續招收研究生，於是吳大猷開始招收理論物理學研究生。在抗日戰爭那樣艱難困苦的情形下，吳大猷既講課又招研究生，還堅持做研究，發表了 18 篇論文，還將維格納（E. P. Wigner，1902–1995，1963 年獲得諾貝爾物理學獎）的《群論及其在原子光譜量子力學中的應用》（1931）一書從德語譯成英語。這是一本珍貴的手寫本。這個手寫本後來還發生了一個有趣的故事，它在吳大猷的《抗戰中的西南聯合大學物理系》一文中首次披露：「1946 年我路過芝加哥大學時，參加穆立肯（Robert S. Mulliken）教授的『分子光譜與群論』的討論會，楊振寧告訴他我曾譯有維格納的名著。他向我借我的手稿，並允將其打字後寄我印本。數年後他竟將我的手稿丟失（他以為已交楊還我云），又數年後，該書另為他人英譯出版。1957 年筆者告維格納此故事，伊謂穆立肯應效日人『剖腹』云。」[14，56]

正是在吳大猷和父親楊武之的引導下，楊振寧進入了物理學的對稱性領域。事情的起源還得從學士論文講起。

到 1941 年深秋，吳大猷講授的課程即將結束，按照西南聯大的規定，大學畢業生要取得學士學位，必須寫一篇畢業論文。吳大猷擬定了十幾個題目，任學生選擇一個題目做學士論文，楊振寧選了「群論和多原子分子的振動」這個題目，並到吳大猷那兒請他作為論文導師。吳大猷同意了，並找出 1936 年《現代物理評論》（*Review of Modern Physics*）上羅森塔爾（A. Rosenthal）和墨菲（G. M. Murphy）合寫的一篇文章，讓楊振寧自己先看一看。這篇文章寫的是關於群論和分子光譜學的關係，是一篇有相當深度的評論性文章，即便是今日的大學四年級學生，也未必能讀懂。

群論是 19 世紀發展起來的一個新型的數學分支，是系統研究群（group）的性質和應用的一門學科。19 世紀初，伽羅華（E. Galois，1811–1832）利用群的性質解決了高次代數方程用根式求解不可能性的問題以後，群論獲得了巨大進展。由於群論從數學角度研究對稱性問題，而物理學的任何一種守恆（如能量、動量、角動量、電荷守恆等）都對應一種對稱性，所以群論對現代物理學有極為重要的應用價值。楊武之恰好是長於群論的數學家，30年代初他在清華研究生院給數學專業的研究生開過群論課，當時有不少研究生如華羅庚、柯召和陳省身都聽過楊武之的課。楊振寧選群論來研究原子和分子光譜學，應該是受父親影響的結果，否則對一個40年代初的物理系大學生來說，還不可能對群論有很深的了解。

現在每一個物理學家都知道群論對物理學的重要價值，但是群論在最初引進物理學的時候還經歷過一番波折。當維格納於1929年寫出著作《群論及其在原子光譜量子力學中的應用》時，許多物理學家，特別是那些年長

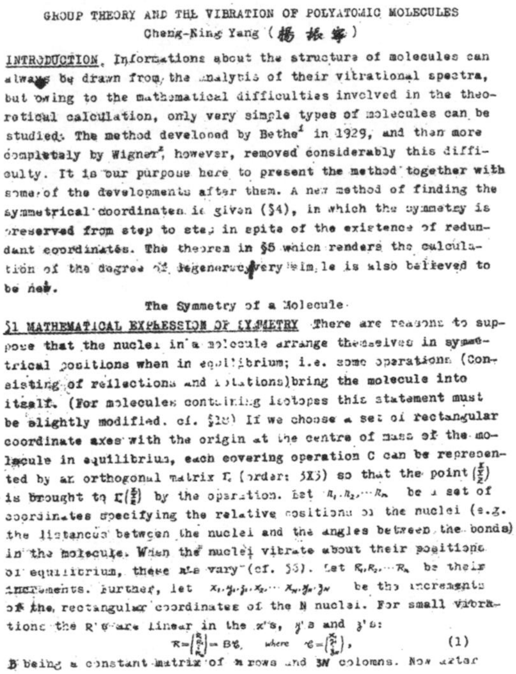

GROUP THEORY AND THE VIBRATION OF POLYATOMIC MOLECULES

Cheng-Ning Yang (楊振寧)

INTRODUCTION. Informations about the structure of molecules can always be drawn from the analysis of their vibrational spectra, but owing to the mathematical difficulties involved in the theoretical calculation, only very simple types of molecules can be studied. The method developed by Bethe[1] in 1929, and then more completely by Wigner[2], however, removed considerably this difficulty. It is our purpose here to present the method together with some of the developments after them. A new method of finding the symmetrical coordinates is given (§4), in which the symmetry is preserved from step to step in spite of the existence of redundant coordinates. The theorem in §5 which renders the calculation of the degree of degeneracy very simple is also believed to be new.

The Symmetry of a Molecule

§1 MATHEMATICAL EXPRESSION OF SYMMETRY There are reasons to suppose that the nuclei in a molecule arrange themselves in symmetrical positions when in equilibrium; i.e. some operations (Consisting of reflections and rotations) bring the molecule into itself. (For molecules containing isotopes this statement must be slightly modified. cf. §18) If we choose a set of rectangular coordinate axes with the origin at the centre of mass of the molecule in equilibrium, each covering operation C can be represented by an orthogonal matrix Γ_c (order: 3X3) so that the point $\begin{pmatrix} x \\ y \\ z \end{pmatrix}$ is brought to $\Gamma\begin{pmatrix} x \\ y \\ z \end{pmatrix}$ by the operation. Let $R_1, R_2, \cdots R_n$ be a set of coordinates specifying the relative positions of the nuclei (e.g. the distances between the nuclei and the angles between the bonds) in the molecule. When the nuclei vibrate about their positions of equilibrium, these R's vary (cf. §3). Let $R_1, R_2, \cdots R_n$ be their increments. Further, let $x_1, y_1, z_1, x_2, \cdots x_N, y_N, z_N$ be the increments of the rectangular coordinates of the N nuclei. For small vibrations the R's are linear in the x's, y's and z's:

$$\mathcal{R} = \begin{pmatrix} R_1 \\ R_2 \\ \vdots \\ R_n \end{pmatrix} = B\mathcal{X}, \quad \text{where } \mathcal{X} = \begin{pmatrix} x_1 \\ y_1 \\ \vdots \\ z_N \end{pmatrix}, \qquad (1)$$

B being a constant matrix of n rows and 3N columns. Now after

楊振寧學士論文的第一頁。論文的英文名為“Group Theory and the Vibration of Polyatomic Molecules”（《群論和多原子分子的振動》）。

的物理學家們，對物理學的這種趨勢懷着某種敵意。他們當中的許多人討厭群論，因為群論把物理學當成某種穩定的東西來處理，而他們則習慣於把物理學看成運動。在量子力學的群論方法中，電子的軌道不是表示成一些軌道，而是表示成一些對應關係。被玻爾稱為「物理學的良知」的泡利（W. E. Pauli，1900—1958，1945 年獲得諾貝爾物理學獎）具有尖刻嘲弄人的天才，他把群論稱為「群禍」（Grouppenpest），一時間「群禍」成了一個流行的標籤。維格納在《亂世學人——維格納自傳》一書中寫道：「馮・勞厄不喜歡『群禍』，雖然他很仁慈地支持我的工作。愛因斯坦把整個群論僅僅看作一些細枝末節。……薛定諤無疑把群論看作是『禍害的群論』。他想要物理學按一種特別的方式發展，而當這一點辦不到的時候，他就會不高興。……針對我的群論方法，薛定諤對我說：『這或許是推導出光譜根源的第一個方法。但在五年之後，肯定沒有誰仍然用這個方法來進行研究。』……玻恩是另一位因為『禍害的群論』的日益增長而感到沮喪的物理學家。」[19，116—117]

維格納這段話中提到的勞厄（Max von Laue，1879—1960）、薛定諤（Erwin Schrödinger，1887—1961）和玻恩（Max Born，1882—1970）是分別於 1914 年、1933 年、1954 年獲得過諾貝爾獎的一流物理學大師。他們的反對（還加上愛因斯坦），對剛出道的維格納來説是一個不小的打擊。到 1941 年楊振寧做學士論文的時候，物理學家們仍然不充分信任和理解群論的重要性，這時候楊振寧能在父親和吳大猷的引導下率先進入群論，的確是十分幸運的。

當楊振寧把吳大猷推薦給他的文章拿回家給父親看時，楊武之就把他在美國芝加哥大學求學時的老師狄克遜寫的《現代代數理論》一書給楊振寧看。這本書不僅介紹了群論的一些知識，而且可以讓讀者領略群論中的美妙和對物理學應用的重要意義，很合楊振寧的品味。由此，楊振寧被引入了物理學中對稱性問題的前沿研究。在那時，無論是楊武之還是吳大猷都沒有想到，十多年之後楊振寧就在這個領域做出了不凡的貢獻。他與李政道一起獲得 1957 年的諾貝爾物理學獎以後，楊振寧立即給當時在加拿大的吳大猷寫了一封信，感謝吳大猷在 1942 年引導他進入了對稱性領域。

在 1982 年的一次採訪中，楊振寧特地指出：

> 吳先生指導的論文引導我對於對稱性原理的興趣，以及從群論到對稱性原理上所得到的物理學跟數學的結論，這對我的影響非常之大。[37，136]

1997 年為了慶祝吳大猷九十壽辰，楊振寧與鄒祖德合寫了一篇文章，用群論的方法計算碳 60 的振動頻率。碳 60 是現在所有已經發現了的分子中最具對稱美的分子，用群論討論顯然最為合適。在碳 60 被發現以前，無論是吳大猷還是楊振寧，都沒有預料到會有如此高度對稱的分子。[1]

2000 年 3 月，吳大猷在台北市去世，楊振寧親自到台北為恩師扶柩，而這時楊振寧也是 78 歲的老翁了。師生之間的情誼，由此可以想見。楊振寧對吳大猷的情感和謝意，還可以由下一件事看出。1986 年，吳大猷寫了一本

〔1〕1990 年化學家克羅托（Harold W. Kroto，1939–2016）、斯莫利（Richard Errett Smalley，1943–2005）和柯爾（Robert F. Curl Jr.，1933– ）發現一個由 60 個碳原子組成的完美對稱的足球狀分子，取名為富勒烯（fullerene）。這個新的分子是「碳家族」除金剛石和石墨外的新成員。它的發現刷新了我們對碳這一最為熟悉元素的認識；它宣告誕生了一種新的化學、一系列新的高溫超導體和一些全新的「大碳結構」建築設計概念。1996 年，這三位化學家共享諾貝爾化學獎。

書《量子力學》，楊振寧為這本書寫了一個「前言」。在「前言」中，楊振寧把吳大猷將量子力學引入中國與奧本海默在30年代將量子力學從歐洲引入美國相提並論：

> 如果說將新的量子理論介紹到美國是一件重要的事情，那麼將新的量子理論介紹到中國則是一件激動人心的事。[5，82]

楊振寧還寫道：

> 這本書是吳教授在量子力學50年來教學中經驗的總結。……在其他教科書中人們能夠找到拉曼效應、自發電離和在海森伯表象早期思想下對組態相互作用的討論嗎？我相信，見識這些課題，能在認識甚麼是物理方面形成學生的一種品味，而這種品味比技術更重要。但通常在研究生課程中人們注重的是技巧與技術。[5，83]

被譽為「聲子物理學」第一人的黃昆也曾寫道：「我到達西南聯大後聽的第一門課就是吳大猷先生講的古典動力學，聽課下來後，我感到十分激動，覺得對物理學理論之精湛之處有了新的理解，對進一步學習物理進入了一個新的思想境界。」[28，15]

在楊振寧看來，培養學生的品味，比純粹的知識、技巧與技術更重要。而十分幸運的是，他從吳大猷那兒不僅僅學到了物理學的知識、技巧和技術，還領略到了物理學深層次的一種內在美與和諧，從而培育了自己的品味。1995年，楊振寧在與上海大學生談治學之道時還一再強調這一點。他說：

1992 年，吳大猷在北京天壇回音壁前，
貼耳傾聽回聲。

一個做學問的人，除了學習知識外，還要有 taste，這個詞不太好翻譯，有的翻譯成品味、喜愛。一個人要有大的成就，就要有相當清楚的 taste。就像做文學一樣，每個詩人都有自己的風格，各個科學家，也有自己的風格。我在西南聯大七年，對我一生最重要的影響，是我對整個物理學的判斷，已有我的 taste。[1，840]

楊振寧還告訴我們：

一個人在剛接觸物理學的時候，他所接觸的方向及其思考方法，與他自己過去的訓練和他的個性結合在一起，會造成一個英文叫作 taste，這對他將來的工作會有十分重要的影響，也許可以説是有決定性的影響。當然，還有許多別的重要的因素在裡頭，比如説機會也是一個非常重要的因素。……而這個 taste 的成長基本上是在早年。……

……taste 確實是非常重要的，我可以從下面這個例子講一下我對於這方面的意見。在最近幾年之內，我們學校裡有過好幾個非常年輕、聰明的學生，其中有一位到我們這兒來請求進研究院，那時他才十五歲的樣子，後來他到 Princeton 去了。我跟他談話以後，對於他前途的

西南聯大物理系 1942 年畢業生，攝於校門前。左起：郭耀松、劉導豐、黃永泰、姓名不詳者、戴傳曾、向仁生、婁京良、楊振寧。另有五位同學沒有到場。

發展覺得不是那麼最樂觀。我的看法對不對，現在我不知道，因為他到 Princeton 去以後的情況我現在不清楚。我為甚麼對他的發展不太樂觀呢？他雖然很聰明，比如說我問他幾個量子力學的問題，他都會回答，但我問他：這些量子力學問題，哪一個你覺得是妙的？然而他卻講不出來。對他講起來，整個量子力學就像是茫茫一片。我對於他的看法是：儘管他吸收了很多東西，可是他沒有發展成一個 taste。這就是我所以覺得他的前途發展不能採取最樂觀態度的基本道理。因為學一個東西不只是要學到一些知識，學到一些技術上面的特別的方法，而是更要對它的意義有一些了解，有一些欣賞。假如一個人在學了量子力學以後，他不覺得其中有的東西是重要的，有的東西是美妙的，有的東西是值得跟人辯論得面紅耳赤而不放手的，那我覺得他對這個東西並沒有學進去。他只是學了很多可以參加考試得很好分數的知識，這不是真正做學問的精神。[37，136–138]

楊振寧的這些親身體驗，對於年輕的學子實在具有非常寶貴的價值。

1942 年，楊振寧大學畢業後，和黃昆、張守廉一起，被錄取為西南聯大物理系的研究生。

四、研究生院

1942 年秋，楊振寧成為王竹溪教授的碩士研究生；同時，黃昆成為吳大猷的研究生，張守廉則成為周培源的研究生。我們先介紹研究生的生活狀況。

由於當時生活十分艱難，教授的收入無法維持家庭的開銷，而研究生的補助金也不夠研究生起碼的用度，因此一般情況下研究生都要找一個臨時性工作賺點錢，維持生活。正好昆明昆華中學的校長徐繼祖是楊武之的朋友，通過楊武之的介紹，楊振寧、黃昆和張守廉都到這所中學兼課，並且徐校長為他們三人找到一間房間，他們三人可以在學校住下。此後，他們三人成了形影不離的好友，被當時的同學們稱為西南聯大「三劍客」。楊振寧對這一時期的學習和生活有生動細緻的回憶。在《現代物理和熱情的友誼——我的朋友黃昆》一文中，楊振寧寫道：

那所中學距離聯大差不多 3 公里。我們三人白天經常在大學校園裡上課、吃飯、上圖書館，晚上才回到我們的房間睡覺。因為大學校園內沒有供應食水的設施，所以我們養成了一個習慣：每天晚飯後，回到中學以前，花一個或兩個小時在茶館裡喝茶。那些茶館集中於大學附近的三條街上。通過那些喝茶的時間，我們真正地認識了彼此。我們討論和爭辯天下一切的一切：從古代的歷史到當代的政治，從大型宏觀的文化模式到最近看的電影裡的細節。從那些辯論當中，我記得黃昆是一位公平的辯論者，他沒有坑陷他的對手的習慣。我還記得他有一個趨向，那就是往往把他的見解推向極端。很多年後，回想起那時的情景，我發現他的這種趨向在他的物理研究中似乎完全不存在。

茶館的客人們包括種種人物，有不少學生。可是大多數的茶客是鎮民、馬車夫和由遠處來的商人們。大家都高談闊論，而我們通常是聲音最大的。有時候，正當我們激烈地辯論時，會突然意識到我們的聲音太大，大家都在看着我們（這種意識並不一定使我們停止辯論）。可是一

1985 年 5 月，陳省身(中)獲石溪分校榮譽博士學位，與張守廉(左)、楊振寧合影。

般來說，學生們與其他茶客之間並沒有不和的氣氛。

在茶館中，我們曾經目睹過一些永遠不能忘記的情景和事件，好幾次坐在鳳翥街的茶館裡，我們看見一隊一隊的士兵押着一些犯人向北方走去，走向昆明西北郊的小丘陵地帶，那裡滿佈着散亂的野墳。每一個犯人都背着一塊白色的板子，上面寫着他們的名字和罪行。大多數的罪犯都靜靜地跟着士兵走，有少數卻喊着一些口號，像：「二十年後，又是一條好漢！」每一次當這種隊伍走過時，茶館裡的喧鬧聲就會突然熄滅。然後，遠處預期的槍聲響了，我們都靜靜地坐着，等待着士兵們走回來，向南方回到城裡去。

襯着這種背景，我們無休止地辯論着物理裡面的種種題目。記得有一次，我們所爭論的題目是關於量子力學中「測量」的準確意義。這是哥本哈根學派的一個重大而微妙的貢獻。那天，從開始喝茶辯論到晚上回到昆華中學；關了電燈，上了床以後，辯論仍然沒有停止。

我現在已經記不得那天晚上爭論的確切細節了，也不記得誰持甚麼觀點。但我清楚地記得我們三人最後都從床上爬起來，點亮了蠟燭，翻看海森伯的《量子理論的物理原理》來調解我們的辯論。

黃昆是一位英文小說迷。是他介紹給我康拉德(Joseph Conrad)、吉卜林(Rudyard Kipling)、高爾斯華綏(John Galsworthy) 和其他作家。這些作家的許多小說可以從大學圖書館裡借得到，其他的我們常常從那些賣美軍的「K 級乾糧」、軍靴、罐頭、乳酪和袖珍本的書的地攤上買到，這些地攤當時在昆明到處都是。

我們的生活是十分簡單的，喝茶時加一盤花生米已經是一種奢侈的享受。可是我們並不覺得苦楚：我們沒有更多物質上的追求與慾望。我們也不覺得頹喪：我們有着獲得知識的滿足與快慰。這種十分簡單的生活卻影響了我們對物理的認識，形成了我們對物理工作的愛憎，從而給我們以後的研究歷程奠下了基礎，這是我們當時所沒有認識到的。[1，706–707]

當時也在西南聯大讀書的何兆武先生，在他的《上學記》一書裡有一段回憶文字談到楊振寧和黃昆，十分有意思。他寫道：

聯大的學生絕大多數都是背井離鄉，寒暑假也回不了家，一年四季都在校園裡，而且因為窮困，吃喝玩樂的事情少有可能，只好大部分時間用來學習，休息時就在草地裡曬曬太陽，或者聊聊天。昆明大西門外有一條鳳翥街。街上有幾十個茶館，大家沒事就到茶館喝碗茶。其實喝甚麼是無所謂的，很便宜，大概相當於現在的一毛錢，無非就是茶葉兑開水，有的人是真拿本書在那兒用功，但大部分人是去聊天，海闊天空説甚麼的都有。最清楚記得有一次，我看見物理系比我們高一班的兩位才子，楊振寧和黃昆，正在那兒高談闊論。其實我們也沒有來往，不過他們是全校有名的學生，誰都知道的。黃昆問：「愛因斯坦最近又發表了一篇文章，你看了沒有？」楊振寧説看了，黃昆又問以為如何，楊振寧把手一擺，一副很不屑的樣子，説：「毫無 originality（創新），是老糊塗了吧。」〔1〕這是我親耳聽到的，而且直到現在印象都很深，當時我就想：「年紀輕輕怎麼能這麼狂妄？居然敢罵當代物理學界的大宗師，還罵得個一錢不值？！用這麼大不敬的語氣，也太出格了。」不過後來我想，年輕人大概需要有這種氣魄才可能超越前人，正好像拿世界冠軍一樣，下運動場的時候必然想着：「我一定能超過他，我一定能打贏他。」如果一上來先自己泄了氣，「哎呀，我不行，我不行」，那還怎麼可能打敗別人？科學一代一代發展，總是後勝於前的，這個道理很簡單，因為我們所依賴的基礎不同了，我們之所以比他們高明，是因為我們站在他們的肩膀上。這是牛頓的話。牛頓花了前半生的工夫得出他的引力定律和運動定律，可是今天的中學生聽老師講一堂課不就明白了？但我們不

---

〔1〕筆者對楊振寧説過這句話有一些懷疑，因為他在芝加哥大學的同學如戈德伯格（M. Goldberger，1922–2014）和傑弗里·丘（Geoffrey Chew，1924–　）曾經「對於楊振寧從來不炫耀自己的聰明和物理知識，以及對於別人的慷慨，印象特別深刻」[16，102]，所以我特意問過楊振寧教授：「您説過這句話嗎？」楊教授回答：「我萬分敬佩愛因斯坦，不可能説那樣的話。」還説：「我是有名的不驕人的人。」

黃昆與楊振寧，1983 年初攝於北京。

能據此就嘲笑牛頓。任何學術都應該，而且必然後勝於前，尤其對於那些有才華的人，他的眼界應該比前人更高，假如只能亦步亦趨地跟在老師背後，那是沒出息的表現。[65，126–127]

黃昆有一次在接受媒體採訪時也談到在西南聯大與楊振寧的交往，他說：「跟他討論問題，我覺得在當時對我有很大的好處。對他來講，我覺得好處是少一點，因為畢竟他的天賦更高一些。所以我覺得我們兩個人在那兒吵，在某種意義上不是完全平等的。」[28，18]

這種清苦而美好的日子持續了半年左右，到 1943 年春天，他們三個人都感到每天往來於相距五六里路的大學和中學之間十分不方便，就都放棄了中學的兼職工作，各人都搬進了大學的研究生宿舍。雖然三人不再住一個房間，但還是經常可以見面。到 1945 年夏天，他們才分離，各奔前程：黃昆去了英國，在布里斯托爾大學做固體物理研究；張守廉去了美國，在普度大學做電子工程的研究；而楊振寧則去了芝加哥大學做基本粒子物理的研究。

楊振寧曾經説，他一生有三分之二的時間做基本粒子的研究，有三分之一的時間做統計物理的研究。在這兩個領域裡，他都做出了重要的貢獻，而後一個研究領域，是他在西南聯大讀研究生時由他的導師王竹溪教授引進門的。

王竹溪於 1911 年 6 月出生在湖北省公安縣，1933 年畢業於清華大學物理系，後來跟隨周培源做研究生。周培源曾説：「他是我最早的一位具有傑出才華的研究生。」1935 年，王竹溪考取清華公費留學生，到英國劍橋大學成為著名科學家福勒（R. H. Fowler，1889—1944）的博士研究生。福勒是盧瑟福的女婿，1932 年就在劍橋大學當上了教授，他主要從事統計力學和熱力學、量子理論和天體物理方面的研究。1926 年，福勒根據費米—狄拉克統計（Fermi-Dirac statistics）預言白矮星是由高密度的「簡並氣體」組成，這使他成為理論天體物理學的奠基人之一。福勒在相變（phase transition）等方面的貢獻頗多，這使他得以建立起一個物理學派。王竹溪跟隨福勒從事統計力學和熱力學研究。1938 年王竹溪獲得博士學位以後，立即婉言謝絕了老師和朋友的挽留，回到正在戰火中受難的祖國，來到昆明在西南聯大任教。王竹溪回國以後繼續研究晶體有序無序相變，推出了貝特[1]理論中自由能的公式，寫出論文《有序無序變化統計理論之自由能》。

---

〔1〕貝特（Hans A. Bethe，1906—2005），德裔美國物理學家。他因為解釋了恆星為甚麼能夠長時期釋放如此多的能量而獲得 1967 年諾貝爾物理學獎。

楊振寧很快就知道這位年僅27歲由劍橋大學回來的教授，而且積極去聽王竹溪在大學開設的系列講座。他的演講的主要內容也是當時物理學界的熱門研究課題：相變。雖然由於講座內容比較艱深，楊振寧作為本科尚未讀完的學生有許多內容聽不懂，但這些演講卻給他留下了極為深刻的印象，使他知道裡面有一些很妙的東西，並且與實際現象有密切關係，所以一直沒有忘記。

這兒有一個很有意思的故事。王竹溪在講座上介紹了一個當時剛提出不久的「梅耶相變理論」(Mayer theory of phase transition)，這個理論在當時具有革命性的意義。過了大約十年之後，在1951年到1952年，楊振寧在研究統計力學中一個著名的鐵磁性模型——「伊辛模型」(Ising model) 時，和李政道合作，把伊辛模型和梅耶相變理論聯繫起來，結果得到一個非常漂亮的相變理論，以後被稱為「楊—李相變理論」。一位在相變理論上很有權威的荷蘭裔美國物理學家烏倫貝克 (G. E. Uhlenbeck) 看到楊—李相變理論以後歎息不止，說自己以前一直以為自己的理論妙不可言，現在卻不得不放棄了！

楊振寧還曾經以這件事為由，告誡學生應該「隨時盡量把自己的知識面擴大一些」，到圖書館瀏覽一下，各種講座多聽一些，「不管多麼忙，抽空去使自己知識寬廣化最後總是有好處的」。有一次在對中國留學的研究生講話中，他講道：

> 我可以舉一個切身的例子。我在西南聯大念書的時候，王竹溪先生剛從英國回來。他做了一系列關於相變的演講。那時候在英國、美國有很多人搞這個東西，搞得非常熱鬧。記得聽王先生演講的很多，我也去聽了。可是我大學還未畢業，沒有聽懂。是不是白聽了呢？不然，因為

西南聯大研究生宿舍。楊振寧在這座樓中住了一年（1943—1944）。

楊振寧，1943 年攝於昆明。

從那以後我就不時地對這個問題注意。

聽王先生的演講是在 1940 年前後，我後來寫的第一篇關於相變的文章是在 1951 年，即是十年以後。這十年期間斷斷續續地對這類問題的注意，最後終於開花結果了。以後幾十年相變工作是我主要興趣之一，所以 1940 年前後聽王先生的演講這個經歷，對我的研究工作有了長遠的決定性影響。[3，300]

王竹溪在西南聯大開過許多課，除了他頗有研究的統計力學和熱力學以外，他還開過電動力學、理論力學和量子力學等多門課程。楊振寧曾經說：

直到今天，我還保存着當年聽王先生講授量子力學時的筆記，它對我仍是有用的參考資料。筆記本用的是沒有漂白過的粗紙，很容易撕破，今天它經常使我想起那些歲月裡的艱苦物質條件。[3，24–26]

在昆明那麼艱難困苦的條件下，王竹溪不僅非常認真負責地講好所開設的課程，而且還堅持做科學研究，寫了多篇論文在國內外重要期刊上發表。每當他將自己的注意力擴展到一個新領域時，他就總是認真地把學習心得等整理成一本很厚而又十分工整的筆記，他後來的許多著作如《統計物理學導論》、《熱力學》等，都是根據他的筆記進一步加工和整理而完成的。西南聯大和後來清華大學流傳着一條「重要的經驗」：誰要想學習理論物理學，一個最有效的辦法是借閱王竹溪教授的筆記本看。王竹溪數學功底很深，擅長嚴格的數學論證。王竹溪的這種嚴格的數學論證只是王竹溪物理學風格與品味的一個方面，在實際的研究裡，他既有嚴格的數學論證又注重經驗規律的摸索和實驗數據的分析。可以想見，王竹溪的物理學的品味與風格、境界與追求，對楊振寧一定有重要的影響。

楊振寧在王竹溪的指導下，走進了當時正受到物理學界重視的、有着廣闊應用前景的統計物理學領域。王竹溪讓楊振寧研究銅與金的二元合金。這種合金的超點陣在無序的時候是面心立方點陣（face-centured cubic lattice），而在有序的時候則是四面體結構（tetrahedron）。分別計算它們的相互作用能，就可以解決晶體有序無序相變的問題。楊振寧利用王竹溪在《有序無序變化統計理論之自由能》一文中提出的公式來計算這個問題，在計算的過程中，他充分利用了貝特近似，並且把準化學方法推廣到可以處理更多的近鄰原子團；這種方法避免了貝特近似繁重的計算。楊振寧還計算了長程有

王竹溪教授，1980 年初訪問石溪時攝。

序（long distance order）的原子排列佈置數，具體地計算了面心立方體晶體 Cu_3Au 的近似自由能，包括貝特近似。

王竹溪對楊振寧的研究成果給予了很高的評價：「最近，楊振寧先生對福勒與古根海姆的準化學方法進行了很出色的推廣。這個方法非常有用，它恐怕將會取代貝特的方法。它的主要優點，是可以從一個封閉的表達式很容易地得到近似的配分函數。現在楊先生正在進一步研究這個方法。」[48，102]

楊振寧的這一研究得到中國教育文化協會的支持，寫出的論文《晶格常數改變和有序度改變與相互作用能的變化》發表在 1944 年第 5 卷的《中國物理學報》上。這篇論文構成了他的碩士論文《超晶格統計理論的考察》的主要部分。後來楊振寧在這一工作的基礎上寫成的論文《超晶格統計理論中準化學方法的推廣》，於 1944 年 11 月投寄給美國的《化學物理雜誌》（*The Journal of Chemical Physics*），次年發表在第 13 卷上。

後來，在這篇文章的後記中，楊振寧寫道：

> 1942 年我在昆明西南聯合大學取得理學士學位後，做了該校的研究生。為了準備碩士論文，研究的是統計力學，導師是王竹溪教授。他在 30 年代曾到英國拜福勒為師。王先生把我引進了物理學的這一領域。此後，它便一直是我感興趣的一門學科。《超晶格》一文是我碩士論文的一部分。[3，24]

1944 年夏，楊振寧獲得了清華大學物理系碩士學位。按當時規定，研究生由三所學校分別招生和管理，但課程是統一開設的。所以，楊振寧的碩士研究生是屬於清華大學的。

要得到碩士學位，按規定必須：(1) 修滿 24 學分的課程，而且規定 70 分是取得學分的最低成績；(2) 通過畢業初試；(3) 通過論文考試。楊振寧畢業初試委員會成員有嚴濟慈、鄭華熾、楊武之、葉企孫、吳有訓、王竹溪、趙忠堯，初試的科目有量子力學、統計力學和電動力學。論文考試委員會的成員有吳有訓、錢臨照、葉企孫、趙忠堯、王竹溪、黃子卿、馬仕俊。楊振寧選的論文題目是：(1)《晶格常數及相互作用能與有序度的關係》；(2)《超晶格統計理論中準化學方法的推廣》。導師是王竹溪。畢業成績計算辦法是 24 學分的課程成績佔 1/4，畢業初試佔 1/4，論文考試佔 1/2，滿分為 100 分。楊振寧在 1944 年以 88.28 的優秀成績獲得碩士學位。

正好在此前一年，即 1943 年秋天，教育部發出了通知，宣佈停止了七八年之久的庚款留學美國的考試即將恢復。所以楊振寧在獲得碩士學位以前就報了名。從他的准考證上可以清楚看出，他報考的專業是「高電壓實驗」，准考證批覆的日期是 1943 年 8 月 17 日。第二年，在獲得碩士學位以前，他已經得知自己榜上有名。總共有 22 位學生被錄取，學物理的只有他一人，他的好友凌寧也榜上有名。

但是從楊振寧在學習中表現出的素質看，他更適合學習理論物理學，於是清華大學校長梅貽琦致函趙忠堯和王竹溪對楊振寧的留美計劃給予指導。在與楊振寧數次商談以後，他們聯合給梅校長寫了一封信，建議楊振寧改學理論核物理學。信中寫道：

> 月涵校長先生道鑒：前奉函囑對留美公費生楊振寧君之研究計劃加以指導，經與楊君數次商談，以目前美國情形高電壓實驗較難進行，可否略予變通以應時宜。查高電壓實驗之目的在研究原子核物理，楊君對原子核物理之理論尚有門徑，赴美深造適得其時。研究此門學問以普林斯登大學（Princeton University）較宜。專此奉達，以備參考。敬候道安。
>
> 趙忠堯、王竹溪敬啟。十月五日。〔1〕

這封信據王正行先生在《嚴謹與簡潔之美：王竹溪一生的物理追求》一書中說：「從字體上看，這封信是王竹溪的手跡。」[48，106]

〔1〕「月涵」是梅貽琦的字；普林斯登大學現在多譯為普林斯頓大學；原文沒有標點，標點是筆者所加。

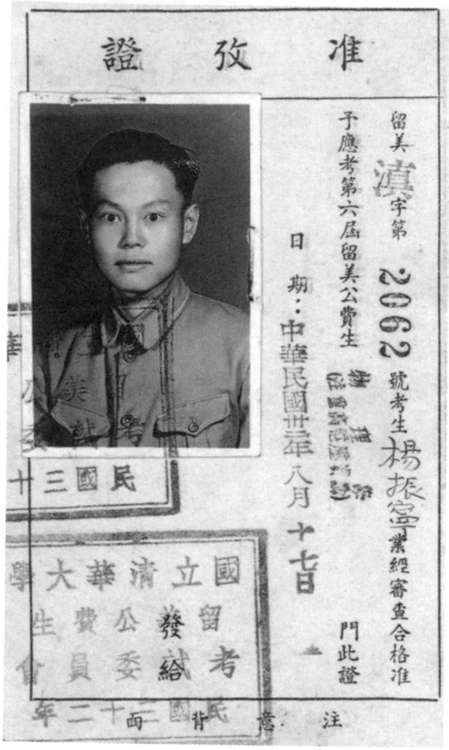
准攷證

留美滇字第2062號考生楊振寧業經審查合格准予應考第六屆留美公費生

此證

日期：中華民國卅二年八月十二日

國立清華大學留美公費生考試委員會

民國三十二年

注意：背面

楊振寧報考清華大學第六屆留美公費生的准考證，1943年。

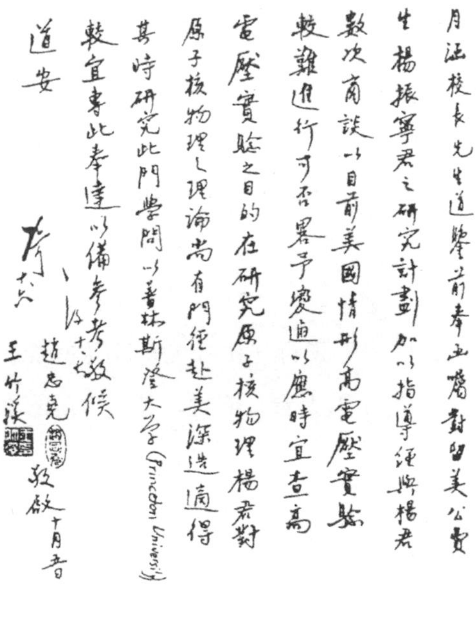
月涵校長先生道鑒：前奉函囑對留美公費生楊振寧君之研究計劃加以指導，經與楊君數次商談，以目前美國情形，高電壓實驗較難進行，可否略予變通，以應時宜。查高電壓實驗之目的在研究原子核物理，楊君對原子核物理之理論尚有門徑，赴美深造，適得其時，研究此門學問，以普林斯登大學(Princeton University)較宜。專此奉達，以備參考。敬候

道安

趙忠堯
王竹溪
敬啟 十月十日

趙忠堯、王竹溪致梅貽琦的信

由《錄取名單》上寫的注意事項（一）可以看到：「凡錄取各生應暫仍在原機關服務，留待後信。」這樣，楊振寧在1944年夏得到碩士學位以後，就在聯大附中教了一年「范氏大代數」。在他教過的高中一二年級學生中，有國民黨高級將領杜聿明的女兒杜致禮，由於有這段師生之情，後來竟使得杜致禮成了他的夫人。在其他學生當中，還有中國著名哲學家馮友蘭的大女兒馮鍾璞，後來成了有名的作家，筆名宗璞；有聯大教授聞一多的長子聞立鶴，他後來因聞一多被國民黨謀殺時撲在父親身上受傷而廣為人知；還有羅廣斌。很多年以後，楊振寧看到《紅岩》一書的作者中有羅廣斌，後來知道這位作者就是他教過的一個學生；他還記得，羅廣斌不怎麼愛説話，數學學得也不是太好。

對於這段生活，楊振寧曾回憶：

> 1944年到1945年，我在昆明一所高中教數學。教課之餘研究場論，那是1942年到1944年間我從馬仕俊那兒學到的理論。我對變形物體的熱力學也非常感興趣。1945年四五月間，我用一種頗為優雅的方法討論了這方面的問題。但後來發現莫納漢（F. D. Murnaghan）〔1〕早在1937年就已做過了這方面的工作，使我大失所望。[3，25–26]

自己費很大的力氣研究一個問題，也研究得頗為成功，但後來卻發現別人早研究過了，這是許多事業有成的科學家在剛進入科學研究領域時常遇到的事情。這雖然會讓人感到「大失所望」，但也會讓初試者對自己的能力感到驚喜，無形之中給自己增加了一份自信。

〔1〕莫納漢（1893—1976），美國數學家，長期在約翰斯．霍普金斯大學數學系工作。

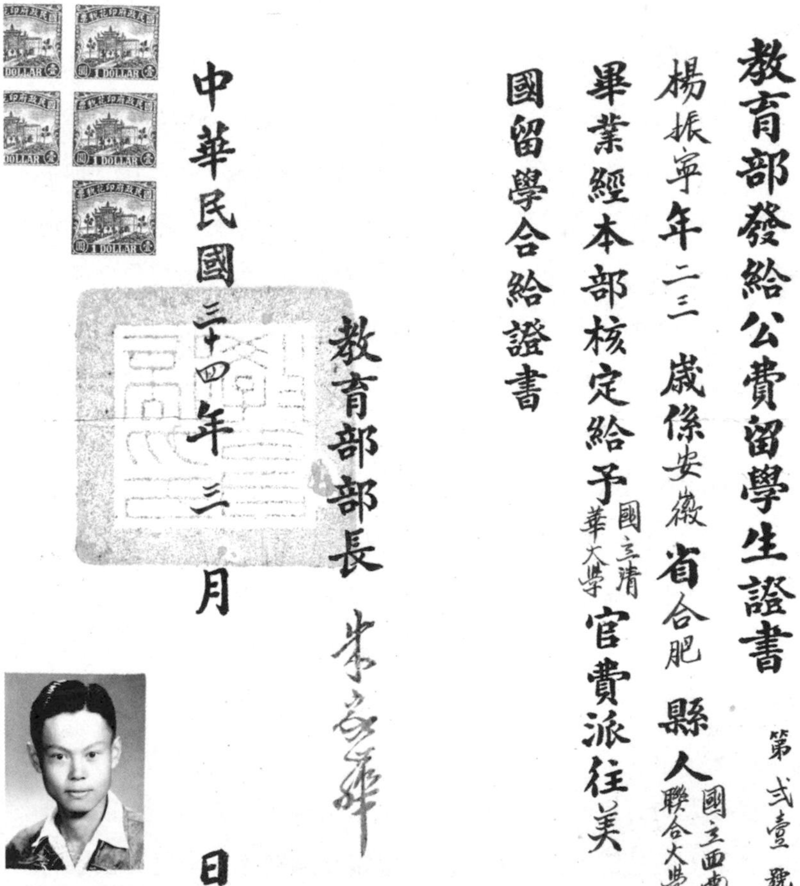

教育部發給公費留學生證書

第 弍壹 號

楊振寧年二三歲係安徽省合肥縣人國立西南聯合大學

畢業經本部核定給予國立清華大學官費派往美

國留學合給證書

教育部部長 朱家驊

中華民國三十四年三月 日

楊振寧的公費留學生證書，1945 年 3 月。

五、遠渡重洋

1945年8月28日是楊振寧終生難忘的一天。這一天，他要離開相伴23年的母親，離開從小精心教育他的父親。在抗戰期間，他的雙親為這個家操碎了心，吃盡了苦，父親剛到50歲，頭髮就開始白了，還經常出現這病那病；母親更是從早到晚操勞不停，有洗不完和補不完的舊衣服，還要想辦法讓五個孩子健康成長。在這即將離別之時，楊振寧怎麼割捨得下？還有讀了這麼多年書的西南聯大、朝夕相處的老師和同學，更有滿目瘡痍、悲慘不堪的祖國。但是，為了科學的追求，為了秉承父親的宏願，為了祖國的未來更加富強繁榮，楊振寧只能將心中的劇痛深深地隱藏起來，讓它們成為今後鞭策自己的力量。

這一天，他和不少留美同學乘昆明到印度加爾各答的飛機，然後從印度再轉乘海輪去美國。離別時的情景，永遠銘記在楊振寧的心中，他後來在回憶時無限深情地寫道：

> 我還記得1945年8月28日那天我離家即將飛往印度轉去美國的細節：清早父親隻身陪我自昆明西北角乘黃包車到東南郊拓東路等候去巫家壩飛機場的公共汽車。離家的時候，四個弟妹都依依不捨，母親卻很鎮定，記得她沒有流淚。到了拓東路父親講了些勉勵的話，兩人都很鎮定。話別後我坐進很擁擠的公共汽車，起先還能從車窗外看見父親向我招手，幾分鐘後他即被擁擠的人群擠到遠處去了。車中同去美國的同學很多，談起話來，我的注意力即轉移到飛行路線與氣候變化等問題上去。等了一個多鐘頭，車始終沒有發動。突然我旁邊的一位美國人向我

做手勢，要我向窗外看：驟然間發現父親原來還在那裡等！他瘦削的身材，穿着長袍，額前頭髮已顯斑白。看見他滿面焦慮的樣子，我忍了一早晨的熱淚，一時迸發，不能自已。

1928年到1945年這17年時間，是父親和我常在一起的年代，是我童年到成人的階段。古人説父母對子女有「養育」之恩。現在不講這些了，但其哲理我認為是有永存的價值的。[3，10]

楊振寧和同學們乘飛機到了印度加爾各答以後，由於等待到美國的海輪，他們在加爾各答待了兩個多月。在等待的日子裡，楊振寧更加思念在千山萬水那一方的親人們，而且他深知父母為了支撐這個家是多麼艱難。楊振玉曾動情地寫道：「1945年8月大哥離開昆明經過加爾各答乘船去美國留學，尋找物理大師費米（Enrico Fermi，1901—1954，1938年獲得諾貝爾物理學獎）。在加爾各答，他非常想念父母親和弟妹們。他對父母的艱辛非常清楚，就把母親親手織給他的唯一一件白毛背心從加爾各答郵寄回昆明給平弟、漢弟穿。」[1，908]

難怪當時楊武之的同事們都説楊武之有個聰明、有志氣又懂事的好兒子。

兩個多月以後，楊振寧和20多位清華留美同學終於等到了運輸美國士兵回國的U. S. S. General Stewart海輪。船上有幾千名從中國、印度、緬甸等地回國的美國士兵，還有一兩百個床位留給一般老百姓乘坐。楊振寧和他的同學上了船，經過紅海、蘇伊士運河、地中海，再越過大西洋，最終在紐約上了岸，來到了美國。

新的生活即將開始。改變他人生命運的一頁，就此翻開。

第三章 芝加哥大學（1945–1949）

一、尋找費米

愛利斯島上的自由女神，給每一個初到美國的旅人以心理上巨大的震撼；她手上高舉的火炬，給各種夢想的追求者以希望和信心。

這個時刻，也許會有人想起美國詩人惠特曼的名詩《啊，船長！我的船長！》：

> 啊，船長，我的船長！我們可怕的航程已經結束，
> 我們的船經歷了驚濤駭浪，我們尋求的獎賞已經得到，
> 港口近了，我已聽見鐘聲，聽見了人們的歡呼……

1938 年 12 月 10 日，恩里科 · 費米在斯德哥爾摩領取了當年的諾貝爾物理學獎以後，沒有回到已經走上法西斯道路的意大利，卻帶上妻子和一兒一女從斯德哥爾摩直接去了美國。1939 年 1 月 2 日，他們在紐約上了岸。

在輪船駛進紐約港的時候，費米的妻子勞拉也許是因為離開溫暖的意大利老家和親人，心情似乎並不好，不過費米心情很不錯。勞拉在回憶錄裡寫道：

> 這是 1939 年 1 月 2 日的早晨，「法蘭科尼亞號」平穩地航行着，悄悄地而又從容不迫地結束了它一次安穩的航程。
>
> 甲板上，內娜和朱利奧擺脱了保姆的小心照料，朝我撲過來。
>
> 「陸地！」內娜喊着。朱利奧也伸出一個胖胖的指頭指着船首的方向重複着説：「陸地！」

不一會兒，陰沉的天際現出了紐約的輪廓，先是朦朧的，然後突然使人產生立體感；自由神像向我們移過來，這是一個冷漠的、巨大的金屬女神像，她並未曾給過我甚麼啟示。

但是恩里科，他那在大海中被曬黑了的臉上浮現着笑容，卻說道：「我們已經創立了費米家族的美國支系了。」[82，163]

在岸上，哥倫比亞大學物理系主任佩格勒姆（G. B. Pegram，1876–1958）正在興奮地向他們一家揮手。

七年後的一天，1945 年 11 月 24 日，一位中國碩士研究生楊振寧，遠渡重洋來到美國，為的就是追隨這位 20 世紀偉大的物理學家。費米沒有想到

費米一家在紐約登岸。左起：妻子勞拉、兒子朱利奧、女兒內娜和費米。

這個學生把他視為最欽佩的三位物理學家之一，而且在他去世以後，多次撰文紀念他。

這是一個陰鬱的日子。楊振寧在赫德遜河的一個碼頭上岸後，花了兩天時間在紐約觀光和買西服、大衣等日常生活用品，第三天就興致勃勃、滿懷希望地到哥倫比亞大學去尋找他夢縈已久的物理學大師費米。那時哥倫比亞大學物理系在普平樓（Pupin Hall）八樓，當楊振寧好不容易找到物理系辦公室時，辦公室的秘書竟然不知道費米是否還回到哥倫比亞大學來任教，這簡直讓楊振寧莫名驚詫和極度失望。他不遠萬里來追尋費米，卻連他的蹤影都找不到。

楊振寧為甚麼要從遙遠的昆明來尋找從意大利移民到美國的費米？

楊振寧在西南聯大學習期間，從書本和講座上知道了他最欽佩的三位物理學大師，一是愛因斯坦，二是狄拉克（P. A. M. Dirac，1902—1984，1933年獲得諾貝爾物理學獎），三是費米。愛因斯坦在1945年倒是在美國普林斯頓高等研究所，但一來他年事已高，再加上他畢生幾乎就沒有招收過研究生，去找他恐怕不大現實；狄拉克不在美國，剩下就只有費米，而且前兩位大師都是做理論物理學研究的，只有費米又做理論又做實驗。楊振寧想到美國做實驗研究，對理論又十分感興趣，所以找費米為師是最合適的。

楊振寧曾這樣評價費米：

> 費米是20世紀的一位大物理學家，他有很多特點。他是最後一位既做理論，又做實驗，而且在兩個方面都有一流貢獻的大物理學家。認識費米的人普遍認為，他之所以能取得這麼大的成就，是因為他的物理學是建立在穩固的基礎上的。用英文講是：He has both his feet on the ground。這就是說，他總是雙腳落地的。[3，214]

費米 1901 年 9 月出生於意大利羅馬，1922 年畢業於比薩大學。在讀大學時，他的才華就已經被眾人所知。正好這時意大利公共教育部部長、羅馬大學物理系主任科比諾（Orso M. Corbino）教授決心振興意大利曾經輝煌一時的物理學，就把費米和其他幾位很有才華的年輕大學畢業生調到羅馬大學，逐漸形成了一個世人矚目的「羅馬學派」。這個新興學派的「教皇」就是費米。這個學派裡還有「樞機主教」拉賽蒂（F. Rasetti）、「蛇怪」埃米利奧·塞格雷（Emilio Segrè，1905–1993，1959 年獲得諾貝爾物理學獎）等人，他們都是很有才華並熱愛物理學的人。不久，費米就讓全世界的物理學家感到驚訝，在理論上他在 1926 年與狄拉克分別提出一種「費米子」的基本粒子所遵循的統計規則，後來被稱為「費米—狄拉克統計」；1930 年奠定了量子電動力學的基礎；1934 年，他根據泡利提出的「中微子」概念，提出 β 衰變理論，這個理論開啟了場論進入基本粒子物理學的先河，對物理學有重大的影響，費米自己認為這是他在理論上最偉大的貢獻。在實驗物理學中，他對於慢中子行為的重要發現，以及以後完成的鏈式反應，是人類歷史的一個里程碑——人類由此走進了原子能時代。費米的其他成就這兒不必一一列舉，但是，僅這些「其他成就」就足以使一些二流的物理學家成名。費米的學生兼同事塞格雷說：「費米對意大利的物理學的影響很難估計過高。在使意大利物理學從落後的地位迅速走到世界重要的位置上，費米是奠基人。……他是我們時代最後一位在理論和實驗兩方面都達到最高頂峰的物理學家，而且他的研究領域支配了整個物理學。」[29，238]

1938 年，因為意大利獨裁者墨索里尼日益追隨希特拉的法西斯和反猶太人政策，費米無法在意大利再待下去。這有兩方面原因：一方面是他的政治和生活理念與法西斯那一套完全不可調和，他日益憎恨墨索里尼所做的一切；另一方面是他的夫人勞拉是猶太人，在反猶日益強烈的意大利，他為家人的安全擔憂。因此，他決定趁到斯德哥爾摩領取 1938 年度諾貝爾物理學獎的機會離開意大利。他從斯德哥爾摩到了美國紐約的哥倫比亞大學任教。

1939 年 9 月 1 日，希特拉入侵波蘭，第二次世界大戰爆發。這時美國開始加強製造原子彈的研究。費米是慢中子性質的發現者，理所當然受到美國政府和科學界的高度重視，他被委任主持人類第一個自續鏈式原子核反應堆的實驗。1942 年 5 月，費米在哥倫比亞大學領導的小組全部轉到芝加哥大學，在芝加哥大學橄欖球場西看台下的網球場上，建起了人類歷史上第一個原子核反應堆，並於當年 12 月 2 日第一次使反應堆運轉起來。後來為了紀念這一偉大的歷史性事件，在西看台外面的牆上掛上了一個鏤花的金屬牌匾，上面寫道：「1942 年 12 月 2 日，人類在此實現了第一次自續鏈式反應，從而開始了受控的核能釋放。」可惜的是，1957 年這個西看台被拆除。人們在原址上建了一個核能雕塑，以紀念費米的重要貢獻。

那麼，費米又怎麼會從哥倫比亞大學「失蹤」了呢？

原來，費米在 1943 年參加了美國研製原子彈的「曼哈頓工程」，在新墨西哥州的荒漠之地洛斯阿拉莫斯工作。由於這一工程嚴格的軍事保密，外界的人都不知道費米到哪兒去了。楊振寧到美國來，當然不容易找到「失蹤」了的費米。

楊振寧在失望之餘只好改變最初的想法，決定到普林斯頓大學去找維格納。維格納 1902 年出生於匈牙利的布達佩斯，23 歲時畢業於德國柏林高等技術學校，1930 年開始到普林斯頓大學來任教。前面提到，楊振寧的老師吳大猷曾經翻譯過他的《群論及其在原子光譜量子力學中的應用》一書，所以楊振寧從吳大猷那兒熟悉了維格納的學術成就：1927 年，維格納表述了宇稱

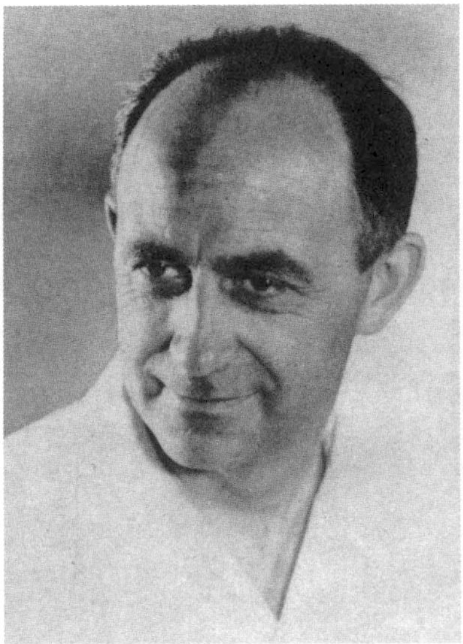

費米，攝於洛斯阿拉莫斯。

維格納，攝於 1988 年。

守恆定律；1937 年，他提出了同位旋守恆的觀念；1939 年，他論證了鈾進行鏈式核裂變反應的可能性，並作為費米小組成員之一，參加了芝加哥大學第一座原子核反應堆的建造工作，還領導了美國在核反應堆理論方面的研究。1963 年，維格納「因為對原子核及基本粒子理論所做的貢獻，特別是因為對稱性基本原理的發現和應用」獲得諾貝爾物理學獎。

楊振寧 1945 年底在普林斯頓倒是見到了維格納，但是維格納恰好下一學年度休假，正整裝待發。這一下楊振寧可真是有一些着急了。維格納建議楊振寧可以讓在普林斯頓大學任教的惠勒（John A. Wheeler，1911－2008）做他的導師。楊振寧那時恐怕還不熟悉惠勒教授是何許人也，一時也拿不定主意。

幸好，這時他遇見了西南聯大的老師張文裕教授。原來張文裕於 1943 年春應普林斯頓大學的邀請來這所學校做客座教授，從事宇宙射線的研究。張文裕把自己知道的有關費米的行蹤告訴了楊振寧，說費米在「失蹤」之前已經先去了芝加哥大學；第二次世界大戰結束以後，聽說仍然會回到芝加哥大學，去主持一個核物理研究所。如果要找費米，恐怕得到芝加哥大學去找。

事情到底是怎麼回事呢？這兒我們也不妨交代一下。

戰爭期間，為了盡快製造出原子彈，在洛斯阿拉莫斯集聚了大量一流的科學家；戰爭結束後，大部分科學家面臨重新擇業的問題。事實上，在 1945 年夏天當楊振寧準備離開昆明的時候，費米就在考慮戰爭結束後幹甚麼，到哪兒去。他最想去的地方還是大學。正在這時，芝加哥大學物理系的康普頓教授高瞻遠矚，及時向大學當局提出一個有希望的科學發展綱要，提議建立三個研究所：核物理研究所、放射性生物研究所和金屬研究所。康普頓想以此為契機，把洛斯阿拉莫斯正面臨選擇的最優秀的科學家吸引到芝加哥大學來。結果，費米、尤利（H. Urey，1893–1981，1934 年獲得諾貝爾化學獎）和洛斯阿拉莫斯的首席冶金專家史密斯（C. S. Smith）分別接受了還在組建之中的三個研究所的任命。不過，費米表示願意到芝加哥大學核物理研究所來，但拒絕擔任研究所的主任，他不願意承擔行政工作。他成功地勸說他的好朋友薩繆爾·阿里森（Samuel K. Allison）擔任主任之職，這樣他既可以全身心沉浸到研究工作之中，不受行政職責的打擾，又同時確保研究所有一位真正優秀的領導。後來阿里森在費米去世時的追悼會上說：「實際上，這個研究所是費米的研究所，因為他是激勵我們智力的傑出源泉。……我之所以擔當起研究所的日常事務和管理職責，實際上是因為費米人格的感召和催促。……所有認識費米的人都會很快承認，他具有人類最不尋常的才智和精力。我們以前可能見到有人具有他的那種精力和最基本的健全心智、簡樸和誠摯，甚至見到過有人具有他那種輝煌的智力，但是有誰在他的一生中見到過這麼多的品質集中到一個人的身上？」[29，202]

1945 年 12 月 31 日，費米和他全家離開了洛斯阿拉莫斯，回到了芝加哥大學。大約是在 1945 年聖誕節前後，楊振寧比費米早幾天趕到芝加哥大學。楊振寧到了芝加哥大學以後，知道費米很快會回到芝加哥大學，心情才平靜下來。楊振寧回憶：

> 1945 年 11 月，我由中國來到美國，決心拜費米或維格納為師。但是我知道，戰時的研究工作使他們離開了他們各自的大學。記得我到紐約後不久，有一天走了很長一段路來到普平樓，登上八樓打聽費米教授近期是否即將授課。遇見的幾位秘書對此都一無所知。然後我到普林斯頓去，結果又大失所望，因為在下年度裡維格納要休假。但在普林斯頓，我從張文裕教授那裡得到消息說，有可能在芝加哥大學會建立一個新研究所，而且費米會加入該所。我隨即去了芝加哥大學並在芝加哥大學註了冊。但直到 1946 年 1 月，費米開始講課，我親眼見到了他，一顆心才放了下來。[3，45]

這段回憶實在太感人了！這正是：

> 為魚須處海，為木須在嶽。
> 一登君子堂，頓覺心寥廓。〔1〕

---

〔1〕 唐・貫休（832–912）：《上杜使君》。見《全唐詩》卷 828–7。

二、來到芝加哥大學

1946 年 1 月，楊振寧在芝加哥大學正式註冊，成為該校的博士研究生。

芝加哥大學於 1891 年由美國石油大王約翰 · 洛克菲勒（John Rockefeller）創辦。1892 年 10 月 1 日，首任校長哈珀（W. R. Harper）主持召開了芝加哥大學第一次全體教師會議。莊嚴而神聖的氛圍使全體教師強烈地意識到：這所新創立的大學將會徹底改變美國高等教育的現狀，這是任何一所大學所無法做到的。哈珀在講話中嚴肅地提出，擺在教師面前的首要任務就是努力創造出一種永恆的芝加哥大學精神，而不是讓教師們在任何問題上形成一種共同的看法。這種精神就是團結、嚴謹和勤奮。哈珀有充裕的經費做後盾，可以用高薪等優厚的條件聘請優秀教師；而且在聘任教師時，他的選才原則是「以研究為主，以教學為輔」，首先看重的是研究成果，而不是教學經驗，儘管教學的成效也是衡量一個學者合格不合格的重要因素。哈珀的誠意和信心，終於感動了大批知名的學者投入創建芝加哥大學的偉大事業中。

1945 年，費米被時任芝加哥大學冶金實驗室主任康普頓的明智雄偉的計劃所感動，來到了芝加哥大學，而沒有回到他 1939 年來美國時首先接納他的哥倫比亞大學。他覺得在這裡更能施展他的才華。

到了芝加哥大學以後，因為芝加哥大學核物理研究所還沒有破土動工，費米只好先在阿貢國家實驗室（Argonne National Laboratory）的反應堆做實驗，這些實驗都是戰爭時期研究工作的自然延續。芝加哥大學的新研究所直到 1947 年 6 月 8 日才破土動工，而這個研究所的迴旋加速器直到 1951 年春天才產生第一個束流。也正是由於這一具體的原因，楊振寧想跟隨費米做實驗的計劃失敗了。這是因為費米只能在阿貢實驗室做實驗，而阿貢實驗室是

左起：朱光亞、張文裕、楊振寧、李政道，1947 年攝於安娜堡。

左起：凌寧、李政道、楊振寧，1947 年 8 月 23 日攝於芝加哥大學。

對外國人保密的國家實驗室，楊振寧初來乍到，根本不允許進入這個實驗室工作。

費米也沒有辦法，於是建議楊振寧跟愛德華．特勒（Edward Teller，1908—2003）教授做理論方面的研究，實驗方面的研究可以到阿里森的實驗室去做。

特勒後來被稱為「美國氫彈之父」，在楊振寧要請他做自己博士論文的導師的時候，他在美國已經是一位十分重要的科學家了。戰爭剛結束時，他家門口甚至派有衛兵站崗保護他。特勒是猶太人，與維格納、馮．諾依曼（J. von Neumann，1903—1957）、西拉德（L. Szilard，1898—1964）等猶太科學家一樣，出生於匈牙利的布達佩斯。特勒在這群人中最小，1908 年出生。他從小就顯示出異常的智慧。1928 年前後，特勒來到柏林跟隨海森伯（Werner Heisenberg，1901—1976，1932 年獲得諾貝爾物理學獎）做研究，這是因為量子力學的魅力吸引了他。特勒除了喜愛物理學以外，還十分喜愛詩歌和音樂，鋼琴彈得也很不錯。除此以外，他喜歡談論政治，他堅持認為，一種依賴於高度政治自由的生活，才是真正美好的事情。所以我們不難理解，當德國納粹黨掌握了政權以後，他為甚麼很快就來到了美國。

從 1935 年開始，特勒先後在華盛頓大學、哥倫比亞大學任教；1942—1946 年，他參加了曼哈頓工程。當康普頓雄心勃勃地想把芝加哥大學物理系辦成「物理學聖地」時，特勒也被聘請為核研究所的高級研究員。費米非常欣賞特勒非同一般的、豐富的原創性思想。特勒除了在此後直接領導了美國氫彈的研製工作，在理論物理學的許多領域也都做出過重要的貢獻，如 1936 年與伽莫夫（G. Gamow，1904—1968）合作，提出 β 衰變理論中的選擇定則；1937 年與德裔英國物理學家雅恩（H. Jahn）合作，表述了決定分子對稱構型穩定

美國的「氫彈之父」、匈牙利裔猶太人愛德華・特勒，他是楊振寧的博士論文導師。攝於 1958 年。

性條件的雅恩—特勒效應（Jahn-Teller effect）。

費米親自向特勒推薦了楊振寧。有一天，大約是楊振寧到芝加哥大學一個月以後，他去拜訪特勒。特勒當時由於參加原子彈研製工作，成為軍事部門保護的科學家之一，因此辦公樓門口還有衛兵站崗，一般人不得隨意進入。楊振寧先得在辦公室外用電話與特勒聯繫，得到特勒的認可才能進去。

特勒見到楊振寧以後，說費米已經跟他說過讓他招楊振寧當研究生，跟他做博士論文的事情，並建議兩人在外面散步，邊走邊談。在散步時，特勒問楊振寧：「氫原子基態的波函數是甚麼？」楊振寧在西南聯大從吳大猷那兒學過量子力學，也學過原子核物理，這個問題對他來說並不困難，所以他立即順利地回答出來了。特勒走路有些跛，這是因為在慕尼黑大學讀書時，

1928 年 7 月的一天，他乘電車準備郊遊，由於沒注意電車過了站，他沒仔細考慮就向電車下面跳，結果右腳從踝部被電車輪子切下來，從此就成了跛子。在楊振寧身邊一歪一歪走着的特勒聽完楊振寧的講述後，發現他提的問題雖然簡單，但楊振寧的回答卻十分簡要明晰，説明他理解得十分透徹，因此他立即對楊振寧說：「你通過了。我接收你做我的研究生。」

楊振寧對特勒這種考查研究生的方式很讚賞，他在回憶中說：「他這樣做是有道理的。因為有很多學得很好的人，不會回答這個問題。照他看來，能夠回答好這個問題的人，才是可以造就的。」[16，107]

此後，楊振寧就開始在特勒指導下做研究。特勒手上永遠有許許多多需要解決的研究課題，當楊振寧希望聽取特勒的意見時，特勒就談了自己的看法。後來特勒還特意回憶到這件事：「於是，我向他提出了許多很有意思的課題。它們究竟算甚麼課題，我可不能肯定。我相信其中一個課題是鈹的 K 俘獲，以及鈹受到壓縮時這種俘獲如何改變。這在當時是一個頗為不落俗套的課題。」[17，32]

於是楊振寧做的第一個題目是鈹 7 的 K 層電子被俘獲的問題。特勒介紹兩種方法供楊振寧去研究，其中一種方法楊振寧以前沒學過，不過他很快學會了，並用它來進行研究。楊振寧很快得出了研究結果，這使得特勒十分滿意。於是特勒決定安排一次學術報告，讓楊振寧講述自己的研究結果。楊振寧說：「這是我在美國所做的第一個學術報告。」

報告安排在 1946 年 2 月的一天。那時戰爭剛剛結束不久，大學的人員包括老師和學生都不算多，但出席楊振寧報告的卻有許多物理學界的頂尖人物，除了費米、特勒以外，還有約瑟夫 · 梅耶（Joseph Mayer）和他妻子瑪麗亞 · 梅耶（Maria Mayer，1906—1972，1963 年獲得諾貝爾物理學獎），以及尤利等人。第一次面對這些科學界大人物，楊振寧開始不免有些緊張，但他很快平靜下來，進入了角色。講完了以後，大家都十分滿意，特勒當然更加高興。特勒建議楊振寧把講的內容寫成文章。

但是楊振寧開始動手寫文章時卻覺得不大對頭，認為自己原來在計算中用到了一些近似的方法，而他自己也無法有把握地判斷這些近似方法有多大的準確性。如果稍有誤差，由這種近似方法得出的結果將十分不可靠，甚至會得出相反的結論。因此，文章寫了一個多月，楊振寧也沒把文章寫出來；雖然其間特勒催了幾次，但楊振寧還是沒有把文章發表出去的自信。結果「到現在為止，這篇文章我還是沒有寫出來」。楊振寧在 1986 年的一次演講中說：「是不是後來有人又進行了理論計算，是否得到比較準確而又和實驗符合的結果呢？我沒有再去追究。」[1，539]從這件事情上，我們可以看到楊振寧嚴謹、求實的治學精神。

特勒對這件事也有相同的回憶：「楊振寧把[鈹的 K 俘獲]問題解決了，還將其結果向包括費米在內的一批人做過報告。不過，他沒有用這篇論文去申請學位。接着，我們考慮了原子核在強烈撞擊下被加熱後的蒸發。隨後，我們又考慮過氘、鋰 6 和鈹 10 的磁矩，它們之間都相差一個 α 粒子。這都是些古里古怪的想法。」[17，32]

1947 年，楊振寧在《物理評論》上發表了一篇文章《論量子化了的時空》，這是楊振寧到美國後發表的第一篇文章。這篇文章很短，內容與群論有關。楊振寧說：「這篇文章海闊天空，與現實距離比較遠，但是現在還有人引用。以後我不喜歡寫這種文章了。」〔1〕

〔1〕2009 年 7 月 6 日在清華大學高等研究院楊振寧辦公室採訪記錄。

在做特勒研究生期間，楊振寧經常參加費米專為研究生開設的課程和討論班。通過親身的接觸和耳濡目染，楊振寧更深刻領會了費米善於抓住物理現象本質的風格。費米在理論物理學上給人印象最深的是方法的簡單性。每一個問題不論它有多複雜，他都能分析其最本質之處。他善於剝去數學的複雜性和不必要的形式體系，用這種方法，他通常可以在半小時以內解決所涉及的根本物理問題。雖然得到的並不是數學上的一個完全解，但與他討論的人在討論結束並離開他之後，就會清楚地知道如何得到數學解。曾經與費米共過事的美籍德裔物理學家貝特曾經説：「看見費米完全不必這樣艱難費力，給我留下了極深的印象。物理學變得清晰起來，只需要一個本質上的分析，和少數幾個數量上的估計。……費米是位很好的數學家。每當需要數學時，他總能精巧地運用數學；但是，他首先想要清楚的是：這樣做值不值得。他是一位用最少的努力和最少的數學工具而獲得重要結果的大師。用這種方式研究問題，他廓清了許許多多的問題，特別對年輕人還沒有他那麼多知識的時候，這種方式起了很大的作用。」[29，81]

楊振寧也有與貝特幾乎相同的體會，他曾回憶：

> 眾所周知，費米的講課非常明白易懂。他的特點是，每個專題都從頭講起，舉簡單的例子並且盡可能避免「形式主義」。（他常常開玩笑說，複雜的形式主義留給「主教們」去搞吧！）他推理簡明，給人的印象是得來全不費工夫。……我們懂得了，物理應該從平地壘起，一塊磚一塊磚地砌，一層一層地加高；我們懂得了，抽象化應該在仔細的基礎工作之後，而不是在它之前。[3，45–47]

左起：李政道、楊振寧、朱光亞，1948 年夏攝於密歇根大學。

左起：楊振寧、鄧稼先、楊振平，1949 年夏攝於芝加哥大學。

費米也逐漸發現楊振寧是很優秀的年輕人。有一次，是 1949 年春天，費米在講授核物理學期間，因為有事要出差幾天，就讓楊振寧代他講授一堂課。楊振寧回憶：「行前，他和我一道將全部內容討論了一遍，解釋每一個講法後面的推理過程。」

1949 年，費米還例外地與楊振寧合寫了一篇論文《介子是基本粒子嗎？》，這篇文章涉及一些基本的和深奧的理論問題。在 1947 年人們發現了幾種介子後，普遍認為它們全都是基本粒子。費米有不同的看法，就建議楊振寧和他一起研究，看看 π 介子是否可能並不是基本粒子，也許是一個核子和一個反核子的緊密聯合體。這是費米唯一一篇與芝加哥大學學生合寫的理論論文。文章寫好後，楊振寧認為他們提出的問題也許並不切中事實，最好不發表，但是費米説，做研究的人的任務就是提出問題，這與做學生的任務不一樣，能提出問題總是好的。費米是正確的，因為他們提出的問題為以後日本物理學家坂田昌一（Sakata Shyoichi，1911–1970）提出的「坂田模型」奠定了基礎。塞格雷曾經指出：「這篇文章肯定涉及一些基本的和深奧的問題。他們提出了一種思想：介子也許是一個核子和一個反核子的緊密聯合體。這種思想可能不是全新的，但作者們卻想定量地發展它，並想從核力的性質來推斷這種思想。這種早期不成熟的努力在核物理學上產生了一些影響，而且它的基本思想得到後來研究的某些證實。」[29，220]

楊振寧在芝加哥大學當研究生的時候，像原來在中學、大學時一樣，慢慢又有了名氣，成了「學生老師」。美籍德裔科學家斯坦伯格（Jack Steinberger，1921– ，1988 年因中微子研究獲得諾貝爾物理學獎）曾經對楊振平説，當他和楊振寧在芝加哥大學同是研究生的時候，楊振寧的「學識就已經和教授差不多了」[1，885]。1985 年斯坦伯格在《從 π 介子到夸克》一書的一篇文章中寫道：「給人印象最深的是學生老師楊振寧，他來自戰時困境中的中國，雖然只有 24 歲，可是已經熟悉了全部的近代物理。」1999 年，斯坦伯格還對採訪者江才健說，在芝加哥大學和費米以及楊振寧、羅森布魯斯（M. Rosenbluth）一起學習的日子，是他一生中最興奮的經驗。他說，他從楊振寧那裡學到的跟從老師那裡學到的一樣多。[16，104]

與楊振寧一起公費留美的好友凌寧，正好和楊振寧同在芝加哥大學，他攻讀生物專業的博士學位。有一次，他寫信給楊振寧的父親說：「振寧念書比別人高出一頭一肩。」1948 年，哲學家馮友蘭大約為了鼓勵在美國留學的兒子，曾寫了一封信給他的兒子：「現在朋友中子弟出國成績最好的是楊振寧，他不但成績好，而且能省下錢幫助他家用，又把楊振平也叫去，又幫助鄧稼先的費用。」[16，388]

有意思的是，這封頗有歷史價值的信，是由曾任新加坡南洋大學歷史系教授的吳相湘，在 1995 年參加伊利諾伊州一次「中國集郵會」時發現的。這封信寫於 1948 年 12 月 9 日。

楊振平是 1948 年夏天來到美國的，那時他才 18 歲，剛剛高中畢業，楊振寧就把他接到美國。楊振平曾在回憶中寫道：「1948 年我來到美國布朗大學（Brown University）讀工程，大哥當時剛從芝加哥大學拿到博士學位，留校擔任講師。他月薪才 375 美元，就分給我三分之一，供我每月的宿膳費。他對我的照顧不像是哥哥照顧弟弟，而像是父親對兒子的關懷，這一點米爾斯〔1〕也跟我提起，說：『弗蘭克對我就像一個父親。』」[1，885]

---

〔1〕羅伯特·米爾斯（Robert L. Mills）是「楊—米爾斯場」的另外一位作者。弗蘭克是大哥的英文名，這是他讀過美國開國元勳富蘭克林自傳之後，慕其人而因其名。——引文原註

這兒稍稍插一筆關於楊振寧的英文名字 Frank 的故事。到芝加哥大學註冊成為研究生後不久，楊振寧經過慎重考慮後給自己取了一個英文名字 Frank。正如楊振平所說，這是由於他曾經看過美國開國元勳和科學家富蘭克林（Benjamin Franklin）的自傳，被這位偉人偉大的人格和不斷求索的精神所感動，希望自己也能成為像富蘭克林那樣一個對人類有貢獻的科學家；再加之外國人稱呼中國名字十分拗口，於是他給自己取了一個英文名弗蘭克。楊振寧到芝加哥大學不久，物理系的人都知道中國來的一個弗蘭克很了不起。有意思的是，楊振寧給他的第一個兒子楊光諾乾脆取了富蘭克林這個讓他敬仰的名字；更有意思的是，到了 1993 年，他當年的理想變成了現實，這一年他獲得美國本傑明 · 富蘭克林獎章（Benjamin Franklin Medal），1994 年又獲得美國費城富蘭克林學會授予他的鮑爾獎（The Bower Prize for Achievement in Science）。

楊振寧先生曾將鮑爾獎的授予文告在 1994 年 11 月 2 日寄給筆者，上面寫道：「[楊振寧]在科學上眾多傑出的貢獻，以及他率先促進中國與西方世界之間的相互理解，推進世界各地青少年教育，充分體現了富蘭克林的科學和人道主義精神。」文告上還特別提到：「這兒有一個有趣的逸事。楊教授的朋友都知道他叫『弗蘭克』。比爾 · 莫耶斯在一次拜會楊振寧時，楊說這個名字是『……紀念本傑明 · 富蘭克林的』。如果真是這樣，那麼這個獎不僅非常值得授予，而且對研究所來說給予楊教授的讚頌是極其合適的。」

在芝加哥大學求學時，楊振寧也有懈怠的時候。後來有一次演講，楊振寧在銀幕上打出日本第一位獲得諾貝爾物理學獎的湯川秀樹的照片說：

> 這是湯川秀樹，湯川秀樹是第一個日本得到諾貝爾獎金的。他得

CHEN-NING YANG WON THE LARGEST CASH AWARD IN NORTH AMERICA:

THE BOWER PRIZE FOR ACHIEVEMENT IN SCIENCE

PHILADELPHIA'S FRANKLIN INSTITUTE

CONGRATULATIONS to Professor CHEN-NING YANG, laureate of the 1994/95 Franklin Institute of Philadelphia's BOWER AWARD AND PRIZE FOR ACHIEVEMENT IN SCIENCE. The Franklin Institute is one of the oldest and most prestigious scientific organizations and museums in the United States, and has, for nearly a century and a half, recognized outstanding contributions of scientists and technologists worldwide whose achievements have significantly affected mankind. Professor Yang is Einstein Professor of Physics at the State University of New York and also Professor-at-large of the Chinese University of Hong Kong. The Bower prize of a quarter of a million dollars has been awarded to Professor Yang for his work in Gauge Field Theory. Other important scientific achievements of Professor Yang include Parity Non-conservation in Weak Interactions, Statistical Mechanics, Condensed Matter Physics and Mathmatical Physics. This body of work is profoundly influential and has had considerable impact on vast areas of fundamental research of the science in the latter half of this century. Yang is the FIRST theoretical physicist to win this award.

The CITATION of this award reads:

For the formulation of a general field-theory which synthesizes the physical laws of nature and provides us with an understanding of the fundamental forces of the universe. As one of the conceptual masterpieces of the 20th Century explaining the interaction of subatomic particles, it has profoundly reshaped the development of physics and modern geometry during the last forty years. This theoretical model, already ranked along side the works of Newton, Maxwell and Einstein, will surely have a comparable influence on future generations. These scientific contributions, combined with his championing of understanding between China and the western world and his promotion of science education among the youth from all corners of the Globe, reflect the scientific and humanitarian genius of Franklin himself.

There is an interesting anecdote here. Professor Yang is known to his friends as "Frank". In an interview with Bill Moyers (published by Doubleday in 1989), Moyers indicated that this was named "...after Benjamin Franklin ." Thus this award is not only richly deserving, but highly appropriate for the Institution which bestows the accolade on Professor Yang.

THE AWARD CEREMONY WILL BE HELD IN THE FRANKLIN INSTITUTE IN EARLY MAY OF OF 1995. A SYMPOSIUM FOR THIS OCCASION IS CURRENTLY BEING ORGANIZED.

For more information, please contact

Larry Tise, executive director of the Benjamin Franklin Memorial
email: fau@einstein.drexel.edu

or

feng@duvm.ocs.drexel.edu

美國費城富蘭克林學會授予楊振寧鮑爾獎的文告

諾貝爾獎金是1948年，1949年我去了普林斯頓以後認識湯川秀樹。我特別要把他的照片給大家看，因為這裡頭有一個與我有關係的故事。[30，97]

這個故事是這樣的：那時研究生都很窮，有一天楊振寧忽然發現報紙上有一個廣告，說有一個縱橫字謎（crossword puzzle），最高獎金可以達到5萬美元。當時參加這種比賽的人多半是家庭主婦，楊振寧心想：「我們要比這些家庭主婦本領大一點。」於是就和幾個同學報名參加。果然，兩個月以後，楊振寧已去了普林斯頓，主辦單位來信恭賀他們，他們得到了最高分。可是，還有一組人跟他們的分數一樣高，所以必須再來一個難度更大的填字謎以決最後勝負。於是楊振寧他們又開始分工合作。楊振寧要做的是在Webster大詞典裡找五個字母的詞，把它們都列出來。結果他晝夜不停地在普林斯頓高等研究所的圖書館裡查。到了早上五六點鐘，累得不行了，他想回去睡一覺。走到住處門口，看到地上有一份《紐約時報》，楊振寧就把報紙拿起來，上面有一個醒目的標題《湯川秀樹獲得今年的諾貝爾物理學獎》。這一下他突然驚醒，猶如醍醐灌頂，他嚴厲地責問自己：「楊振寧，你現在在做甚麼？」

三、特勒的建議和獲得博士學位

1946年秋天，由於楊振寧很想通過物理實驗做博士論文，因此費米就把他推薦給阿里森。特勒在一篇文章中寫道：「後來有一天，楊振寧找到我，說：『我總得回中國去，回國後，我覺得理論物理沒有甚麼用，中國需要的是

實驗物理，所以我要做這方面的工作。』於是，楊振寧捨棄了我，轉而跟隨阿里森。」[17，32]

阿里森是費米的老搭檔，兩人關係十分融洽，合作得很好。阿里森為人謙虛，在費米勸説下，擔任了芝加哥大學新建的核研究所主任。阿里森曾一本正經地形容他的主任職位是「小心維持和姑息研究所的一些書生們」。[29，202]

阿里森早期曾與康普頓一起從事 X 射線領域的研究，很多物理學家都是通過康普頓和阿里森合寫的《X 射線的理論和實驗》（*X-rays in Theory and Experiment*）一書來學習這個課題的。在戰爭期間，他在洛斯阿拉莫斯擔任實驗室助理，做了康普頓的得力助手。他是一個不容易激動的人，有高度的原則性，絕對正直並相當幽默；他善於讓爭論的雙方平靜下來，恢復理智。在洛斯阿拉莫斯與費米認識後，他和費米成了彼此完全了解和信任的朋友。後來，阿里森一直從事核物理和反應堆建造方面的研究。

楊振寧到阿里森實驗室的時候，這個實驗室正在建造一個 40 萬電子伏的考克饒夫—瓦爾頓（Cockeroft-Walton）小型加速器，準備用它來做一些低能核物理實驗。實驗室原來就有六七個研究生，楊振寧加入進來以後就和他們一起建造這個加速器。大約幹了一年半的時間，加速器裝備完成，然後他和其他幾個研究生開始利用它做一些實驗。但是，楊振寧在 1946 年秋到 1948 年初的 20 個月中覺得自己工作得並不如意，因為他逐漸發覺自己似乎在實驗方面缺乏一種「敏感性」之類的東西，也許就是缺乏一種所謂「靈氣」吧。楊振寧後來説：

> 我初到美國，本來想寫有關實驗物理的論文，倒不是我擅長或特別愛好實驗，正因為我自己沒有接觸到實驗物理，在這方面是一片空白，

實驗物理又是物理的精神所在。後來到了實驗室之後，發現這並不是我的特長。在實驗室裡，看到了一些同學，理論物理念得不太好，但是實驗本領特別大。當時給了我一些自卑感！有一位叫阿諾德 (W. Arnold) 的同學，他對實驗室內發生的問題有一種直覺的感覺，而且知道自己用甚麼辦法去解決。我記得很清楚，我們實驗室裡的加速器常常會漏氣，需要找到漏氣在甚麼地方，由他去找，往往兩分鐘就找到，而我往往要花上兩個鐘頭還不得要領。他找到了之後，我問他為甚麼能找到漏氣的地方，他也解釋不出來。第二天儀器又漏氣，我到了昨天漏氣的地方，可惜，位置又不同了，而他卻能很快又找到了。通過這些現象，我的印象是有一些人對實驗有直覺的了解，而我是沒有的。[1，588]

由於楊振寧不擅長實驗，在實驗裡顯得笨手笨腳，阿里森特別喜歡說一個笑話：「哪兒有了楊，哪兒就會噼啪響！」(Where there is a bang, there is Yang.) 特勒在回憶中也談到這件趣事，他說，楊振寧到阿里森的實驗室以後，「立即傳來了關於他的逸事。在理論物理方面，他已經開始做出許多絕妙的研究工作；在實驗物理方面，他也開始做出另一些『絕妙』的活，一首短小的打油詩形象地描述了這些『絕活』，至今我仍能背下來。這首打油詩是：哪裡炸得乒乓響，那裡準有楊在場。由於這個原因，他很快得了個『黃色危險品』的綽號」[17，32]〔1〕。

儘管不盡如人意，但是在阿里森實驗室工作的 20 個月，對楊振寧今後

〔1〕「黃色危險品」(yellow peril) 在美國常用來指一種爆炸物，用來爆破岩洞等。特勒這兒用這個詞有兩個意思：一是楊振寧是黃種人，二是楊振寧在實驗時常常引起爆炸。

1946 年 12 月 2 日，紀念第一個原子核反應堆成功四週年，當年的一些參加者合影。後排左二為阿里森；第一排左一為費米。這一成功具有里程碑意義，人類從此進入原子時代。

的理論物理研究工作仍然是十分有價值的，他曾經説過：

在阿里森的實驗室的十八至二十個月的經驗，對於我後來的工作有很好的影響。因為通過了經驗，我領略了做實驗的人在做些甚麼事情。我知道了他們的困難，他們着急一些甚麼事情，他們考慮一些甚麼事情。換言之我領略了他們的價值觀。另外，對我有重要作用的是，我發現我動手是不行的。[3，36]

這最後一句話對楊振寧確實「有重要作用」，因為這最終導致楊振寧改變了他的博士論文寫作計劃。他原來計劃寫一篇有關物理實驗的博士論文〔1〕，但後來卻發現他要做的實驗恐怕難以成功，因此他很有一些苦惱。過了一段時間以後，楊振寧才知道之所以難以成功，倒也不是他做錯了，而是當時阿里森實驗室的那台小型加速器到處漏氣，電路又常常出問題，因此他計劃中的實驗是「一個做不出來的題目」。雖説如此，楊振寧也察覺到自己的實驗能力很差勁，往這個方向使勁，前景堪憂，因此不免有一些苦惱。

特勒察覺到了楊振寧的苦惱和不安。正好這時，楊振寧注意到特勒曾經有一個直覺的想法，它與群論和對稱性有關係，但是特勒沒有把他的直覺具體地用邏輯分析一步一步地講清楚。把直覺具體化需要透徹地了解對稱性的數學表示。楊振寧對於對稱性一直有興趣而且比較熟悉，所以對特勒這個直覺的結論頗有興趣，想知道特勒的想法是不是有道理。結果他發現特勒的直覺是對的，但是需要嚴格的證明。他把他的證明寫成一個簡單的文稿，特勒十分欣賞。

1948 年春的一天，特勒到阿里森實驗室找楊振寧，他關切地問：「你的實驗是不是做得不成功？」

「是的。」

「我認為，你不必堅持一定要寫一篇實驗論文，你已寫了一篇（簡單的）理論文稿，我建議你就把它充實一下，作為博士論文吧！我可以做你的導師！」[3，37]

楊振寧聽了特勒十分直率的建議之後，也知道特勒的建議十分中肯，但心中仍然感到很失望。他一直希望在美國實現自己做一個實驗物理學家的願

〔1〕這個實驗要求分辨 He^5 的 $P_{1/2}$ 和 $P_{3/2}$ 態。

1947 年，楊振寧在美國懷俄明州的「魔塔保護區」。

望；雖然在阿里森實驗室一年多來，他已經意識到自己動手能力比較差，但性格堅強的他，還是不願輕言放棄。所以，特勒的建議對楊振寧來說，雖然是意料之中的，但仍然是一個很大的打擊。他對特勒說，請容許他考慮幾天再做決定。

在接下來兩天的思考中，他終於明白自己必須面對現實，應該揚長避短。對於這一人生旅途上的重大轉折，楊振寧後來十分幽默地寫道：

> 做了這個決定以後，我如釋重負。這是我今天不是一個實驗物理學家的道理。有的朋友說這恐怕是實驗物理學的幸運。[3，37]

也許還應該加一句：楊振寧由此輕裝上陣，走上了理論物理學之路，正是理論物理學的幸運！

楊振寧接受了特勒的建議後，開始專心致志地寫《論核反應和符合測量中的角分佈》，作為他的博士論文。

文章寫好以後只有三頁。特勒告訴楊振寧：「你看，這是一篇好論文，但是，你是否能把它寫得長一點呢？譬如，你是否能把它推廣到角動量變化為半整數的情形？」[17，34]

特勒還建議楊振寧把內容推廣一下，因為楊振寧研究的還只是運動速度很小的情況，如果在有電子運動參與的情況下，就應該考慮相對論效應。

過幾天楊振寧再次在特勒面前拿出論文的時候，論文有七頁，把半整數角動量的情形包括在內。特勒看見論文還是不盡如人意，不由「非常粗魯地」對楊振寧說：「你應該把論證寫得更清楚詳細些。」後來特勒曾經後悔地說：「其實，我不該這樣說，因為論文已寫得足夠清楚了。」

經過一些爭論之後，楊振寧無奈地走了。過了很長時間，大約有十天，楊振寧帶回了一篇十頁的博士論文。這時特勒知道自己碰上了一個「惜墨如金」的傢伙。他不再堅持。

事後特勒讚揚地說：「我要說，在隨後發表的論文中，楊振寧保持了每一頁都濃縮着許多思想的這種風格。如果他寫一篇長點的論文，那只是因為他有更多的東西要說。」[17，34]

1948 年 6 月，楊振寧終於順利通過了博士論文答辯，獲得了芝加哥大學物理系哲學博士學位。20 年前，他的父親楊武之也是在這所大學獲得的博士學位。人生中的一些巧遇，常常讓人覺得有一些神秘而不可思議！

關於這篇博士論文還有三點值得談一談。

一是論文的寫作背景。當時有一個謎團困擾許多研究 β 衰變的學者：β-γ 關聯（correlation）的計算往往是大算一陣子之後，發現許多項都互相消去，結果非常簡單。烏倫貝克和他的學生法爾科夫（Falkoff）就被此謎團困擾。在論文的導言裡，楊振寧寫道：

> 在計算核反應角動量分佈和涉及 β 和 γ 衰變過程中角關聯時，常常在繁雜勞累的計算以後，很多項都消掉了。這種事一再發生就使得人們猜想，在這些反應中有某些獨立的、普遍性的原因在起作用。這篇文章將證實這一猜想是合理的。事實上，在各種情況下的角分佈的統一公式在本文推出的定理中可以直接得到。[40，112]

楊振寧並沒有像很多人那樣去大事計算，而是在想：「為甚麼會有那麼多項相消？」想的結果是「對稱性原理」是多項相消的內在原因。楊振寧正是在推廣此原因的基礎上完成了他的博士論文。

二是該文在《物理評論》發表後，文章中推出的定理立刻引起核物理學界的廣泛注意。20 世紀 50 年代最有名的著作《理論核物理學》（Blatt and Weisskopf，*Theoretical Nuclear Physics*）就多處引用過文中的定理。

三是後來楊振寧對他的博士論文說過下面一段話：

> 對稱性是 20 世紀物理學的一個中心觀念。我的這篇 1948 年的博士論文，後來的楊—米爾斯、宇稱不守恆、1974 年的規範場積分形式等工作，都是關於對稱性的工作，其中尤以楊—米爾斯的規範場理論為極重要。[125，1]

四、「我是很幸運的」

楊振寧在 1948 年 6 月獲得芝加哥大學哲學博士學位以後，在安娜堡的密歇根大學度過了那一年的夏天，那時施溫格（J. Schwinger，1918—1994，1965 年獲得諾貝爾物理學獎）和戴森（Freeman J. Dyson，1923— 2020）都在那裡講學，講的都是當時最熱門的量子電動力學重整化的問題。秋後，他回到芝加哥大學，被聘為物理系的講師，任務是教一門課。在這期間他繼續做核物理和場論方面的研究。這時楊振寧有了一間小小的辦公室，於是當時還是學生的羅森布魯斯和李政道就常常擠到小屋裡海闊天空地討論他們感興趣的問題。羅森布魯斯與楊振寧合作研究 μ 衰變及 β 捕獲，發現這些相互作用與 β 衰變具有非常相似的強度。結果他們與李政道一起合寫了一篇文章《介子與核子和輕粒子的相互作用》。這是楊振寧和李政道的第一次合作。在這篇文章的註釋中，楊振寧寫道：

> 李政道 1946 年秋到芝加哥大學當研究生。我倆早些時候在中國或許見過面，然而，只是到了芝加哥才真正彼此認識。我發現，他才華出眾，刻苦用功。我們相處得頗投機，很快就成了好朋友。……
>
> 關於 μ 衰變和 β 捕獲的論文，基本上是在 12 月中旬假期開始之前完成的。羅森布魯斯和我搭乘長途汽車去紐約市。我對這次旅行印象很深，途中由於大雪，我們在匹茲堡被困阻了好幾個鐘頭。車上，我從報紙得悉，中國共產黨的軍隊包圍了北京和天津。1949 年正月回到芝加哥後，費米勸我們把研究結果寫成短文發表，這就是這篇文章的由來。除我們三人之外，另外還有幾組人也曾獨立地探討過同樣的問題。通過這

些研究，人們逐步認識到自然界存在四種相互作用，並且還認識到，在弱相互作用中存在某種普適性。[1，8–9]

由於楊振寧在芝加哥大學中途改變了選擇，所以人們常常弄不清楊振寧在芝加哥大學的導師是誰，有人説是費米，有人説是特勒，到底是誰呢？復旦大學物理系倪光炯教授曾經在 1982 年問過楊振寧：「您在芝加哥大學做研究生時，好像關於您的 advisor（導師）有兩種説法：一個説法是費米，一個説法是特勒。我想這都太過於簡化了，是否請您談談他們兩位對您都有甚麼影響？」楊振寧回答：「特勒和費米在芝加哥對我的影響都是很大的。」[1，412]

楊振寧跟着特勒做了一些理論研究工作，特勒成了楊振寧的博士論文導師，但是楊振寧在芝加哥大學期間，尤其是獲得博士學位留在芝加哥大學做講師的一年時間裡（1948–1949），跟費米的關係更加密切，因為他們的辦公室離得很近，經常一起討論問題。前面也提到過，1949 年夏天，他們還合作寫了一篇名為《介子是基本粒子嗎？》的文章。許多年以後楊振寧在《論文選集》裡選入了這篇論文，在附記中，楊振寧寫道：

這是我同費米合寫過的唯一一篇論文。他寫作的方式很有趣。如果某處地方要修改，他就把那部分剪掉，黏貼上新改好的部分。這樣，有些頁便變成了長長的紙卷。他一旦決定了如何遣詞造句，就不輕易改變主意。我的習慣則迥然不同。在用詞上我喜歡改來改去，直到今天還是依然故我，絲毫未變。[1，14]

2002 年 11 月 12 日，楊振寧在中國台灣的一次演講中説費米對他「影響極大」，說「費米的風格和人品值得佩服，恐怕是兼具理論和實驗物理專長的最後一人，至今可能無法再見到這樣的人」。[105]費米對楊振寧的影響，最重要的就是讓他明白了「物理不是形式化的東西」。楊振寧舉了一個精彩的例子：

> 1930年，[費米]寫了一篇文章，是用意大利文寫的。1932年，在《現代物理評論》上用英文發表了。他的這篇文章非常直截了當、非常具體地奠定了量子電動力學的基礎。不管當時狄拉克、泡利、海森伯寫了多少篇文章，他們所做的東西都偏於形式化，所得的結果不具體、不清楚。然而，經過費米的工作，就變得非常具體、非常清楚了。這方面工作的人，比如烏倫貝克就曾經對我講過，說是在費米的文章出來以前，沒有人懂量子電動力學，算來算去都是一些形式化的東西，對於具體的內容並沒有理解。費米的文章出來以後，才真正懂了。……這一點不只是表現在剛才所講的很複雜的量子電動力學上。從簡單的到複雜的所有問題，經過費米一處理，都變成非常清楚的了，使得你覺得中學生都可以懂。……我在做學生時，受到費米的影響非常之大。[3，215]

除了費米，特勒對楊振寧也有很大的影響。特勒是一位非常有個性的人，他與費米有很相近的地方，也有許多不同之處。相近之處是他們兩人都是從現象出發，不是從理論和形式出發。特勒最突出的特點是見解非常之多，一天之內就會提出好多彼此不同的見解。在洛斯阿拉莫斯的時候，正因為他一天內有幾種不同的想法，忽東忽西，任何一個小組如果有了他，就會讓人甚麼事也幹不出來，很有可能使研製原子彈的緊急任務受到阻礙。聰明

意大利裔科學家費米是現代物理學的最後一位通才，在實驗與理論上均建樹頗豐。在芝加哥大學期間，楊振寧與費米過從甚密，兩人還合寫過文章。攝於 1958 年。

特勒晚年的一張奇妙而幽默的照片

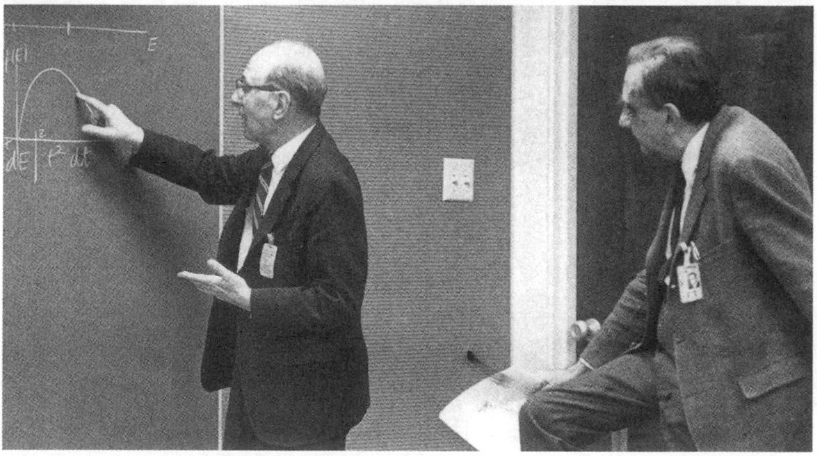

特勒（右）和維格納正在討論問題。

的奧本海默（J. R. Oppenheimer，1904−1967）知道特勒的這個缺點，就讓他領導一個小的研究組去研究氫彈，反正氫彈不是當時最緊迫的任務。特勒也樂不可支，對分派給他的這項工作還頗為得意。沒有想到的是，特勒以後居然真的成為美國的「氫彈之父」，並且為了製不製造氫彈和奧本海默對簿公堂，使自己的名譽大受打擊。

楊振寧在芝加哥大學首次接觸特勒時，不免對特勒的風格感到驚訝，他曾寫道：

> 特勒和費米不同的地方是，費米講出來的見解通常對的很多，而特勒所講出來的見解多半是不對的，這一點給了我一個非常深的印象。因為按照中國的傳統，你要是對某個問題沒有完全懂，就不要亂講話。人們認為亂講話是不好的，而且亂講話的人一定是不可靠的。特勒的見解非常之多，而且總是要講出來。不過如果你指出他是錯的，他就立刻接受，立刻向正確的方向走。在他的周圍，事情發生得多極了，這是一種非常良好的氣氛。所以，他可以有許多研究生。[3，220−221]

特勒後來的一個助手霍夫曼（Freddie Hoffmann）也有相同的看法，他說：「在如何解決物理問題方面，大家都能從他身上學到很多很多東西——如何努力地探討問題，如何透徹地思考問題。他把這個長處無償地貢獻給了各國的物理學家。……他常常坦率地對人們說出自己的看法；要是有人不同意他的意見，他也能聽取他們對那個問題的想法。」[31，461]

特勒想像力豐富，物理直覺能力極強，注重科學精神而不大注意細節。他的終生好友維格納說，特勒是「我認識的人中最富有想像力的……我認識

愛因斯坦，因此我這麼說是很有分量的」。[31，1]

想像力豐富當然與非同一般的直覺能力有關係，與楊振寧同為芝加哥大學研究生的戈德伯格說：「特勒是一個極聰明的人，有很強的物理直覺能力。……他在向別人解釋自己的直覺時經常遇到困難。我記得，在討論會上往往總是他先說一通。他講完後，費米就站起來做補充說：『特勒想要表達的意思是這樣的……』」[31，178－179]

特勒研究物理和講授物理，都是從物理現象和物理事實出發，而不是從理論到理論，從書本到書本，這樣物理學研究才永遠顯示出朝氣蓬勃的活力。這一點對於從中國來的楊振寧來說是很受啟發的。1984 年楊振寧在對中國訪問學者和留學生的談話中特別提到這一啟發性的體會。他說：

[我於]1945 年來到美國芝加哥大學物理系。我很快就發現這裡學物理的空氣與西南聯大不一樣。西南聯大課教得都比較認真，包含的方向很廣，常常比較深入而詳細。美國教授主要做研究工作，上課不大認真。但很快我發現他們有很多好處，最大的好處是和實際問題比較接近，使我知道哪些問題可以有發展，並且學到一些思想方法。美國學物理的方法與中國學物理的方法不一樣。中國學物理的方法是演繹法，先有許多定理，然後進行推演；美國對物理的了解是從現象出發，倒過來的，物理定理是從現象歸納出來的，是歸納法。演繹法是學考試的人用的辦法；歸納法是做學問的辦法。做學問的人從自己的具體工作分析中抽象出定理來，這樣所注意的就是那些與現象接近的東西。[2，129]

楊振寧曾經多次說，他到芝加哥大學確實學到了很多東西，不僅是一般書本上的知識，更重要的是學到了「方法與方向」。所以他說「我是很幸運的」。

特勒從來不強調中國學生所習慣的按部就班、不知權變的學習方法，他上課往往把觸角伸得很遠，而且往往講不到十分鐘就會出錯，等他發現以後，馬上一個人在黑板上修改，再往下講，再改，再講……似乎他是一個人在思考問題、研究問題一樣。開始，楊振寧確實不習慣這種完全不同於西南聯大的講課方法，但久而久之，他從特勒這種「亂中取勝」的講授中學會了物理學家思考的過程和思考的方法，並從中獲益匪淺。特勒的這種講授方法，很受楊振寧一類的優秀學生歡迎，但對於成績平平的學生，聽特勒的課恐怕就會墜入五里霧中，一頭霧水了。

特勒對楊振寧也十分看重，對日後楊振寧的成就更是十分欽佩。十分有趣的是，在 1982 年為祝賀楊振寧六十壽誕而舉行的有關「規範場」的討論會上，這位以前的老師說：「我們有時迷惑地問自己，這位物理學家是怎麼想出這樣一個概念的。」[106]他還說，為了「規範場」這個概念的提出，「我建議他應該第二次獲得諾貝爾獎金」。[17，34]

特勒由於想法太多，經常忽東忽西，幾乎沒有時間去撫育自己創造性的思想，但是我們不能由此說他不是一位偉大的物理學家。

在芝加哥大學，楊振寧還寫了一篇「大家認為很好的文章」（楊振寧語）《一個粒子湮滅成兩個光子的選擇定則》。對於這篇文章，楊振寧寫了一篇很重要的註釋：

我在芝加哥大學那幾年，每週都舉行物理系和化學系教師共同參加的討論會。這種討論會是非常不正式的，有時並沒有預定的報告人。討論會的論題十分廣泛：這週討論考古學中的碳 14 測定年代法，下週的論題可能就會變成關於元素起源的推測，等等。由於有費米、特勒和尤利出席，討論會總是談笑風生、氣氛活躍，絕對不會出現冷場。1949 年的一天，有人在討論會上提到，發現了 π^0 介子湮滅成兩個光子的事實。聽到這個消息後，特勒馬上爭辯說，這一發現表明，π^0 介子的自旋為零。他的論據太簡陋，經不起推敲。過後，我想到了這個問題，第二天便找到了正確的選擇定則，其結果就是《一個粒子湮滅成兩個光子的選擇定則》一文。

……這是我在對稱原理方面發表的第二篇論文。[1，15–16]

第一篇對稱原理方面的論文，應該是他的博士論文。

在芝加哥大學的這段經歷，楊振寧體會最深刻的是，研究必須是自己發展出來的研究課題。他曾經說：

芝加哥大學的這一段經歷使我學會自發地研究東西。自發研究比較容易發展，這是我自己的經驗。以後我的研究多半是自發做的。[1]

以後楊振寧在不同場所，一再強調他的這一深刻體會。

〔1〕2009 年 7 月 6 日在清華大學高等研究院楊振寧辦公室採訪時的錄音記錄。

第四章　普林斯頓高等研究所（1949–1966）

從1949年到1966年，楊振寧在普林斯頓高等研究所工作了17年。這17年是楊振寧的學術黃金時期：1954年，他與米爾斯合作提出了楊—米爾斯規範場理論，這使得楊振寧成為20世紀繼愛因斯坦、狄拉克之後的又一位寫出奇妙的能量基本結構方程的理論物理學家，並於1994年為此獲得了北美地區獎金額最高的科學獎——鮑爾獎；1956年他與李政道合作提出在弱相互作用中宇稱不守恆的理論，為此他和李政道獲得了1957年諾貝爾物理學獎。這一時期他總共發表了110多篇學術論文，在粒子物理學和統計力學兩個領域獲得了重要的研究成果。

在這一時期的開始，楊振寧還認識了杜致禮小姐，並且在1950年8月26日與她喜結秦晉之好；他們的三個孩子楊光諾、楊又禮（女）和楊光宇，也是他在普林斯頓工作時期先後來到人世。

一、來到高等研究所

楊振寧到普林斯頓起因於奧本海默的一次演講。

奧本海默是美國著名的理論物理學家，在第二次世界大戰中，由於在研製人類第一顆原子彈過程中做出卓越的貢獻，被人們稱為「美國原子彈之父」。奧本海默於1925年畢業於哈佛大學物理系，1925年到1926年，到英國劍橋大學盧瑟福的手下進修；1927年又到德國哥廷根大學在馬克斯·玻恩的指導下進修。1928年回到美國，把量子力學也帶到了美國。在20世紀30年代，他對於美國理論物理學有重要的貢獻，所有那時候美國年輕的理論物理學家基本上都出自他的門下，形成了一個頗有名氣的物理學學派。

楊振寧曾經說：「毫無疑問，從30年代至『二戰』初期，美國的理論物理

普林斯頓高等研究所所長奧本海默，1962 年攝於日內瓦。

中心是環繞在奧本海默的周圍。」[107，109]

奧本海默第一個提出電子有電子的反粒子，質子有質子的反粒子，它們是完全不同的粒子，從而糾正了狄拉克的錯誤；他最重要的貢獻是提出了黑洞理論，可惜的是在他 1967 年因癌症去世時，黑洞理論還沒有得到科學界普遍的承認。

在第二次世界大戰期間，他被美國陸軍的格羅夫斯將軍選中，擔任研製原子彈的洛斯阿拉莫斯實驗室的總負責人。戰後於 1947 年開始擔任普林斯頓高等研究所所長。

1949 年春，奧本海默應邀到芝加哥大學做學術演講。當時奧本海默已經不再繼續做研究，但是他非常關注物理學前沿的發展，並且經常向物理學家們介紹這些前沿的研究。這一次他到芝加哥大學演講的內容，是當時非常熱門的量子電動力學重整化（renormalization）問題，而在芝加哥大學，費米、特勒等人都沒有在這方面做甚麼研究。楊振寧當時大約覺得這一研究很有意思，因此對奧本海默的演講很有興趣，不由動了心想到普林斯頓去工作一段時間。於是，他請費米和特勒為他寫封推薦信給奧本海默。他們很高興地為楊振寧寫了推薦信。楊振寧在回憶中說：

> 1949 年春，我請費米和特勒把我推薦給普林斯頓高等學術研究所所長奧本海默，因為我申請到那裡去做博士後。費、特兩人好心地滿足了我的要求。我接到聘書時，費米勸我在那裡至多待上一年，不要太久，因為他覺得高等學術研究所的研究方向一般說來太抽象。事實上，他和阿里森、特勒一道出面同芝加哥大學當局談妥，保證在 1950 年把我返聘回來。
>
> 離開芝大時，我清楚地知道，三年半的時間裡（1946—1949），我得益於芝大匪淺。不過，我還是熱切地盼望到普林斯頓高等學術研究所去，尤其是泡利和朝永振二郎預定將要到那裡去訪問。同時，在那裡還有許多才華出眾的青年理論物理學家，如 K. Case（凱斯）、F. J. Dyson（戴森）、R. Jost（喬斯特）、R. Karplus（克普勒斯）、N. Kroll（克勞爾）和 J. M. Luttinger（魯丁格）等等，他們被認為是重整化理論的活躍分子。[1，16]

正在辦理去普林斯頓高等研究所的同時，中國發生了巨變，共產黨在大陸取得了完全的勝利。在這一翻天覆地的劇變時刻，楊振寧自然會非常擔心父母全家的安全。在這年6月，他得到一個天大的喜訊：全家平安。楊振寧回憶：

> 1949年，中國發生了巨變。5月25日，國民黨人從上海潰退。我深切地掛念着家裡的父母兄弟姐妹，他們幾個月前剛搬到上海。猶豫了幾天，我終於認定，我有權同父母取得聯繫並探詢他們的境況，於是便給父母拍了一封電報。令我喜不自勝的是，第二天迅即收到他們兩個字的覆電：「平安」。這個經歷鼓舞着我，在隨後中美之間完全疏遠的20多年裡，我一直同父母保持聯繫。令人高興的是，這種聯繫在後來的歲

楊振寧，1949年秋攝於美國費城。

月中對我起着決定性的影響，包括在中美和解的跡象一經顯露我就當機立斷決定訪問中國這件事。[1，16–17]

再說奧本海默收到費米、特勒的推薦信以後，很快就給楊振寧寄出了邀請函。1949 年秋天，楊振寧就來到了普林斯頓高等研究所。對於楊振寧工作了 17 個春秋的這家研究所，我們先做一個簡單的介紹。

1930 年前後，美國富商班伯格兄妹想在普林斯頓區建立一個醫學院。教育家弗萊克斯納（Abraham Flexner）得知後，勸他們與其建一所醫學院，不如建一個一流的高等研究所。在這個研究所裡只有人數不多的世界一流的研究教授，他們在研究所裡有高額的薪水，不受外界任何影響地進行他們自己喜歡的研究。沒有學生，沒有教室，只有研究教授和來訪問的年輕優秀學者。這個明智的建議被採納了。

開始高等研究所沒有自己的辦公樓，就借用了普林斯頓大學的教學樓范因樓（Fine Hall）；請來了五位研究教授，三位是受納粹迫害的科學家：愛因斯坦、外爾（Hermann Weyl，1885–1955）和馮·諾依曼，還有兩位是美國著名數學家維布倫（Oswald Veblen，1880–1960）、亞歷山大（James Alexander，1888–1971）；後來數學家莫爾斯（Marston Morse，1892–1977）也應聘到這兒工作。除這六位研究教授之外，更多的是短期的訪問教授。

關於外爾來到普林斯頓高等研究所，在斯蒂夫·巴特森（Steve Batterson）的《追尋天才》（*Pursuit of Genius*）一書裡有一段非常有趣的故事，這故事也反映了外爾的性格——雖然他在科學研究上極有魄力，能夠當機立斷，但是在日常生活中卻常常婆婆媽媽猶豫不決，讓人忍俊不禁。1932 年 10 月，普林斯頓高等研究所宣佈聘任了兩位教授：愛因斯坦和維布倫。愛因斯坦以前就認識外爾，而且知道這人十分了得，就極力向弗萊克斯納推薦外爾。外爾那時是哥廷根大學知名教授，得知普林斯頓高等研究所要聘任他，十分高興，於 1933 年 1 月 3 日發電報給弗萊克斯納，表示願意接受高等研究所的聘請。但是沒有料到第二天他又反悔，說很對不起，他改變了決定不能接受聘請云云；殊不知到第三天他再次改變了計劃，說他再三考慮還是決定接受聘請，而且特別聲明這一次的決定是最終的決定，不可更改的了。弗萊克斯納心想，這一次外爾該不會再變卦吧？當他正準備把外爾接受聘請的事通知董事會的時候，1 月 11 日外爾又來電報，說他沒有辦法把家搬到普林斯頓。

外爾既然不能來，弗萊克斯納決定聘請年輕的匈牙利數學家馮．諾依曼。馮．諾依曼後來成為 20 世紀在現代計算機、博弈論和核武器等諸多領域內有傑出建樹的最偉大科學全才之一，被稱為「計算機之父」和「博弈論之父」，為美國做出了巨大的貢獻。

說到這兒，外爾的故事還沒有完。1933 年 1 月 30 日，正是外爾決定不接受聘請後的第 19 天，希特拉就任德國總理，4 月 7 日宣佈新的公務員法令，禁止猶太人在德國的大學任教授。外爾倒不是猶太人，但是和費米一樣，他的妻子是猶太人，這樣他在德國的前途堪憂。於是他痛恨自己沒有在三個月前接受普林斯頓高等研究所的聘請。他萬分痛苦地寫信給維布倫教授，希望能夠到高等研究所來「訪問」。後來經過許多周折，總算在 9 月 7 日再一次向外爾發出聘書。這一次外爾沒有任何猶豫地接受了聘請。1933 年 10 月，外爾到高等研究所就任教授之職。

從 1933 年 10 月 1 日開始至今，不斷有學者來研究所訪問，他們或者得到研究所的資助，或者從洛克菲勒基金會申請到基金。我國許多學者如陳省身、周培源、楊振寧、李政道等人都先後在這個研究所工作過。

1939 年，普林斯頓高等研究所的富爾德樓 (Fuld Hall) 落成，愛因斯坦、外爾等人搬進了新樓房，有了他們自己的辦公室。新大樓是一座具有新喬治式風格的磚砌大樓，坐落在英式草坪的中央，樹木環繞。

富爾德樓距范因樓只有兩三公里，很近，再加上普林斯頓高等研究所的教授已經在范因樓工作了五六年，和大學教授們關係融洽，成了一家人。正如西爾維婭·娜薩 (Sylvia Nasar) 在《美麗心靈——納什傳》(港譯《有你終生美麗》) 一書中所描述的那樣：「……不同學派的學者在一起就像鄉里鄉親一樣和睦融洽。他們一起進行研究，一起編寫學刊，相互出席對方的講座和研討會，還一起享用午茶。高等研究所的聲譽使大學可以更方便地招募到最出色的學生和教師，而大學的那個相當活躍的數學系，也像磁石一樣吸引住研究所訪問或永久在那兒工作的學者。」[70，50]

在剛開辦的時候，普林斯頓高等研究所只有數學學術部，後來，研究所又在考古學、歷史、美術和經濟學幾個領域聘任了一些著名學者，於是學術部由一個增加到三個：歷史研究學部、自然科學學部和社會科學學部。當 1949 年楊振寧到這個研究所時，研究所的終身研究教授約有 20 位，都是世界一流的知名學者，他們在各自研究的領域裡領導着該領域的發展方向。這 20 多位終身研究教授，構成了研究所的核心力量。楊振寧曾經回憶過在這兒的一些情形：

> 1949 年秋天，我到了普林斯頓。普林斯頓高等研究所只有約 20 位教授，都是知名學者。研究方向有數學、理論物理和歷史。最有名的學者，當然是愛因斯坦。大家公認歷史上最偉大的兩個物理學家就是牛頓

愛因斯坦在普林斯頓高等研究所，背景為富爾德樓。

晚年寓居普林斯頓的愛因斯坦一直致力於對自然界的完美詮釋——統一場論。愛因斯坦也是一位出色的小提琴演奏者。攝於 1931 年。

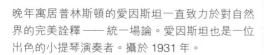

和愛因斯坦。1949年愛因斯坦已經退休了，不過每天仍然到辦公室去。我們年輕人不大願意去攀談，因為怕給他添麻煩。有一天，他叫助手來找我去跟他談談，因為他看到我和李政道寫的一篇文章，是關於統計力學的。他在年輕時候做的工作有兩個主要的方向：一個是電磁學，一個是統計力學。所以他一直對統計力學很有興趣。他找我去談了不少時候。愛因斯坦那時講的英文夾了許多德國字。我不懂德文，而我去看他的時候又很緊張，所以我跟他談完出來後，別人問我愛因斯坦跟我說了些甚麼，我竟講不清楚。[3，37–38]

關於楊振寧與愛因斯坦見面的過程，楊振寧的回憶似乎有誤。以後還會涉及這次見面，這兒就不多寫了。雖然愛因斯坦和楊振寧接觸不多，但愛因斯坦卻是楊振寧最敬佩的科學家之一。他後來寫過不少文章介紹愛因斯坦卓越的貢獻和分析其貢獻的重大價值，如《愛因斯坦與三次物理思想革命》、《幾何與物理》、《愛因斯坦對理論物理學的影響》、《愛因斯坦和現代物理學》等。

1966年3月，在美國舉行愛因斯坦郵票發行儀式上的講話中他說：

我自己作為一名年輕的物理學者來到普林斯頓的初期，曾經有幸聆聽他的講演，並曾數次和他討論問題。……我在這裡作為愛因斯坦的一個崇拜者發言，他是我們這個時代最偉大的物理學家；與牛頓一道，是歷史上兩位最偉大的物理學家。

……愛因斯坦的工作表露出他有深刻的物理洞察力。他有強烈的美感和結構感。他既大膽而富創造性，又沉着當仁不讓。

……愛因斯坦自己就是追求科學所需要的力量和毅力的象徵，他的研究工作是他之後的科學家的靈感和勇氣的源泉。[1，163–164]

對於這樣一位被他崇拜的人物，楊振寧當然想找機會拍一張照片作為永久紀念，但愛因斯坦太忙，楊振寧不願意隨意打擾他。但機會終於來了，1954 年的一天，楊振寧乘愛因斯坦有空閒的時機，拍下了一張愛因斯坦與他的大兒子楊光諾的照片；可惜的是，他自己沒有趁此機會與愛因斯坦合影。第二年，愛因斯坦就因病去世了。

在普林斯頓工作期間，楊振寧並沒有像他原來設想的研究量子電動力學重整化的問題。其中原因很值得我們注意。一方面楊振寧知道重整化中主要的問題都已經被施溫格、費曼（R. P. Feynman，1918–1988，1965 年獲得諾貝爾物理學獎）和戴森等人解決了，再到裡面做，沒有新的想法，即使花大力氣研究，也不會有甚麼新的結果。除此之外，我想還有一個重要的原因，楊振寧一直是一位十分看重物理學之美的大師，重整化在他看來也許根本沒有內在的美，這個理論似乎只是一個臨時建立的、權宜的技巧，不會是真正的物理學理論，以後會被更加深刻的理論代替。當時持有這一看法的還不止楊振寧一人，可惜這一看法至今尚未得到證實；而且，後來證實規範理論能夠用到強相互作用中，也還是得益於重整化的算法。從這一選擇可以看出，楊振寧一直重視自己喜愛的、自發的研究課題，而不會隨意追逐熱門課題。這正是楊振寧此後一貫向年輕物理學者強調的。

在普林斯頓他還見到了心儀已久的數學大師赫爾曼・外爾。外爾是德國數學家，他不僅在數學而且在理論物理學中都有許多開創性、奠基性的業績，在群論方面，他的開創性研究對楊振寧有很大的影響。楊振寧於 1985 年

德國數學家赫爾曼．外爾

在《外爾對物理學的貢獻》一文裡寫道：

外爾的理論已經成為規範理論中的一組美妙的旋律，當我在做研究生，正在……學習場論時，外爾的想法對我有極大的吸引力。

……1949 年，當我作為一個年輕的「成員」來到普林斯頓高等研究所時，我遇見了外爾。在 1949—1955 年的那些年月裡我常常看到他。他非常平易近人，但是我現在已不記得是否與他討論過物理學或數學了。在物理學家中沒有人知道他對規範場思想的興趣是鍥而不捨的。無論奧本海默還是泡利都從未提到過這一點。我猜想他們也沒有把我和米爾斯在 1954 年發表的一些文章告訴他。如果他們告訴了他，或者他由於某種原因偶然發現了我們的文章，那麼我會想像得出，他一定會很高興，而且是很激動的。因為我們把他所珍愛的兩件東西——規範場和非阿貝爾李群放在一起了。[1，494–495]

楊振寧還強調指出：

作為一個物理學家和哲學家，外爾在空間、時間、物質、能量、力、幾何、拓撲等方面寫了大量文章，它們都是一些關鍵性的概念，為現代物理的創立奠定了基礎。當閱讀外爾的文章時，看到他如此努力地通過數學構造去解開物質和空間結構之謎，我總是感到震驚。我們在他的 1924 年的一篇題為《甚麼是物質？》的文章中可以找到一個很有趣的例子。在這篇文章中他提出了關於物質中拓撲結構的問題，這是目前極為風行的一個課題。

外爾的文章寫得很美，我不知道他是否也寫過詩，但是他確實很喜歡讀詩。1947 年，在他的《數學和自然科學中的哲學》一書的前言中他引用了艾略特的詩：

少年時離開家鄉，
隨着我們年齡的增長，
世界變得陌生，
死和生的模式更是錯綜複雜。

我敢說，如果外爾回到今日的世界，他會在物理學和數學的那些激動人心、錯綜複雜以及詳盡的發展之中，發現有許多基本的東西他是十分熟悉的，他幫助創立了它們。[1，497]

楊振寧原來打算只在普林斯頓高等研究所工作一年，但奧本海默十分欣賞這位年輕的中國學者。據楊振寧自己說，那時在普林斯頓高等研究所的博士後很多，有二三十人，奧本海默決定留他，很可能是因為他欣賞楊振寧有自己的興趣，有自己的看法，不隨意追逐熱門課題。因此一年結束之後，到了 1950 年春，奧本海默給了楊振寧在高等研究所為期五年的聘書。經過一段時間的思考後，楊振寧最後決定留在普林斯頓高等研究所。

關於奧本海默挽留楊振寧，還有另一方面的原因，那就是奧本海默出任普林斯頓高等研究所所長之職以後，決心對這個研究所來一次大的改革。1935 年奧本海默曾經訪問過這個研究所，但是並沒有給他留下深刻的印象，他在當時給弟弟弗蘭克（Frank Friedman Oppenheimer，1912—1985）的一封信中寫道：「普林斯頓是一個瘋人院，那些聞名於世的知識分子在這塊荒地上唯我獨尊。」[53，136]

奧本海默當時大約沒有想到，自己在 12 年之後會被任命為這個研究所的所長。他接受任命以後，決心對研究所來一次重大改革。當時研究所的思想家們大多年齡偏大，而且相互之間可以說是「雞犬相聞，老死不相往來」，非常缺乏合作研究精神。蓋爾曼（Murray Gell-Mann，1929—2019，1969 年獲得諾貝爾物理學獎）曾經在這兒待過一段時間，他說：「這所高等研究所在傳統上就沒有合作的精神。它成立時的初衷就是讓一些頂尖的思想家們在這兒不受任何外界干擾地獨立思考。但是到了當今時代，這種方式已經沒有效率可言。愛因斯坦也許另當別論，他已經和當代物理學的主流脫節。他不需要和別人討論甚麼，因為年輕人對他的思考已經沒有興趣，他對別人的想法同樣也沒有興趣。但是對其他人來說，只有合作才能獲得成果。」[53，144]

作家埃德．瑞吉斯（Ed Regis）在《誰能取代愛因斯坦的位置？》一書中指出：「奧本海默作風果斷，在歷任所長中可以說是絕無僅有。他肯定會更加重視物理學，這是毫無疑問的，但是他更加重視的是成員的年輕化。這一點倒是頗得所裡的一些『元老』的贊成。例如愛因斯坦就曾經擔心聘用年齡大的人『會使得研究所變成養老院』。奧本海默雷厲風行，引進了不少的年輕的幹才，其中有派斯、戴森、李政道和楊振寧等人。奧本海默似乎有神明在保佑，在他引進的幾位中，楊振寧和李政道到研究所不過幾年，就推翻了一個自然界的『定律』—— 宇稱守恆定律，獲得諾貝爾物理學獎。」[53，140]

奧本海默對普林斯頓高等研究所的改革，的確給這個研究所帶來很大的生機，一時真可謂人才濟濟，有一個例子值得一說。我們知道巴丁（John Bardeen，1908－1991）、庫珀（Leon N. Cooper，1930－ ）和施里弗（John R. Schrieffer，1931－2019）三人因為「發現了被稱為 BCS 理論的超導理論」，於 1972 年獲得諾貝爾物理學獎。其中庫珀對 BCS 理論的貢獻有一段故事，這是莉蓮．霍德森（L. Hoddeson）和維基．戴奇（V. Daitch）在《曠世奇才巴丁傳》一書中寫下的。那是 1955 年，巴丁在研究超導理論的關鍵時期發現場論對於他們的研究非常重要，但是巴丁只有有限的場論知識，於是他一直在尋找一位「精通場論並願意從事超導研究的人」。這年春天，巴丁打電話給在普林斯頓高等研究所的楊振寧，請他推薦一位合適的人選。霍德森和戴奇寫道：「楊振寧推薦了當時已經在研究所做了一年博士後的庫珀，庫珀在『使用最新和最流行的理論技巧方面』（當時包括費曼圖、重整化方法以及泛函積分）走在最前沿。」[84，223]後來，庫珀在與巴丁、施里弗合作研究超導中果然起了關鍵的作用，並因此獲得諾貝爾獎。

二、海外姻緣

當楊振寧在1949年秋天離開相處四年的導師和同學、朋友時，費米曾經十分認真地對楊振寧說過，「普林斯頓高等研究所是一個很不錯的研究機構，但是不宜長久待在那兒。因為這個研究所的研究方向太理論化，很容易向形式主義轉變，最後與物理學的實際問題脱離關係」，還説那兒「有點像中古的修道院」。

楊振寧十分欽佩費米的物理成就和科學風格，所以他把費米臨別前的告誡深深記在心中，也只打算在普林斯頓待一年，然後就離開那兒回芝加哥大學。但到了1950年春季，為甚麼楊振寧突然改變了決定，又繼續留下來了呢？實際上是因為楊振寧與1949年聖誕節前不久遇見的杜致禮小姐談起了戀愛。楊振寧在回憶中說：

> 1950年初奧本海默聘我長期留在普林斯頓研究所。考慮了好久，我決定留下。倒不是因為奧本海默堅留，也不是忘記了費米的話，而是因為那時我在date杜致禮。「date」香港好像叫「拍拖」。她那時在紐約念書，離普林斯頓很近。所以我就留下了。[3，38]

事情就這麼簡單。不僅留了下來，而且一留就留了16年。一個人的一生，往往被偶然發生的事件所左右。

楊振寧在異國他鄉遇見杜致禮，實在有「奇遇」之感。1949年聖誕節假期的一天，楊振寧與年輕的同事、理論物理學家魯丁格一起，到普林斯頓維特史朗街一家中國餐館茶園餐廳吃飯。突然，楊振寧見到一位舉止端莊、面目清秀的東方女孩子向他這個方向走來。這位美麗、氣質不俗的姑娘看起來20多歲，沒有想到她走到楊振寧的身邊，竟然向他問起好來。已經在海外生活了四年的楊振寧，突然間聽到一位姑娘用中國話向他問好，心中不免又驚又喜。開始他愣了一下，但很快他就認出這個身材苗條、似曾相識的姑娘，是他在西南聯大附中教過的一位學生，叫作杜致禮。

楊振寧在回憶他與杜致禮偶然相遇的事時，談到一些有趣的「爭論」：

> 我同魯丁格當時都是單身漢，二人一起到普林斯頓的維特史朗街上新開的「茶園」餐廳去吃飯，就在那裡我與致禮不期而遇了。那天究竟是我先認出她來？還是她先認出我來？自那時起在我們家就成了一個爭論不已的話題。[41，296]

杜致禮小姐是國民黨高級將領、著名愛國人士杜聿明將軍的長女。1924年6月，杜聿明考入孫中山先生創辦的黃埔軍官學校，成為軍校第一期的學生。參加過東征、北伐和偉大的抗日戰爭，從長城古北口抗戰、崑崙關戰役到遠征緬甸抗日，他都屢立戰功，為國家民族做出了重要的貢獻。尤其是1939年底在廣西崑崙關的一場血戰，是抗日戰爭中一次著名的戰役。杜聿明是當時國民黨唯一一個機械化軍——被譽為「鐵馬雄獅」的第五軍——的代軍長，而戰場上他的對手是號稱「鋼軍」的日本坂垣征四郎師團。這次戰役，在杜聿明的指揮下，從12月17日開始，一直打到12月31日，終於以中國軍隊獲得重大勝利而結束。崑崙關一戰，日本「鋼軍」的12旅團長中村正雄被擊斃，士兵死亡4000餘人，中國軍隊還繳獲大量武器彈藥。捷報傳出，舉國歡騰，杜聿明將軍亦聲名大振。

杜聿明將軍（右）和夫人曹秀清（中）、長女杜致禮，攝於 1932 年。

楊振寧的岳父杜聿明將軍、岳母曹秀清女士， 1978 年攝於北京。

1944–1945 年，當杜聿明忙於戰務時，他的長女杜致禮在雲南昆明西南聯大附中讀書，認識了教她數學的楊振寧。那時，杜致禮還是一個讀高中的花季少女，已讀完碩士的楊振寧也許並沒有太在意這位比他小五六歲的秀氣女學生。可是當六七年之後杜致禮出現在楊振寧面前時，就是另一番情景了。

1946 年，杜致禮考上了北平輔仁大學外文系，這是一所在北平很有名氣的教會大學。1947 年 6 月，捲入內戰的杜聿明，在與解放軍的戰鬥中屢遭敗績，雖日夜謀劃仍一籌莫展。原來就患有腎結石的杜聿明將軍，憂鬱成疾，不能視事。於是他致電蔣介石，請准許他先到上海治療，再出國治病。7 月 8 日，這位東北保安司令長官離開東北，來到上海。杜致禮原來準備與父親一起到美國，一來可以照料父親，二來可以在美國求學。蔣介石開始允許杜聿明到美國治病，連出國護照都已經辦好了。但不幸的是，在他還沒有出國暫居上海治療期間，有一次一位美國記者採訪了他，蔣介石對杜聿明回答記者的話十分不滿，就突然派人告訴他，不准他出國。杜聿明知道事情不好，連忙讓女兒一個人趕快到美國去。杜致禮只好一人到美國求學。1948 年 6 月，杜聿明病體康復，又被委任為徐州「剿總」副司令兼第二兵團司令官。1949 年 1 月，杜聿明被人民解放軍俘虜。

在美國讀書的杜致禮當然並不知道父親的遭遇，還以為父親已經去世了。杜聿明的夫人曹秀清曾回憶：「1949 年 1 月，國民黨軍隊在淮海戰役全軍覆沒，傳到後方的消息是光亭（杜聿明字）『生死不明』，留下一位老母親、六個孩子和我，八口人。當時國民黨如驚弓之鳥，紛紛遷逃台灣。我以為光亭多年給蔣介石賣命，才遭此厄運。我在大陸無依無靠，跟着到台灣總可以得到一些照顧，就把全家搬到了台灣。哪知到台灣後，家庭生活和子女教育

杜致禮，攝於 1947 年。

無人過問，全靠我自己東奔西跑，找光亭老同學、老同事幫忙說情，才勉強將子女安置進學校讀書。後來，台灣當局派人來調查我子女的學籍學費問題，他們造謠說：『杜聿明被共產黨殺害了，要給烈士神位。』這才給子女補助學費。」[59，164–165]

杜聿明的遭遇，也影響到了杜致禮。她原先打算進蔣介石夫人宋美齡介紹的衛斯理女子學院學習她頗有興趣的英國文學。衛斯理女子學院在美國東南部佐治亞州的梅肯市，是一所世界上最老的特許創辦的女子學院。這所學院是一所貴族學院，學生過的是一種豪華的生活，因此學費也很昂貴。杜致禮的家庭遭此巨變，她的學費就突然沒有着落，於是只好臨時改變主意，進入紐約一所不出名的聖文森學院完成自己的學業。當時她根本沒有想到，由於家庭不幸所造成的改變，居然為自己獲得了一樁美好的姻緣。

在茶園餐廳偶然相遇以後，兩個年輕人的心中都激起了美好的回憶和由之而來的陣陣心潮的激蕩。楊振寧很快愛上了這位樸實秀麗的學生，而杜致禮一人漂泊在異國他鄉兩年多，也希望有一個有力的男人呵護她，此時楊振寧不僅學有所成，而且人品極好，於是她逐漸將自己的心交給了她信任的楊振寧。他們認識八個月後，於1950年8月26日在普林斯頓結了婚。這年楊振寧28歲，杜致禮22歲。

楊振寧的婚姻大事，也一直是他父親楊武之時刻關注的大事。楊振寧在《父親和我》一文中曾經寫道：

> 父親對我在芝加哥讀書成績好，當然十分高興。更高興的是我將去有名的普林斯頓高等研究所，可是當時他最關心的不是這些，而是我的結婚問題。1949年秋吳大猷先生告訴我胡適先生要我去看他。我小時在北平曾見過胡先生一兩次，不知隔了這麼多年為甚麼在紐約會想起我來。見了胡先生面，他十分客氣，說了一些稱讚我學業的話，然後說他在出國前曾見我父親，父親託他關照我找女朋友的事。我今天還記得胡先生極風趣地接下去說：「你們這一輩比我們能幹多了，哪裡用得着我幫忙！」
>
> 1950年8月26日，杜致禮和我在普林斯頓結婚。我們相識倒不是由胡先生或父親的朋友所介紹，而是因為她是1944年到1945年我在昆明聯大附中教書時中五班上的學生。當時我們並不熟識。後來在普林斯頓唯一的中國餐館中偶遇，這恐怕是前生姻緣吧。50年代胡先生常

楊振寧和杜致禮結婚照，
攝於 1950 年 8 月 26 日。

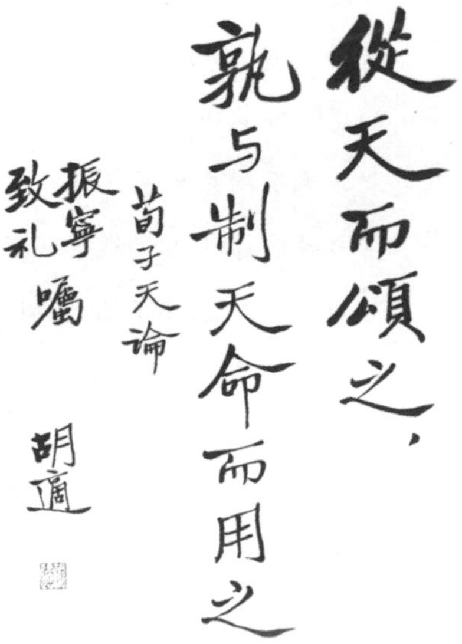

胡適於 50 年代初為楊振寧夫
婦題的字

來普林斯頓大學葛斯德圖書館，曾多次來我家做客。第一次來時他說：「果然不出我所料，你自己找到了這樣漂亮能幹的太太。」[3，10–11]

其實關注楊振寧婚姻大事的還不只胡適，還有西南聯大時的老師吳大猷。吳大猷1946年離開北京大學，來到美國做訪問教授。1947年到1949年在哥倫比亞大學任研究員，楊振寧來到普林斯頓的時候，吳大猷還在哥倫比亞大學任職。楊振寧有一次拜訪老師，吳大猷夫婦對年已27歲的楊振寧的婚事十分關心，就主動給他介紹一位名叫張元蘿的女孩子。江才健在《楊振寧傳——規範與對稱之美》裡介紹說：「張元蘿的生父叫袁敦禮，是中國體育教育創始的人物之一，袁敦禮還有一個弟弟叫袁復禮，曾經做過北京圖書館的館長。袁敦禮和張元蘿的張姓養父母很熟，看他們沒有子女，就把張元蘿過繼給了他們。吳大猷和吳太太由於跟張元蘿的養父母是熟朋友，於是把當時還在念高中最後一年的張元蘿介紹給了楊振寧。」[16，140]

楊振寧與張元蘿認識以後曾經看過這位女孩子幾次。這事被芝加哥大學的同學知道後，有人開玩笑說：「楊振寧怎麼和一位還在念高中的女生做朋友呢？」以後他們就沒有繼續往來。

杜致禮的大弟弟杜致仁在普林斯頓一所中學念書，有時她會來看望弟弟。1949年12月底的一天，在她看望弟弟的途中，月老讓她遇到了昔日的老師楊振寧。這就是「緣分」。

大約是第二天，楊振寧就有些迫不及待地給杜致禮打電話，約她出來看電影。以後經過一段時間的接觸，他們漸漸走到了一起。最後在1950年的8月，他們走進了婚姻的殿堂。

杜致禮酷愛音樂，她原來希望學習音樂，但長年在沙場征戰的父親卻認為音樂對一直處於戰爭、動亂的中國「用處不夠大」，並且希望她能夠學習英文。再加上在抗日戰爭中的大後方，到處是貧窮和轟炸，哪兒有甚麼條件滿足她的音樂愛好？「作曲家」之夢只能是可望而不可求的了。但杜致禮似乎一生都沒有忘記她少年時美好的追求和夢想，她曾經對記者說：「如果讓我重新選擇，我還會學音樂。」

杜致禮鍾情於音樂，在家庭裡得到了很好的回應。楊振寧雖然不像歐美許多科學家那樣長於樂器，卻能經常與杜致禮一起欣賞巴赫、貝多芬的古典樂曲，現代音樂也常常吸引他。愛因斯坦常常說拉小提琴時會激發他的靈感，我們不知道楊振寧對巴赫和貝多芬的美妙樂曲的欣賞是否會給他的對稱性思考帶來幫助。如果有，杜致禮功莫大焉！

在杜致禮的影響下，他們的三個孩子從小就受到藝術的熏陶，她讓他們學琴，學繪畫；他們的女兒楊又禮常常在學習勞累之餘彈幾分鐘鋼琴，鬆弛一下緊張的神經。杜致禮開心地說：「學音樂，這樣也就夠了。」

杜致禮還喜愛欣賞雕塑，這不僅影響了三個孩子，也影響了楊振寧。談起雕塑，杜致禮可以如數家珍地談論她喜歡的雕塑大師和他們的作品。有一次她對採訪她的記者們說，好的抽象雕塑讓人百看不厭，還說：「好的藝術品都極昂貴，買不起的，所以要上博物館去看呀！」三個孩子常常由媽媽帶去逛博物館；孩子長大以後，她和楊振寧還是時常去博物館欣賞雕塑作品，她還十分高興地說：「現在振寧一到博物館，就知道我喜歡哪些作品。」

1982 年初楊振寧在香港中文大學做名為「對稱與 20 世紀物理學」的演講時，曾經列舉了許多古老的雕塑作品來闡明「到底對稱觀念是怎樣起源的」這一問題，人們常常由此讚歎楊振寧對藝術的了解。我們猜想，他的夫人杜致禮恐怕給了他不能忽視的影響。

1951 年，楊振寧夫婦在普林斯頓高等研究所宿舍門前，楊振寧抱的是長子楊光諾。

1955 年，楊振寧與杜致禮在舊金山。

回首 50 多年前的往事，我們不能不同意一位記者的話：「一板一眼的科學家與纖細的文學心靈，卻度過了 53 年『恰恰好』的婚姻生活。杜致禮反而覺得『兩個物理學家結婚』，上班下班都是談物理，豈不枯燥？」[27，231]

1997 年，當楊振寧夫婦參觀我國著名雕塑家吳為山的作品展覽時，吳為山對楊振寧說：「您是我從小就崇拜的偶像。考大學的時候我兩次報考理科，可惜都由於一分之差落榜。」杜致禮高興地說：「幸虧落榜，否則我們就少了一個天才的雕塑家！」〔1〕

三、規範場理論

規範場（gauge field）的思想是受愛因斯坦引力場理論的影響而產生的。愛因斯坦的引力理論建成之後，他開始花費很大的精力統一當時已經熟知的引力場和電磁場。他曾經說：「存在着兩種相互獨立的空間結構，就是引力度規和電磁度規，這兩種場都必須符合與空間的統一結構。」[1，324]這個統一理論最終未能獲得成功。

但是愛因斯坦堅持統一場論的工作也產生了某些直接的結果。1918 年，外爾提出規範不變性思想，這一想法雖然在提出後不久就被迫放棄了，但是外爾的「局域規範對稱性思想」還是保留了下來，並且隨着量子力學的出現而獲得了新的意義。

規範理論的現代思想起源於楊振寧和米爾斯（Robert Mills，1927—1999）

〔1〕中央電視台《東方之子》欄目：《吳為山教授：心靈的訴說和與歷史對話》，2003 年 8 月 13 日及次日。

1954 年發表的兩篇論文。為了能夠理解楊—米爾斯規範場理論，我們先得從守恆定律與對稱性講起。

1. 守恆定律與對稱性

我們這裡首先對守恆和不變性之間的關係做一點解釋。在學習高中物理時，每個中學生都要學到好幾個守恆定律，如能量守恆定律、動量守恆定律、角動量守恆定律、電荷守恆定律等。物理學中的守恆定律其實遠不止高中物理中的那幾個。物理學家對守恆定律有一種特殊的偏愛，因為守恆給了我們一種秩序和美感。在一個特定的系統中，不論發生了多麼複雜的變化，如果有一個量（如能量、動量）在變化中始終保持不變，那麼這種變化就在表面的雜亂無章中呈現出一種簡單的關係，這不僅有美學的價值，而且具有重要的方法論意義。高中學生都能體會到，如果一個力學問題用牛頓三定律來解決，有時得經過極繁雜的受力分析和計算才能解出，但如果可以用守恆定律，那就可以避免中間轉換過程繁複的計算，直截了當地取初態和終態的狀況，迅速而簡潔地解出所需的答案。每當這時，解題的中學生就會感到十分愜意和痛快。這就是守恆定律的美妙之處。在物理研究中，守恆定律的運用，也往往給物理學家帶來意料不到的和巨大的成功。

守恆的普遍性和重要性，引起了物理學家們的深思：在守恆定律的背後，有沒有更深刻的物理本質？到 20 世紀初，數學家和物理學家才終於認識到，某一物理量的守恆必然與某一種對稱性相聯繫。德國著名數學家埃米・諾特（Amalie Emmy Noether，1882–1935）對此做出了重要的貢獻。

埃米的父親馬克斯・諾特（Max Noether，1844–1921）也是一位數學家，在數學幾何方面有很深的造詣，他一直在德國的埃爾朗根大學任數學系教授。1900 年冬季，埃米 · 諾特考入埃爾朗根大學，先是學習歷史，1904 年才正式進入數學系學習，1907 年通過博士學位考試。她的導師是研究不變量、代數方程和群論的著名數學家哥爾丹（Paul Gordan，1837—1912）。諾特的才幹後來受到哥廷根大學的數學大師希爾伯特（David Hilbert，1862—1943）的重視，1915 年他向校方申請以「私人講師」的身份聘請諾特在哥廷根大學講課。但是那時德國對婦女的偏見十分嚴重，希爾伯特的這一申請沒有得到批准，諾特只得以希爾伯特的名義「代課」。希爾伯特對此極為憤怒，在一次評議會上氣憤地說：「我無法想像候選人的性別竟然成了反對她受聘的理由，別忘了，我們這裡是大學評議會而不是浴室。」直到 1919 年諾特才被聘為講師。在這之前的 1918 年 5 月，諾特發現了一個偉大的定理——「諾特定理」。諾特定理的表述如下：

> 對稱對應於守恆。直線運動所產生的對稱相當於動量守恆，轉動的對稱性質相當於角動量守恆，而時間對稱則相當於能量守恆。換句話說，大千世界種種運動之所以產生守恆性，是因為事物內部存在着對稱性。

諾特定理橫空出世，一時震動了整個物理學界和數學界。愛因斯坦看了諾特寄給他的文稿後，於 1918 年 5 月 24 日寫信給希爾伯特：「昨天我收到埃米 · 諾特小姐關於不變量形式（invariant forms）的很有意思的論文。它使我很驚訝的是可以用這麼普遍的觀點對待這些事物。如果哥廷根的保守派吸收她的一個或兩個觀點的話，肯定不會有害處。她當然知道自己正在幹甚麼！」[129，下冊 186]

德國數學家埃米·諾特。她在 1918 年首先把不變性原理（或對稱性原理）和守恆定律聯繫在一起。這種聯繫現在稱為諾特定理，是物理學中的基本定理之一。

1933 年 1 月 30 日，希特拉上台伊始就迫不及待地開始迫害猶太人。諾特是猶太人，很快被解雇。在愛因斯坦、外爾等人的幫助下，諾特來到美國。

1935 年 4 月 10 日，星期三，諾特因為子宮肌瘤決定入院手術。人們萬萬沒有料到的是，由於某些疏忽引起手術後感染，諾特於 4 月 14 日星期日不幸去世，享年 53 歲。一位正富有創造力的天才就這樣隕落了。

5 月 4 日愛因斯坦在《紐約時報》發表了悼念諾特的文章：

> 諾特以前在哥廷根工作，近兩年在布林莫爾學院執教。根據現在權威數學家判斷，諾特小姐是自婦女開始受到高等教育以來最傑出的

和最富有創造性的數學天才。在最有天賦的數學家們辛勤研究了幾個世紀的代數領域中，她發現了一套方法，現代年輕數學家的成長已經證明了這套方法的巨大意義。通過她的方法，純粹數學成為邏輯思想的詩篇……。在努力達到這種邏輯美的過程中，你會發現精神的法則對於更深入地了解自然規律是必需的。

楊振寧在1957年12月11日做的諾貝爾講演中曾經詳細談到了諾特定理。他指出：

一般說來，一個對稱原理（或者一個相應的不變性原理）產生一個守恆定律。……這些守恆定律的重要性雖然早已得到人們的充分了解，但它們同對稱定律間的密切關係似乎直到20世紀才被清楚地認識到。……隨着狹義相對論和廣義相對論的出現，對稱定律獲得了新的重要性：它們與動力學定律之間有了更完整而且相互依存的關係，而在經典力學裡，從邏輯上來說，對稱定律僅僅是動力學定律的推論，動力學定律則僅僅偶然地具備一些對稱性。並且在相對論裡，對稱定律的範疇也大大地豐富了。它包括了由日常經驗看來絕不是顯而易見的不變性，這些不變性的正確性是由複雜的實驗推理出來或加以肯定的。我要強調，這樣通過複雜實驗發展起來的對稱性，觀念上既簡單又美妙。對物理學家來說，這是一個巨大的鼓舞。……然而，直到量子力學發展起來以後，物理的語彙中才開始大量使用對稱觀念。描述物理系統狀態的量子數常常就是表示這系統對稱性的量。對稱原理在量子力學中所起的作用如此之大，是無法過分強調的。……當人們仔細考慮這過程中的優雅而完美的數學推理，並把它同複雜而意義深遠的物理結論加以對照時，一種對於對稱定律的威力的敬佩之情便會油然而生。[3，122–123]

楊振寧的這段話言簡意賅，但對沒有較多物理學知識的人來說似乎有點抽象，不大容易懂。其實，在中學物理學中，有很多有關對稱性方面的定律，只不過沒有用「對稱性」(symmetry) 來描述罷了。例如，能量守恆定律與「時間平移對稱性」相聯繫，即物理規律在某時刻成立，那麼在另一時刻它也還是成立；與動量守恆相關的是「空間平移對稱性」，即某一規律在中國武漢市成立，那麼在美國的普林斯頓照樣成立；角動量守恆則與「空間轉動對稱性」相聯繫，即物理規定不會因為空間轉動而改變，在空間站繞地球轉動時，在空間站裡的物理規律不會發生改變。每一個守恆定律，都對應着一種對稱性。在 20 世紀 30 年代以後，對物理學家來說，這已經是一種常識，一種極其有價值的理論和工具。人們可以利用已知的守恆定律，去尋求更深層次的對稱性，發現宇宙間更深刻、更美妙的奧秘。

下面我們講的內容將要涉及「規範不變性」，它涉及比較多和比較深奧的物理學、數學知識，我們不能講得太深入，只能簡單地介紹一下。

物理學中有兩類不同的對稱性：一類是整體對稱性 (global symmetry)，一類是局域對稱性 (local symmetry)。這是兩類性質很不相同的對稱性。整體對稱性聽起來好像氣勢更宏大更重要，實際上局域對稱性在物理學理論中蘊含十分嚴格的要求，更深刻地指向自然界的統一性質。

舉個例子，一個理想的球體 (比如一個充滿了氣的氣球)，當這個球體繞通過中心的一根軸轉動時，球面上任何一點，無論是靠近軸的點，還是在球面赤道上的點，轉動的角度都完全相同。那麼這種轉動叫整體變換，球面上

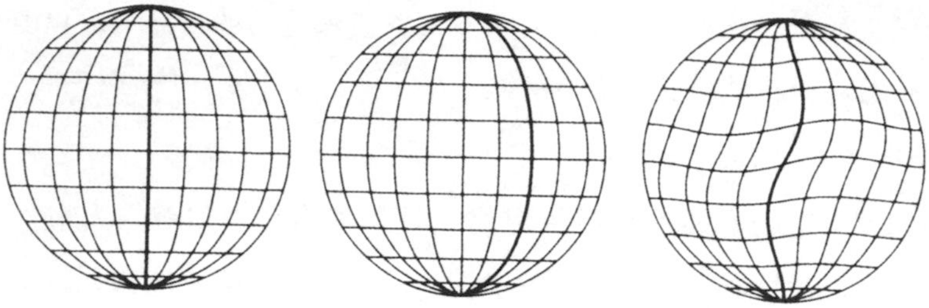

a) 最初的球面　　b) 整體對稱變換　　c) 局域對稱變換

理想球體與整體對稱性和局域對稱性

各點對於這種變換具有一種整體的對稱性。整體對稱性實際上是一種比較簡單的對稱性，在這種變換下，不產生新的物理效應。而與整體對稱性相對應的局域對稱性就複雜得多，它是一種更高級的、更深刻的對稱性。還是以剛才提到的球面為例，它要求球面上每一點都完全獨立移動，而球面形狀依然保持不變（見上圖）。以氣球作為例子，如果發生了局域變換，球面上有的地方會收縮，有的地方則會拉長。這也就是說，在局域對稱變換時球面上各點之間會發生作用力（在這一特例中是彈性力）。[1]

類似地，不同的自然規律在局域變換下保持不變，往往要求引進一種基本力場，例如在麥克斯韋方程組裡，從整體對稱性向局域對稱性過渡後，就可以描繪電磁相互作用的起源。德國數學家外爾在這方面做出了重要的開拓性貢獻。這以後，物理學家似乎有理由猜測其他相互作用也同樣可以產生於其他某種局域對稱性。

〔1〕這一段參考了《極微世界探微》（張端明著，湖北科技出版社，2000 年）第 126—127 頁內容，插圖取自該書第 126 頁。

2. 規範場概念的早期歷史

20 世紀初，人們只認識到兩種相互作用：引力相互作用和電磁相互作用。愛因斯坦在廣義相對論中利用坐標不變性的處理得到了引力理論，外爾受到了啟發，想尋找一個既能包括引力又能包括電磁相互作用的幾何理論，於是深入地研究了麥克斯韋方程組。

麥克斯韋方程組不僅僅給出了計算由電荷或磁場產生的電場，以及由電流產生的磁場的方法，還給出了電磁學裡一個重要的守恆定律 —— 電荷守恆。根據諾特定理，電荷守恆應該對應一種對稱性。外爾就想：與電荷守恆對應的是甚麼對稱性呢？1918 年前後，他發現電荷守恆不僅僅具有一種整體對稱性，它還涉及每個點的局域對稱性。正如英國牛津大學物理學家克里斯蒂娜 · 薩頓 (Christine Sutton) 在《隱對稱性：楊—米爾斯方程》一文中所說：「麥克斯韋方程組的一個優美之處就是它們保證了電荷的局域守恆性，而且它們是通過電磁力行為中的固有的對稱性達到這一點的。」[35，208]

電磁場具有局域對稱性，即電磁場的每一點都具有某種使麥克斯韋方程組保持不變的數學特性。外爾在研究這種局域對稱性時提出了一種新的不變性，即「定域標度變換不變性」(Masstab invariant)。「Masstab」在德文中是「(地圖上的) 比例 (尺)、尺度、標準」的意思，後來在 1920 年被譯成英文「gauge invariance」，即「規範不變性」，下面我們就直接用這個術語。現在我們知道，這種不變性最準確的表達應該是「相位因子變換不變性」。外爾進一步證明，引力理論和電磁理論都具有這種不變性。

外爾的思想非常巧妙，他把對稱性 (即不變性) 與場聯繫了起來，這一初衷是受愛因斯坦統一場論的影響而引發的。但是他的文章在德國一份雜誌上發表時，文章後面附有愛因斯坦寫的一個批評性的按語和外爾的一個回答。愛因斯坦說如果外爾的想法是正確的，那麼同一尺度先後按照不同的封閉路徑轉一圈回到原處，由於它們經歷了不同的歷史，則一般說來它們將有不同的長短。而這顯然是不可能的，否則物理學將處於一片混亂之中。外爾不是物理學家，他是一位數學家和哲學家，常常把物理問題和哲學問題攪到一起。對愛因斯坦的批評，他不同意，但是也說不出一個所以然來，只是回答說：愛因斯坦沒有很恰當地理解他的意思。此後三四年，外爾多次回到這一研究中來，但是都沒有解決愛因斯坦提出的異議。他曾經哀歎：「在蘇黎世的一隻孤獨的狼——外爾，也在這一領域裡忙碌着；很不幸，他太易於把他的數學與物理的和哲學的推測混合在一起了。」[41，74]

但是，儘管有最初的失敗，外爾的局域規範對稱性思想還是保留了下來，並且隨着量子力學的出現獲得了新的生機。量子力學裡有一個關鍵性概念是經典哈密爾頓量中的動量 P_μ 被算符（$-ih\partial/\partial x_\mu$）所代替。這樣一來，蘇聯物理學家弗拉基米爾·福克（Vladimir Fock）和德國物理學家弗里茨·倫敦（Fritz London）在 1927 年各自獨立地指出，如果在外爾的理論中把 P_μ 用算符代替，那麼外爾理論中的方程就具有了新的意義。

但是福克和倫敦在他們的文章中還沒有清晰的相位因子變換的概念。最終還是外爾自己在 1929 年的一篇決定性的文章裡，把所有這些考慮都結合起來，最後得到相位因子變換概念。這裡關鍵的線索在於外爾認識到量子力學中的「波函數」的相位將是一個新的局域變量。這樣，原來愛因斯坦的異議就不存在了，因為波函數相位不影響可以直接測量的物理狀態量，如矢量長度，因而相位的變換不會導致物理狀態的改變。

楊振寧在 2008 年的文章裡指出：

> 量子力學發展於 1925–1926 年。一兩年以後，弗拉基米爾·福克在蘇聯，弗里茨·倫敦在德國，分別指出外爾當初那個很長名字的因子中，……得加一個 *i* 上去。
>
> 加了一個 *i* 以後，本來是一支尺的長短變化，現在不是長短變化，而是相位變化，所以外爾的因子就變成了 phase 因子（相位因子），於是外爾的想法就與電磁學完全符合，就變成 1929 年以來大家完全同意的理論。當然有 *i*，gauge theory（規範理論）其實應該改為新名：phase theory（相位理論），規範不變理論也應改為新名：相位不變理論。可是因為歷史關係，大家今天都仍然沿用舊名。[44，17–18]

1929 年，外爾正確地指出：物理系統在這種變換下保持不變，被稱為具有 U (1) 對稱性。這是一種比較簡單的局域對稱性，又因為空間任意兩點的相位因子可以對換，因而又被稱為阿貝爾對稱性（Abelian symmetry）。

但是，也正如楊振寧在同一篇文章中所説：「1929 年以後，大家同意以規範理論的觀點來看電磁現象是很漂亮的數學觀點，可是並沒有引出任何新物理結果。」

外爾的思想「並沒有引出任何新物理結果」，這是因為外爾發表論文的時候，人們還沒有正確地認識原子核的組成，更不用説強力的概念，因此外爾理論新的應用時機尚未成熟。但是他為人們留下了寶貴的遺產，那就是規範變換和局域對稱性思想。楊振寧是從泡利的文章裡得知外爾的理論的。泡利在他的 1941 年頗有影響的論文中指出：在麥克斯韋方程組裡，整體相位變換下的理論不變性要求電荷守恆，而局域不變性則與電磁作用有關，即只要系統具有 U (1) 群的規範對稱性，就必然要求系統規範粒子之間存在電磁相互作用，甚至描述這種相互作用的麥克斯韋方程組都可以直接建立起來。外爾的規範理論還有一個十分重要的結論：所有規範相互作用必須通過規範粒子傳遞。這些遺產對楊振寧有很大的吸引力，在回憶中他寫道：

> 外爾的理論已成為規範理論中的一組美妙的旋律。當我在做研究生，正在通過研讀泡利的文章來學習場論時，外爾的想法對我有很大的吸引力。當時我做了一系列不成功的努力，試圖把規範理論從電磁學推廣出去，這種努力最終導致我和米爾斯在1954年合作發展了非阿貝爾規範理論。[1，494–495]

在1982年的文章裡，楊振寧還寫道：

> 在昆明和芝加哥當研究生時，我詳細地研讀過泡利關於場論的評論性文章。我對電荷守恆與一個理論在相位改變時的不變性有關這一觀念有深刻的印象。後來我才發覺，這種觀念最先是由外爾提出來的。規範不變性決定了全部電磁相互作用這個事實本身，給我的印象更深。在芝加哥時，我曾試圖把這種觀念推廣到同位旋相互作用上去……走入了困境，不得不罷手。然而，基本的動機仍然吸引着我，在隨後幾年裡我不時回到這個問題上來，可每次都在同一個地方卡殼。當然，對每一個研究學問的人來説，都會有這種共同的經驗：想法是好的，可是老是不成功。多數情況下，這種想法要麼被放棄，要麼被束之高閣。但是，也有人堅持不懈，甚至走火入魔。有時，這種走火入魔會取得好的結果。[1，31–32]

這兒要稍做一點解釋。楊振寧被外爾美妙的理論吸引之後，就產生了一個誘人的、大膽的想法，即把外爾主要從電荷守恆定律中發現和提出的規範不變性推廣到其他守恆定律中去。當時守恆定律很多，推廣到哪一個守恆定律中去呢？楊振寧經過認真思考，認為在粒子相互作用時同位旋（isospin）守恆[1]與電荷守恆有相似之處，因為它們都反映了系統內部的、隱藏的對稱性。因此，楊振寧首先試圖將規範不變性推廣到同位旋守恆定律中去，即將同位旋局域化，並研究由此產生的相互作用。

這種想法具有極大的誘惑力，使楊振寧幾乎「走火入魔」，但是每一次的努力都在同一個地方卡殼，卡殼的原因是「頭幾步的計算很成功，可是推廣到電磁場 $F_{\mu\nu}$ 時卻導出了冗長的、醜陋的公式」，使得楊振寧不得不把這個想法擱置下來。

雖屢經失敗，楊振寧卻一直不肯放棄。到 1954 年，這種執着和走火入魔，真的是「取得好的結果」了。

---

〔1〕同位旋（isospin）是基本粒子的性質之一，用來區分原子核裡如質子、中子等基本粒子的一個物理量。實驗表明，原子核裡的強相互作用具有與電荷無關的特性，例如質子與質子、中子與中子及質子與中子之間的強相互作用是相同的，這說明就強相互作用而言，質子與中子之間沒有區別。因此，德國物理學家海森伯於 1932 年提出，由於質子和中子如此相似，我們可以把它們描寫為一種粒子，即把質子和中子看成同一種粒子的兩種不同狀態。每一組這樣質量很接近、字稱相同但電荷不同的粒子，都可以看作同一粒子處於不同的態。如質子、中子為兩重態，π^+、π^0、π^-為多重態等。為描述這種兩重態或多重態，引進了一個稱為「同位旋」的物理量，它的量子數用 I 表示。同位旋在物理學中的主要意義在於，當粒子在強相互作用下發生碰撞或衰變時，它們的同位旋守恆（isospin conservation）。這就是說，在變化過程中總同位旋值仍保持不變；在弱相互作用、電磁作用過程中，同位旋不守恆。這一法則有助於物理學家加深他們對物理基本定律的理解。

3.「走火入魔」

一般人都知道，楊振寧與李政道一起於 1957 年獲得諾貝爾物理學獎，這次獲獎是因為他們「對宇稱定律的深入研究，它導致了有關亞原子粒子的重大發現」。但楊振寧最重要的貢獻不是宇稱定律的研究，而是 1954 年前後有關規範場理論的研究。對於這一研究，楊振寧的導師特勒在 1982 年就說：「如果不提及楊振寧和米爾斯關於把規範不變性推廣到同位旋及不可對易變量的那篇著名論文，我就無法談楊振寧的研究工作。歸根結底，他們的這篇文章已經成為幾乎所有進一步討論的基礎。」[17，34]

1993 年，聲譽卓著的「美利堅哲學學會」將該學會的最高榮譽獎富蘭克林獎章授予楊振寧，授獎原因是「楊振寧教授是自愛因斯坦和狄拉克之後 20 世紀物理學出類拔萃的設計師」，表彰楊振寧和羅伯特．米爾斯合作所取得的成就；並指出這一成就是「物理學中最重要的事件」，是「對物理學影響深遠和奠基性的貢獻」。

1994 年，美國富蘭克林學會將鮑爾獎頒發給楊振寧，文告中明確指出，這項獎授予楊振寧，是因為他：

> 提出了一個廣義的場論，這個理論綜合了自然界的物理定律，為我們對宇宙中基本的力提供了一種理解。作為 20 世紀理性的傑作之一，這個理論解釋了亞原子粒子的相互作用，深遠地重新規劃了最近 40 年物理學和現代幾何學的發展。這個理論模型，已經排列在牛頓、麥克斯韋和愛因斯坦的工作之列，並肯定會對未來幾代人產生相類似的影響。

上面提到的「一個廣義的場論」和「這個理論模型」，指的就是楊振寧和米爾斯合作提出來的「非阿貝爾規範場理論」（non-Abelian gauge theory），或者稱為「楊—米爾斯場理論」（Yang-Mills field theory）〔1〕。從鮑爾獎的文告中我們可以清楚地看出，科學界在該理論提出近半個世紀後終於認識到了它的價值。科學界已經把楊振寧的這一貢獻和物理學歷史上最偉大的幾位科學家牛頓、麥克斯韋（James C. Maxwell，1831—1879）和愛因斯坦的貢獻相提並論、等量齊觀。

那麼，楊振寧到底怎麼「走火入魔」的呢？這段歷史受到人們極大的關注。為此，我們要回到楊振寧在普林斯頓高等研究所的工作上來。據楊振寧自己說：

> 1952—1953 年對我來說一事無成。我在強耦合理論和加速器設計的強聚焦原理兩者之間搖來擺去。我也保持着對 π 介子—核子散射及宇宙線實驗的興趣。我的努力並沒有得到任何有用的成果。或許，我在那一年裡所做的最有用的一件事是使自己對德波爾（J. de Boer）關於液氦的講學感興趣。對我來說，這是一個新的物理領域。幸而，我仍然感到心安理得而信心十足，並未因一事無成而過分煩惱。[1，28]

1952 年 12 月中旬，楊振寧收到布魯克海文國家實驗室高能同步穩相加速器（Cosmotron）部主任柯林斯（G. B. Collins）的一封信，邀請他到該實驗室做一年的訪問學者；此後不久，在第三屆羅徹斯特會議上，楊振寧遇見了

〔1〕在現代物理學中，人們提到「非阿貝爾規範場」時，常常為了方便把「非阿貝爾」省掉，直接說「規範場」。一般來說，這樣不會引起甚麼誤會。

塞伯爾（Robert Serber），塞伯爾又把這個實驗室的詳細情形和與邀請有關的事情詳細地跟楊振寧談了一次，於是，楊振寧決定接受布魯克海文國家實驗室的邀請。楊振寧並沒有忘記費米對他提出的忠告，因而非常注意不時走出普林斯頓高等研究所這座「象牙塔」，防止自己變成一個與物理實踐脱離的「孤家寡人」。

1953 年夏天，楊振寧全家搬到了布魯克海文國家實驗室。對此，楊振寧有很詳細的回憶：

> 1953 年夏，我搬到長島上的布魯克海文。這裡有當時世界上最大的加速器即 Cosmotron，其能量高達 3GeV。它產生 π 介子和「奇異粒子」，在那裡工作的各個實驗小組不斷獲得非常有趣的結果。為了熟悉實驗，我習慣於每隔幾週便到各實驗組去拜訪一次。與在普林斯頓研究的物理學相比，感受是十分不同的。我認為，兩種感受各有長處。
>
> 那年夏天，布魯克海文來了許多訪問學者，物理學的討論、海邊郊遊、各種頻繁的社交活動，好不熱鬧！隨着秋天的到來，訪問學者們紛紛離去，我和妻兒在實驗室的一座由老兵營改建成的公寓裡安頓下來，開始過一種寧靜的生活（實驗室就是原來的老厄普頓兵營）。四周有樹林子圍繞，我們常常在林中長時間地散步。週末，我們驅車去探索長島各處。我們越來越喜歡蒙塔烏克點（Montauk Point）、大西洋海灘、野林子公園，以及布魯克海文附近那些樸實的島民。一個飄雪花的星期天，我們漫無目標地開車沿北岸駛去，來到一處迷人的小村莊。我們被購物中心周圍那美麗的景致迷住了，便在地圖上查找它的名字，原來它叫斯托尼．布魯克（Stony Brook，意為石溪）。當時我們並不知道，下一次

（1965 年）再到石溪來時，這裡就成了我們的新家。

1953—1954 年，在布魯克海文有了一系列關於多重介子產生的實驗。克里斯汀（R. Christian）和我計算了各種多重態的相空間體積，我們很快就明白，必須使用計算機才行……[1，29]

正是布魯克海文國家實驗室的那種「十分不同的」感受，喚起了潛伏在楊振寧心中多年的思考，激蕩着他追尋一個暫時還不清晰的目標。那時有很多其他熱門研究課題，如色散、公理化的場論等，但是這些最時髦的理論楊振寧一個都沒有做。楊振寧說：

倒不是說它們都不重要，而是我自己有我自己的興趣、品味、能力和歷史背景，我願意自發地找自己覺得有意思的方向，這比外來的方向和題目更容易發展。……1952 年之後的兩三年間，我特別發生興趣的是對稱。如果有人問我，你的總體研究方向是甚麼，我想，比較正確地講吧，我對於對稱性在物理學中的作用最感興趣。現在大家都承認我在對稱性方面的好幾個方向都做出了奠基性的貢獻，包括宇稱守恆定律、規範場理論，指出對稱如何決定相互作用。〔1〕

正是在西南聯大就已經熟悉和此後終生熱愛對稱性，把他吸引到一個那時很少有人注意到的研究方向上來：

〔1〕2009 年 7 月 7 日在清華大學高等研究院楊振寧辦公室採訪錄音記錄。

隨着越來越多介子被發現，以及對各種相互作用進行更深入的研究，我感到迫切需要一種在寫出各類相互作用時大家都應遵循的原則。因此，在布魯克海文我再一次回到把規範不變性推廣出去的念頭上來。[1，32]

功夫不負有心人。這一次，有同一辦公室的米爾斯與他共同討論他感興趣的老問題。羅伯特・米爾斯那時是哥倫比亞大學克勞爾教授的博士研究生。後來他成為俄亥俄州立大學的教授。這一次與米爾斯在討論中，沒有再像以前那樣在「同一個地方卡殼」。他們合作寫出了《同位旋守恆和一個推廣的規範不變性》及《同位旋守恆和同位旋規範不變性》兩篇文章，分別發表在《物理評論》1954 年第 95 和 96 卷上[40，171–176]。在這兩篇文章中，他們在量子場論的框架裡，建立了與麥克斯韋方程組類似的方程。

人們對楊振寧和米爾斯如何共同克服以前一直不能克服的困難抱有很大的興趣。在 2005 年由特霍夫特（Gerardus't Hooft，1946–　，因為規範場理論的重整化於 1999 年獲得諾貝爾物理學獎）主編出版的《楊—米爾斯理論 50 年》（*50 Years of Yang-Mills Theory*）一書中，楊振寧應特霍夫特的請求寫了一篇短文，這篇短文是楊振寧為 1947 年的文章《規範不變性和相互作用》寫的一個註釋。在這篇短文裡，楊振寧寫道：

傑拉杜斯・特霍夫特希望我為非阿貝爾規範理論的早期起源寫一點東西。我尋找過去的文件，發現了幾頁以前寫的文章，我把它貢獻給他編著的書中。

這幾頁文章寫於 1947 年 3 月，那時我還是芝加哥大學研究生。

像我那一代的研究生一樣，我們很熟悉泡利在 1933 年《物理手冊》[*Handbuch der Physik*, 24（1933）]中的文章，和 1941 年發表於《現代物理評論》[*Review of Modern Physics*, 13, 203（1941）]上的文章，但是我們卻不太熟悉外爾 1929 年的文章[*Zeit. f. Phys.*, 56, 330（1929）]。

我那時非常專注於一個非常重要的問題。不幸的是我所做的計算，在此後幾年裡一直沒有得到今天所得到的結果。這些計算總是得到越來越複雜的結果，最後總是以失敗告終。一直到 1953–1954 年當我和羅伯特·米爾斯重新回到這個問題，並且把場強 $F_{\mu\nu}$ 加上一個二次項的時候，一個美妙的理論產生了。米爾斯和我在多年以後才明白，從數學觀點看這個二次項事實上非常自然（natural）。[39，7][40，599]

從群論的語言講，楊振寧和米爾斯採取了一個關鍵和絕妙的步驟——他們用群論裡的 SU（2）群代替了麥克斯韋方程組裡的 U（1）群。我們知道，與麥克斯韋方程組相關聯的群是 U（1）群，它是阿貝爾群（Abelian group），即是可以交換的（例如，平面上任意兩個相繼的旋轉可以變換次序進行而不影響結果）；而楊–米爾斯方程使用的 SU（2）群是不可交換的，即他們的理論是「非阿貝爾」規範理論。因此，他們是繼麥克斯韋和愛因斯坦之後提出了一種新的場論——非阿貝爾規範場理論，或稱楊–米爾斯場理論。從此，規範場的研究進入了一個嶄新階段。這時規範場的量子——規範粒子，按照 SU（2）群應該有三個，其中一個帶正電，一個帶負電，還有一個不帶電；規範場通過交換這些粒子引起新的相互作用。這是物理學家在愛因斯坦利用廣義協變原理（也是一種局域對稱性原理）得到引力作用之後，再一次純粹利用對稱性原理給出具體相互作用規律。這是現代物理學中的一次偉大跨越，因為楊—米爾斯理論是繼人類正確認識引力相互作用和電磁相互作用之後，正確認識弱相互作用和強相互作用的偉大理論。

楊—米爾斯理論的重要價值，我們前面引用過富蘭克林學會的評價，它「深遠地重新規劃了最近40年物理學和現代幾何學的發展」，並且，「已經排列在牛頓、麥克斯韋和愛因斯坦的工作之列，並肯定會對未來幾代人產生相類似的影響」。

派斯在他的《基本粒子物理學史》(*Inward Bound*) 一書中說：「楊振寧和米爾斯在他們傑出的兩篇文章裡，奠定了現代規範理論的基礎。」[22，748]

2006年英國出版了一本書——《天地有大美——現代科學之偉大方程》(*It Must Be Beautiful: Great Equations of Modern Science*)，書中第七章是克里斯蒂娜．薩頓寫的《隱對稱性：楊—米爾斯方程》。她在文章開篇第一段就寫道：「紐約的夏天悶熱潮濕，如同無聊的影片。1953年，斯大林去世了，伊利莎伯二世成為英國新加冕的女王，一個年輕的議員肯尼迪即將迎娶布維爾。此時，兩個年輕人因共用長島的布魯克海文國家實驗室的一間辦公室而相遇了。就像罕見的行星列陣那樣，他們短暫地通過了時空的同一區域。這一時空上的巧合誕生了一個方程，這個方程可構成物理學聖杯——『萬物之理』(theory of everything) ——的基礎。」[35，202]

甚麼是「聖杯」呢？據《不列顛百科全書》解釋的大意是：聖杯 (Holy Grail) 是《亞瑟王傳奇》中騎士們所尋找的聖物。15世紀後期馬洛禮 (J. Malory) 寫的故事集《亞瑟王之死》(*Le Morte d'Arther*) 中把聖杯和基督在最後的晚餐用過、後來在基督被釘在十字架上時用來盛接基督鮮血的杯子聯繫起來。此後「尋找聖杯」一直就成為尋求與上帝的神秘結合的象徵；而且只有最偉大的人物才能夠尋到和直視聖杯，並看見人類語言無法形容的神聖奧秘。

把楊—米爾斯方程看成「物理學聖杯」，可見它的非同一般的重要性。事實上正如克里斯蒂娜所說：「回到20世紀50年代，楊—米爾斯方程似乎是一個有趣的創意的結果，而它和現實卻幾乎沒有甚麼瓜葛。不過，在20世紀末，它的時代到來了。它構成了獲1979年和1999年兩項諾貝爾物理學獎成果的基礎，而且在數學方面也有很重要的意義，被克雷數學學院稱為七大『千年得獎問題』之一。誰嚴格地解決了這一問題，他就能得到100萬美元的獎勵。」[35，203]

克里斯蒂娜的這篇文章是在2002年以前寫的，所以那時她還不知道2004年的諾貝爾物理學獎被三位美國物理學家戴維·格羅斯（D. J. Gross，1941－ ）、戴維·波利策（U. D. Politzer，1949－ ）、弗蘭克·維爾切克（F. Wilczek，1951－ ）「因為發現基本粒子強相互作用理論中的漸近自由現象」而獲得。這是規範場理論的又一偉大勝利。

無獨有偶，美國史丹福大學數學系教授基思·德夫林（Keith Devlin）在2006年寫了一本更有趣的書《千年難題——七個懸賞1000000萬美元的數學問題》，書中第66頁的標題是「現代物理學的聖杯」，他指的也是楊—米爾斯方程。[49，66–69]

在楊振寧努力建立規範場理論的整個過程中，事後想起來有一件事情讓人覺得有一些不可思議：當時外爾就在普林斯頓高等研究所，但他們卻從來沒有和外爾溝通過！事後恐怕連楊振寧本人也有一些驚訝。如果楊振寧和外爾有機會交流一下，規範場理論當時的發展不知道是否會順利一些？是否會發生更有趣的事情？不過，這些疑問已經沒有甚麼意義了，留給我們的只有遺憾和無窮的思緒……

4. 友誼、困難和輝煌

在 1954 年以及以後的十幾年裡，楊—米爾斯理論在前進的道路上還存在着巨大的困難。

在布魯克海文，楊振寧與米爾斯的合作有一段物理學史上值得人們回味的佳話。我們先看米爾斯的回憶：「在 1953—1954 年那一學年中，楊振寧在紐約市東面約 80 公里的長島上的布魯克海文國家實驗室做訪問學者。在那裡，當時世界上最大的粒子加速器 —— 2—3GeV 的科斯莫加速器正開始產生大量人們所不熟悉的新粒子，它們在隨後的歲月中改變了物理學的面貌。我當時接受了一個博士後工作，也在布魯克海文，並與楊振寧在同一個辦公室工作。楊振寧當時已在許多場合中表現出了他對剛開始物理學家生涯的青年人的慷慨。他告訴我關於推廣規範不變性的思想，而且我們較詳細地做了討論。我當時已有了有關量子電動力學的一些基礎，所以在討論中能有所貢獻，而且在計算它的表達形式方面也有小小的貢獻，但是一些關鍵性的思想都是屬於楊振寧的……」[17，82]

1984 年 12 月，為了慶祝楊—米爾斯理論發表 30 週年，中國科學院數學物理學部等 14 個單位於 21—23 日在北京舉行了隆重的紀念活動。21 日上午，楊振寧、米爾斯、周培源、錢三強和王淦昌等 200 餘人出席了在北京科學會堂舉行的開幕式，中國科學院副院長周光召主持開幕式。在會上，楊振寧和米爾斯做了簡短的講話。米爾斯在講話中沒有忘記 30 年前楊振寧對他的幫助：「30 年前，楊振寧已是一位教師，而我還是一名研究生，那時我和他同在一個辦公室，我們經常討論問題。楊振寧是一個才華橫溢，又是一個非常慷慨引導別人的學者。我們不僅共用了一個辦公室，楊振寧還讓我共用了他的思想……」[27，56]

楊振寧從中學到大學一直都十分體恤地幫助他人，包括父母、弟妹、同學和朋友，並備受人們稱讚。因此米爾斯感激楊振寧對他的幫助和提攜，是十分真誠的。

楊振寧和米爾斯的合作文章發表後，由於他們的理論模型是從一個非常深刻的物理觀點出發，加上又有一個非常嚴格、完美的數學形式，因而引起了一些物理學家尤其是泡利的興趣。

但不幸的是，楊振寧和米爾斯把他們的理論應用在強相互作用上時，得到的規範場粒子的質量是零。這顯然是他們理論中的一個重大的，甚至是致命的缺陷。

1953 年，即楊—米爾斯理論提出的前一年，泡利也做過與楊振寧幾乎相同的嘗試。這年 7 月 21–25 日，泡利寫了一篇題為《介子核子相互作用與微分幾何》的手稿。泡利有了重要的新思想，但他沒有得出與之相應的動力學

米爾斯，攝於 1982 年。

場方程。這年的年底，泡利的熱情開始減退，因為他遇到了與楊振寧遇到過的相似的困難：場粒子的質量為零。12 月 6 日，他給派斯的信中寫道：「如果誰要嘗試構造場方程……誰就總會得出零靜止質量的矢量介子。」[22，748]（着重號為泡利自己所加）

一年後，楊振寧和米爾斯獨立地研究了同樣的問題，楊振寧再次遇到了同樣的困難，但這一次楊振寧和米爾斯寫出了場方程：

$$F^a_{\mu\nu} = \frac{\partial B^a_\mu}{\partial x_\nu} - \frac{\partial B^a_\nu}{\partial x_\mu} + gC_{abc}B^b_\mu B^c_\nu \qquad \text{拉格朗日 } \pounds = -\frac{1}{4}F^a_{\mu\nu}F^a_{\mu\nu}$$

1954 年 2 月 23 日，楊振寧在普林斯頓高等研究所的一個討論班上報告了他們的研究結果，但是關注他們研究的人實在少得可憐。楊振寧在一次訪談時說：

> 這篇文章剛寫出來時很少有人注意。我記得只有一個地方請我去演講，希望我報告這篇文章，就是（普林斯頓的）高等研究所，因為當時泡利在那兒，他對這篇文章很有興趣，他讓奧本海默請我到研究所去講這篇東西。另外，關於這個內容我在哈佛大學曾經做過一次演講，不過這並不是他們指定的題目，是我主動要講的。除此之外，在我印象之中就再沒有一個學校請我去講有關推廣規範場的題目了。現在想起來也並不稀奇，因為那時對這事情覺得有興趣的人確實幾乎沒有，我想恐怕泡利是唯一發生興趣的人。[37，146]

楊振寧在普林斯頓演講時，「唯一發生興趣的」泡利當然坐在聽眾席上。

奧本海默，攝於 1955 年 1 月。

他深知這一研究中的問題和困難，因此當場向楊振寧提出了讓楊振寧幾乎下不了台的嚴厲和否定性的批評。這個場面十分有趣，近 30 年之後的 1982 年，楊振寧還在回憶中清晰地描述了當時讓他十分尷尬的場面：

我們的工作沒有多久就在 1954 年 2 月份完成了。但是我們發現，我們不能對規範粒子的質量下結論。我們用量綱分析做了一些簡單的論證，對於一個純規範場，理論中沒有一個量帶有質量量綱。因此規範粒子必須是無質量的，但是我們拒絕了這種推理方式。

在2月下旬，奧本海默請我回普林斯頓幾天，做一個關於我們工作的報告。泡利那一年恰好在普林斯頓訪問，他對對稱性和相互作用問題很感興趣，他曾用德文粗略地寫下了某種想法的概要，寄給A. 派斯。……第一天講學，我剛在黑板上寫下：

$$(\partial_\mu - i\varepsilon B_\mu)\,\Psi$$

泡利就問道：「這個場 B_μ 的質量是甚麼？」我回答説，我們不知道，然後我重新接着講下去。但很快泡利又問同樣的問題。我大概説了「這個問題很複雜，我們研究過，但是沒有得到確定的結論」之類的話。我還記得他很快就接過話題説：「這不是一個充分的託詞。」我非常吃驚，幾分鐘的猶豫之後，我決定坐下來。〔1〕大家都覺得很尷尬。後來，還是奧本海默打破窘境，説：「好了，讓弗蘭克接着講下去吧。」這樣，我才又接着講下去。此後，泡利不再提任何問題了。

我不記得報告結束後發生過甚麼，但在第二天我收到了下面這張便條：「親愛的楊：很抱歉，聽了你的報告之後，我幾乎無法再跟你談些甚麼。祝好。誠摯的泡利。2月24日。」[1，32—33]

楊振寧與泡利之間發生過許多有趣的事情，這兒不妨再加上一段逸事。

---

〔1〕I was so taken aback that I decided, after a few moments' hesitation, to sit down. 這一句話原來的中譯文有誤。最先是甘幼玶先生在《三十五年的心路》(廣西科技出版社，1989年，第39頁) 一書的翻譯：「我自知説錯了話，沉吟半晌，便坐下了。」後來這一錯誤在《楊振寧——20世紀一位物理大師及其心路歷程》(台灣交通大學出版社，2001年，第303頁) 和張奠宙編輯的《楊振寧文集》(華東師範大學出版社，1998、2002年，第33頁) 等書上不斷重複。

事情起源於 1950 年楊振寧與大衛·費爾德曼（David Feldman）在合作研究海森伯表象中的 S 矩陣時，泡利對他們研究的結果感興趣。楊振寧對此說：

泡利對我們的工作很感興趣，因此，其他博士後同學便告誡我們，泡利的關注意味着麻煩。我們明白，如果研究不取得進展，他就會生氣的。後來我學會了對付他的辦法：一定不要怕他。這樣做之後，泡利和我保持着良好的關係。[1, 18]

1953—1954 年，楊振寧和米爾斯在做了一些其他研究之後又返回來研究規範場。他們曾經試圖按費米處理電磁場的方法那樣，把規範場做一些技術上的處理。但他們的嘗試沒有成功，因為計算太複雜了。

在 1954 年 2 月，楊振寧和米爾斯雖然已經完成了絕大部分的研究，而且在普林斯頓已經做了報告，但對是否發表這篇論文仍然猶豫不決：一個不成熟，還有一些重要問題沒有解決的理論模型，到底應不應該發表？像泡利那樣放到以後有轉機再說？對此，楊振寧也做了深刻的思考。他寫道：

我們究竟應不應該發表一篇論述規範場的論文？在我們心目中，這從來不成其為一個真正的問題。我們的想法是漂亮的，應該發表出來。但是規範粒子的質量如何？我們拿不準。只有一點是肯定的：失敗的經驗告訴我們，非阿貝爾情形比電磁學更錯綜複雜得多。我們傾向於相信，從物理學的觀點看來，帶電規範粒子不可能沒有質量。雖然沒有直說出來，但在論文的最後一節表明了我們傾向於這種觀點。這一節比前面幾節難寫。

> 泡利是第一個對我們的文章表示了濃厚興趣的物理學家。這不奇怪，因為他熟悉薛定諤的論文，而且他本人曾經試圖把相互作用同幾何學聯繫起來……我經常納悶，如果泡利能活到60年代乃至70年代，他對此論題究竟會説些甚麼。[1，33—34]

楊振寧本人特別強調突出「漂亮」(beautiful) 這個詞，説明「漂亮」戰勝了「疑惑」。看來楊振寧一定十分欣賞狄拉克説過的一句話：「在致力於用數學形式表示自然界規律時，主要應該追求數學美。」

1954 年 6 月 28 日，他和米爾斯最終決定向《物理評論》寄出他們的論文，它在三個月後的 10 月 1 日發表了。在文章倒數第二段的結尾處，他們

⟦54c⟧
Commentary begins page 19

Conservation of Isotopic Spin and Isotopic Gauge Invariance*

C. N. YANG † AND R. L. MILLS
Brookhaven National Laboratory, Upton, New York

(Received June 28, 1954)

It is pointed out that the usual principle of invariance under isotopic spin rotation is not consistant with the concept of localized fields. The possibility is explored of having invariance under local isotopic spin rotations. This leads to formulating a principle of isotopic gauge invariance and the existence of a **b** field which has the same relation to the isotopic spin that the electromagnetic field has to the electric charge. The **b** field satisfies nonlinear differential equations. The quanta of the **b** field are particles with spin unity, isotopic spin unity, and electric charge $\pm e$ or zero.

INTRODUCTION

THE conservation of isotopic spin is a much discussed concept in recent years. Historically an isotopic spin parameter was first introduced by Heisenberg[1] in 1932 to describe the two charge states (namely neutron and proton) of a nucleon. The idea that the neutron and proton correspond to two states of the same particle was suggested at that time by the fact that their masses are nearly equal, and that the light stable even nuclei contain equal numbers of them. Then in 1937 Breit, Condon, and Present pointed out the approximate equality of $p-p$ and $n-p$ interactions in the ^1S state.[2] It seemed natural to assume that this equality holds also in the other states available to both the $n-p$ and $p-p$ systems. Under such an assumption one arrives at the concept of a total isotopic spin[3] which is conserved in nucleon-nucleon interactions. Experi-

* Work performed under the auspices of the U. S. Atomic Energy Commission.
† On leave of absence from the Institute for Advanced Study, Princeton, New Jersey.
[1] W. Heisenberg, Z. Physik **77**, 1 (1932).
[2] Breit, Condon, and Present, Phys. Rev. **50**, 825 (1936). J. Schwinger pointed out that the small difference may be attributed to magnetic interactions [Phys. Rev. **78**, 135 (1950)].
[3] The total isotopic spin **T** was first introduced by E. Wigner, Phys. Rev. **51**, 106 (1937); B. Cassen and E. U. Condon, Phys. Rev. **50**, 846 (1936).

172 □Reprinted from *The Physical Review* 96, 1 (October 1, 1954), 191–195.

楊振寧和米爾斯合寫的重要論文《同位旋守恆和同位旋規範不變性》

遺憾地指出：「我們還沒有能得出關於 b 量子之質量的任何結論。」[40，176]這裡所說的 b 量子，指的就是新規範場所需要的新的、傳遞相互作用的規範粒子。

楊振寧之所以能夠大膽地將他們的理論模型公之於世，顯然不只是認為這個理論的數學結構很「漂亮」這一個原因，更深層次的原因還是一種深刻的科學思想在支撐着他，那就是「對稱性支配相互作用」（symmetry dictates interaction）。這種思想在愛因斯坦的理論中有清晰的表現，楊振寧可說是第一個深刻領悟了這一思想的人。1979 年，楊振寧在《幾何與物理》一文中指出：

> 愛因斯坦所做的一個特別重要的結論是對稱性起了非常重要的作用。在 1905 年以前，方程是從實驗中得到的，而對稱性是從方程中得到的，於是——愛因斯坦説——閔可夫斯基（Minkowski）做了一個重要的貢獻：他把事情翻轉過來，首先是對稱性，然後尋找與此對稱性一致的方程。
>
> 這種思想在愛因斯坦的頭腦中起着深刻的作用，從 1908 年起，他就想通過擴大對稱性的範圍來發展這一思想。他想引進廣義坐標對稱性，而這一點是他創造廣義相對論的推動力之一。[3，163]

在《美和理論物理學》中，楊振寧再次指出：

> 這是一個如此令人難忘的發展，愛因斯坦決定將正常的模式顛倒過來。首先從一個大的對稱性出發，然後再問為了保持這樣的對稱性可以導出甚麼樣的方程來。20 世紀物理學的第二次革命就是這樣發生的。[3，271]

正是在這種深刻的科學思想的引導下，楊振寧才勇敢地把他的規範對稱理論公之於世，並在日後把這種科學思想提升為更簡潔的表述：「對稱性支配相互作用」。

但在 1952 年，這個理論還很不完善，還缺少其他一些機制來約束它，因而呈現出令人困惑的難題。例如，如果為了使規範場理論滿足規範不變性的要求，規範粒子的質量一定要是零，但是相互作用的距離反比於傳遞量子的質量，零質量顯然意味着楊—米爾斯場的相互作用應該像電磁場和引力場那樣，是長程相互作用。但是，既是長程相互作用，又為甚麼沒有在任何實驗中顯示出來？而且更加嚴重的是，這個質量如果真有，它還會破壞規範對稱的局域對稱性。由於這些以及其他一些原因，楊—米爾斯場在提出來以後十多年的時間裡，一直被人們認為是一個有趣的，但本質上沒有甚麼實際用途的「理論珍品」。

當時人們還沒有認識到，正是這個規範粒子的質量問題，需要新的物理學思想來解決。

在 20 世紀 60 年代初，物理學家們由超導理論的發展中認識到一種重要的對稱破缺方式，即「自發對稱破缺」(spontaneous symmetry breaking)。1965 年，物理學家彼特 · 希格斯 (Peter Higgs) 在研究區域對稱性自發破缺時，發現楊—米爾斯場規範粒子可以在自發對稱破缺時獲得質量。這種獲得質量的機制被稱為「希格斯機制」(Higgs mechanism)。

有了這一重要進展，人們開始嘗試用楊—米爾斯場來統一弱相互作用和電磁相互作用。1967 年前後，在美國物理學家格拉肖 (Sheldon Glashaw，1932－)、溫伯格 (Steven Weinberg，1933－2021) 和巴基斯坦物理學家薩拉姆 (Abdus Salam，1926－1996) 的共同努力下，建立在規範場理論之上的弱電統一理論的基本框架終於建立起來了。到 1972 年，物理學家們又證實楊—米爾斯場是可以重整化的，這樣，楊振寧的規範場論就成了一個自洽的理論，規範場理論的最後一個障礙也終於被克服了。

1973 年，歐洲核子研究中心（CERN）的實驗室宣佈，他們的實驗間接地證明了格拉肖—溫伯格—薩拉姆（GWS）弱電統一理論預言的規範場粒子中的一個中性粒子 Z^0 是存在的。GWS 理論預言了三個規範粒子 W^+、W^-和 Z^0，現在只有 Z^0 已經被「間接」證明的確存在。但有意思的是，在這種並沒完全被確證的情形下，1979 年，瑞典諾貝爾獎評選委員會將這一年的諾貝爾物理學獎授予了薩拉姆、溫伯格和格拉肖，原因是「對基本粒子之間的弱相互作用和電磁相互作用的統一理論的貢獻」。這可以說是規範場理論在發展過程中第一次促使諾貝爾物理學獎的頒發。格拉肖在獲獎後幽默地說：「諾貝爾獎委員會是在搞賭博。」以前，這個委員會只把獎金授予被實驗證實了的理論，這次可說是少有的破例。不過，當時絕大部分物理學家已經確信：找到 W^+、W^-和 Z^0 粒子只是一個時間的問題。這充分說明，美妙的理論會給人們以多麼充分的信心。

果然，到 1983 年上半年，CERN 宣佈三種粒子都找到了。至此，建立在楊—米爾斯場基礎上的弱電統一理論，終於被公認是真實反映自然界相互作用本質的理論，被認為是 20 世紀的重大成就之一。正如潘國駒先生所說：「1983 年發現的重光子〔1〕證實了楊—米爾斯規範場不但是一個『漂亮』的理論，更重要的是，它符合了實驗結果。它的重要性可以與愛因斯坦的相對

〔1〕 電磁場的規範粒子是光子；弱電場的規範粒子是 W^0 和 $Z^{\pm}$，它們也被稱為「重光子」（heavy photon）。

左起：格拉肖、薩拉姆、溫伯格，三人因為利用楊—米爾斯場統一弱相互作用和電磁相互作用而獲得 1979 年諾貝爾獎。

論相比。應該説楊先生是繼愛因斯坦之後最有貢獻的物理學家。」[30，128]

1983 年 1 月 26 日是宣佈發現 $W^{\pm}$ 粒子的重要日子。派斯參加了這個發佈會，他用妙筆生花的文章描述了這一天他的感受，並且把這一感受作為他的名作《基本粒子物理學史》一書的開篇。[22，1–3]由此可見，$W^{\pm}$ 粒子的發現具有多麼重大的意義。

統一了電磁相互作用和弱相互作用以後，物理學家普遍認為物理學向「統一場論」前進了巨大的一步。這曾經是愛因斯坦夢寐以求的目標。接下去，人們自然會想到，既然利用規範場理論統一了兩種表面上看來截然不同的相互作用，那麼楊振寧的規範場理論也很有可能把強相互作用統一進去，這種設想中的統一理論稱為「大統一理論」(grand unified theory)。

現在，建立在規範場基礎的理論「量子色動力學」(QCD) —— 它描述夸克之間的強相互作用，也獲得了大量實驗的支持。在強相互作用這一理論中，最引人注目的是關於夸克禁閉 (quark confinement) 的解釋。這一解釋也是建立在規範場基礎上的。米爾斯在 20 世紀 80 年代說得很正確：「如果最終的[大統一]理論能被真正確認的話，那麼一定會證明它是一個規範理論。這一點現在看來幾乎是無可懷疑的了。」[108，577]

1985 年，楊振寧在紀念外爾 100 週年誕辰大會上說：

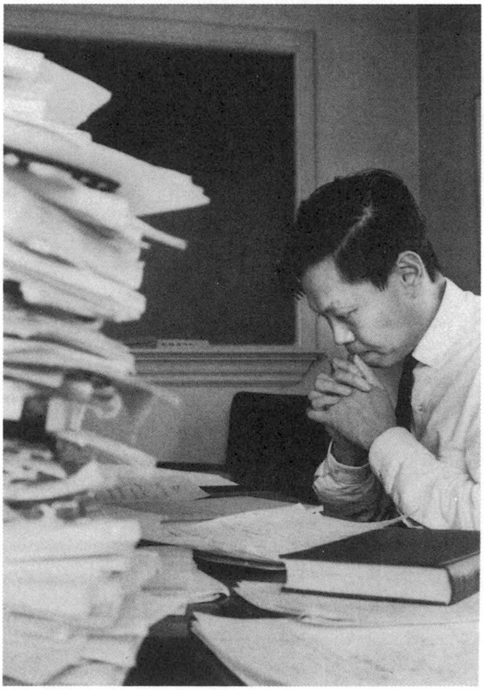

楊振寧在普林斯頓的辦公室裡，攝於 1963 年。

由於理論和實踐的進展，人們現在已清楚地認識到，對稱性、李群和規範不變性在確定物理世界中基本力時起着決定性的作用。[1，496]

美國著名物理學家戴森在1999年5月22日楊振寧於石溪榮休學術討論會上發表了題為「楊振寧——保守的革命者」的演講，他指出：

楊教授是繼愛因斯坦和狄拉克之後，20世紀物理學的卓越設計師。從當年在中國當學生到以後成為石溪的哲人（Sage），引導他的思考的，一直是他對精確分析和數學形式美的熱愛。這熱愛導致了他對物理學最深遠的和最有創見的貢獻——和米爾斯發現的非阿貝爾規範場。隨着時間的推移，他所發現的非阿貝爾規範場已漸漸成為比宇稱不守恆更美妙、更重要的貢獻。後者使他獲得了諾貝爾獎。發現宇稱不守恆、發現左手和右手手套並非在各方面都對稱，是一項了不起的破壞行動，它摧毀了在前進道路上的思維結構的基石。相反，非阿貝爾規範場的發現為新的思維結構壘下了基石，這個結構以後經過30年才建立起來。〔1〕今天，當代理論所描述並為當代實驗證實了的物質的本質，是各種非阿貝爾規範場的組合。它們為楊在45年前首先猜測的數學對稱性所支配。

和重建城市以及國際政治一樣，在科學中摧毀一個老的結構比建立一個持久的新結構容易。革命領袖可以分為兩類：像羅伯斯庇爾和列寧，他們摧毀的比創建的多，像富蘭克林和華盛頓，他們建立的比摧毀

〔1〕在《曙光集》（參考書目41）第292頁，這句話的中譯文漏譯了前半句。

的多。無疑，楊是屬於後一類的革命者，他是一位保守的革命者。和富蘭克林以及華盛頓一樣，他愛護過去，盡可能少摧毀它。他對西方科學的傑出思維傳統和對中國祖先的傑出文化傳統同樣崇敬。[41，292]

我們現在已經可以清楚看出，麥克斯韋的電磁理論決定了電磁相互作用，愛因斯坦理論決定了引力相互作用，現在，楊—米爾斯理論又決定了弱相互作用和強相互作用。無論麥克斯韋的理論還是愛因斯坦的理論，都是規範場理論，這一切都是通過楊振寧和米爾斯的成就才最終了解的。因此，人們已經公認，楊—米爾斯理論是繼麥克斯韋電磁理論、愛因斯坦引力理論之後對於「力」的起源最重要、最基本的理論。這是楊振寧在物理學領域做出的最高成就。丁肇中在他寫的《楊振寧小傳》中有這樣一句話：「1954 年他與米爾斯發表的規範場理論，是一個劃時代的創作，不但成為今天粒子理論的基石，並且在相對論及純數學上也有重大的意義。」[3，1−2]

也同樣是這一原因，不少著名的物理學家認為，楊振寧完全有資格再一次獲得諾貝爾物理學獎。實際上，楊振寧的規範理論，比他獲諾貝爾獎的偉大發現更基本、更深遠。

在結束這一小節之前插入一個很有趣的插曲，一定會讓讀者更加深刻領會楊—米爾斯理論的重要性和普適性。這個插曲與 2004 年諾貝爾物理學獎有關。

三位美國物理學家格羅斯、維爾切克和波利策獲得 2004 年諾貝爾物理學獎，他們獲獎的原因是他們在 1973 年各自獨立地發現：物質的最基本粒子 —— 夸克 —— 有一種所謂「漸近自由」(asymptotic freedom) 的特性。甚麼是「漸近自由」？原來在強相互作用裡，夸克彼此之間離開得越遠，它們之間的相互作用力就越大；當它們靠得很近的時候，反而相互作用很小，非常自由。這顯然與其他三種相互作用大不相同，例如電磁相互作用中帶電粒子距離越近相互作用力越大，距離越遠相互作用力越小。夸克這種漸近自由的特性決定了夸克永遠囚禁在一個小小的「袋子」(bag) 裡，人們不可能見到單個「自由的」夸克，也就是説永遠不能把它們分開。

1973 年，這三位物理學家還都非常年輕：格羅斯最大，也只有 32 歲，當時在普林斯頓大學工作；維爾切克最年輕，22 歲，是格羅斯的研究生；波利策 24 歲，當時在哈佛大學，是科勒曼 (Sidney Coleman) 的研究生。這年 6 月，格羅斯、維爾切克和波利策各自獨立地在美國《物理評論快訊》上發表了文章，聲稱他們發現夸克之間遵守「漸近自由」的規則 —— 用術語説就是 $SU(3)_C$ 是漸近自由的；下標 c 表示這是一種色對稱 (color symmetry)。這説明強相互作用也照樣遵守楊—米爾斯理論。

有趣的是，在公佈 2004 年這個物理學獎項的時候，諾貝爾委員會用一個「小品」來向公眾解釋甚麼是「漸近自由」。他們請了一個美女和一個俊男上台，兩人手裡各抓住一條紅色綢帶的一端。當他們兩人靠近的時候，綢帶鬆垂着，兩人之間很自由，彼此不受束縛；但是當兩個人身體分開並向後仰，使得綢帶繃緊了的時候，他們就不自由了，而且不能分開，除非剪斷紅綢子。

更有趣的是格羅斯和維爾切克的研究過程可謂一波三折。本來實驗已經證實夸克是漸近自由的，但這似乎與楊—米爾斯理論有根本的矛盾。於是格羅斯和維爾切克兩人想通過他們的研究一了百了地宣判楊—米爾斯理論「死刑」，即不能用楊—米爾斯理論解釋強相互作用。起初，格羅斯真的「證明」了楊—米爾斯理論不能漸近自由，但是後來發現這個證明實際上錯了。改正錯誤以後，他們驚訝地發現：楊—米爾斯理論居然與漸近自由一點都不矛盾。格羅斯後來説：「這就好像你想從各個角度證明上帝不存在，但是在最後一個證明中，爬上山巔，卻發現『祂』就出現在你的面前！」[52，344]中國有一句俗語：「有心種花花不發，無心插柳柳成蔭。」格羅斯和維爾切克兩人的重要發現就是這樣。

2004 年的諾貝爾獎證實：楊—米爾斯理論的地位越來越不可動搖。解決大統一理論看來一定包含多種楊—米爾斯場的理論。

四、宇稱守恆定律的破滅

1.「θ-τ 之謎」

20 世紀 50 年代物理學中最重大的事件應該是「θ-τ 之謎」和由此發現在弱相互作用中宇稱守恆定律（parity conservation）的崩潰。意大利裔的美國物理學家塞格雷曾經説過：「[弱相互作用中的]宇稱守恆定律的崩潰，也許是第二次世界大戰以後最偉大的發現，它消除了一種偏見，這種偏見未經足夠的實驗驗證，就曾被當作一條原理。」[33，292]

一部物理學史，真是充滿了離奇驚人的事件，如果撇開那些令人生畏的數學公式和一些讀起來令人生澀別扭的專業術語，其離奇曲折的程度，絕不亞於一部《福爾摩斯探案集》。如果就「破案」的難度和技巧而言，那比後者還不知道要強多少倍。

20 世紀 30 年代，在 β 衰變中（原子核輻射出電子後引起核的一種衰變）出現了「能量被劫案」，即衰變以後能量少了一點。這一「劫案」引起物理學界的極大震動，物理學一時陷入了危機。有些著名科學家如玻爾大膽地提出：在基本粒子作用過程中，能量也許根本就不守恆。這時，泡利為了拯救這一危機，提出能量守恆定律肯定沒有問題，少許能量被「劫」也許是因為有一種人們尚不知道的「蟊賊」—— 中微子（neutrino），是它「劫」走了能量。後來理論和實驗證實了泡利的這一猜測，能量守恆定律由此得救，泡利立了一大功。

到了 1956 年，又出現了所謂「θ-τ 之謎」，威脅着另一個守恆定律：宇稱守恆定律。物理學家又一次陷入黑暗，不知所措。泡利這位在 30 年代為拯救能量守恆定律立下卓越功績的「福爾摩斯」，又重抖當年雄風，決心拯救宇稱守恆定律，解開「θ-τ 之謎」。哪知滄海桑田，時異事殊，這次他居然敗在了三位年輕的中國物理學家楊振寧、李政道和吳健雄手下。

自然界真是比柯南．道爾的《福爾摩斯探案集》更富有想像力！

為了讓讀者了解甚麼是「θ-τ 之謎」，我們不得不先簡單介紹一下甚麼是「宇稱守恆定律」。高中物理學的幾個守恆定律，如能量守恆定律、動量守恆定律等，是比較簡單的守恆定律。而「宇稱」是指物理定律在左右之間完全對稱。這種對稱是一種分立的而不是連續的對稱。如果打一個淺顯的比喻，就是一個基本粒子遵循的運動規律與它的「鏡像」粒子（即這個粒子在鏡子中的像）所遵循的運動規律完全一樣。例如一個粒子在做速率、半徑一定的圓周運動，鏡子中的那個「鏡像」粒子也在做同樣速率、同樣半徑的圓周運動，只不過一個如果左旋，另一個則右旋。這種對稱叫左右對稱，或鏡像對稱，顯然它是分立的而不是連續的對稱。在經典力學中，這種分立的對稱找不到相應的守恆量，因而不產生守恆定律。因此左右對稱在經典力學中不具有十分重要的意義。但在量子力學中，分立的對稱性和連續的對稱性一樣，也可以形成守恆定律，找到一個守恆的量。與左右對稱相應的守恆量，被稱為「宇稱」(parity)。就像質量、電荷等物理量一樣，宇稱也是描述基本粒子物理性質的一個物理量。

宇稱有一個特徵，像自然數分奇數、偶數一樣，也有奇偶之分，即有奇宇稱、偶宇稱兩種。宇稱守恆定律是說，粒子（系統）的宇稱在相互作用前後不會改變：作用前粒子系統的宇稱為偶，則作用後也還必須是偶；作用前粒子系統的宇稱為奇，則作用後也還必須是奇。作用前後宇稱的偶、奇發生了改變，則為宇稱不守恆。與宇稱守恆相關聯的對稱性就是左右對稱，或稱空間反射不變。

由於在其他已知的相互作用中宇稱都是守恆的，因此物理學家毫不猶豫地把它推廣到原子核物理學、介子物理學和奇異粒子物理學的弱相互作用中。〔1〕而且，這一推廣應用似乎頗有成效，於是物理學界普遍地相信，宇稱守恆定律有如能量、動量等守恆定律一樣，是一條普適的規律。從宏觀現象得到的左右對稱的規律，看來也完全適用於微觀世界。

在科學史上，科學家們經常採用擴大已發現規律的應用範圍，向未知領域進行探索。塞格雷說：「一旦某一規則在許多情況下都成立時，人們就喜歡把它擴大到一些未經證明的情況中去，甚至把它當作一項『原理』。如果可能的話，人們往往還要使它蒙上一層哲學色彩，就像愛因斯坦之前人們對待時空概念那樣。」[33，287]

宇稱守恆定律的遭遇也是這樣。在其他已知的相互作用中實驗證實宇稱

〔1〕物理學家寧願用「相互作用」而不願用「力」這個詞。相互作用有四種，按照強弱次序為：強相互作用、電磁相互作用、弱相互作用和引力相互作用。強相互作用和弱相互作用均為原子核內的相互作用。

是守恆的，於是人們自然而然地認為在弱相互作用中宇稱也一定是守恆的。在 1956 年以前，宇稱守恆定律與能量守恆定律一樣，已被認為是物理學中的「原理」，是金科玉律、不易之典，誰也沒有想到或者有膽量去懷疑它。

楊振寧自己也曾經說過：

> 確實，左右對稱或宇稱守恆對物理學家來說是一個如此「自然」和有用的概念。在過去它一直是作為一條神聖的自然定律而被認為是當然的。[1，486]

後來，由於出現了「θ-τ 之謎」，楊振寧和李政道兩人為了解決這個讓整個物理學界為之迷惘的謎，才最終開始懷疑宇稱守恆的普適性。

甚麼是「θ-τ 之謎」呢？

1947 年，實驗物理學家們發現，宇宙射線中有一種被稱為「θ 粒子」的奇異粒子在衰變時變成了兩個 π 介子，即：

$$\theta \rightarrow \pi + \pi$$

1949年實驗物理學家們又發現一個新的奇異粒子〔1〕「τ 粒子」，它可以衰變為 3 個 π 介子，即：

$$\tau \rightarrow \pi + \pi + \pi$$

〔1〕所謂奇異粒子 (strange particle)，是指 1947 年到 1953 年之間物理學家新發現的一大批新粒子，它們的特點是：當它們由粒子之間的相互碰撞而產生時，總是一起產生，而且產生得很快，可是衰變卻各自不同，而且衰變得很慢。簡單說來，就是它們總是協同產生、非協同衰變。於是物理學家把這些行為特殊的粒子稱為「奇異粒子」。θ、τ 都是奇異粒子。1953 年，蓋爾曼用一個新的量子數，即「奇異數」(strangeness number) 來表述奇異粒子的這一特性，並假定在強相互作用中奇異數守恆，而在弱相互作用中奇異數可以不守恆，這樣就可以對奇異粒子的特性做出恰當的解釋。

這當然不是甚麼令人矚目的大事，不同的粒子有不同的衰變方式，正如不同的人有不同的死法一樣，沒甚麼讓人擔憂的。但後來就是這兩個粒子引出了大問題。

隨着實驗的進展，人們發現 θ 和 τ 粒子除了它們衰變的方式不一樣以外，其他方面的性質幾乎完完全全一樣。但從衰變的方式來看，θ 與 τ 粒子的宇稱不同：θ 的宇稱為偶，而 τ 則具有奇宇稱。如果 θ 和 τ 粒子真是同一個粒子，那就違背了宇稱守恆定律，因為宇稱守恆定律告訴我們：一個粒子只能有一種宇稱，不能又奇又偶。如果堅持宇稱守恆定律是不能動搖、不能懷疑的，那就必須承認 θ 和 τ 是兩種不同的粒子。於是，物理學家們只能在兩個選擇中決定取捨：要麼認為 θ 和 τ 粒子是不同的粒子，以拯救宇稱守恆定律；要麼承認 θ 和 τ 粒子是同一個粒子，而宇稱守恆定律在這種弱相互作用支配下的衰變中不守恆。

在開始一段時期裡，人們囿於傳統的信念，根本不願意相信宇稱會真的在弱相互作用中不守恆，因此都盡力改進實驗設備和方法，尋找 θ 和 τ 粒子之間的其他不同點，以證明它們是不同的兩種粒子。但是，一切努力均勞而無功，除了宇稱不同，它們實在無法區分。物理學家們陷入了迷惘和思索之中，這種情形正如楊振寧所說：

> 那時候，物理學家發現他們所處的情況，就好像一個人在一間黑屋子裡摸索出路一樣，他知道在某個方向上必定有一個能使他脫離困境的門。然而這扇門究竟在哪個方向上呢？[3，126]

2. 與李政道合作

在解決「θ-τ 之謎」的過程中，楊振寧與比他小四歲的中國來的物理

楊振寧與李政道，1961 年前後攝於普林斯頓。

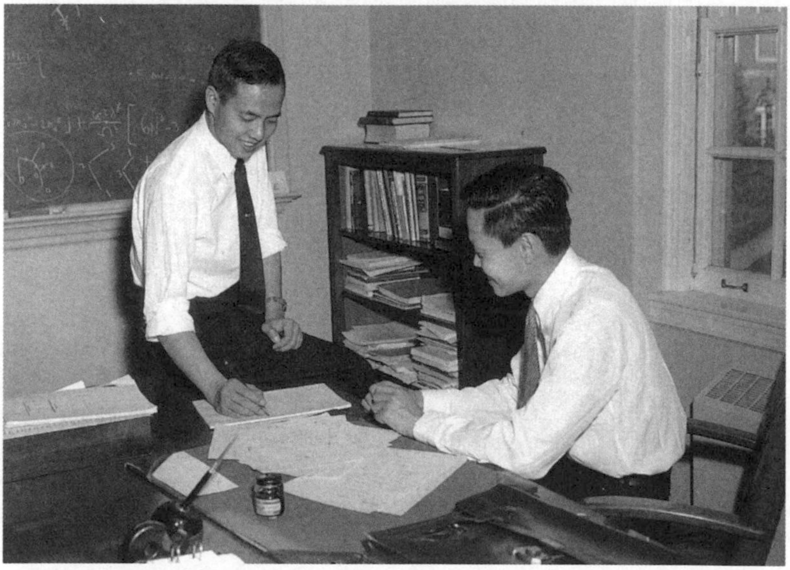

李政道和楊振寧在普林斯頓有過密切的合作。

學家李政道在再一次的合作中取得了輝煌的成功。他們的首次合作開始於1949年。

李政道於1926年11月25日出生，他的祖籍是風景秀麗、人傑地靈和素以園林聞名天下的蘇州。祖父是宗教界的知名人士，曾經擔任過基督教蘇州衛理會的負責人（當時稱為會督）。父親李駿康先生早年畢業於南京市金陵大學農業化學系，以後從事商業活動，專門經營肥料、化工產品；母親張明璋，畢業於上海啟明女中。在20世紀20年代，女子讀書尚不多見，所以李政道的家庭，在當時是少見的現代知識分子家庭。

1941年寒冷的冬天，15歲的李政道和他兩個哥哥由於不願意在日本佔領的上海屈辱地生活，毅然於12月22日離開溫暖舒適的家，到艱苦的江西聯合中學讀書。在讀高中三年級時，由於聯中缺乏教師，刻苦自學、成績優秀的李政道被校方安排在低年級任兼職教師。

1943年秋天李政道高中畢業以後，考上了浙江大學物理系。當時浙江大學為躲避日本侵略者，從杭州遷到了貴州的湄潭。一年多以後，李政道轉學到昆明市的西南聯合大學。當時在西南聯大任教的吳大猷在《抗戰期中之回憶》一文中曾經寫道：

> 1945年春天，忽然有個胖胖的、十幾歲的孩子來找我，拿了一封介紹信。信是1931年我初到密歇根大學遇見的梁大鵬兄寫的，梁不習物理，十幾年未通音訊了，不知怎麼會想起我來。他介紹來見我的孩子叫李政道，他原在宜山浙江大學，讀過一年級，因為日軍逼近宜山，他便奔去重慶。他的姑姑認識梁，梁便介紹李來昆明見我。那時是學年的中間，不經考試，不能轉學，我便和聯大教二年級物理數學課程的幾位先

生商量，讓李去隨班聽講考試，如他合格，則候暑假正式轉學入二年級時，可免他再讀二年級的課程。其實這不過是我自己以為合理的辦法，並未經學校正式承認許可的。

李應付課程，綽有餘裕，每日都來我處請我給他更多的閱讀物及習題。他求知心切，真到了奇怪的程度。有時我有風濕痛，他替我捶背，他幫我做任何家裡的瑣事。我無論給他怎樣的書和題目，他很快就做完了，又來索更多的。我由他的解問題的步驟，很容易地發現他的思想敏捷，大異尋常。[14，57]

1945 年抗戰勝利後，國民政府想派一些優秀的青年學生出國深造，其中兩個名額是給學物理的學生，並且決定由吳大猷推薦。吳大猷的得意門生不少，但楊振寧去了美國，黃昆去了英國，在身邊的助教朱光亞當然是首薦學生，另一個讓誰去呢？李政道當時剛讀大學三年級，按理說還輪不上他。但吳大猷對李政道格外垂青，深知這個學生將來前途不可限量，因此他力排眾議，堅持推薦李政道出國深造。20 年後李政道說：「是吳大猷先生當初把我帶到美國的，給了我這樣的機會，沒有這樣的機會，我是不會有今天的！」

1946 年秋天，李政道到美國後本來是到密歇根大學就讀，但是在參觀了芝加哥大學以後，發現芝加哥大學除了有聞名世界的物理學大師費米教授以外，還有許多著名的物理學家，再加上還有在西南聯大時就知道的楊振寧，有學兄的幫助，一切會順利得多。於是他決定進芝加哥大學直接攻讀物理系研究生課程。

在楊振寧的幫助下，費米教授成了李政道的導師。1949 年，李政道和楊振寧以及羅森布魯斯合作寫了一篇文章《介子與核子和輕粒子的相互作用》。

左起：派斯、戴森、楊振寧、李政道，攝於普林斯頓。

1950年，在費米指導下，李政道在芝加哥大學獲得哲學博士學位，他的博士論文題目是《白矮星的含氫量》。這篇論文被芝加哥大學譽為「有特殊見解和成就」，列為第一名，獲得獎金1000美元。校長哈欽斯（R. H. Hatchins）在授予他博士學位證書時特別指出：「這位青年學者的成就，證明人類在高度智慧的層次中，東方人和西方人具有完全相同的創造能力。」

李政道在1950年到1951年上半年工作中碰到一些並不愉快的事情。開始，他經過費米的推薦到天文系錢德拉塞卡（S. Chandrasekhar，1910–1995，1983年獲得諾貝爾物理學獎）教授那兒做博士後，但是不知道為甚麼與錢德拉塞卡大吵一頓。後來楊振寧給加州大學伯克利分校威克（G. C. Wick）教授寫了一封推薦李政道的信，信中寫道：

> 李政道請我替他寫一封信給你，我很樂於這樣做，而且要大力推薦他。
>
> 在中國的大學念完二年級以後，李博士在 1946 年秋天來到美國。他進入芝加哥大學的研究所，三年時間就對經典和現代理論物理有很好的認知。他對於物理認知的透徹和迅速，可以很容易地由他掌握新物理概念的能力看得出來。
>
> 去年他和費米教授和錢德拉塞卡教授在天文物理問題方面的工作，可以進一步顯現他從事原創性研究的能力。他關於白矮星中所蘊含的氫的博士論文，很快會發表在天文物理學的期刊上。其他發表過的工作包括和羅森布魯斯以及我合作的關於介子交互作用的工作，以及關於湍流的海森伯理論。他最近關於磁擾動的工作即將發表在《物理評論》上。
>
> 說他是一個非常有潛力的物理學家，也許還說得太少了。我毫不懷疑他將來會比他的老師和他的朋友所預期的表現得更好。[16，203–204]

但是恰好威克那時不在伯克利，結果弄得李政道心裡十分不痛快。於是楊振寧建議他到普林斯頓高等研究所來。楊振寧向奧本海默介紹了李政道的情形以後，奧本海默立即同意李政道來研究所做兩年的博士後。這樣，李政道就於 1951 年暑假期間也來到普林斯頓高等研究所。在普林斯頓，他們兩家是鄰居，都住在古德曼路（Goodman Road），楊家是 3F 號，李家是 3E 號。順理成章地，楊振寧和李政道又繼續在芝加哥大學已經開始的合作。恰好這時楊振寧正在做統計物理學中有關伊辛模型的研究，於是他們就在狀態方程和相變的統計理論方面發表了兩篇很有分量的文章。

1953年，李政道應聘到紐約市的哥倫比亞大學任教(1956年晉升為教授)，為了繼續兩人已經開始的合作，他們訂立了相互訪問的約定。楊振寧每週抽一天時間去哥倫比亞，李政道則每週抽一天到普林斯頓。這種例行互訪持續了好幾年。楊振寧曾回憶：

> 這是一種非常富有成果的合作，比我同其他人的合作更深入廣泛。這些年裡，我們彼此相互了解得如此之深，以致看來甚至能知道對方在想些甚麼。但是，在氣質、感受和趣味等諸方面，我們又很不相同，這些差異對我們的合作有所裨益。[1，53]

在「θ-τ之謎」引起物理學界極大關注之時，楊振寧和李政道當然也非常關注這一件大事的動向。事實上，楊振寧説過，他們兩人在一段時間裡最關注的自然是「θ-τ之謎」。

1956年4月3日到7日，第六屆羅徹斯特會議(Rochester Conference)在羅徹斯特大學召開，這是最重要的國際高能物理會議。李政道在2003年談到這個會議時説：「50年代時，粒子物理學領域，每年都舉行一次國際性的綜合學術會議，地點在美國紐約州的羅徹斯特大學。因而這個很重要的會議就被稱為羅徹斯特會議。凡是要參加會議的，必須收到邀請才行。」[50，4]

因此只有重要的粒子物理學家才能參加這個會議。楊振寧因為在1952年前已經在粒子物理方面發表了八篇重要的論文，因此從1952年羅徹斯特會議起，他就一直受到邀請參加這個會議，並且在1956年第六屆會議前參加會議的籌備工作。李政道由於楊振寧的推介，這一次也接到邀請，第一次參加羅徹斯特會議，但是沒有在會上發言。

這次會議最受與會者關注的就是「θ-τ 之謎」。7 日是會議的最後一天，將對四天的討論做出總結，由奧本海默主持，題目是「新粒子理論的解釋」。楊振寧應邀做了一小時的理論總結報告，分析當時各種解謎的嘗試。報告以後有許多人提問，包括蓋爾曼與費曼等。

楊振寧講話的大意在大會記錄中的記載是這樣的：

> 楊振寧認為經過這麼長的一段時間，而我們對於 θ 和 τ 粒子的衰變了解是這麼的少，也許最好對這個問題，保持一個開放的想法。遵循這種開放思考的研究方式，費曼對於這個爭論提出了一個問題：θ 和 τ 會不會是同一種粒子的不同宇稱態呢？而它們沒有固定的宇稱性，這也就是說宇稱是不守恆的？這就是說，自然界是不是有一種單一確定右手和

加州理工學院的物理學家理查德・費曼

左手的方式呢？楊振寧説他和李政道曾研究過這個問題，但沒有得到任何確切的結論……也許宇稱守恆……是不準確的。[123]

事實上，楊振寧和李政道以及當時所有研究「θ-τ 之謎」的人，都經常會想到宇稱是否可能不守恆。但是由於過去已有的極多實驗「證實」宇稱是守恆的，所以這種討論從來沒有得到任何確切的結論。例如，當時加州理工學院的理論物理教授蓋爾曼，就是經常思考這個問題的人之一。楊振寧曾經説：「當時在求解 θ-τ 謎團這個重大問題的戰場上，疑雲滿佈，和我們競爭的勁敵是極有名的 Gell-Mann。」[125，Ⅶ]

回到羅徹斯特會議上來。楊振寧講完話以後，會議組織者、羅徹斯特大學教授羅伯特 · 馬沙克（Robert E. Marshak，1916－1992）立即表示不能同

提出夸克模型的美國物理學家蓋爾曼

意，他還提出了一個更加保守的方案。普林斯頓高等研究所的英國物理學家理查德・達利茲（Richard H. Dalitz，1925—2006）也不贊成楊振寧的設想，還說，也許馬沙克的想法還行得通。接着一些物理學家又爭先恐後地表述了自己的意見，爭論了一陣子後，奧本海默覺得該散會了。在宣佈散會時，他像有一點戀戀不捨地說：「或許，不斷地在從過去中學習和被未來的驚異中來回搖擺……是調解爭端的唯一途徑。」[52，172]

這時，普林斯頓高等研究所春季學期已經結束，楊振寧應邀到布魯克海文訪問，於是和家人一起搬到布魯克海文住。在這期間，楊振寧和李政道仍然繼續保持每週兩次互訪，不過改為在布魯克海文與紐約市之間。

大約是 4 月底或 5 月初的某一天，楊振寧驅車前往哥倫比亞做每週例行的拜訪。他把李政道從辦公室接出來，把車停在紐約市內百老匯大街和 125 街轉角處，因為附近的飯館還沒有開門營業，他們就到附近的一家「白玫瑰」咖啡館繼續討論「θ-τ 之謎」。到飯館開始營業後，他們就到「上海餐館」吃午飯，邊吃邊討論「θ-τ 之謎」。楊振寧後來回憶：

> 我們的討論集中在「θ-τ 之謎」上面。在一個節骨眼上，我想到了，應該把產生過程的對稱性同衰變過程的對稱性分離開來。於是，如果人們假設宇稱只在強作用中守恆，在弱作用中不守恆，那麼，θ 和 τ 是同一粒子……的結論就不會遇到困難。[1，56]

θ 和 τ 粒子衰變是一種弱相互作用，為了弄清上述想法是否正確，楊振寧想最好利用 β 衰變。楊振寧在 1950 年就研究過 β 衰變[40，131—134]，因此想到如果把原來局限於研究奇異粒子（θ 和 τ 都是奇異粒子）的衰變轉為研究 β

衰變，那就方便多了。因為物理學家們多半在 β 衰變實驗中進行弱相互作用的研究，做過的 β 衰變實驗有上千種。這一研究方向的轉變，是研究宇稱在弱相互作用中是否守恆最關鍵的一步。

那麼，所有已經做過的 β 衰變實驗能否證實在弱相互作用中宇稱不守恆呢？為此，要對所有這些做過的 β 衰變實驗統統「重新研究」。

第二個星期，楊振寧到哥倫比亞大學拜訪李政道。他們一起沿大學附近的克萊蒙街信步漫遊時，楊振寧向李政道提出，「需要重新檢查所有 β 衰變現象的清單」。李政道當時對 β 衰變所知不多，於是他去找在同一個大學任教的吳健雄，她在 β 衰變實驗方面是一位權威人士。李政道問她借來在 β 衰變領域的巨著 —— 齊格班（K. Siegbahn，1918–2007，1981 年獲得諾貝爾物理學獎）寫的《β 射線和 γ 射線譜學》（*Beta and Gamma-Rays Spectroscopy*）。[52，147]

在隨後的兩個星期中，楊振寧和李政道的時間都花在對這些 β 衰變過程的計算上。結果發現：在所有這些過程中，原先的實驗並不能決定弱相互作用宇稱是否守恆；換句話説，原先所有的 β 衰變實驗同 β 衰變中宇稱是否守恆的問題毫無關係。

後來，楊振寧曾這樣描述他們兩人當時對這個結果的心理反應：

> 長久以來，在毫無實驗證據的情況下，人們都相信，弱相互作用中宇稱守恆，這是十分令人驚愕的。但更令人吃驚的是，物理學如此熟知的一條時—空對稱定律面臨破產。我們並不喜歡這種前景，只是由於試圖理解「θ-τ 之謎」的各種其他努力都歸於失敗，我們才不得不去考慮這樣一種情景。[1，58]

大約是5月中旬的一天，楊振寧在布魯克海文做了一個報告，講他們得到的上述結論。報告後瑟洛夫 (Selove) 問楊振寧，為甚麼這麼多實驗都與宇稱是否守恆無關？楊振寧不知道如何回答。幾天以後他和李政道苦思一整天，到傍晚時楊振寧突然有了「頓悟」：要想用實驗檢驗弱相互作用中宇稱是否守恆的關鍵問題，必須測量「贋標量」(pseudoscalar) $\langle \sigma \cdot p \rangle$ (σ 是核的自旋，p 是電子的動量)。以前的所有實驗根本沒有測量贋標量，因此這些實驗實際上與 β 衰變中的宇稱守恆問題沒有關係。楊振寧對此在回憶中說：

> 我因為弄清楚了這一點而十分高興，並在驅車回住所吃飯的當兒，向李政道解釋了這一切。
>
> 作為一種推論，我們也搞清楚了，能夠檢驗弱相互作用中宇稱是否守恆的實驗，必須包含測量含有「贋標量」的項。
>
> 一種可能的做法是測量極化核 β 衰變的方向分佈，但是困難在於如何使核極化，而我和李政道都不知道當時已能夠通過低溫技術使核極化。後來，與戈德哈伯、吳健雄等人談及這個問題時，我們才知道有這種技術，於是便提議：用鈷60核來做研究，可能是很合適的。[1，58–59]

6月中旬，他們向《物理評論》提交了一篇論文，論文的題目是《在弱相互作用中宇稱是守恆的嗎？》。他們斷定，無論對 β 衰變還是對所有的弱相互作用來說，宇稱守恆的問題都沒有最終解決。文章寫道：

> 最近的一些數據顯示，θ 介子和 τ 介子的質量及壽命幾乎完全相等。但是另一方面，它們衰變以後產生的粒子，如果以基礎的角動量守

恆和宇稱守恆進行分析，則θ和τ又似乎不是同一種粒子。這種矛盾雖經過廣泛的討論，仍然讓人們感到迷惑。

走出困難的一條道路是假設宇稱並不嚴格守恆，因此θ和τ是同一種粒子不同的衰變方式，它們具有相同的質量和壽命。我們希望在現有證實宇稱守恆的實驗報告中對這種可能性進行分析。現在很清楚的是，在強相互作用和電磁相互作用中，宇稱在很高的精度上是守恆的，但是在弱相互作用中（例如在介子和超子衰變時的相互作用中以及各種費米子相互作用中），宇稱守恆至今仍然只是一個外推性的假設。（人們甚至可以說目前的「θ-τ之謎」可以視為在弱相互作用中宇稱違背守恆的證據。但是這種意見還不能被認為很有說服力，因為我們現在對於奇異粒子的性質還了解得很不夠。這就使我們有研究宇稱守恆問題的強烈動機。）為了毫不含混地確定在弱相互作用中宇稱是否守恆，我們必須完成一個實驗來確定在弱相互作用中左和右是否不相同。下面我們討論一些可能達到這一目的的實驗。[40，189]

這篇文章在10月份發表時，編輯不喜歡題目中有問號，因此把題目改成了《弱相互作用中的宇稱守恆問題》。[1]稿子投出去以後，楊振寧和李政道

〔1〕關於《物理評論》不允許使用問號的事情還有一段小故事。1935年5月愛因斯坦等人的文章《能認為量子力學對物理實在的描述是完備的嗎？》在《物理評論》上發表的時候，沒有禁止使用問號；楊振寧與費米於1949年合寫的《介子是基本粒子嗎？》在《物理評論》上發表的時候，也沒有禁止使用問號。筆者問過楊振寧教授：「《物理評論》甚麼時候開始不允許使用問號？」楊振寧教授在2004年2月16日用電子郵件回答：「In 1956 the editor of *Phys. Rev.* was Goudsmit. He ruled the title of a paper should not have a question mark...I doubt that it was a general policy of the *Phys. Rev.* which had been discussed in detail in any committees.」

對他們的這一研究十分滿意。楊振寧 1983 年在這篇論文的註釋中寫道：

> 我們對稿子非常滿意，感到完成了一件分析宇稱守恆物理的好工作，還討論了當時我們所知道的一切可能的實驗檢驗方案。我們覺得，這件工作的風格符合好的物理學傳統，與原來確信的相反，對弱相互作用來説，宇稱守恆從未被檢驗過。用實驗來加以檢驗是至關重要的。[1，60]

為了證實他們的想法，他們還在文章裡設計了五個實驗，供實驗物理學家用實驗來檢驗他們的想法。文章投出去以後，在哥倫比亞大學任職的吳健雄願意做其中的一個實驗。而楊、李二人卻立即投入其他研究中，在統計力學的文章中大算特算。對此，楊振寧後來說：

> 可見我們並不覺得吳健雄正在做的實驗會震動世界。我和李政道那時在統計力學上的興致正高漲，我有了新的想法，需要整天計算。〔1〕

再說別的物理學家對他們文章的看法。他們的文章在 1956 年 10 月 1 日發表以後，大部分物理學家認為違反宇稱守恆是不可能的事情，像著名的物理學家費曼、維格納、朗道 (L. D. Landau，1908—1968，1962 年獲得諾貝爾物理學獎)、泡利，都持堅決反對的態度。當時被人們認為最偉大的理論

〔1〕2009 年 7 月 7 日在清華大學高等研究院楊振寧辦公室採訪時的錄音記錄。

物理學家泡利在給韋斯科夫（V. F. Weisskopf，1908—2002）的一封信中說：「我不相信上帝是一個沒用的左撇子，我願意打一個大賭，實驗一定會給出一個守恆的結果。」

美國物理學家菲利克斯·布洛赫（Felix Bloch，1905—1983，1952年獲得諾貝爾物理學獎）在看了楊、李的文章以後更是決絕地說：「如果宇稱真的不守恆了，我把我的帽子吃掉！」

這期間還有一段與蓋爾曼有關的故事。楊振寧和李政道的文章發表後，有一天蓋爾曼在波士頓一面開會一面以十分挑剔的眼光閱讀楊、李的文章。他很快就發現楊、李文章中的一個「錯誤」，並立刻寫了一篇短文《論 β 衰變中的宇稱守恆》（"On Parity Conservation in β-decay"）給楊振寧，並且請同時在一起開會的戴森帶給楊振寧。在這張紙條的右上方有一行小字：「弗蘭克·楊：請於此文送印前告訴我你的意見。默里。」楊振寧後來說：「他以為我們的文章有錯誤，就匆匆忙忙寫了一篇短文寄給我；顯然，Gell-Mann 以為發現了我們的弱點，所以投下了『戰書』。」

其實楊、李的文章並沒有錯，是蓋爾曼自己沒有弄清楚。12月14日，楊振寧和李政道寫了一封信給蓋爾曼，指出他的錯誤。但是蓋爾曼在沒有收到此信以前已經知道是自己錯了。[16，267—268]

楊、李的文章發表一年多以後，美國物理學家戴森在1958年第9期《科學美國人》上寫了一篇文章，對他和他的同事多數「缺乏想像力」寫了一段話：「我看了（李政道和楊振寧論文的）副本。我看了兩次。我說了『非常有趣』以及類似的一些話。但我缺乏想像力，所以我說不出『上帝！如果這是真的，那物理學將開闢出一個嶄新的分支』。我現在還認為，除了少數例外，其他物理學家那時和我一樣缺乏想像力。」[20，272]

Question of Parity Conservation in Weak Interactions*

[56h]

Commentary begins page 26

T. D. LEE, *Columbia University, New York, New York*

AND

C. N. YANG,† *Brookhaven National Laboratory, Upton, New York*

(Received June 22, 1956)

The question of parity conservation in β decays and in hyperon and meson decays is examined. Possible experiments are suggested which might test parity conservation in these interactions.

RECENT experimental data indicate closely identical masses[1] and lifetimes[2] of the $\theta^+(\equiv K_{\pi2}^+)$ and the $\tau^+(\equiv K_{\pi3}^+)$ mesons. On the other hand, analyses[3] of the decay products of τ^+ strongly suggest on the grounds of angular momentum and parity conservation that the τ^+ and θ^+ are not the same particle. This poses a rather puzzling situation that has been extensively discussed.[4]

One way out of the difficulty is to assume that parity is not strictly conserved, so that θ^+ and τ^+ are two different decay modes of the same particle, which necessarily has a single mass value and a single lifetime. We wish to analyze this possibility in the present paper against the background of the existing experimental evidence of parity conservation. It will become clear that existing experiments do indicate parity conservation in strong and electromagnetic interactions to a high degree of accuracy, but that for the weak interactions (i.e., decay interactions for the mesons and hyperons, and various Fermi interactions) parity conservation is so far only an extrapolated hypothesis unsupported by experimental evidence. (One might even say that the present $\theta-\tau$ puzzle may be taken as an indication that parity conservation is violated in weak interactions. This argument is, however, not to be taken seriously because of the paucity of our present knowledge concerning the nature of the strange particles. It supplies rather an incentive for an examination of the question of parity conservation.) To decide unequivocally whether parity is conserved in weak interactions, one must perform an experiment to determine whether weak interactions differentiate the right from the left. Some such possible experiments will be discussed.

PRESENT EXPERIMENTAL LIMIT ON PARITY NONCONSERVATION

If parity is not strictly conserved, all atomic and nuclear states become mixtures consisting mainly of the state they are usually assigned, together with small percentages of states possessing the opposite parity. The fractional weight of the latter will be called $\mathfrak{F}^2$. It is a quantity that characterizes the degree of violation of parity conservation.

The existence of parity selection rules which work well in atomic and nuclear physics is a clear indication that the degree of mixing, $\mathfrak{F}^2$, cannot be large. From such considerations one can impose the limit $\mathfrak{F}^2 \lesssim (r/\lambda)^2$, which for atomic spectroscopy is, in most cases, $\sim 10^{-6}$. In general a less accurate limit obtains for nuclear spectroscopy.

Parity nonconservation implies the existence of interactions which mix parities. The strength of such interactions compared to the usual interactions will in general be characterized by $\mathfrak{F}$, so that the mixing will be of the order $\mathfrak{F}^2$. The presence of such interactions would affect angular distributions in nuclear reactions. As we shall see, however, the accuracy of these experiments is not good. The limit on $\mathfrak{F}^2$ obtained is not better than $\mathfrak{F}^2 < 10^{-4}$.

To give an illustration, let us examine the polarization experiments, since they are closely analogous to some experiments to be discussed later. A proton beam polarized in a direction z perpendicular to its momentum was scattered by nuclei. The scattered intensities were compared[5] in two directions A and B related to each other by a reflection in the x–y plane, and were found to be identical to within $\sim 1\%$. If the scattering originates from an ordinary parity-conserving interaction plus a parity-nonconserving interaction (e.g., $\boldsymbol{\sigma}\cdot\mathbf{r}$), then the scattering amplitudes in the directions A and B are in the proportion $(1+\mathfrak{F})/(1-\mathfrak{F})$, where $\mathfrak{F}$ represents the ratio of the strengths of the two kinds of interactions in the scattering. The experimental result therefore requires $\mathfrak{F} < 10^{-2}$, or $\mathfrak{F}^2 < 10^{-4}$.

The violation of parity conservation would lead to an electric dipole moment for all systems. The magnitude of the moment is

$$\text{moment} \sim e\mathfrak{F} \times (\text{dimension of system}). \tag{1}$$

* Work supported in part by the U. S. Atomic Energy Commission.

† Permanent address: Institute for Advanced Study, Princeton, New Jersey.

[1] Whitehead, Stork, Perkins, Peterson, and Birge, Bull. Am. Phys. Soc. Ser. II, 1, 184 (1956); Barkas, Heckman, and Smith, Bull. Am. Phys. Soc. Ser. II, 1, 184 (1956).

[2] Harris, Orear, and Taylor, Phys. Rev. **100**, 932 (1955); V. Fitch and K. Motley, Phys. Rev. **101**, 496 (1956); Alvarez, Crawford, Good, and Stevenson, Phys. Rev. **101**, 503 (1956).

[3] R. Dalitz, Phil. Mag. 44, 1068 (1953); E. Fabri, Nuovo cimento 11, 479 (1954). See Orear, Harris, and Taylor [Phys. Rev. **102**, 1676 (1956)] for recent experimental results.

[4] See, e.g., *Report of the Sixth Annual Rochester Conference on High Energy Physics* (Interscience Publishers, Inc., New York, to be published).

[5] See, e.g., Chamberlain, Segrè, Tripp, and Ypsilantis, Phys. Rev. 93, 1430 (1954).

1956 年兩人合寫的這篇論文最終使他們得到了次年的諾貝爾獎。

巴基斯坦物理學家薩拉姆曾試圖向一位朋友解釋，為甚麼物理學家對宇稱不守恆如此激動。他說：「我問他，有沒有哪個經典作家曾經思考過只有左眼的巨人？他承認有人曾經描寫過一隻眼的巨人，他還給我寫下了一整面獨眼巨人的名單。但是他們總是把那一隻獨眼安在前額的中間。而據我看來，我們發現空間原來是一個虛弱無力的左眼巨人。」[20，277－278]

於是，整個科學史上最令人驚奇的發現之一在1956年誕生了。楊振寧和李政道的發現，是一項美妙而獨具匠心的工作，而且結果是如此的驚奇，以至於人們會忘記思維是多麼美妙。它使我們再次想起物理世界的某些基礎。直覺、常識——它們簡直倒立起來了。

但楊振寧和李政道知道，他們的假說到底對或者不對，只有用實驗來檢驗。

3. 吳健雄接受挑戰

當時想請一位實驗物理學家來做驗證宇稱不守恆假說的實驗，並不那麼容易。實驗物理學家關注的是這樣的問題：究竟值不值得做一個實驗來檢驗弱相互作用中宇稱是否守恆。雖然楊振寧和李政道設計了幾個實驗，但是都非常「困難」，因此幾乎沒有實驗物理學家願意接受這個挑戰。這並不奇怪，一個被科學界認為是金科玉律的理論，一下子成了不對的，這肯定讓人難以接受，何況這些實驗都是很不容易做的。楊、李曾經慫恿實驗物理學家萊德曼（L. M. Lederman，1922－2018，1988年獲得諾貝爾物理學獎）做一個他們設計的實驗，萊德曼開玩笑地說，一旦他找到一位絕頂聰明的研究生供他當奴隸使用，他就會去做這個實驗。

幸虧這時吳健雄願意做其中一個實驗。

吳健雄於1912年5月31日出生在江蘇省太倉縣瀏河鎮的一個書香世家。她的父親吳仲裔是家鄉明德女子職業補習學校的創辦人，他是一位具有民主新思想的優秀知識分子。在他的諄諄教誨下，吳健雄不僅沒有受到「女子無才便是德」的封建枷鎖的束縛，而且從小就受到良好的現代教育，樹立了崇高的理想與追求。

在家鄉讀完小學後，吳健雄於1923年夏天考取了蘇州第二女子師範學校。從1923年到1929年，吳健雄接受了六年的女師教育。1929年，她以最佳成績畢業於蘇州女師，並且被保送入南京中央大學。當時規定，師範畢業的學生必須教一年書才能繼續升學。這個規定執行得並不十分嚴格，所以吳健雄在蘇州女師畢業後沒有教書，而是到上海中國公學讀了一年書，正是在這一年的學習中，她成了胡適博士最得意的學生。

1930年，吳健雄進入中央大學。第一年她讀的是數學系，後來由於物理學令人興奮和驚訝的進展，再加上她非常崇敬居里夫人，於是到二年級時轉入了物理系。物理系的許多教授，如施士元、方光圻，對吳健雄非常欣賞，連有些不教她的老師都認為她前途無量。

1934年，吳健雄畢業於中央大學物理系；1936年8月，她在叔叔資助下乘海輪離開上海，準備到美國密歇根大學深造。但到了美國以後，由於種種原因，她沒有到密歇根大學，而留在了加州大學伯克利分校物理系。這個大學勞倫斯放射性實驗室的34英寸迴旋加速器吸引了吳健雄。

1940年，吳健雄獲加州大學伯克利分校的哲學博士學位。1944年，她進入哥倫比亞大學，開始了她輝煌的物理學研究生涯。

當1956年吳健雄做β衰變實驗以驗證宇稱是否守恆時，她已經是β衰變物理實驗研究方面最具權威的物理學家之一。當時吳健雄原本決定和丈夫

泡利和吳健雄

吳健雄（右三）在伯克利時，與她的指導老師塞格雷（右四）等人合影。

袁家騮先到日內瓦出席一個高能物理會議，然後去東南亞做一趟演講旅行。這是她 1936 年離開中國以後 20 年來第一次回到東亞，他們還準備到中國台灣做一次訪問。

但在和李政道的討論中，吳健雄敏銳地認識到，對於從事 β 衰變的原子核實驗物理研究的物理學家來說，這是一個很寶貴的機會，不可以隨意錯過。吳健雄在一篇文章中回憶了這件事：

> ……1956 年早春的一天，李政道教授來到普平物理實驗室第十三層樓我的辦公室。他先向我解釋了「θ-τ 之謎」。他繼續說，如果「θ-τ 之謎」的答案是宇稱不守恆，那麼這種破壞在極化核的 β 衰變的空間分佈中也應該觀察到：我們必須去測量贗標量……
>
> ……在李教授的訪問之後，我把事情從頭到尾想了一遍。對於一個從事 β 衰變物理的學者來說，去做這種至關重要的實驗，真是一個寶貴的機會，我怎麼能放棄這個機會呢？……那年春天，我的丈夫袁家騮和我打算去日內瓦參加一個會議，然後到遠東去。我們兩個都是在 1936 年離開中國的，正好是在二十年前。我們已經預訂了「伊麗莎白王后號」的船票。但我突然意識到，我必須立刻去做這個實驗，在物理學界的其他人意識到這個實驗的重要性之前首先去做。於是我請求家騮讓我留下，由他一個人去。[50，150]

楊振寧說，當時只有吳健雄「獨具慧眼」，看出這一實驗的重要性，這表明吳健雄是一位傑出的科學家，因為傑出科學家必須具有好的洞察力。楊振寧還說：

在那個時候，我並沒有把寶都押在宇稱不守恆上，李政道也沒有，我也不知道有任何人押寶押在宇稱不守恆上。……吳健雄的想法是，縱然結果宇稱並不是不守恆的，這依然是一個好實驗，應該要做，原因是過去β衰變中從來沒有任何關於左右對稱的資料。[16，266]〔1〕

---

〔1〕80年代楊振寧還説過：

從1956年6月到當年12月，李政道和我把注意力轉移到多體問題上。雖然，部分原因是我們實際上並不真正地相信吳健雄的實驗會得到戲劇性的結果，但主要原因卻是這段時間我們剛好在多體問題上取得很有意義的進展。[1，72]

但是李政道不同意楊振寧的這種説法。在2006年慶賀宇稱不守恆發現50週年學術討論會上，李政道表示了自己的意見。這在江才健先生寫的《楊振寧的旅程》一文的「一個插曲」中可以看到：

2006年的4月22日，當年曾經密切合作，後來爭吵決裂的楊振寧和李政道，在達拉斯的這個會上碰面。李政道先做的演講，討論了一些中微子的研究，也談到吳健雄和她的實驗，沒有觸及當年與楊振寧的合作。接下來萊德曼的演講，談論他自己當年做另外一個實驗的過程，楊振寧都在座上。

楊振寧在下一會程中演講《門在哪個方向？》，也沒有觸及敏感的與李政道的合作問題，他在演講中引述了方去世的傑出物理學家達利茲（R. Dalitz）在1982年巴黎一個物理學歷史會議中的談話，達利茲談到當年他錯失宇稱不守恆的想法。楊振寧演講中有一句話，大意是「李和我寫論文之後，也不認為宇稱一定是不守恆的，於是我們轉而研究統計物理」。這時坐在台下的李政道立刻大聲説，「這是你的想法」（That's what you think）。

楊振寧説他沒有理會。在後面的一個投影片他打出一張有名的照片，那張照片當年曾經登在美國物理學會的《今日物理》封面上，照片是一頁物理的筆記，當年照片的説明指出，那是楊、李發表宇稱不守恆論文之後李政道的一個筆記，而內行的物理學家一看便知道，筆記上都是統計物理的問題。楊振寧説，李政道看到這張投影圖片，又在台下大聲説，「這是我的，與你無關」（That's mine, nothing to do with you）。這是今年3月底到6月初楊振寧美國旅程中的一個插曲。[30，67–68]

吳健雄要做的實驗也是楊振寧和李政道在論文中建議的一個實驗，即用同位素鈷 60 的核（有 27 個質子，33 個中子）的 β 衰變來做觀察。用鈷 60 核的 β 衰變來做檢驗宇稱是否守恆的實驗，是吳健雄建議的。江才健在《吳健雄——物理科學的第一夫人》一書中寫道：

> 有一天，楊、李二人在布魯克海文碰到物理學家戈德哈伯……他當時聽說他們在寫一篇論文，便告訴他們在英國牛津的科學家已經把原子核極化。而這個技術正是楊、李兩人在論文中提出，用以檢驗宇稱守恆幾種實驗之一的中心技術。
>
> 在原子核實驗工作上極有成就的吳健雄，在 1956 年以前的幾年中，也注意到英國牛津以及荷蘭萊頓的低溫實驗室中，新近發展出來將原子核極化的技術，並且發生極大的興趣。所謂原子核極化，簡單說，就是使原子中旋轉的電子變成有一個方向性，從而使原子核有一個方向性。
>
> 因此後來李政道再次和她討論時，吳健雄曾問起說是不是有任何人提出用甚麼辦法來做實驗，李政道說起戈德哈伯所提出的用極化原子技術來檢驗，吳健雄立即指出，最好是利用鈷 60 作為 β 衰變放射源，去進行檢驗。[15，171]

鈷 60 的核在 β 衰變時，它裡面的一個中子變成一個質子、一個電子和一個反中微子。把鈷 60 的核冷卻到接近絕對零度，由於這時熱振動基本消除，再用一個磁場使這束原子核按照同一個方向自旋。如果宇稱是守恆的，電子就會以相同的數量向兩個方向飛出；如果宇稱不守恆，那麼一個方向上

與吳健雄合作做驗證宇稱守恆實驗的美國國家標準局的三位物理學家：安布勒（右一）、海沃德（右二）和赫德遜（左一）。

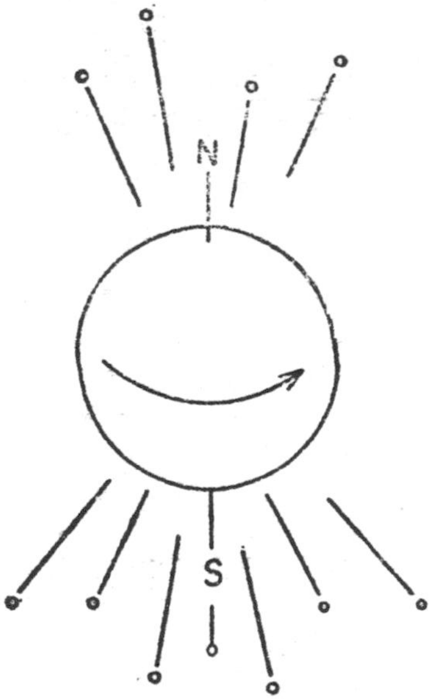

吳健雄的同位素鈷 60 核的實驗，證實在它衰變的過程中，不同的方向發射不同數量的電子。圖中是 S 端（南端）發射更多的電子。

飛出的電子將會比另一個方向飛出的電子多一些。這樣，對稱性就破壞了。由於哥倫比亞大學沒有合適的低溫設備，吳健雄只能與華盛頓美國國家標準局的四位物理學家安布勒（E. Ambler）、海沃德（R. H. Hayward）、霍普斯（D. D. Hoppes）和赫德遜（R. P. Hudson）一起合作，完成 β 衰變中宇稱是否守恆的實驗。

這兒插一個故事。那時願意做這類實驗的物理學家的確不多，但是芝加哥大學有一位叫特勒格第（Valentine Telegdi，1922–2006）的匈牙利裔美國物理學家，在看了楊振寧和李政道的文章以後，建議與他的同事們選擇文章裡建議的一個實驗，即用 π 介子衰變成 μ 子，μ 子又衰變成電子的過程中，觀測宇稱到底是否守恆。但是他的同事們對此毫無熱情，都認為宇稱當然守恆嘛，為甚麼要沒事找事地浪費時間？但是特勒格第對同事們的態度不以為然，仍然決定做這個實驗，並且說好與一名叫弗里德曼（Jerry Friedman）的博士後合作。不幸的是 9 月他的父親去世，12 月聖誕節假期中又要到意大利米蘭照料母親。這時他並不知道吳健雄或者還有其他人在做這個實驗，所以沒有很強的緊迫感。

隨着吳健雄實驗的進展，物理學界開始有更多的人關心和討論這件事，氣氛比半年前熱鬧多了，有趣的故事也多了起來。1989 年，以 74 歲高齡因為「發展了原子精確光譜學」而獲諾貝爾物理學獎的拉姆齊（N. F. Ramsey，1915–2011）那時想利用橡樹嶺國家實驗室的設備做實驗，以檢驗弱相互作用中宇稱是否守恆。有一天，費曼遇見拉姆齊，問道：「你在幹些甚麼？」

拉姆齊回答：「我正準備檢驗弱相互作用中宇稱守恆的實驗。」

費曼這位在美國科學界才高八斗、滿腹珠璣的卓偉之才立即說：「那是一個瘋狂的實驗，不要在那上面浪費時間。」

他還建議以 10000:1 來賭這個實驗絕不會成功。

拉姆齊回答：「如果實驗成功，我和我的學生會得到諾貝爾獎；如果不成功，我的學生也有了博士論文的題目。」

後來，他們將賭注改為 50:1；再後來，由於橡樹嶺國家實驗室不支持，拉姆齊的實驗沒做成。吳健雄的實驗成功之後，有人説費曼倒是謙謙君子，很守信用，簽了一張 50 美元的支票給拉姆齊，安慰他萬分遺憾和失望的心情。[15，185]但費曼自己回憶卻説，因為拉姆齊沒有做這個實驗，所以他「保住了 50 美元的支票」。

「偉大的泡利」曾經和吳健雄一起工作過，他對她十分敬重，曾經説：「吳健雄這位中國移民，對核物理這門科學的興趣簡直濃厚到了令人難以想像的程度。和她討論核物理方面的問題，她會滔滔不絕，忘記了夜晚窗外早已是皓月當空。」

由於泡利對宇稱可能不守恆一直是極度懷疑的，所以當他從他以前的學生韋斯科夫那兒得知，吳健雄正準備用實驗檢驗宇稱守恆的時候，他立即回信給韋斯科夫説，由他的想法觀之，做這個實驗是浪費時間，他願意下任何數目的賭注，來賭宇稱一定是守恆的。

還有一個關於泡利的故事。1956 年下半年，泡利聽説吳健雄的實驗小組進行的宇稱守恆實驗已經有了一些結果，心中不以為然。有一天，他在蘇黎世遇見曾經在美國國家標準局工作過的坦默爾（G. M. Temmer），泡利對他説：「像吳健雄這麼好的一個實驗物理學家，應該找一些重要的事去做，不應該在這種顯而易見的事情上浪費時間。誰都知道，宇稱一定是守恆的。」[15，186—187]

幾個月以後，泡利又在哥本哈根玻爾理論研究所遇見坦默爾，雖然泡利已經記不得坦默爾的名字，但是還記得他的長相。當坦默爾再次談到吳健雄的實驗時，泡利十分武斷地說：「是的，我還記得我們在蘇黎世的談話，這件事該結束了！」[15，187]

但泡利和費曼都沒有料到，到 1956 年聖誕節時，吳健雄小組的實驗已經差不多可以說是成功地證明了宇稱的確在弱相互作用中並不守恆。但吳健雄卻仍然難以相信自然界竟有如此奇怪的事情，她唯恐實驗中有甚麼沒有注意到的錯誤，所以當她把他們小組的實驗結果告訴楊振寧和李政道時，她叮囑他們暫時保密，她還需要對實驗做再次檢查。

但楊振寧和李政道顯然覺得吳健雄過分謹慎，在 1957 年 1 月 4 日哥倫比亞大學物理系例行的「星期五午餐聚會」上，李政道迫不及待地把吳健雄的實驗結果告訴了與會的人；1 月 5 日，楊振寧給正在加勒比海度假的奧本海默發了一封電報，把吳健雄的實驗結果告訴了他。奧本海默回電只有幾個字：「走出了房門。」(Walked through door.)

奧本海默這樣回電是因為 1956 年楊振寧在一次報告中曾經說：「物理學家發現他們所處的情況，就好像一個人在一間黑屋子裡摸索出路一樣，他知道在某個方向上必定有一個能使他脫離困境的門。然而這扇門究竟在哪個方向上呢？」

曾經拒絕做這類實驗的萊德曼，這時心裡一定會翻江倒海地難受，悔不該以前沒有接受楊振寧他們的建議。在他寫的自傳《上帝粒子 —— 假如宇宙是答案，究竟甚麼是問題?》一書中，對此事有極為生動的回憶。他寫道：

> 又逢星期五。時間定格在 1957 年 1 月 4 日，中午 12 點。星期五是

哥倫比亞大學物理系的教工們傳統的中國菜午餐日。10–15 個物理學家先是聚集在李政道教授辦公室的門外，然後結伴從第 120 大街的普平物理樓向山下的第 125 大街和百老匯大街路口的上海餐館走去。

……在往這裡來的路上，我們已經很清楚這個星期五的交流主題了，那就是宇稱和我們哥倫比亞大學的同事、當時正在華盛頓國家標準局指導一個實驗的吳健雄所帶來的最新消息。在午餐會開始討論嚴肅話題之前，李政道先在一個恭敬的餐館領班遞來的小便箋本上點菜——每星期來吃飯他都要幹這些瑣事。……把便箋本和筆都遞給了服務員以後，李政道加入到談話中來。

美國物理學家萊德曼

「吳女士打電話告訴我，她的初步數據表明了一個驚人的效應！」他興奮地說。[42，267–268]

此後整個午餐萊德曼都心不在焉，想着李政道所說的「驚人的效應」，餐桌上別人講一些甚麼他完全不知道。當天晚上回到實驗室以後，他立即開始用另一個實驗來驗證宇稱的不守恆性，一直幹到第二天早上。萊德曼的實驗出乎意料地簡單和成功。

1 月 8 日星期二早上 6 點，萊德曼拿起電話找李政道。一聲鈴響就接通了，萊德曼對李政道說：「宇稱玩兒完了！」

他後來寫道：「我們獲得的清晰明確的結果，自然不會讓吳健雄感到開心了。雖然我們想跟她一起公開發表我們各自在實驗中的發現，但值得敬佩的是，她堅持要用原定的一星期時間來檢查完她的結果。」[42，281]

1 月 9 日凌晨 2 點，吳健雄小組的查證實驗結束，小組的五個人用上好的法國葡萄酒為他們推翻了宇稱守恆定律而乾杯。1 月 15 日，吳健雄等人的實驗報告論文完成，寄給了《物理評論》(2 月 15 日論文正式刊出）。

1 月 15 日星期二，這一天，哥倫比亞大學做了一件沒有先例的事：為這一新發現舉行了一次新聞發佈會。物理系的資深教授拉比（I. I. Rabi，1898–1988，1944 年獲得諾貝爾物理學獎）在發佈會上説：「在某種意義上，一個相當完整的理論結構已從根本上被打碎，我們不知道這些碎片將來如何能再聚在一起。」

這是一個清楚的昭示：宇稱不守恆正式被承認了。次日，《紐約時報》發表了一篇編輯部文章，標題是《外表與真實》。文中解釋了這項實驗的巨大重要性。文章最後的一段話寫道：「人們相信，這件事（宇稱不守恆的發現）

移開了通往建立一個關於構成物質宇宙的基本單元的統一理論的主要路障。理論會是甚麼樣子，也許還要花上二十年時間，但是物理學家們現在感到有信心，他們至少從現在的『宇宙叢林』裡找到了一條出路。」[50，123]

吳健雄的實驗雖然成功地證實了宇稱在弱相互作用中並不守恆，但是她的實驗所得到的數據中不守恆的程度只有1%–2%。這一數據的説服力還有不足之處。而萊德曼的實驗中不守恆數據幾乎高達100%，這一結果不可動搖地證明了在弱相互作用中宇稱確實不守恆。當然，優先權無可置疑地還是屬於吳健雄的，這是科學發現過程中的鐵定規則。

「θ-τ之謎」最終被解開了，這是一個無可比擬的、重大的革命性進展。劍橋大學的物理學家奧托·羅伯特·弗里什（Otto Robert Frish）在他的《今日原子物理學》（基礎部分，1961）一書中説，1957年1月16日他收到了朋友寄來的一封航空信，內容摘要如下：「親愛的羅伯特，最新消息：宇稱是不守恆的。在普林斯頓這兒，人們只談這一個問題；人們説，從邁克爾遜實驗以來這是最重要的成果……」[20，276]

亞伯拉罕·派斯則説：「李政道和楊振寧的建議，導致了我們對物理學理論根本結構的認識的一次偉大解放。原理再次被判明是一種偏見……T. D. 和弗蘭克，這是熟人對他們的稱呼，他們風雅而又機智，對物理學有超凡的洞察力和有條不紊的本領。他們的意見被理論家和實驗家們所敬重。在這方面，他們頗有一點已故的費米的風格。」[22，678]

在完成實驗以後，吳健雄有兩個星期幾乎無法入眠。她一再自問道：為甚麼老天爺要讓她來揭示這個奧秘？她還深有體會地説：「這件事給我們一個教訓，就是永遠不要把所謂『不驗自明』的定律視為是必然的。」[15，193]

最讓人們關心的也許是泡利，他在此之前是那樣信誓旦旦地肯定宇稱絕不會不守恆，現在會怎麼說呢？幸好留下了 1957 年 1 月 27 日他給韋斯科夫的信。他在信中寫道：「現在第一次震驚已經過去了，我開始重新思考。……現在我應當怎麼辦呢？幸虧我只在口頭上和信上和別人打賭，沒有認真其事，更沒有簽署文件，否則我哪能輸得起那麼多錢呢！不過，別人現在是有權來笑我了。使我感到驚訝的是，與其說上帝是個左撇子，還不如說他用力時，他的雙手是對稱的。總之，現在面臨的是這樣一個問題：為甚麼在強相互作用中左右是對稱的？」[20，277]

在寫信給韋斯科夫之前的 1 月 19 日，泡利還寫了一封信恭賀吳健雄的成功。在信上泡利說，自然界為甚麼只讓宇稱守恆在弱相互作用中不成立，而在強相互作用中卻仍然成立，他感到十分迷惑。泡利的迷惑，直到現在仍然沒有找到答案。

還有一個讓人很感興趣的問題是：萊德曼在知道吳健雄的實驗以後，前後幾乎只用三天的時間就徹底地（幾乎 100%）證實了宇稱不守恆，那為甚麼他以前那麼堅決地不接受楊振寧他們的建議呢？這似乎有一些不可理解。就這個問題我問過楊振寧：「萊德曼為甚麼開始沒有接受你們的建議呢？是因為太難了，還是別的甚麼原因？」

楊振寧回答：

主要是他認為做出來沒有意思。一方面他認為宇稱一定是守恆的，一方面他認為實驗太難了。也許有一個問題是，萊德曼既然三天就做出來了，他們以前為甚麼不做？這兒有一個原因是萊德曼做的那個實驗恰好是一個很容易做的實驗，但其他實驗並不這麼容易，有的還十分困難。一個實驗在還沒有想清楚的時候，覺得不好做；後來有人成功了就

匈牙利裔美國物理學家特勒格第，他是蓋爾曼的好友。

會覺得不難；可見實驗要有動力，沒有動力就做不出來。但是萊德曼的實驗很重要，因為吳健雄的實驗只有百分之一二的不對稱，而萊德曼的實驗幾乎是百分之百的準確。〔1〕

可以設想，如果沒有萊德曼的實驗，僅憑吳健雄的實驗，楊振寧和李政道也許在 1957 年還無法獲得諾貝爾獎。

最後再來說說前面提到的特勒格第。等他 1957 年 1 月中旬從歐洲回到芝加哥大學時，吳健雄和萊德曼的實驗已經成功並將要在《物理評論》上發表了。這時他真是追悔莫及，急忙完成實驗並且把結果投到《物理評論》編

〔1〕 2009 年 7 月 2 日在清華大學歸根居採訪楊振寧時的錄音資料。

輯部，想和吳健雄與萊德曼的文章一起發表。但是，編輯部認為他的文章晚了幾天，而且文章寫得匆忙、混亂，不同意一起發表。他還不甘心，找到老鄉維格納，希望維格納為他説項。維格納用匈牙利語在電話中對他說：「我只不過是美國物理學會的會長而已。」

最後《物理評論》編輯部總算同意下一期發表他的文章。不過，特勒格第還是氣得要發瘋，甚至退出了美國物理學會。只有他的好友蓋爾曼表示同情，認為《物理評論》太絕情。[52，148–150]

4. 榮獲諾貝爾獎

1957 年 1 月 30 日，美國物理學會在紐約的紐約人旅館（New Yorker Hotel）召開年會。美國物理學會每年的年會都在 1 月底召開，會議內容通常都是物理學家當時最感興趣的問題，這些主要的議題一般在前一年的 11 月底都要公佈出來。這次會議物理學家最感興趣的肯定是宇稱不守恆的問題，因為在 1 月底，弱相互作用中宇稱不守恆的問題幾乎已經得到公認。但是在 1956 年 11 月底，宇稱守恆問題並沒有得到實驗證實，所以那時沒有把宇稱問題作為年會的內容。

在大家的一致要求下，會議決定在 2 月 2 日星期六會議最後一天的下午組織一次專門的會議，報告宇稱不守恆理論和實驗的進展。

學會常務秘書達羅（Karl Darrow）博士通常喜歡用文學風格寫物理學會公報，在這年的公報中他寫道：

> 正式註冊的到會人數是 3110 人，接近了 3206 人的紀錄，那是由美國物理學協會和協會的其他基層學會的聯合大會在一年前共同創造的。

> 但更令人吃驚的是，在星期六下午專門報告的會議上，參加的人數創造了驚人的歷史最高紀錄。會議期間，我們安排的最大的報告廳被那麼多聽眾佔滿，除了不能吊在吊燈上以外，會員用各種可能的方法把自己擠進大廳裡。這是因為人們知道這一天的會議上將有幾篇文章報道宇稱不守恆的問題，而這一問題早在兩週之前已經闖進了公眾的視野。[50，125]

這天的會議預定在14時召開，但在13時15分的時候，飯店的大廳已坐滿物理學家。許多人帶着午餐在大廳裡找到了一個座位。「李（政道）並不那麼幸運，過了好一會兒，看來他連報告廳都根本沒法進去。這時，某些物理學家認出了他，讓開了路。」[50，125]

楊振寧、萊德曼、特勒格第和吳健雄先後做了有關宇稱不守恆理論和實驗方面的報告。

推翻宇稱守恆的證據就這樣集中在這麼一間報告廳裡被描繪出來，絕對令人信服。許多參加會議的人後來都說，參加這個會議真有一種親眼看見科學歷史轉折點的感覺。

楊振寧曾經回憶：

> 李政道和我接到布魯克海文國家實驗室及哈佛大學的講學邀請。我決定，由李政道去講學，而我則到紐約去，在美國物理學會年會上報告宇稱不守恆。[1，70]

萊德曼在回憶中也提到這一次會議：

驚人的實驗結果究竟給物理學界帶來了甚麼樣的影響，這還真是難以表述。我們挑戰了（事實上是破壞了）一個人們所珍愛的信念：自然界鏡像對稱。此後若干年裡，正如我們理應看到的那樣，其他的對稱性也被推翻了。甚至於，實驗還使許多理論物理學家受到了震撼，其中就包括泡利，他留下了一句著名的論斷：「我無法相信上帝竟然是個軟弱的左撇子。」他不是說上帝應該是「右撇子」，而是說上帝應該兩手都行。

1957 年 2 月 6 日，2000 名物理學家來到紐約……參加美國物理學會的年會，場面十分熱烈。各大報紙都在頭版頭條公佈了結果。《紐約時報》一字不差地發表了我們提供的稿件，裡面還有粒子與鏡子的圖片。但對我們來說，這一切都比不上凌晨 3 點我們在實驗室裡所獲得的那種靜謐安詳的感覺。就在那一時刻，兩位物理學家開始懂得了一個嶄新的、深奧的真理。[42，282]

震驚之後，人們開始想到，為甚麼在這個重大歷史轉折點上，恰恰是三位華裔物理學家引導物理學界邁過歷史的門檻，解決了一個「物理學理論根本結構」的問題，使人們的根本認識發生了「一次偉大的解放」呢？美國一位雜誌編輯小坎佩爾（John Campell, Jr.）推測，也許在西方和東方世界文化背景中的某些差異，促使中國科學家去研究自然法則的不對稱性。《科學美國人》的編輯、著名科學作家馬丁・加德納（Matin Gardner，1914–2010）更認為，中國文化素來強調和重視不對稱性。他以中國的「陰陽圖」符號為例說明他的思考。陰陽符號是一個非對稱分割的圓，並塗成黑白（或黑紅）兩色，分別代表陰和陽。陰陽表示了自然界、社會以及人的一切對偶關係，如善惡、美醜、雌雄、左右、正負、天地、奇偶、生死……無窮無盡。而且最妙的是每一顏色中有另一顏色的小圓點，這意思是陰中有陽，陽中有陰；醜中有美，美中有醜；奇中有偶，偶中有奇；生中有死，死中有生；對稱中有不對稱，不對稱中有對稱⋯⋯這種不對稱性的思想傳統也許早就使楊振寧和李政道受到潛移默化、耳濡目染的影響，使他們比重視對稱性的西方科學家更容易打破西方科學傳統中保守的一面。[20，278–279]

加德納的見解很有意思。更有意思的是，1947 年丹麥政府授予尼爾斯．玻爾一種很高級別的勳章——「寶象勳章」(Order of Elephant)。按照通例要求受獎人提供一個「族徽」，裝飾在勳章的圖案裡。玻爾自己設計了一個族徽，族徽的中心圖案採用了中國的太極圖。玻爾用「一陰一陽」來形象地表示互補關係；族徽上的拉丁文「箴言」是「Contraria sunt complementa」，意思是「互補即互斥」。

由於楊振寧和李政道的發現深刻影響了科學理論的結構，再加上吳健雄

丹麥國王授予尼爾斯．玻爾的寶象勳章，現在陳列在丹麥哥本哈根 Frederiksborg 的皇宮裡。

迅速用實驗證實了他們的理論，所以，1957 年的諾貝爾物理學獎迅即授給了楊振寧和李政道兩位年輕的中國物理學家。一個影響如此重大的理論，從提出到獲獎只有不到兩年的時間，在諾貝爾獎頒獎史上是絕無僅有的，難怪費曼説楊、李獲諾貝爾獎是「最快的諾貝爾獎」了。比利時物理學家羅森菲爾德（Leon Rosenfeld，1904—1974）説：「瑞典科學院如此迅速地將諾貝爾獎頒發給弱相互作用中宇稱不守恒的發現者，充分表達了委員們對這一發現的重要性有一致的共識。所有認識這兩位年輕的諾貝爾獎獲得者的人，為他們的人格魅力所傾倒的程度，絲毫不亞於他們的多才多藝和深刻的思維給人們留下的印象。」[51，173]楊、李能夠迅速獲獎，顯然與吳健雄（和萊德曼）的實驗證實有決定性的關係。可惜，吳健雄竟沒有因此獲諾貝爾獎，這不得不説是諾貝爾獎授獎史上的一個極大的遺憾。在諾貝爾物理學獎的頒獎歷史中，因為用實驗證實一個重要的物理學理論而獲諾貝爾物理學獎的事例很多。例如，1925 年詹姆斯·弗蘭克和古斯塔夫·赫兹證實玻爾的氫原子理論；1936 年卡爾·安德森用實驗證實狄拉克的正電子理論；1937 年克林頓·戴維遜和 G. P. 湯姆遜用實驗證實德布羅意的物質波理論，等等。他們都因為實驗的成功而獲得諾貝爾物理學獎。吳健雄的實驗意義非同一般，但是何以沒有得到諾貝爾獎，實在讓人不解。

楊振寧和李政道獲獎的消息傳到中國以後，國內報紙立即報道了這一振奮人心的消息。中國著名的物理學家吳有訓、周培源和錢三強代表中國物理學會給他們兩人發去電報，電報熱情洋溢地寫道：「中國物理學家對這一可喜的事件感到自豪。」

李政道收到電報以後反覆讀了幾遍，連聲説：「我的祖國，我的老師發來的，太榮幸了！」

楊振寧的父親楊武之更是興奮極了，他多次告訴楊振漢、楊振玉和楊振復他們，不要小看中國人在世界上第一次獲得諾貝爾獎的深遠意義，說這件事至少使一部分中國人，特別是知識界，打掉了自卑感，從心理上敢於同西方人一爭短長了。

在楊振寧 10 月 31 日得知獲得 1957 年的諾貝爾物理學獎以後，記者、慶賀者的電話鈴聲不斷。在不斷的電話鈴聲中，楊振寧給當時在加拿大國家研究院任職的吳大猷老師寫了一封動情的信：

大猷師：

值此十分興奮，也是應深深自我反省的時刻，我要向您表示由衷的謝意，為了您在 1942 年春引導我進入對稱原理與群論這個領域。我以後的工作的大部分，包括關於宇稱的工作，都直接或間接與 15 年前的那個春天從您那裡學到的觀念有關。這是多年來我一直想告訴您的情意，今天或許是最好的時刻。

謹致敬意，並問候吳太太。

生　振寧上

1957 年 10 月 31 日[16，212−213]

恰好李政道這一年在普林斯頓高等研究所訪問，所以他們兩人同時得知獲獎的消息。李政道也給吳大猷寫了一封謝恩信。

1957 年 11 月 12 日，布魯克海文國家實驗室物理系主任兼《物理評論》總編高斯米特，給在普林斯頓高等研究所的楊振寧寫了一封賀信，信中這樣寫道：

親愛的楊和李：

我不知道是在知道你們獲獎的當時就祝賀你們好，還是等你們在斯德哥爾摩領獎以後再祝賀你們好，於是我在這兩者之間寫這封信給你們。我想，很長一段時間以來，你們是最應該獲得這個獎的。我確信你們會很高興你們的工作得到承認，而且它將鼓勵你們以獲得更多的成就。

我們這兒的人，因為你們在宇稱方面的工作大部分是你們兩人在布魯克海文完成的而感到驕傲。我的這封信也許會使你們想起這個實驗室，從而使你們以後經常回來看看。事實上，甚麼時候你們有機會回來與我們大家或者部分人再次一起聚會，1958 年夏天可以嗎？

祝願你們瑞典旅行愉快，並祝願你們有更多的成就。

最衷心的祝福

你們的薩姆（簽名）[1]

1957 年 12 月 10 日，35 歲的楊振寧和 31 歲的李政道在斯德哥爾摩市的音樂廳出席了該年度隆重的諾貝爾獎頒獎典禮。在主席台上，獲獎者按物理學、化學、生理學 / 醫學和文學的順序就座。從照片上可以看出，楊振寧坐在左邊第一的席位上，他旁邊坐的是李政道，再下去是化學獎得主托德（A. R. Todd）、生理學 / 醫學獎得主博韋（D. Bovet）和文學獎得主卡繆（A. Camus）。諾貝爾獎得主的夫人們坐在台下第一排。

諾貝爾基金會主席埃克伯格（H. C. B. Ekeberg）勳爵致辭，他的致辭結束後，音樂廳樂池裡奏響了亨利 · 珀塞爾（Henry Purcell）的樂曲。接着，瑞典

〔1〕香港中文大學楊振寧學術資料室文件：CZ137906。

BROOKHAVEN NATIONAL LABORATORY
ASSOCIATED UNIVERSITIES, INC.
UPTON, L. I., N. Y.
TEL. YAPHANK 4-6262

REFER

DEPARTMENT OF
PHYSICS

12 November 1957

Dr. C. N. Yang
Dr. T. D. Lee
Institute for Advanced Study
Princeton, New Jersey

Dear Frank and Lee:

I don't know whether one should send congratulations for the Nobel Prize right after the announcement or at the time of the actual award, so I shall do it just half-way in between. I think it is the most appropriate award of the Nobel Prize in a long time. I am sure both of you feel very happy about your recognition and that it will be a stimulus for further important work.

We here are, of course, very proud of the fact that much of this parity work was done while both of you were at Brookhaven. Perhaps this will give you some kind of sentimental attachment to this Laboratory so that you will return here often. In fact, what are the chances that both of you will be with us again all, or part, of the summer of 1958?

Wishing you a very pleasant trip to Sweden and a lot of further success,

Best regards,

Yours,

Sam

S. A. Goudsmit

SAG:poh

高斯米特寫給楊振寧和李政道的信

楊振寧和李政道在諾貝爾獎頒獎典禮上。

皇家科學院的物理學家奧斯卡．克萊因（Oskar Klein）教授介紹了本年度物理學獎獲得者的貢獻：

本年度的諾貝爾物理學獎授予楊振寧教授和李政道教授。這與一些基本的物理原理有關，這就是所謂的宇稱定律。首先是關於自然界的左右對稱性問題，其次是宇稱定律在基本粒子及其相互作用中的應用。

左右對稱性與基本粒子物理究竟有甚麼關係呢？……事實上，我們大多數人認為基本粒子的左右對稱性是自然界左右對稱性的必然結果。感謝楊振寧、李政道二位教授，感謝由他們建議的實驗的發現，使我們知道這是錯誤的。

……李政道和楊振寧並不囿於這一不利的陳述，而是設計了很多實驗，使得測量基本粒子轉化過程中的左右對稱性成為可能，並將這些設想提供給從事實驗工作的同事。首先完成這些實驗的是中國物理學家吳健雄女士和她的合作者。

……時間不允許我過多地談及二位對理論物理學所做出的其他傑出貢獻，而且我也無法估量你們的新成績將激起物理學家多麼巨大的熱情。你們不懈的努力打破了基本粒子物理學中最令人困惑的僵局，也由於你們輝煌的成就，導致了現在的理論和實驗工作的蓬勃向前。

有鑒於此，瑞典皇家科學院懷着巨大的高興之情，決定授予你們本年度的諾貝爾物理學獎，以表彰二位在這一科學領域所做出的傑出貢獻。

我謹代表皇家科學院向你們表示最衷心的祝賀。並請你們從尊敬的國王陛下手中接受 1957 年諾貝爾物理學獎。[86，233–236]

講完以後，克萊因把獎金頒發給楊振寧和李政道。獎章和證書由瑞典國王頒發。

諾貝爾金質獎章重約半磅（約 227 克），直徑約為 6.5 厘米。它的一面是諾貝爾的側面浮雕像，旁邊有他的英文名字：ALFR. NOBEL；獎章的另一面，美麗的自然女神立在中央，她的右手抱着一個號角，號角裡放滿了豐碩的果實；自然女神的左邊，科學女神正小心地揭開蒙在自然女神頭上的面紗。這個圖案的設計十分有講究：當人們揭開自然的奧秘時，豐碩的果實必然會呈現在揭示奧秘的科學家面前。圖案的下方，是獲獎者的名字。楊振寧的獎章上是：CHEN NING YANG 1957 。

當天晚上，在市政大廳舉行盛宴和舞會。出席晚宴的有瑞典皇家顯貴、政府官員、社會名流、著名學者和諾貝爾獎獲獎者及他們的夫人們。

楊振寧從瑞典國王手中接過諾貝爾獎章和證書

楊振寧的諾貝爾獎章的正面及背面

宴會前，獲獎者要各自發表簡短的禮節性的演講；次序正好和發獎的次序相反，先是卡繆，他用法文做了簡短的答謝演講，然後是博韋、托德、李政道和楊振寧。在楊振寧和李政道致答謝詞前，瑞典皇家科學院院士高本漢（Bemhard Karlgren）做了一個簡短的講話：

楊先生，李先生，請允許我對你們致以簡單的祝賀。50年來我一直在研究貴國的文學、歷史和藝術，我不能不全身心地景仰和熱愛它。你們三千年的文化正如一首頗受尊崇的古詩中所說的那樣：「如江如漢，如山之苞，如川之流，綿綿翼翼。」[1]現在有你們兩位偉大的學者，説明貴國在今天仍然擁有和古代中國的偉大思想家同等智慧的人。我想現在所有的中國人，不管身處哪個政權，全都會敬佩你們，並且會用一句著名的唐詩「何可一日無此君」[2]談到你們。

接着楊振寧和李政道致答謝詞。楊振寧的答謝詞如下：

首先，請允許我感謝諾貝爾基金會和瑞典科學院，由於他們的親切款待，楊夫人和我過得極其愉快。我還特別要感謝高教授，聽了他引用中文説的引述和一段話，我感到心中格外温暖。

---

〔1〕此句原文為：Like the Kiang river, like the Han river, massive like the mountains, voluminously flowing like the rivers. 當出《詩經．大雅．常武》。苞，本也，謂牢固難動搖。本段兩首詩原文均為三聯書店編輯徐國強先生考出，特此致謝。

〔2〕此句原文為：How can we for a single day do without these men. 當出唐代宋之問的詩《綠竹引》：「含情傲睨慰心目，何可一日無此君。」這句唐詩，也是徐國強先生考證出來的。

頒發諾貝爾獎金的制度始於1901年，在這一年裡，另一個具有歷史重要性的大事件發生了。湊巧，這個事件對於我個人的生活歷程有決定性的影響，並對於我現在出席1957年度的諾貝爾獎賀宴是有關聯的。藉着你們的允許，我想花幾分鐘就這件事説幾句。

在上一世紀下半葉，西方文化和經濟體系擴張影響的衝擊給中國人帶來了劇烈的矛盾和衝突。人們激烈辯論的問題是：中國應當在多大程度上引進西方文化。然而，在答案得出之前，理智被情感所壓倒。在19世紀90年代興起了在中國稱之為義和團的民團，在英語裡稱作boxer，他們聲稱能赤身抵擋現代武器的攻擊。他們對於在中國的西方人所採取的愚昧無知的行動促成了1900年許多歐洲國家和美國的軍隊進佔北京，這個事件被稱為義和團戰爭。其特點是雙方的野蠻的屠殺和可恥的掠奪。歸根結底，這個事件起因於中國人民的憤怒的感情：他們遭受着外來的日益加重的壓榨和內部的腐化與墮落。同時，這個事件在歷史上可被看作是加速地解決了中國應當在多大程度上引進西方文化的這場大辯論。

這個戰爭在1901年結束，當時簽訂了一個條約，條約中的一項規定，中國要賠償列強總數為五億盎司的白銀，這在當時是一個驚人的數目。大約十年後，以一個典型的美國姿態，美國決定把賠款總數中其分享的部分歸還中國。這筆錢用來建立了一項基金，創建一座大學，即清華大學，另外還設立了留美研究生獎金，我是這兩個項目的直接受益者。我成長在一個與世隔絕的、學院氣氛濃鬱的大學校園裡，我的父親是這所學校的一位教授，我享受着寧靜的童年。這一切，與我同時代的大多數不幸中國青少年是享受不到的，後來，就在清華大學裡，我接受了出色的頭兩年的研究生教育。而後，又得到留美研究生獎金的資助到美國繼續我的學業。

今天，我站在這兒向你們敘述這一切時，我以沉重的心情體會到這一事實：從不止一層意義上説，我是中國和西方兩種文化共同的產物，兩者既有衝突，也有協調。我想説，我既為我的中國根源和背景感到驕傲，也為我獻身於現代科學而感到滿意，現代科學是人類文明起源於西方的一部分——對於它，我將繼續奉獻我的努力。[1，76–77]

晚宴後是舞會，楊振寧和杜致禮翩然起舞。

每年晚會都會邀請幾所瑞典大學的學生們參加。按照慣例，大學生要邀請一位獲獎人給他們講話。許多這樣的講話都邀請文學獎獲得者來講，這顯然是因為文學獎獲獎者講得易懂而且有趣。但是，這年的這個講話，因為李政道的年齡（31 歲）與他們的年齡接近，所以大學生們邀請李政道給他們講話。這種講話事先並沒有告訴李政道，所以他只能做隨興講話。李政道知道這時如果講甚麼宇稱守恆的問題肯定會大煞風景，於是他講了一個中國的神話《西遊記》裡的故事：

我想給你們講一個小故事，是取自中國的小説《西遊記》。講的是一隻猴子。這隻猴子與其他猴子不同，是從石頭裡生出來的，因此他非常非常聰明。他自己碰巧對此也很清楚，於是整個故事就這樣開始了。他雄心勃勃，自命不凡……[50，131]

接着，他講孫悟空為了想當神仙，還自命為「齊天大聖」。玉皇大帝不

在諾貝爾獎頒獎典禮後的晚宴上，瑞典國王挽着杜致禮。

准，於是猴子大鬧天宮。玉皇大帝的天兵天將制伏不了這猴子，沒有辦法，只好請來了如來佛。如來佛伸出手掌對猴子說：如果你能夠跳出我的手掌心，你就有資格當神仙。李政道接着講：

猴子看着如來佛，他有大約 30 米高，心想，「我一跳能跳十萬八千里，這樣做很容易就可以當上玉皇大帝了」。於是他就跳進了如來佛的手掌，然後跳了一大跳想跳出手掌。為了保險，他跳了又跳。在跳了百萬又百萬里之後，這猴子覺得有點累了。最後他跳到一個地方，有五根巨大粉紅色的柱子。他想這可能就是宇宙的邊界了，柱子説明宇宙大小有限。他感到非常高興，就在中間那根柱子上塗寫，「齊天大聖到此一遊」，他非常輕鬆，非常愉快，開始往回跳。跳了很長時間，他回到了開始跳的地方，於是他自豪地要求當玉皇大帝。這時如來佛用他的另一隻手把這猴子提起來指着那隻張開的手掌，指給他看，在中指根部，有猴子寫的幾個非常細小的字「齊天大聖到此一遊」。此後，在中國就有一個説法：「縱有三頭六臂，也跳不出如來佛的手心。」

最後，李政道説：「我們研究知識，可能會做出很大的進展。但是我們要記住，即使到了如來佛手指根部，我們離絕對真理還是非常遠的。」[50，132]

第二天，即 1957 年 12 月 11 日，楊振寧做了題為「物理學中的宇稱守恆及其他對稱定律」的諾貝爾演講。他講道：

有此機會同諸位討論宇稱及其他對稱定律，我感到莫大的高興和榮幸。我將先概括地談談物理學中守恆定律的作用。其次，談談導致推翻宇稱守恆定律的發展過程。最後，討論物理學家由經驗知悉的某些其他對稱定律。這些定律尚未形成一個完整而概念上簡單的格局。李政道博士將在他的演講中談及宇稱守恆定律被推翻以來的一些饒有興味而且激動人心的發展。[1，78]

李政道在楊振寧之後，做了「弱相互作用和宇稱不守恆」的諾貝爾演講。他講道：

前面楊教授講話中已向諸位概述了去年年底前我們對有關物理學中的各種對稱原理的認識狀況。在那以後短短的一年時間內，這些原理在各種物理過程中的真正作用極大地被澄清了。如此顯著的迅速發展只有通過世界各個實驗室的許多物理學家們的努力和技巧才得以實現。為了對這些新實驗結果有一個適當的洞察和了解，或許可以先就我們對基本粒子和它們的相互作用做一個非常簡單的評述……[21，205]

最後，李政道說：「我能在此向諸位報告在目前的宇稱不守恆和弱相互作用有關的發展中的部分經驗，確實是一個特殊的榮譽。」[21，218]

五、美好的合作與最終分手

楊振寧和李政道的合作，從 1949 年以《介子與核子和輕粒子的相互作用》一文開始，到 1962 年以《與電磁場有相互作用的荷電矢量介子》一文結束，他們共同發表了 37 篇文章，[1] 其中有 16 篇被楊振寧選進 1983 年出版的《論文選集》中。他們這一長達 14 年的合作，取得了很大的成功。無論是楊振寧還是李政道，都對他們曾有的合作表示過欣賞和讚美。

李政道說：「在芝加哥的那些日子裡，我同楊討論了大量的物理和其他問題。他的興趣較傾向於數學，這對我是一個補充。我們思想開闊地去對待所有的問題，討論通常是激烈的，但對我的發展，特別是在我成長的年代裡，產生了重要的影響；那些討論還使我大大提高了對與我不同的智力的鑒

〔1〕 37 篇是筆者的統計數字，與楊振寧和李政道說的數字稍有出入。

賞能力。當然，費米教授給我的影響則大得多。」[50，235]

他還説過：「從 1956 年到 1962 年，楊和我共同寫了 32 篇論文，範圍從粒子物理學到統計力學。我們很幸運能生在物理學的這一特殊時代。儘管冷戰時期政治上是緊張的，但是物理學的國際合作也許是處在高峰時期，由馬沙克發起的著名的羅徹斯特會議，和由許多國家聯合努力而成立的歐洲核子中心，就是證明。楊和我的合作符合並反映了那時的精神。合作緊密而富有成果，有競爭也很協調。我們在一起工作，發揮出我們每個人的最大能力。

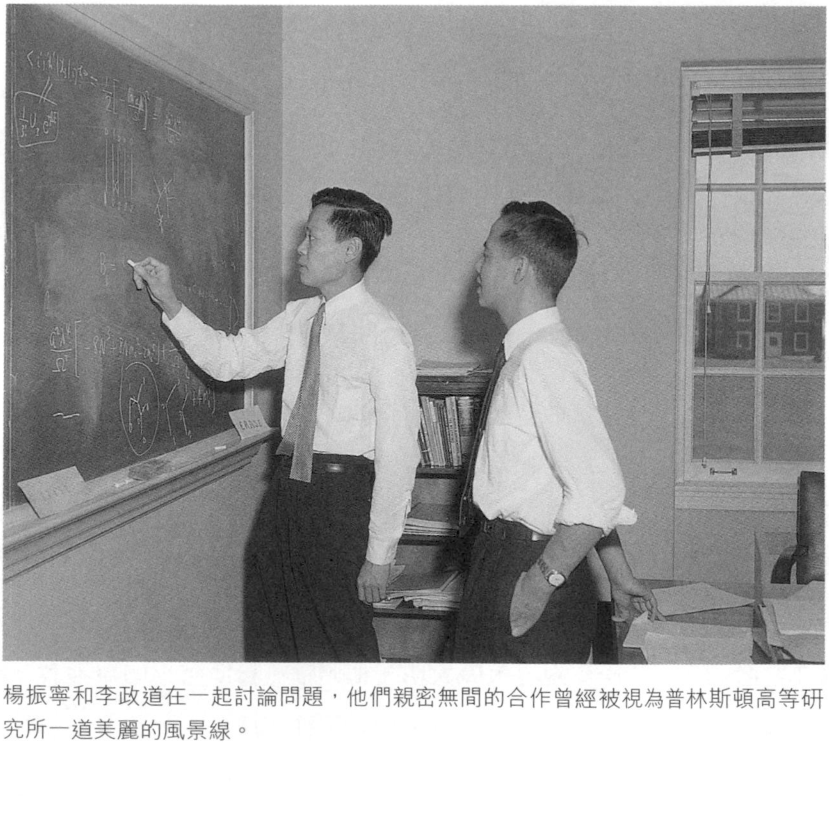

楊振寧和李政道在一起討論問題，他們親密無間的合作曾經被視為普林斯頓高等研究所一道美麗的風景線。

合作的成果大大多於每個人單獨工作可能取得的成果。我們的論文中，最重要的是關於宇稱破壞……」[50，238]

楊振寧對於他們的合作也曾多次讚賞有加：「李政道1946年秋到芝加哥大學當研究生。我倆早些時候在中國或許見過面，然而，只是到了芝加哥才真正彼此相識。我發現，他才華出眾，刻苦用功。我們相處得頗投機，很快就成了好朋友。」[1，8]「我們的交往始於1946年。這種交往曾經是親密的，它基於相互尊重、相互信任和相互關心。接着迎來了1957年，以及我們的成功。」[1，123]

楊振寧還説：「1953年，李政道到了哥倫比亞大學。為了繼續合作，我們訂立了相互訪問的約定。我每週抽一天時間去哥倫比亞，他則每週抽一天到普林斯頓或布魯克海文來。這種例行互訪保持了六年，而這段時間我們的興趣有時在基本粒子理論方面，有時則在統計力學方面。這是一種非常富有成果的合作，比我同其他人的合作更深入廣泛。這些年裡，我們彼此相互了解得如此之深，以致看來甚至能知道對方在想些甚麼。但是，在氣質、感受和趣味等諸方面，我們又很不相同，這些差異對我們的合作有所裨益。」[1，53]

在合作研究宇稱守恆問題時，楊振寧和李政道必然會遇到非常棘手的困難，絕對不可能輕輕鬆鬆、順順當當就得到預想的結果。可以想像得到，在這一研究過程中必然有許許多多、反反覆覆和十分激烈的爭論，兩人中的每一個都可能輪流充當正方或者反方，而且誓將對方的「辯護」置於「死地」才肯罷休。正如喬治．約翰遜在他的《蓋爾曼傳》一書中所寫的那樣：「他們的討論非常激烈，有時衝着對方大喊大叫。他們輪流扮演魔鬼的辯護者，轉換角色看他們的論點是否能成立。李政道發現這種交換令人興奮，不論是一致

還是對立，都能充實彼此的思想。李政道覺得整個世界好像都展現在他們面前，包括一些必須探索的新領域。」[52，175]

對這種爭論，李政道同樣給予了高度的評價。他在 1986 年的《破缺的宇稱》一文裡寫道：「……我們的討論包括了大量不同的物理過程，爭論，辯論，有時候甚至吵嚷起來；偶然我們也轉換我們的看法，以便能弄得更確切。我們在對立和和諧中一起工作，十分緊張，巨大敞開的感覺，好像整個世界就在我們的面前，年輕人無畏無懼，就是這些使生命變得意義無窮！」[50，241]

「煉句爐槌豈可無」。對處於挑戰的雙方來說，在爭論中不同的思想在撞擊中碰出的火花，必將進一步點燃他們的激情，以至於使得李政道有一種「巨大敞開的感覺，好像整個世界就在我們的面前」。

不僅僅他們兩人感覺合作很親密，很有成效，而且他們的朋友、同事也都非常羨慕他們卓有成效的合作。瑞吉斯在他的《誰能取代愛因斯坦的位置？》一書中寫道：「有一段時間，同事們看到這對諾貝爾獎獲得者形影不離

愛因斯坦與奧本海默，
攝於 1950 年前後。

的場景，就會感到非常欣慰。奧本海默就時常說，僅僅是看到楊、李兩人一起走在校園裡，他就會感到滿心的驕傲，因為他總算看到研究所裡有愉快合作的最佳典範。」[53，144]

後來許多人都喜歡提到奧本海默的這段話。

中國台灣學者江才健在他寫的《楊振寧傳——規範與對稱之美》裡，對楊振寧和李政道的合作也做了非常生動的描寫：「楊振寧和李政道扯開嗓門，並且用手指在空中淩空計算，是許多認識他們的物理學家都看過的景象。有一次楊振寧和李政道正在布魯克海文的辦公室裡這樣地進行物理工作，一向以好促狹著稱的物理學家費曼剛好走過，於是就走進辦公室，並且也開始用更大的聲音講話，李政道就講得更大聲，這個時候楊振寧注意到了，於是放小了聲音。」[16，216]

由以上諸多的描述可以看到，這兩位傑出的學者曾經是多麼有效而又親密地合作過。但是，上帝似乎對人間過於美好的東西充滿嫉妒，他曾經讓人們的語言混亂而無法建成巴別塔；現在他又利用科學發現優先權這把雙刃劍，把這一美好合作變成彼此決裂、彼此交惡的悲劇。

他們兩人的好友派斯說：「他們兩個都是強人，兩個這麼強的人這麼親密的關係，決裂幾乎是不可避免的。」[16，226]

人們最開始感到他們兩人合作似乎出了問題，是在1952年發表的一篇分為上下兩部分的論文署名上。文章總的題目是《狀態方程和相變的統計理論》，上篇討論凝結理論是楊振寧署名在先，下篇討論格氣和伊辛模型是李政道署名在先。這兩篇文章在統計力學裡非常重要，共有三個重要的定律被他們發現，他們在物理學界的地位也由此奠定。也許正是因為它們的重要性，署名的先後就顯得十分重要。

但是，儘管似乎有了矛盾，他們的合作還沒有停止。楊振寧對李政道也沒有心存芥蒂，這可以由楊振寧在 1956 年 1 月 18 日寫給西雅圖華盛頓大學物理系系主任曼立（J. H. Manley）的信裡看出。1 月 11 日，曼立寫信給楊振寧，希望他介紹一下將去他們大學訪問的李政道，七日之後楊振寧在回信中寫道：

> 親愛的曼立教授：我寫信向您介紹李政道博士對我來說是一件很愉快的事情。……認識他的人都喜歡他，這是因為他非常的謙虛，專注，有責任心，而且與人交往中非常隨和。〔1〕

1956 年他們在宇稱守恆問題上的合作，使他們走上了科學界榮譽的頂峰——同時獲得 1957 年的諾貝爾物理學獎。這年楊振寧 35 歲，李政道 31 歲。20 世紀物理學家獲得諾貝爾物理學獎的平均年齡是 52.7 歲〔2〕，他們兩人這麼年輕就獲獎，尤其是李政道才 31 歲，實屬罕見。

隨着榮譽不斷上升，分裂的暗流也逐漸洶湧起來。一般人都傾向於認為他們之間矛盾的加劇緣自 1962 年 5 月 20 日傑里米 · 伯恩斯坦發表的一篇相當長的文章《宇稱問題側記》（"A Question of Parity"）。[50，105–134]它登在雜誌《紐約客》（*New Yorker*）的人物專欄裡。〔3〕

---

〔1〕見楊振寧學術資料館文件 A56c。

〔2〕見《20 世紀諾貝爾獎獲獎者辭典》，楊建鄴主編，武漢出版社，2001 年，第 992 頁。

〔3〕A Question of Parity 的英文原意是語帶雙關的，因為 parity 既可用作「宇稱」解釋，也可以指「同等、對等、對稱」，因此這篇文章的標題暗指兩人關係對等問題，所以譯為《一個有關對稱的問題》可能更加確切。

這是一篇相當詳細討論他們兩人合作關係的文章。在發表之前，楊振寧看了文章的校樣，覺得這篇文章歪曲了他與李政道合作的歷史。接着，他們兩人在文章發表之前的4月18日推心置腹地談了一次。這篇文章在做了稍微的修改以後，於5月20日發表了。他們兩人的合作也由此畫上了句號。

關於這一次兩人之間在4月18日的談話，楊振寧在回憶中寫道：

> 我們的交往始於1946年。這種交往曾經是親密的，它基於相互尊重、相互信任和相互關心。接着，迎來了1957年，以及我們的成功。不幸的是，蒸蒸日上的聲望逐漸在我們的關係中打進了原先沒有的一些新楔子。雖然，我們富有成果的合作還繼續保持了5年，但是，關係卻慢慢緊張起來。1962年4月18日，我倆在李政道的辦公室裡做了一次長談，回顧了1946年以來發生過的事情：我們早年的關係；1950年代初；導致寫出宇稱論文的1956年的那些事件，以及隨後的發展。我們發現，除了一些細節之外，我們對所有關鍵的事件都保持着相同的記憶。正如家庭衝突中的和解那樣，這是一次感情獲得宣泄的經歷，我們都感到一種解脱般的暢快。然而，這種和解並沒有得以保持下來。幾個月後，我們就永遠地分手了。
>
> 在我同李政道做朋友的16年間，我對他就像一位兄長。在粒子物理和統計力學領域裡，我在1950年代初就已經成了名。我們的合作關係中，我是資深的一方。敏銳地警覺到不應該擋住他的道，我便有意識地往後靠，盡量在事業上扶持他，同時，在公開場合對我們合作關係的實質嚴格地保持緘默。外人看來，我們的合作是密切而出色的；這種合作對物理學的貢獻良多。人們對此感到豔羨。李政道自己也斷言，這種

合作對他的事業和成長具有決定性的影響。

> 總之，這是我一生中值得回味的一個篇章。是的，其中也有煩惱。然而，世間萬事萬物中，與人際關係有關而有意義的事情，又有幾件是完全沒有創痛的呢！[1，123—124]

奧本海默曾經問過楊振寧，他和李政道為甚麼會分手。為了回應奧本海默的關心，1962 年 9 月 28 日楊振寧寫信給奧本海默：

> 我不得已地要向您道歉，因為我沒有辦法告訴您到底發生了甚麼事情。我不能和您談論這件事情詳情的一個道理，是因為如果這樣做的話，必然會因為我和您比較親近而讓我感到自己在佔着便宜。此外，我成長的教養告訴我，在事關個人人格的事情上，面對第三者來説，遺忘總是要比把它揭露出來好得多的。我知道您會一如往常地了解我的困難。[16，227]

由楊振寧這一段話可以看出，他遵守的是「古之君子，交絕不出惡聲」（司馬遷《史記．樂毅列傳》）的古訓，對於兩人之間的合作出現的問題，在公開場合他一直嚴格地保持緘默。但是，事情並沒有像楊振寧想像的那樣簡單。他們之間不僅僅分了手，而且彼此交惡，爭端不斷升級。為了釐清他們之間不斷升級的爭端，下面分成兩小節敘述。

1. 二人爭端的升級

1962 年 4 月 18 日兩人推心置腹地談了一次以後，他們之間的合作從此中斷。令人們意外的是，此後他們兩人之間的爭端不但沒有平息下來，卻一再升級。其間大致經歷了七個階段：(1) 李政道 1971 年發表的文章《弱相互作用的歷史》("History of Weak Interaction") 正式出現在出版物上；(2) 1983 年《楊振寧論文選集》出版；(3) 1986 年《李政道論文選集》(*T. D. Lee Selected Papers*) 出版；(4) 2002 年江才健寫的楊振寧傳記《楊振寧傳——規範與對稱之美》出版；(5) 2003—2004 年李政道的《答〈科學時報〉記者楊虛傑問》(此文未見報) 印發和季承等編寫的書《宇稱不守恆發現之爭論解謎——李政道答〈科學時報〉記者楊虛傑問及有關資料》出版；(6) 2010 年 1 月季承寫的《李政道傳》出版；(7) 2010 年 3 月楊振寧的文章《關於季承的〈李政道傳〉及〈宇稱不守恆發現之爭論解謎〉》在《中華讀書報》發表。

下面就這七個階段的大致內容做一簡單的介紹。

(1) 1971 年，李政道的文章《弱相互作用的歷史》正式在出版物上出現

楊振寧在 1979 年看到這篇文章之前，曾多次聽朋友談起過李政道在多次演講中把他們獲諾貝爾獎的發現歸功於李政道一人，似乎楊振寧只是一個無足輕重的小角色。但是楊振寧一直沒有正式見到這樣講話的文章，因此也沒有對這一傳言表示甚麼看法。他說過：「1962 年以前與以後我一直不同任何人談李與我的關係，除了和我父母弟妹和兩位家庭朋友以外。這是我的原則。政道則四處亂講，說我與他在粒子方面的工作主要是他領導的，等等。我雖多次聽到關於他這種胡說的謠言，並沒有改變原則，直到 1979 年。」[16，505]

1979 年，在歐洲核子研究中心 (CERN) 的圖書館，楊振寧偶然在一本會議文集中看到李政道在 Erice 演講的文章《弱相互作用的歷史》。「1979 年……夏天我偶然看到李政道 1970 年的文章 ("History of Weak Interaction")，

才了解到謠言並非毫無根據，才了解到他背後怎樣在歪曲我和他的關係。震驚之餘我才決定寫出真相……」[16，505]因此，楊振寧又說道：

> 李 1968—1971 年所做的許多演講，以及其中的 Erice 講稿的出版，才是我們之間所有公開論爭的源頭。[125，Ⅷ]

李政道在這篇文章裡到底寫了一些甚麼，會讓楊振寧生氣呢？這兒摘錄一段：

> 那時，宇稱算符 P 的真實含義還不清楚，至少對**我**來說是這樣。當然，**我**了解它的數學特徵……。**我**假設，β 衰變可用一個更加普遍的拉氏量來描述，它包括 10 項耦合常數 C_i……和另外 5 項宇稱破缺常數 C'_i。隨後**我**從吳健雄那裡借到一本齊格班（K. Siegbahn）編的有關 β 衰變的權威著作，和楊振寧一起系統地計算了所有可能的宇稱破缺的效應。……雖然其中某些計算非常複雜，但如果我們是用同樣的一個簡單的替換……，最終所有 C_i 和 C'_i 之間的干涉項一一被消除……當我們停止計算而思考時，在一個相當短的時間裡，我們就明白了，缺少證據的原因在於這樣一個簡單的事實，就是沒有人做過任何努力去從看來好像左右對稱的安排中專門挑出贗標量進行研究。[50，143−144]〔1〕

在這一段文字中，李政道連續使用了四個「我」，而楊振寧似乎只是配合

〔1〕黑體字是楊振寧在他 2010 年寫的文章裡引用這段話時所標。

他做了一些計算而已；而且特別重要的是，明眼人一看就明白李政道在文字裡透露着一個意思：必須測量贋標量這一重要發現的主要功勞是李政道的。楊振寧的不滿是必然的，因此楊振寧說：

> 這段文字的含意很明顯：觀念上的探索、進展都是由李主導，李帶着楊做研究，楊的貢獻只是做了些計算而已。因此我知道我不能再沉默，於是在《1983 楊》[1] 這本論文集中寫下了一些我們多年來合作的細節……[125，Ⅷ]

(2) 1983 年，楊振寧的《論文選集》出版

在出版自己的《論文選集》時，楊振寧給每一篇入選的文章寫了一個評註（commentary）。在為 1956 年的《弱相互作用中的宇稱守恆問題》一文寫的評註中，他說道：

> 到目前為止，我對與李政道合作的經過在公開場合一直嚴格地保持緘默。例如，除了直系親屬和兩個最親密的朋友之外，我從未同其他人談過上述關於論文[56h]的事。以上事情的經過是根據我 1956 年及 1962 年 4 月 18 日的日記寫成的。要不是在 1979 年的某一天，我偶然看到 Zichichi 編輯的一本名為 *Elementary Processes at High Energy, Proceedings of the 1970 Majorana School*（Academic Press, 1971）的書，我還不會說出這些事呢。書中有李政道的一篇題為《弱相互作用的歷史》的文章，該

〔1〕 即 1983 年出版的《楊振寧論文選集》，見參考書目 40。

文談了他自己關於論文[49a]及[56h]的故事。[1]這篇文章含蓄地暗示了許多事情，諸如我們兩人之間關係的性質、宇稱不守恆、β衰變如何與「θ-τ之謎」搭上，等等。關鍵的想法及解決問題的策略是如何產生及發展起來的？[56h]這篇論文是怎樣寫成的？李政道對此一概迴避，顧左右而言他。我知道，有朝一日我必須把真相公之於世。[1，62]

由此可見，楊振寧在1979年看見李政道的Erice演講記錄，是他一生中決定性的一刻：在那一天以前他從不公開談他和李政道的合作關係，在讀了李的文章以後，他決定「必須把真相公之於世」。

楊振寧的《論文選集》出版以後，除了論文本身以外，大家十分關注選集裡對過去發表過的論文寫的評註，尤其是有關他與李政道關係的評註。有人對評註大加讚揚，例如吳健雄、戴森。吳健雄在1983年7月9日寫給楊振寧的信裡說：

振寧：十天以前，接到您寄贈的論文彙集，當晚我即開始從頭閱讀，越讀越有興趣。一方面，您對近代物理發展的歷史，作了明晰有條理的簡介。同時，您把最近的過去，心頭不如意事也坦白地佈開，使人讀了非常感動。第二天早上我給您打電話致謝，知道您在外旅行尚未回來，所以現在特此書面致謝，專此敬祝儷安。健雄上，七月九日。[41，55]

---

〔1〕[49a]和[56h]指的是兩篇文章，[49a]是楊振寧、李政道和羅森布魯斯三人於1949年合寫的《介子與核子和輕粒子的相互作用》；[56h]是楊振寧和李政道兩人於1956年合寫的《弱相互作用中的宇稱守恆問題》，後來正是這篇文章使他們獲得1957年的諾貝爾物理學獎。

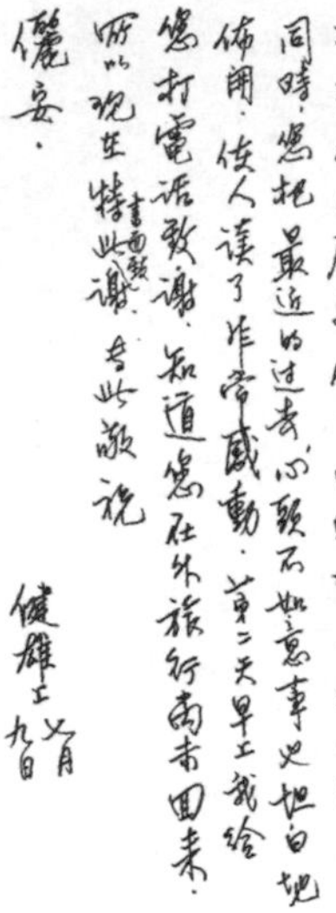
振寧：
十天以前，接到
您寄贈的論文彙集，當晚我即開始從頭
閱讀，越讀越有興趣。一方面，您對近代物
理發展的歷史，作了明晰有條理的簡介；
同時，您把最近的過去，心頭不如意事也坦白地
佈開，使人讀了非常感動。第二天早上我給
您打電話致謝，知道您在外旅行尚未回來，
所以現在書面致謝，特此謝，並此敬祝
儷安。
健雄上 七月九日

吳健雄在 1983 年 7 月 9 日寫給楊振寧的信

在楊振寧榮休研討會上，戴森在發表題為「保守的革命者」的演講。

戴森是一流的物理學家，曾經是楊振寧和李政道在普林斯頓高等研究所的同事。他在 1999 年楊振寧退休研討會晚宴上發表題為「保守的革命者」的演講，其中特意談到楊振寧的《論文選集》。戴森是這樣說的：

> 1983 年弗蘭克為慶祝他的六十歲生日出版了《文選（1945—1980）附評註》，這是我最喜愛的書之一。書中的評註是他自己寫的，用來解述各篇文章寫作時的情景。書裡只收錄了他的文章的三分之一，都是他自己選的。這比由一個專家委員會來挑選更能揭示他自己的思路和個性。所選的文章中有些是重要的，有些是不重要的；有些是專業的，有些是通俗的。可是每一篇都是瑰寶。他不是試圖在五百頁中塞進盡量多的、

> 艱深的科學，而是試圖揭示一位偉大科學家的精神。他做得十分成功。他選的這些文章既揭示了個人的奮鬥，也揭示了他的科學成就；它們揭示了他的成就的深遠源泉，揭示了他對培育他的中國文化的驕傲，也揭示了他對在中國和在美國的老師的崇敬；它們還揭示了他對數學形式美的熱愛以及同時掌握繽紛的實驗物理世界和抽象的群論與纖維叢世界的能力。他巧妙地將 80 頁的評註結集一起放在書的開始部分，而不是附在各篇文章的後面。這樣，評註可以連續地讀，成了他的科學自傳，一部極好的自傳。它以清楚而簡練的詞句描述了他的一生，樸實地描述了他工作背後的強烈感情和始終不渝的忠誠。換言之，它描述了楊振寧之所以成為楊振寧。[41，287−288]

但是，也有人對楊振寧在評註中公開他與李政道之間的矛盾持有不贊成的意見。江才健寫道：「1983 年楊振寧的《論文選集》出版以後，他評註中所書寫的那些關於他和李政道關係的直率文字，卻讓許多人對楊振寧不滿：一方面他們認為是楊振寧先把事情公開化的，另一方面也總以為，楊、李同時得到諾貝爾獎，應該是平等的合作關係。」[16，237]

(3) 1986 年，《李政道論文選集》出版

李政道在紀念自己 60 歲的《李政道論文選集》裡寫了一篇文章《破缺的宇稱》（"Broken Parity"）。文章寫道：「楊天賦具有高度評判能力的頭腦。如果我能通過具有實質性的爭論推翻他的反對意見，就會使我覺得更有信心。而且，他是一位出色的物理學家。宇稱不守恆牽涉到物理學的所有方面。我想楊的參加毫無疑問會擴大最後的成果。因此我表示歡迎他。」[50，241]

這一段話是至關重要的，它再一次明確釋放出一個信息：宇稱不守恆問

題的發現，李政道是主角，他只是因為「楊天賦具有高度評判能力的頭腦」，才覺得「楊的參加毫無疑問會擴大最後的成果。因此我表示歡迎他」。

令人感興趣的還有一段話：「那時，**楊和我**對宇稱算符 P 的實質意義都還不清楚。當然，**我們**知道它的數學特徵……**楊和我**開始系統地用推廣的宇稱不守恆作用對所有已知的 β 衰變現象進行研究。**我們**很快讀完了齊格班的書，經常保持電話聯繫。我們花了兩個星期的時間完成了全部的 β 衰變分析。」[50，242–243]

李政道把《弱相互作用的歷史》一段文字中的四個「我」（見第 277 頁引文），在《破缺的宇稱》中改成「楊和我」、「我們」等等。〔1〕

以後，他們之間的矛盾沒有終止，也沒有加劇，彼此保持着沉默，兩人有時也會在一些公開場合同時露面。

(4) 2002 年，中國台灣學者江才健的《楊振寧傳——規範與對稱之美》出版

江才健的《楊振寧傳——規範與對稱之美》一書在中國台灣出版以後，楊振寧和李政道兩人之間的矛盾大大加劇。

江才健畢業於台灣輔仁大學數學系，曾經在《中國時報》從事科學報道和論述 22 年，也曾經是《科學時報》的主筆，後來成為《知識．通訊．評論》雜誌的發行人和總編輯。在《楊振寧傳》出版之前，他還寫過《大師訪談錄》和

---

〔1〕對此，楊振寧在 2010 年說，李覺悟到 1971 年發表的《弱相互作用的歷史》中「語氣不妥，是大患，於是刪掉四個『我』字，略作修改」，於 1986 年發表為《破缺的宇稱》，「希望天下人都不去查閱原版（可是編者季承不小心，竟把原版與新版都譯為中文，印在同一本《宇稱不守恆發現之爭論解謎》中）」。[125，VIII]

《吳健雄——物理科學的第一夫人》。《楊振寧傳》出版後在台灣地區得到很高的評價。

諾貝爾化學獎獲得者、台灣「中研院」院長李遠哲（1936– ，1986 年獲得諾貝爾化學獎）為這本書寫了序。序中高度評價了江才健這本傳記：「江才健先生費時多年所完成的《楊振寧傳——規範與對稱之美》是一部甚具雄心的書。全書共分十六章，厚五百多頁，稱得上體大思精，內容豐富；重要的是江先生對書中所敘各節，每能以文獻或訪談記錄佐證，即使對楊振寧院士學術生涯中若干事件的分析，也盡可能秉持客觀析論的精神，避免臆測之辭。從前傅斯年先生教人治史找材料要能『上窮碧落下黃泉』，江先生在撰寫這部傳記時，恐怕也是抱持這樣的態度的。……這確實是一部相當動人的科學家傳記。」[16，10–11]

中國台灣著名出版人，同時也是著名經濟學家、教育家和新聞傳播學家的高希均（1936– ），在出版者的話中稱讚這本書是「一本動人而震撼的傳記」，他說：「這本江才健先生窮四年之功，撰述的《楊振寧傳——規範與對稱之美》……從每一章幾十條附註中，透露了作者思維的細密與嚴謹。」[16，5–6]

江才健為寫這本書在國內外至少採訪了 100 多位有關人物，幾乎所有他能夠找到的與楊振寧有過重要交往的人，他都做過採訪。但遺憾的是，由於江才健與李政道在一些問題上曾經有過矛盾，所以他沒有能夠採訪李政道。在後記裡江才健寫道：「[我]給李政道去了一信，希望他對於兩人（楊振寧和李政道）的關係，提出他的意見。……我也強調，寫這本傳記是嚴肅而有歷史意義之事，必持一個可以向歷史交代的嚴正立場。……我並沒有得到回信。」[16，496–497]

這本書在 2002 年由台灣天下文化出版公司出版。這本書裡對楊李分手做了比較詳細的描述，還有少數文字涉及李政道個人的人品。在書最後部分的「附錄一」裡，有楊振寧在 1989 年 7 月 7 日寫給老師吳大猷的信函，以及吳大猷的回函。楊振寧寫的信裡有這樣的話：

> 我們成名以後，政道內心引起了恐懼。他自知對 Parity 貢獻很小，極怕世人會説他其實不應該得諾貝爾獎。這種恐懼與他的強烈的競爭心交織在一起，腐蝕了他的人品……政道是一個極聰明的物理學家，吸收能力強，工作十分努力。可是洞察力 (Insight) 與數學能力 (Mathematical Power) 略遜一籌，所以 1962 年以後文章雖然寫得很多，沒有甚麼特別重要的。越是這樣，他的恐懼心病就越厲害……[16, 508]

這本書出版之後，理所當然地會引起李政道極大的憤怒。

(5) 2003—2004 年，李政道的《答〈科學時報〉記者楊虛傑問》(此文未見報) 印發和季承等編寫的書《宇稱不守恆發現之爭論解謎——李政道答〈科學時報〉記者楊虛傑問及有關資料》出版

2003 年 4 月 3 日，李政道在《答〈科學時報〉記者楊虛傑問》一文裡對江才健寫的《楊振寧傳》説：「此書對我和楊振寧在物理研究上的合作，以及對我本人人格的很多描述都與事實不相符合。楊振寧是想通過此書重寫歷史，通過對我進行誣衊和貶低來索取根本不屬於他的榮譽。在一本傳記中對別人進行如此集中的歪曲和誣衊是非常罕見的。我讀了之後感到十分震驚和憤怒。……特別是，書中關於宇稱不守恆思想的突破的敘述，更是採取了歪曲事實、製造謊言的手法來抬高楊振寧，貶低我本人。這樣的行為在世界科學史

上很可能是空前的；這樣的傳記寫作手法在歷史上也是極為少見的。」[50，2]

隨後不久，季承、柳懷祖和滕麗三人編了一本《宇稱不守恆發現之爭論解謎——李政道答〈科學時報〉記者楊虛傑問及有關資料》。這本書在2003年底還是一本16開的打印本，自費散發給一些學者；後來2004年4月在甘肅科技出版社正式出版（2000冊），全書271頁，將近22萬字；同年，香港天地圖書公司也出版了這本書的繁體字版。這本書的內容除了李政道答《科學時報》記者楊虛傑問，還收集了以前發表的一些文章，其中有伯恩斯坦的《宇稱問題側記》，李政道的《弱相互作用的歷史》、《破缺的宇稱》和《往事回憶》（"Reminiscences"）等共10篇文章。李政道為這本書寫了一個序，序裡寫道：「我和楊振寧的分歧是中國學術界十分關心的事。現在事情又有了新發展，我覺得有必要讓中國國內和海外華人學者及所有關心此事的炎黃子孫能進一步了解李楊合分的真實情況。因此，我才把就此事回答《科學時報》記者楊虛傑女士的全文及當年有關的英文資料的中文翻譯，彙集出版，公佈於眾。」[50，序6]

楊振寧沒有做任何回應。

(6) 2010年1月，季承寫的《李政道傳》出版

六年之後的2010年1月，季承先生出版了一本《李政道傳》[124]，這本書曾經引起了國內普遍的關注，一時各地媒體紛紛報道，不少城市的小報立即長篇連載。

在這本書裡，季承談到楊振寧和李政道分手的事情。其中的觀點與2004年他主編出版的《宇稱不守恆發現之爭論解謎》完全一樣，如果不說有過之而無不及的話。

這一次楊振寧沒有沉默。

(7) 2010 年 3 月，楊振寧的文章《關於季承的〈李政道傳〉及〈宇稱不守恒發現之爭論解謎〉》在《中華讀書報》發表

這是楊振寧沉默六年之後發表的文章，是至今楊振寧最後表述自己觀點的文章，因此這是一篇想了解楊振寧和李政道關係破裂問題的重要文章。楊振寧在引言中寫道：

> 《李政道傳》是一本介乎傳記與口述歷史之間的著作，作者是傳主李政道的多年助手。由於書中有大量篇幅涉及我本人，以及我與李合作的細節，而所説的或則沒有包括全部事實，或則根本錯誤，很容易造成歪曲、偏頗的印象，我不得不做回應，以正視聽。我要説的，只限於能夠根據文獻講清楚的幾件較大的事情。書中許多材料都源自 2004 年由季承領頭編輯的《宇稱不守恆發現之爭論解謎》，所以下面多處也要涉及此書。

引言之後，楊振寧一共寫了 10 節，有 8300 多字。其中主要討論的有三個問題：一是宇稱不守恆的思想突破是誰先發現的；二是獲得諾貝爾獎的文章到底是誰寫的；三是兩人之間的爭論到底是誰挑起來的。第三個問題上面已經做了簡要的回顧，下面要介紹的是兩人爭端的焦點，即前面兩個問題。

2. 二人爭端的焦點

(1) 宇稱不守恒的思想突破是誰先發現的

李政道在 2003 年的文章裡説：「我和楊振寧爭論的主要焦點是：在 1956 年我們合作發表，1957 年獲得諾貝爾獎的論文中，有關宇稱不守恒的思想突破是誰先提出來的。」[50，序5]

一語道出焦點——科學發現優先權之爭。自古以來在科學史上層出不窮的為優先權爭論的事件，無情地降臨到兩位華人物理學家身上。

前面已經介紹過，宇稱不守恆的思想突破首先是把研究方向從研究奇異粒子的衰變轉向研究 β 衰變，然後才進一步發現化解「θ-τ 之謎」的最重要的鑰匙——贗標量。對此，李政道 2003 年的文章裡說得非常清楚明白：

> ……我記得，在 1956 年 4 月 3 日—7 日羅徹斯特會議結束後的一兩天，4 月 8 日或 9 日，……我發現，用斯坦伯格實驗中重粒子產生和衰變的幾個動量，便能很簡單地去組織一個新的贗標量。用了這 θ-τ 以外的贗標量，就可以試驗 θ-τ 以外的系統宇稱是否不守恆。而這些贗標量，很顯然的，沒有被以前任何實驗測量過。……這就是宇稱不守恆思想的突破。
>
> ……這一切完全證明宇稱不守恆思想的突破是首先由我在 1956 年 4 月上旬獨立做出的，和楊振寧無關。[50，5-7]

李政道在這兒首次明確無誤地宣稱：宇稱不守恆思想的突破——贗標量的發現，是他「在 1956 年 4 月上旬獨立做出的，和楊振寧無關」。

楊振寧在 2010 年的文章中做了回答。回答分兩步，第一步證明贗標量的發現絕對不是李政道說的在「1956 年 4 月上旬」做出，而是在「5 月中旬」。這一點，楊振寧說他有「鐵證」：

> 贗標量是物理學中的一個觀念，它確是化解 θ-τ 謎最重要的鑰匙。在 1954—1956 年間討論 θ-τ 謎的文獻中，它起先完全沒有出現，第一次

出現於文獻就是在1956年10月李和我的那篇後來得獎的文章中（*Phys. Rev.*, 104, 254），這篇文章定稿於該年6月22日。

可是贗標量既非「在4月8日或9日」出現於θ-τ謎中，也非李「獨自發現」的……贗標量出現的時間是5月中旬，是在苦思後「頓悟」出來的。鐵證如下……[125，V]

李政道在1971年寫的《弱相互作用的歷史》中說過（前面已經引用過，這兒不得不再一次部分引用）：

我從吳健雄那裡借到一本齊格班編的有關β衰變的權威著作……在我們把齊格班的書通讀一遍之後，重新用新的相互作用推導了所有的那些老的公式，我們就十分清楚了，在那個時候，甚至連一個能證明在β衰變中宇稱是守恆的實驗證據都沒有。這說明我們是多麼愚蠢！……在一個相當短的時間裡，我們就明白了，缺少證據的原因在於這樣一個簡單的事實，就是沒有人做過任何努力去從看來好像左右對稱的安排中專門挑出贗標量進行研究。[50，143–144]

在1986年《破缺的宇稱》裡[50，243–244]和1988年寫的《往事回憶》中[50，265–268]，李政道都明確指出過，發現贗標量是在把研究宇稱不守恆的方向從研究奇異粒子θ、τ的衰變轉向研究β衰變之後，而不是之前。那麼，李政道是何時向吳健雄借閱齊格班的權威著作《β射線和γ射線譜學》一書的呢？李政道在1988年寫的《往事回憶》裡提到這件事：

到了4月底，我基本上完成了對奇異粒子的研究。在這段時間內，我和斯坦伯格有過幾次討論。5 月初的一天，他來看我……第二天早晨，楊振寧從布魯克海文開車到哥倫比亞大學，我們深入熱烈地討論了一天……我們分別後各自檢查 β 衰變中的宇稱問題。β 衰變當時已是一個歷史很長並且積累了大量知識的領域。……吳健雄是世界上在這一領域的大專家。她在哥倫比亞大學的辦公室就在我的辦公室幾層樓之上。我於是拜訪了她……她對此極感興趣，並借給我齊格班編輯的 β 衰變的權威著作。……

我們最終到了齊格班書的結尾，用新的相互作用項導出了所有老的公式。因此很顯然，在 β 衰變中還沒有一個證據證明宇稱是守恆的。……我們很快就理解到，沒有證據的原因在於一個簡單的事實：即從來沒有人嘗試過在看起來左右對稱的條件下觀測一個物理上的贗標量。[50，265–269]

這段話明白地告訴我們，李政道是在「5 月初的一天」才借來齊格班的書。可見楊振寧在文章中說「在 5 月初改變研究方向，不研究奇異粒子了，改研究 β 衰變」，與李政道 1988 年的回憶完全一致。

接下來，把齊格班的書閱讀以後並經過一番計算，才「頓悟」出要證明宇稱不守恆必須引入一個物理觀念——贗標量。這樣，楊振寧說的「贗標量出現的時間是 5 月中旬」而不是「4 月 8 日或 9 日」是完全合理的。這的確像是一個「鐵證」。

時間上的「鐵證」確定以後，下面的問題就是：最先「頓悟」出贗標量的是他們兩位中哪一位？楊振寧說：

頓悟者是楊或是李？是楊。對此我沒有鐵證，但有 80% 至 90% 可信度證明……[125，V]

這個「證明」涉及一些專業知識，好在非專業的讀者，只要仔細閱讀楊振寧的「證明」，還是可以明白他說的意思。李政道在1971年寫的《弱相互作用的歷史》一文中有一段話，楊振寧在2010年的文章中作為重要證據加以引用，而且還特別加上底線：

> 在我們把齊格班的書通讀一遍之後……這說明我們是多麼愚蠢！應該有一個極為簡單的理由，為甚麼所有的干涉項 $C^*_i C_j$ 互相一一消除。當我們停止計算而思考時，在一個相當短的時間裡，我們就明白了，缺少證據的原因在於這樣一個簡單的事實，就是沒有人做過任何努力去從看來好像左右對稱的安排中專門挑出贗標量進行研究。

針對這一段話，楊振寧說：

> 所以李於1971年還清楚地記得此頓悟，記得是在轉換戰場，改變研究β衰變，引進C與C′大算之後……有80%至90%可信度的證明：達到頓悟最關鍵的一着是一個C→C，C′→−C′的轉換（transformation）。C與C′是由我自我與Tiomno一篇1950年的文章引進的，是與對稱有關的係數，而對稱是我的專長……，所以才能終於想到了這不尋常的一着。

這個轉換，以及其不尋常的作用在《1957 BNL 443》第18–20頁有詳細的說明。[1] 楊振寧還把《1957 BNL 443》複製在2010年的文章中。

楊振寧在證明「頓悟」是他最先做出的這一節最後，還提到一件事，那就

〔1〕1950年與Tiomno合寫的文章見參考書目40，第190頁，註7。

Thus, one has[19]

$$f_{ij}=f_{ij}' . \tag{3.18}$$

Furthermore, we can show that the g_{ij} must be pseudoscalar quantities. To see this, let us consider the following *formal* transformation:

$$C_i \to C_i\,,\quad C_i' \to -C_i' \tag{3.19}$$

together with $\mathbf{r}\to-\mathbf{r}$; $\mathbf{p}\to-\mathbf{p}$; and spin $\mathbf{s}\to+\mathbf{s}$. This formal mathematical transformation leaves the Hamiltonian H_{int} invariant. Thus it must also leave Equation (3.15) invariant. It then follows that under this formal transformation the interference terms g_{ij} must transform as

$$g_{ij}(\mathbf{p},\mathbf{s},\ \ldots\ )\to g_{ij}(-\mathbf{p},+\mathbf{s},\ \ldots\ )=-g_{ij}(\mathbf{p},\mathbf{s},\ \ldots\ ). \tag{3.20}$$

複印自《1957 BNL 443》第 19 頁

是這篇文章開頭談到他的博士論文寫作過程中，也發現「β-γ 關聯（correlation）的計算往往是大算一陣子之後，發現許多項都互相消去，結果非常簡單。……但我卻沒有大事計算，而是去想為甚麼會有那麼多項相消！想的結果是：對稱原理是多項相消的內在原因，從而推廣此原因，寫了我的博士論文」。

因此楊振寧寫道：

> [1948 年]的**大算**與……1956 年的**大算**，都因為利用**對稱原理**，**而可以化為不必要**，顯示出**對稱原理的深入重要性。對此重要性的敏感與認識是我一生學術工作的一個特徵**。

楊振寧還指出：

> **對稱是二十世紀物理學的一個中心觀念**。我的……1948 年的博士論文，後來的楊—Mills、宇稱不守恆、1974 年的規範場積分形式等工

作，**都是關於對稱的工作，其中尤以楊—Mills 的規範場理論為極重要。**請參閱《2009 Dyson》。（上兩段話中的黑體字為楊振寧所加）〔1〕

(2) 獲得諾貝爾獎的論文是誰寫的

楊振寧在 1983 年寫過一段話：

5 月底，我有生以來第一次得了嚴重的腰痛病……我不得不臥床數天。在病榻上，我口授，由妻子致禮寫成了一篇論文。因為她未受過文秘方面的訓練，所以只好一字一句地照記下來。論文的題目是：《在弱作用中宇稱是否守恆？》。我把稿子拿給李政道看，他做了幾處小改。……於是，就把稿子交給布魯克海文 Cosmotron 加速器部的 Barbara Keck，請她打字。

我們的預印本出了幾個錯誤。在校閱清樣時，改正了其中一些錯處…… 。[1，59]〔2〕

---

〔1〕《2009 Dyson》一文的中譯文見本書參考書目 71，《鳥與青蛙》，第 298–310 頁。文中有這樣一段話：「對稱決定相互作用這個思想是楊振寧對外爾思想的推廣。……這個觀點是楊振寧對於物理學最偉大的貢獻。」

〔2〕預印本的照片做幾點說明。右上角四方框裡 BNL 2819 中 BNL 是布魯克海文國家實驗室（Brookhaven National Laboratory）的英文縮寫；2819 是布魯克海文國家實驗室第 2819 號預印本；下面是文章的名稱："Is Parity Conserved in Weak Interaction?"；再下面的 Abstract（摘要）是：The question of parity conservation in β- decays, and hyperon and meson decays is examined. Possible experiments are suggested that might test parity conservation in these interaction（中譯文：本文考察了 β 衰變，以及超子、介子衰變中的宇稱守恆問題，並提出幾個可能檢驗在這些相互作用中宇稱守恆的實驗）。最下面是 Submitted for publication in the *Physical Review*（提交《物理評論》發表）。

2003 年，李政道對記者楊虛傑説的與楊振寧説的恰好相反。李政道説：

1956 年 5 月底，當我根據 4 月份我一人的工作，以及 5 月份我與楊振寧二人合作的結果，寫完這整篇《弱相互作用中宇稱守恆質疑》論文後，接到楊振寧的電話，説他因為忽然腰痛，下一次他不能如期來紐約拜訪我。電話中我告訴他，我已根據我們的討論，不僅寫完了全篇論文，而且哥倫比亞大學物理系理論物理組的行政助理 Irene Tramm 女士連我手寫的全部論文都已經打字出來了。論文的題目是《弱相互作用中的宇稱守恆質疑》。[50，23–26]

同一件事兩個人説的完全相反，真假如何分辨呢？楊振寧在 2010 年提出一個有可能辨別真假的方案：「此原稿當還在 Brookhaven 和 *Physical Review* 期刊的檔案中，可以復查的。」

楊振寧還提出一個「旁證」：

……有一個旁證：李在看到我的《1983 楊》[1]以後，出版了回應的《1986 李》[2]，題目是“Broken Parity”[3]。……文章對我在這本書中所説的文稿主要是由楊執筆的説法未提任何異議。

如果初稿是他寫的，他在這篇他一生極重要的響應文章中會不提異議嗎？[125，VI]

〔1〕即參考書目 40。

〔2〕即 1986 年李政道出版的《李政道論文選集》。

〔3〕此文的中譯文見參考書目 50，第 233–251 頁。

BNL 2819

Is Parity Conserved in Weak Interactions?*

Abstract

The question of parity conservation in β-decays, and hyperon and meson decays is examined. Possible experiments are suggested that might test parity conservation in these interactions.

Submitted for publication in the Physical Review.

《在弱相互作用中宇稱是守恆的嗎？》由布魯克海文國家實驗室打出來的預印本原件的封面

- 18 -

Appendix

If parity is not conserved in β-decay, the most general form of Hamiltonian can be written as

$$
\begin{aligned}
H_{int.} = &(\psi_p^\dagger \gamma_4 \psi_n)(C_S \psi_e^\dagger \gamma_4 \psi_\nu + C_S' \psi_e^\dagger \gamma_4 \gamma_5 \psi_\nu)\\
&+(\psi_p^\dagger \gamma_4 \gamma_\mu \psi_n)(\psi_e^\dagger [C_V \gamma_4 \gamma_\mu + C_V' \gamma_4 \gamma_\mu \gamma_5]\psi_\nu)\\
&+\tfrac{1}{2}(\psi_p^\dagger \gamma_4 \sigma_{\mu\nu} \psi_n)(\psi_e^\dagger [C_T \gamma_4 \sigma_{\mu\nu} + C_T' \gamma_4 \sigma_{\mu\nu} \gamma_5]\psi_\nu)\\
&+(\psi_p^\dagger \gamma_4 \gamma_\mu \gamma_5 \psi_n)(\psi_e^\dagger [-C_A \gamma_4 \gamma_\mu \gamma_5 - C_A' \gamma_4 \gamma_\mu]\psi_\nu)\\
&+(\psi_p^\dagger \gamma_4 \gamma_5 \psi_n)(\psi_e^\dagger [C_P \gamma_4 \gamma_5 + C_P' \gamma_4]\psi_\nu),
\end{aligned} \tag{A.1}
$$

where $\sigma_{\mu\nu} = \frac{-i}{2}(\gamma_\mu \gamma_\nu - \gamma_\nu \gamma_\mu)$ and $\gamma_5 = \gamma_1 \gamma_2 \gamma_3 \gamma_4$. The ten constants C and C' are all real if time reversal invariance is preserved in β-decay. This, however, will not be assumed in the following.

Calculation with this interaction proceeds exactly as usual. One obtains, e.g., for the energy angle distribution of the electron in an allowed transition:

$$
N(W,\theta)\,dW \sin\theta\, d\theta = \frac{\xi}{4\pi^3} F(Z,W)\, pW(W_0-W)^2\left(1+\frac{ap}{W}\cos\theta+\frac{b}{W}\right) dW \sin\theta\, d\theta, \tag{A.2}
$$

where

$$
\xi = \left(|C_S|^2+|C_V|^2+|C_S'|^2+|C_V'|^2\right)|M_F|^2+\left(|C_T|^2+|C_A|^2+|C_T'|^2+|C_A'|^2\right)|M_{GT}|^2, \tag{A.3}
$$

預印本的第 18 頁。文中許多複雜的公式當時打字機無法打出來，因此由楊振寧在預印本打出來後用鋼筆添加上去。出版後這頁文字可參見參考書目 40，第 193 頁，兩者完全相符。

李政道還提出另一個疑問：「文中有好多個像下面這樣的數學方程式……一位沒有科學訓練、沒有文秘經歷的人，怎麼能夠靠別人口述寫出這樣一長篇高度專業性的論文呢？」

楊振寧預印本的一張照片也許可以回答李政道提出的「質疑」：那些「數學方程式」是楊振寧在預印本打出來後用鋼筆添加上去的。這張照片上用鋼筆添加上去的公式，正是李政道在 2003 年舉例說明打不出來的公式。〔1〕

那時沒有電腦，只有英文打字機，不僅僅杜致禮打不出來「這樣的數學方程式」，即使是「布魯克海文 Cosmotron 加速器部的 Barbara Keck」也打不出來。

(3) 署名順序問題及其他

除了這兩個爭論的焦點以外，還有一些問題他們兩位也十分在意。

一是他們合作文章中署名順序的問題。

李政道在 2003 年說：「1952 年，《物理評論》上刊登了……兩篇文章，其署名次序出現了與慣例不同的情況。」[50，36]

他寫出了這兩篇「與慣例不同」的文章：

C. N. Yang and T. D. Lee, *Phys. Rev.*, 87, 404（1952）

T. D. Lee and C. N. Yang, *Phys. Rev.*, 87, 410（1952）

---

〔1〕預印本第 18 頁中的文字，與《物理評論》上楊李文章的文字相符。18 頁有關文字是：

APPENDIX:

If parity is not conserved in β- decay, the most general form of Hamiltonian can be written as...The ten constants C and C′ are real if time-reversal invariance is preserved in β- decay. This however, will not be assumed in the following.

Calculation with this interaction proceeds exactly as usual. One obtains3, e.g., for the energy and angle distribution of the electron in an allowed transition...

接着李政道說：

物理文獻的署名，按一般的習慣，其順序是根據作者英文姓氏的第一個字母的次序而定。這種次序並沒有特別的意義。就如中文排名以姓氏筆畫數目而定一樣。[50，51–54]

對此，楊振寧在 2010 年回答的文章中指出，1945 年到 1956 年底他在美國發表的兩個人簽名的文章共有 13 篇：依字母次序 8 篇，不依字母次序 5 篇。楊振寧說：「不依字母次序的四位合作者，李以外的三位：Tiomno、Feldman 和 Mills 都感謝我帶着他們寫了文章，都和我是終身朋友。」[1]

從楊振寧列的表來看，在和李政道合作時，楊振寧倒是基本上遵守「署名次序」的「慣例」，只有 1952 年與李政道合寫的兩篇文章中的一篇例外。為甚麼這一篇要例外呢？楊振寧回答：

這兩篇文章很有名，是經典文獻，都是由我執筆寫的。其研究態度與方法今天都公認為是我的風格。當時把兩篇文章都簽名為楊—李，是正常的次序。可是我起先竟計劃兩篇文章的簽名都把李放在前面，後來部分地接受了杜致禮的忠告，簽名才變成一篇楊李，一篇李楊。[125，III]

---

〔1〕依字母次序 8 篇為：1. Fermi and Yang, 1949; 2. Lee and Yang, 1952; 3. Lee and Yang, 1955; 4. Lee and Yang, 1956; 5. Lee and Yang, 1956; 6. Huang and Yang, 1956; 7. Lee and Yang, 1956 (Parity paper); 8. Lee and Yang, 1956。

不依字母次序 5 篇為：1. Yang and Tiomno, 1950; 2. Yang and Feldman, 1950; 3. Yang and Lee, 1952; 4. Yang and Mills, 1954; 5. Yang and Mills, 1954。

李政道是不是遵守這個「慣例」呢？《博覽群書》2010年第7期有一篇文章《一些有關李政道、楊振寧之爭的資料》(第53–58頁)，文中寫道：

> ……李是否真的認為這是一個必須遵守的「習慣」呢？不是的。那時候有三篇李和別人合寫的文章，都有合作者英文姓氏的第一個字母的次序在李之前，可是第一作者卻都是李。〔1〕

二是1955年，楊振寧和李政道在《物理評論》上發表的一篇文章，真是否定楊和米爾斯《同位旋守恆和同位旋規範不變性》出發點的文章嗎？

除了宇稱不守恆發現等的爭端以外，讓人沒有想到的是季承在他的《李政道傳》裡還談到楊振寧最重要的貢獻——楊—米爾斯規範場理論。其輕浮刻薄的語言，頗讓人驚訝。這兒只舉其中一例。

1955年，楊振寧和李政道在《物理評論》上發表了一篇文章《重粒子守恆及廣義規範變換》。對於這篇文章，季承寫道：「這篇論文是否定楊振寧和米爾斯上述論文的。楊振寧自己否定自己的論文，是很有意思的一件事。」[124，94]

楊振寧指出，李政道在《宇稱不守恆發現之爭論解謎》一書裡也說過類似的話：「1955年，我們合寫了一篇否定楊和米爾斯《同位旋守恆和同位旋規範不變性》出發點的文章，在《物理評論》上發表。」[50，38]

對此，楊振寧當然不能漠然視之，他嚴正地指出：

> 這篇1955年的文章很短，印出只有不足一頁，而且全文不但沒有

〔1〕作者舉了三個例子：1. T. D. Lee, R. Christian, 1954; 2. T. D. Lee, K. Huang, C. N. Yang, 1957; 3. T. D. Lee, J. Steinberger, G. Feinberg, P. K. Kabi, C. N. Yang, 1957。

任何否定 1954 年楊—米爾斯文章的意思，反而是該文的伸延。此文第二段清楚地説明其用意：

「楊與米爾斯在討論同位旋守恆問題時曾經涉及此問題。我們在此要討論的，則是重粒子守恆所引起的同類問題。」〔1〕

這樣看來，李於 2003—2004 年接受訪問時，恐怕並沒有翻查原文；《2010 李傳》〔2〕的作者於 2009 年恐怕也同樣沒有查閱原文。[125，Ⅳ]

楊振寧在 2010 年這篇文章的最後一節，頗具感情色彩地寫道：

李政道和我在 1946—1957 年間的合作非常非常成功。我曾説它當時被同行們羡慕和妒忌（admired and envied）。記得那時我也曾為蘇軾給他弟弟的詩句所深深感動：

與君世世為兄弟，更結此生未了因。

那時怎麼樣也不會料到我們的被羡妒的合作會演變成後來的悲劇。

派斯是有名的愛因斯坦傳 *Subtle is the Lord...* 的作者。他跟李和我都曾是多年的朋友與同事。他對楊李的合與分寫過下面的一段話：

「我認為要了解其中真相，要對中國傳統比我有更多的知識……」

在眾多討論楊李之合與分的文章中，這恐怕是最有深度的一段話。

---

〔1〕這段話原文見參考書目 40，第 177 頁：“This question has been discussed in connection with the conservation of isotopic spin by Yang and Mills. We wish here to discuss the problem in connection with the conservation of heavy particles.”

〔2〕即季承所著《李政道傳》一書。

有關楊振寧和李政道之間的爭論，雙方至今已經公開出來的文獻我知道的就這麼多。〔1〕

對於他們之間的矛盾和爭論，從一開始他們的同事和朋友都感到非常遺憾，周恩來總理也曾經親自過問這件事情，但是都沒有起到甚麼作用。也許他們兩人的關係非常複雜，不是一句話兩句話就說得清楚的。楊振寧曾經說過：

> 我們兩人的關係，有的時候比我們和我們的太太之間的關係還要密切。……因為通過學術討論，我們可以摸索彼此的性格、彼此的想法，這樣深厚的一個關係，在破裂的時候，我想跟一個婚姻的破裂，是在同一等級上的痛苦。[16，241]

楊振寧還說，將來一定會有人研究這一段歷史的。

李政道說，我和楊振寧的分歧是中國學術界十分關心的事，無法迴避。[50，序5]

他們兩人的恩師吳大猷教授在1989年7月14日說：「整個事件是一極不幸的事，我想truth是不能永久掩蓋着的，所以我希望大家都不再在世人前爭，而讓truth慢慢展現出來。」[16，510]

Truth，一定會「慢慢展現出來」。

〔1〕《自然科學史研究》第28卷（2009年）第1期第1–11頁，刊有王城志先生的文章《鮮為人知的〈李政道口述回憶錄〉探析》，裡面有一些關於兩人關係破裂的資料，但是基本上沒有更多新的內容。

在2017年7月，楊振寧在香港《明報月刊》發表了一篇文章《伯恩斯坦的獨白》[130，60—63]，對這件事提出了一個新的看法，我以為非常值得人們重視，也覺得這才是解決疑難的最好途徑！這篇文章有曹又方先生的中譯文，現全文刊登於下：

伯恩斯坦的獨白〔1〕

楊振寧與李政道於1957年獲得諾貝爾獎以後繼續極成功地合作，為同行們「既羡慕又妒忌」，但不幸於1962年徹底決裂。決裂的原因之一是伯恩斯坦1962年發表在《紐約客》上的一篇文章。關於此文，伯恩斯坦最近有一篇自白，楊先生據之在世界科技出版公司 *Modern Physics Letters A* 期刊上發表了一篇英文文章，其中譯文今徵得楊先生同意發表於本刊。〔2〕

近來，網上有段傑里米·伯恩斯坦（Jeremy Bernstein）關於他1962年發表在《紐約客》（*The New Yorker*）上的著名文章的獨白。下面是那段獨白的轉錄〔3〕（因為網絡錄音質量不高，轉錄內容可能會有失誤）：

如何處理這個問題依然毫無頭緒。但我會在夏天的時候回到日內瓦歐洲核子研究組織（CERN）。現在已經過去快一年了，我一籌莫展。生活總是出人意料。我打了很多場網球，結果扭傷了腳踝。我和李政道夫婦住在同一棟樓裡。他們對我的際遇表示同情。我每

---

〔1〕本文原文為英文，原載期刊 *Modern Physics Letters A*，http://www.worldscientific.com/doi/pdfplus/10.1142/S0217732317300178，中譯文載香港《明報月刊》2017年7月。——引文原註

〔2〕香港《明報月刊》原編者按。——引文原註

〔3〕Web of Stories，http://www.webofstories.com/play/jeremy.bernstein/。——引文原註

天上下班都和李政道一起駕車往返於住所和歐洲核子研究組織。我在交談中對他有了了解。我想，我能做的是為李政道和楊振寧寫篇傳略。於是我問他：「我能這樣做嗎？」他表現得並不熱切，但也沒有完全反對。於是，我便回去撰寫李（政道）和楊（振寧）的傳略了。肖恩其實是傳略的編輯……

我也忘了自己到底是如何完成的。提到那些事情的時候，我想自己也許曾經稱呼他們「李和楊」。反正，我也不知道。有件奇怪的事情，每當回想起來的時候，「李和楊」有時也會顛倒順序變成「楊和李」，這真是奇怪。所以肖恩打電話給我，他說：「你知道嗎？所有地方都從『李和楊』變成了『楊和李』，你知道為甚麼嗎？」我說：「我不知道為甚麼。」原來，他們已經進行了一場決戰，徹底決裂了。所以，有人指責我，但你知道，我甚麼也沒做過。我想戴森（Freeman Dyson）責備過我。但我確實只是寫了篇傳略，別的甚麼也沒做。於是，第二年夏天我必須和李政道談談這件事。他非常不安。不過我想，合作中經常發生這樣的事情。開始合作時，李（政道）還是個年輕的晚輩，楊（振寧）年齡稍長而且來自中國不同的社會階層。在合作過程中，我想點子大多是李（政道）先提出的，榮譽大部分歸楊（振寧）。我認為這是他們關係緊張的根源。之前我也見到過類似情況，蓋爾曼（Murray Gell-Mann）和佩斯（Abraham Pais）就是如此。我說這是這類合作中的典型情況。所以我對此感到萬分內疚。我覺得……我對所發生的事情真的深感抱歉，我對這件事負有一定的責任。

李（政道）離開學院，回到了哥倫比亞，這對他們雙方都好。

戴森給了我一張紙條，上面寫着：「我們原諒你一次，但第二次不會。」這讓我深感不安。後來我嘗試給狄拉克（Paul Dirac）寫傳略，我有一天的採訪時間。我想奧本海默（Oppenheimer）知道了這件事，他勸我不要去做。真可惜，我本來可以為狄拉克寫篇很好的傳略……

我的評論：這段獨白在某種程度上是伯恩斯坦在老年時的自白。他相當含混，把不同時期的真實事件和憑空想像黏接在了一起。但主題是清晰明了的：現在他對 1962 年發表那篇文章「感到萬分內疚」，因為「我對這件事負有一定的責任」。科學合作建立在個人貢獻之上，每個合作者都有其特殊的才能和經驗。合作愈成功，就愈需要信任和體諒來使合作繼續下去。任何媒體刺探成功的科學合作的私密細節，都可能具有很強的破壞性。奧本海默、我和其他朋友在 1962 年就認識到這一點，我們試圖阻止那篇文章發表，但沒有成功。

兩次世界大戰之間，兩位極具實力的英國數學家哈代（Godfrey Harold Hardy，1877—1947）和李特爾伍德（John Edensor Littlewood，1885—1977）有過非常成功的合作。他們是迥然相異的兩個人：性格不同，研究風格也不同。但他們在將近 30 年的合作中做出了亮眼的數學研究成果。當然，有許多人都對他們如何做到這點感興趣。斯諾（C. P. Snow）就是其中之一，而且他還是哈代的摯友。

在一段極具洞察力的文字中，他透露了這段著名合作的重要秘訣[1]：

〔1〕前言由斯諾撰寫，出自哈代（1967）的《一個數學家的辯白》（*A Mathematician's Apology*）。——引文原註

多年以來，哈代幾乎和我聊過能想到的所有話題，除了合作這件事。他說，當然，這是他創造性事業生涯中的主要財富。他用上面我提到的他的口氣來談李特爾伍德，但他從沒提到過他們的合作程序。我的數學知識不足以讓我讀懂他們的論文，但我會摘錄一些他們的言詞。如果他無意中吐露了他們的方法，我想我不會漏掉。我相當肯定，他是故意保守秘密，而他平時處理那些對於大多數人來說相當私密的事情時，並不是這種作風。

我想，如果這段話寫在1962年以前，如果伯恩斯坦讀過這段話並且深刻領悟到哈代和李特爾伍德的智慧，不知他是否會意識到自己不應該介入成功的「李（政道）—楊（振寧）」合作？

這篇文章告訴我們應該如何看待合作者的合作，絕不應該再分開他們合作中間彼此的業績！知道這一點，我就不必為此再說多餘的話了！我在前面囉囉唆唆做的很多分析，也許都是多餘的廢話，但是因為已經在20多年前出版時寫上了，再突然刪去恐怕也不合適，還是讓讀者全面了解我有過甚麼樣的認識，哪怕現在認為是錯的，對讀者也還是有益處的。

六、物理學之美

在閱讀楊振寧的文章的時候，時常會看到他發自內心地對物理學之美的讚歎。例如當他和米爾斯在發現非阿貝爾規範理論時，因為規範粒子沒有質量而思考文章是否發表，他在回憶時說道：

我們究竟應不應該發表一篇論述規範場的論文？在我們心目中，這從來不成其為一個真正的問題。我們的想法是漂亮的（beautiful），應該發表出來。[1，33]

再例如美國電視記者比爾．莫耶斯（Bill Moyers）1988年對楊振寧做電視採訪時，在對話中楊振寧明確談到物理學之美：

楊振寧：……我們所感興趣的是對觀察到的現象提出一個複雜的模型，這些模型都遵循一定的規律，並能用方程式的形式來進行描述，而這些方程式又都與實驗結果驚人地一致。因此，我們可以知道自然界一定存在着一種秩序。而我們渴望全面了解和認識這種秩序，這是因為以前的經歷多次告訴我們：研究得越多，我們對物理學的認識也就越深刻，越有前景；而且越美，越強大。

莫耶斯：您說的是美？

楊振寧：是的，我說的是美。如果你能將許多複雜的現象簡化概括為一些方程式的話，那的確是一種美。詩歌是甚麼？詩歌是一種高度濃縮的思想，是思想的精粹。寥寥數行就道出了自己內心的聲音，袒露出自己的思想。科學研究的成果，也是一首很美麗的詩歌。我們所探求的方程式就是大自然的詩歌。這是一首很美的詩。當我們遇到這些濃縮精粹的結構時，我們就會有美的感受。當我們發現自然界的一個秘密時，一種敬畏之情就會油然而生，好像我們正在瞻仰一件我們不應瞻仰的東西一樣。

莫耶斯：不應該瞻仰？難道屬於禁區？

楊振寧：是的。因為它具有一種神聖的色彩，一種張力。當你面對它時，你會自然而然地產生一種感覺：它不應該被我們凡人窺視到。我一直把這種情結看作是一種最深的宗教情結。當然，這讓我想到一個沒有人能夠回答的問題：為甚麼自然界是這樣而不是那樣？為甚麼最終可以把大自然這些強大的力量，都簡化為一些簡單而又美麗的方程式呢？這個問題有許多人探討過，爭論過，但始終都得不到答案。不過，事實在於，我們既然有認識它的可能，就有進一步深入認識的可能。而這正是吸引我們不斷前進的原因所在。我們想建造一些機器，不是因為我們想把40億美元的資金隨意揮霍掉，也不是因為我們沉迷於將發現的基本粒子進一步分類編目。這些都絕對不是真正的原因，真正的原因在於大自然具有一種神秘的、裡面含有力量的東西——而且，還有異乎尋常的美。

莫耶斯：隨着研究的深入，有沒有跡象表明在我們世界的某個角落裡，有一種複雜的智能可以表現這種美；或者，有一位擅長創作這種詩歌的藝術家？

楊振寧：我希望我能知道如何回答這個問題。事物以某種方式被構造而不是一次意外，這應該是一種絕對的完美：既有美，又可以給出解釋。可怎麼解釋呢？我不知道如何回答。[109，105–106]

我們也許可以把這段對話看成是楊振寧對物理學之美的明確的陳述。

其實在物理學史上，關於物理學之美，很多卓越的物理學大師都談到過。早在16世紀，哥白尼（Nicolaus Copernicus，1473–1543）在他的《天體運行論》第一卷引言的第一句話就說：「在人類智慧所哺育的名目繁多的文化和技術領域中，我認為必須用最強烈的感情和極度的熱忱來促進對最美好的、最值得了解的事物的研究。這就是探索宇宙的神奇運轉、星體的運動、大小、距離和出沒，以及天界中其他現象成因的學科。簡而言之，也就是解釋宇宙的全部現象的學科。難道還有甚麼東西比起當然包括一切美好事物的蒼穹更加美麗的嗎？」[90，第一卷引言]

奧地利理論物理學家、經典統計物理學的奠基人之一玻爾茲曼（Ludwig Boltzmann，1844－1906）曾經拿物理學家和音樂家打比方：「一個音樂家能從頭幾個音節辨別出莫扎特、貝多芬和舒伯特的作品，同樣，一個數學家也可以只讀一篇文章的頭幾頁，就能分辨出柯西、高斯、雅可比、亥姆霍茲和基爾霍夫的文章。法國數學家的風度優雅卓群，而英國人，特別是麥克斯韋，則以非凡的判斷力讓人們吃驚。譬如說，有誰不知道麥克斯韋關於氣體動力學理論的論文呢？……速度的變量在一開始就被莊嚴宏偉地展現出來，然後從一邊切入了狀態方程，從另一邊又切入了有心場的運動方程。公式的混亂程度有增不已。突然，定音鼓敲出了四個音節『令 n=5』。不祥的精靈 u（兩個分子的相對速度）隱去了；同時，就像音樂中的情形一樣，一直很突出的低音突然沉寂了，原先似乎不可被超越的東西，如今隨魔杖一揮而被排除。……這時，你不必問為甚麼這樣或為甚麼不那樣。如果你不能理解這種天籟，就把文章放到一邊去吧。麥克斯韋不寫有註釋的標題音樂。……一個個結論接踵而至，最後，意外的高潮突然降臨，熱平衡條件和輸運係數的表達式出現，接着，大幕降落！」[91，94]

由玻爾茲曼的這段話，我們可以看出，他把麥克斯韋的物理學論文比作聽一首壯麗、美妙的交響樂，這當然是在刻意強調麥克斯韋理論之美。

到了 20 世紀以後，由於物理學進入相對論和量子力學，物理學家對於物理學之美有了更加深刻和精緻的認識。當狄拉克 1956 年在莫斯科大學訪問時，主人照慣例請他題詞，狄拉克寫了一句話：「物理學定律必須具有數學美。」(A physical law must posses mathematical beauty.) [54，205]

如果說狄拉克的這句話還沒有甚麼衝擊力的話，那麼 1974 年他在哈佛大學的演講，就使聽眾頗為震撼。他對聽講的研究生們說：「學物理的人用不着對物理方程的意義操心，只要關心物理方程的美就夠了。」[55，68]

這句話一定很有衝擊力，因為後來溫伯格在《物理學的最終定律》("Face to the Final Theory") 一文裡說：「在場的系裡的教授們都對我們的學生會模仿狄拉克表示擔心而竊竊私語。」[55，68]

由於狄拉克對物理學之美有獨到的觀點，加上楊振寧對狄拉克情有獨鍾，所以我們不妨先談談狄拉克的數學美學思想，以及楊振寧對狄拉克這一觀點的高度讚美。對狄拉克的讚美，其實就是對物理學之美的讚美。

1. 楊振寧眼中的狄拉克

楊振寧在中央電視台《百家講壇》欄目做過一次演講，題目是「新知識的發現」。在這次演講中，他提到了英國物理學家狄拉克。楊振寧說：

> [1928 年，] 另外一個年輕人出現了，這就是狄拉克。狄拉克一來⋯⋯他把費米的工作、玻爾的工作、海森伯的工作，都一下子網羅在裡頭。所以我曾經說，看了狄拉克的文章以後，你就有這麼一個印象，覺得凡是對的東西，他都已經講光了，你到裡頭再去研究，已經研究不出來東西了。[62，34]

楊振寧這兒提到的狄拉克的「工作」指的就是狄拉克方程。狄拉克方程

量子力學創始人之一狄拉克，攝於 1969 年。他堅持認為，物理學理論應該具有數學美。著名的狄拉克方程奇妙地預言了反物質（正電子）的存在。

所取得的驚人的、意料之外的巨大成就（自動地得到自旋、反物質粒子等），以及後來為構思反粒子所經歷的思想波折，使狄拉克潛心思索其中的經驗和教訓。

建立電子波動方程之後的第二年，即 1930 年，狄拉克在他的劃時代的著作《量子力學原理》一書中首次明確地提及物理學中的美。在該書的第一頁他寫道：「[經典電動力學]形成了一個自洽而又優美的理論，使人們不禁會認為，該理論不可能做重大的修改，否則會引起本質上的改變和美的破壞。……[量子力學]現在已經達到了這樣一種程度，即它的形式體系可以建立在一般規律之上，儘管它還不十分完備，但就它所處理的那些問題而言，它比經典理論更為優美，也更令人滿意。」

1936 年狄拉克在《相對論波動方程》一文中，開始大量使用諸如「美」、「美麗的」、「漂亮的」或者「醜陋的」等字眼。

1939 年應該是狄拉克大力發展他的「數學美原理」(The Principle of Mathematical Beauty) 的一年，這一年他在《數學和物理學的關係》一文中詳細闡述了物理學和數學美的關係。他給理論物理學家的建議是：「研究工作者在他致力於用數學形式表示自然界時，應該主要追求數學美。他還應該把簡單性附屬於美而加以考慮……通常的情況是，簡單性的要求和美的要求是相同的，但在它們發生衝突的地方，後者更為重要。」[54，207]

1963 年在都柏林發表的拉莫爾演講中，狄拉克對愛爾蘭的偉大數學家哈密爾頓大加讚頌：「我們應當沿着哈密爾頓的足跡前進，把數學美作為我們的指引燈塔，去建立一些有意義的理論 —— 首先它們得具備數學美。」[54，216]

這裡已經又進了一步，要求物理學家「把數學美作為我們的指引燈塔」。

1982 年在慶祝狄拉克八十壽辰的時候，他發表了一篇題為《美妙的數學》的文章。克拉格 (Helge Kragh) 在他的《狄拉克：科學和人生》一書中對這篇文章這樣寫道：「他認為……自然恰好是按照數學美原理來構造的。他在 1939 年的闡述和他在 26 年後的闡述完全一致：人們也許可以說，上帝是一個非常高明的數學家，他在建造宇宙時用了非常高級的數學。」[54，212]

楊振寧一生都十分欣賞狄拉克的這種物理美學的觀點，尤其讚賞他的物理學思想和風格。這一點連溫伯格都注意到了。溫伯格在《真與美的追求者：狄拉克》一文中寫道：「狄拉克……終於在 1928 年初提出了著名的狄拉克方程。……著名理論物理學家楊振寧曾這樣評述：『到 1928 年他寫出了狄拉克方程式。對他的工作最好的描述是「神來之筆」。』」[55，77]

溫伯格提到的楊振寧的評述，是楊振寧 1986 年在中國科學技術大學研究生院做「幾位物理學家的故事」演講時說的。楊振寧當時說：

狄拉克的物理學有他非常特殊的風格。他把量子力學整個的結構統統記在心中，而後用了簡單、清楚的邏輯推理，經過他的討論之後，你就覺得非這樣不可。到1928年他寫出了狄拉克方程式。對他的工作最好的描述是「神來之筆」。[1，555]

溫伯格還提到：「著名物理學家楊振寧曾在《美和理論物理學》一文中……將愛因斯坦和狄拉克相提並論……」[55，91]

楊振寧這篇重要的文章是1982年寫的。寫到狄拉克時他這樣説：

狄拉克在1963年的《科學美國人》(*Scientific American*)中寫道：「使一個方程具有美感比使它去符合實驗更重要。」狄拉克是健在的最偉大的物理學家。〔1〕他有感知美的奇異本領，沒有人能及得上他。今天，對許多物理學家來説，狄拉克的話包含有偉大的真理。令人驚訝的是，有時候，如果你遵循你的本能提供的通向美的嚮導前進，你會獲得深刻的真理，即使這種真理與實驗是相矛盾的。狄拉克本人就是沿着這條路得到了關於反物質的理論。

……對愛因斯坦和狄拉克來説，這種強調並不奇怪，如果你注意一下他們研究物理學的風格，美始終是一個指導原則。[3，271–274]

1997年，楊振寧還在另一篇文章《美與物理學》裡，用最美麗的詞語讚美狄拉克：

〔1〕狄拉克於1984年去世。楊振寧在寫這篇文章的時候狄拉克還沒有去世。

> 20世紀的物理學家中，風格最獨特的就數狄拉克了。我曾想把他的文章的風格寫下來給我的文、史、藝術方面的朋友們看，始終不知如何下筆。去年偶然在香港《大公報》大公園一欄上看到一篇文章，其中引了高適在《答侯少府》中的詩句：
>
> 性靈出萬象，風骨超常倫。
>
> 我非常高興，覺得用這兩句詩來描述狄拉克方程和反粒子理論是再好沒有了：一方面狄拉克方程確實包羅萬象，而用「出」字描述狄拉克的靈感尤為傳神。另一方面，他於1928年以後四年間不顧玻爾、海森伯、泡利等當時的大物理學家的冷嘲熱諷，始終堅持他的理論，而最後得到全勝，正合「風骨超常倫」。
>
> 可是甚麼是「性靈」呢？這兩個字連起來字典上的解釋不中肯。若直覺地把「性情」、「本性」、「心靈」、「靈魂」、「靈感」、「靈犀」、「聖靈」(Ghost) 等加起來似乎是指直接的、原始的、未加琢磨的思路，而這恰巧是狄拉克方程之精神。剛好此時我和中文大學童元方博士談到《二十一世紀》1996年6月號錢鎖橋的一篇文章，才知道袁宏道 (和後來的周作人、林語堂等) 的性靈論。袁宏道說他的弟弟袁中道的詩是「獨抒性靈，不拘格套」，這也正是狄拉克作風的特徵。「非從自己的胸臆流出，不肯下筆」，又正好描述了狄拉克的獨創性！[3，280–281]

溫伯格也用詩一般的語言讚揚狄拉克的風格，還引用了楊振寧的話。他寫道：「讀狄拉克的文章和他所寫的《量子力學原理》這本書，你的確會有一種清澈、透明的感受，好像置身於秋高氣爽的天氣中所享受到的一種美的感受。對此楊振寧有過極好的描述：『狄拉克的一個特點：話不多，而其內容含有簡單、直接、原始的邏輯性。一旦抓住了他獨特的、別人想不到的邏輯，他的文章讀起來便很通順，就像「秋水文章不染塵」，沒有任何渣滓，直達深處，直達宇宙的奧秘。』」[55，91]

楊振寧雖然非常讚賞狄拉克的物理學美的觀念，但他不僅僅是一位讚賞者，而且是一位偉大的創建者。他不僅非常成功地將狄拉克的美學原則用來作為研究物理學的「指導原則」，而且還有大的成就和發展。

先說成就，1954 年在發現非阿貝爾規範理論的時候，他正是遵循狄拉克的指導原則，覺得這個理論太「漂亮」了，於是果斷地發表了他們的理論文章。但是，規範粒子沒有質量這件事，仍然使他們感到困惑。楊振寧不同於泡利的是，他相信以後隨着理論和實驗的研究進展，粒子質量的問題會解決的。正是這一信念支持他勇敢地發表了他們的文章。以後這個理論的發展出乎他們的預料，成為現代物理學的「聖杯」。

再說發展，在應用這一指導原則的時候，他青出於藍而勝於藍。狄拉克說「使一個方程具有美感比使它去符合實驗更重要」，楊振寧雖然讚賞狄拉克的這一異乎尋常的思路，也讚賞這一結論的非同一般的價值，但是他也絕不讓它成為金科玉律般的僵化教條。在對待實驗與理論的關係方面，楊振寧應該說比狄拉克更清醒一些。例如，當楊振寧和李政道研究宇稱不守恆問題時，雖然他們認為宇稱也許在弱相互作用中可能不守恆，但是他們卻認真研究了在此之前所有的有關實驗的報告，發現一個嚴重的問題：所有 β 衰變的實驗都不能夠證實在弱相互作用中宇稱是守恆的；以此為根據他們提出七個可以真正檢驗宇稱是否守恆的實驗，供實驗物理學家參考。結果，實驗物理學家果真從他們提出的實驗中得到了宇稱在弱相互作用中不守恆的結論。一個劃時代的物理學思想革命，由此拉開序幕！

可見，楊振寧在信奉狄拉克的指導原則的同時，沒有像狄拉克那樣過於輕視實驗的重要判斷意義。狄拉克在某些方面的失誤，楊振寧肯定了然於心。所以他曾經告誡他的學生鄒祖德：「在進行理論工作之前，務必去熟悉實驗事實。」[1，922]

在實驗和理論兩方面保持一種合適的平衡，楊振寧得益於費米的教導，和在阿里森實驗室兩年看似沒有成就的經歷。正如楊振寧自己所說，這一經歷使他知道實驗物理學家在想甚麼，在幹甚麼。後來，在布魯克海文國家實驗室的一年經歷，又加深了楊振寧對這方面的體認。

2. 楊振寧論美與物理學

除了在物理研究中重視和發展了狄拉克的思想以外，楊振寧對物理學和美學之間的密切關係也做了深入的研究，這些研究與他的其他研究一起，成為科學思想寶庫的重要部分。在《楊振寧文錄》一書裡，收集了楊振寧在這方面最重要的論述，其中包括《美和理論物理學》、《科學美和文學美》、《美與物理學》，以及與此有密切關係的《關於科學與宗教的看法》。2008 年八方文化創作室出版的《楊振寧．范曾談美》也屬於楊振寧在這方面的重要文獻。楊振寧這方面的論述也引起國內外廣泛的注意，例如上面我們提到的溫伯格在他的文章中就一再引用楊振寧的論述作為他立論的根據。我相信，楊振寧在這方面的論述，以後將肯定會引起人們更廣泛、更深入的研究。

人們首先關心的是，如果科學中的確存在美，那麼如何定義科學中的美呢？這的確是一個大問題，但也是一個很難回答的問題。從古到今，關於美的定義一直在爭論不休，至今仍然沒有一致的意見；因此，科學美也跟着倒霉，沒有辦法給出明確的定義，不可能用幾句話説清楚甚麼是科學美。而且，隨着物理學的發展，物理學家對物理學之美的觀念已經和還在繼續不斷發生變化，給出一個完整、明晰的定義根本不大可能。對此楊振寧説過：

科學中存在美，所有的科學家都有這種感受。美的定義是甚麼？韋伯斯特（Webster）大學辭典中對美是這樣定義的：「一個人或一種事物具有的品質或品質的綜合，它愉悦感官或使思想或精神得到愉快的滿足。」這是一個不到 25 個詞的簡潔的定義（在英語中這句話僅 24 個單詞——譯者註）。當然，美的概念實際上比這個定義複雜得多。你會問：在文學、繪畫、音樂和科學中，美的含義是甚麼？當你這樣提問時，你會意識到，這個問題相當複雜，也許很難給出一個周全的定義。[3，263]

難以定義不能就説科學中不存在美。前面我們引用過許多科學家自身的感受，説明科學家們早就知道和相信科學中蘊含着一種非常奇妙的美。法國數學家和物理學家龐加萊（J. H. Poincaré，1854－1912）甚至説過：「如果自然不美，它就不值得去探求。」

為了定義科學中的美，楊振寧可以説是絞盡腦汁、殫精竭慮，最後他認為：

我考慮了試圖用一些詞來定義科學中的美的可能性。顯然，這樣一些詞，如：①和諧、②優雅、③一致、④簡單、⑤整齊等等都與科學中的美，特別是與理論物理中的美有關。但是，思索着怎樣把這些詞組合在一起去形成「美」的定義時，我開始意識到，事實上「物理學中美的概念不是固定的」。這個概念是發展的，因為理論物理學的題材是發展的，並且我強烈地覺得在所有自然科學的分支中都存在這種情況。

我們對理論物理學中美的理解是變化的。對於這種變化，影響最顯著最重要的是理論物理學日益增長的數學化。[3，265]

要想深刻理解楊振寧說的意思，我們必須知道物理學史上發生的一些重大事件。早在公元前 420 多年前，古希臘偉大的哲學家，也是整個西方哲學乃至西方文化最偉大的哲學家和思想家之一的柏拉圖（Plato，約前 427—前 347）在雅典建立的學園大門上，就寫着幾個大字「不懂幾何者不得入內」，可見人類很早就注意到數學的重要性。但是物理學真正開始用精確的數學公式來描述物理學從實驗中得出的定律，則始於伽利略（Galileo Galilei，1564—1642）。楊振寧說：「正是伽利略教導科學界說，如果你明智地選擇了你觀察到的事物，你將會發現，從一些純化的理想化的關於自然界的實驗中得出的物理定律，可以用精確的數學語言來描述。這就是伽利略的偉大教導，這當然也就是定量的物理學的開始。伽利略的觀念是一種深刻的美的觀念。」[3，265]後來通過牛頓的工作，物理學的數學化進一步取得了很大的發展，並且被認為是非常嚴格的數學化。接着是英國物理學家麥克斯韋對現代物理學的數學化起了關鍵性的作用。

法拉第（Michael Faraday，1791—1867）基本上不懂數學，卻是一位有着了不起的物理直覺的物理學家。他發現了電磁感應定律，這是很重要的發現，更為重要的是他認為電和磁應該用電場和磁場來描述。但是，他沒有能力把這一重要的物理直覺數學化。如果到此為止，電磁學將不會有進一步的發展。但幸運的是，在法拉第身邊出現了年輕的麥克斯韋。麥克斯韋經過五年的努力，用一套現在稱為麥克斯韋方程組的公式，把法拉第的電場和磁場的概念用數學完美地表現出來。當時法拉第寫了一封很有趣的信給麥克斯韋：「我親愛的先生：收到了您的文章我很感謝。我不是說我敢於感謝您是為了您所說的那些有關力線的話，因為我知道您做這項工作是由於對哲學真理感興趣。但您必定猜想它對我是一件愉快的工作，並鼓勵我去繼續考慮它。當我初次得知要用數學方法來處理電磁場時，我有不可名狀的擔心；但現在看來，這一內容竟被處理得非常美妙。」[3，267]

楊振寧曾經在 1978 年的《從歷史角度看四種相互作用的統一》一文中寫到這件事：

> 麥克斯韋到底做了甚麼事情呢？他就是把……電磁學裡的四個定律寫成了四個方程式。第一個是庫侖定律，第二個是高斯定律，第三個是安培定律，第四個是法拉第定律。
>
> 麥克斯韋把這幾個方程式寫出來後發現了一個問題，這個問題在方程式寫出之前大家都沒有注意到，法拉第沒有注意到，麥克斯韋也沒有注意到。麥克斯韋最初寫出的四個定律中有 $\dot{\vec{H}}$ 這一項，但是卻沒有 $\dot{\vec{E}}$ 這一項（$\vec{E}$ 代表電場，$\vec{H}$ 代表磁場，字母上的箭頭代表這個字母所描述的物理量是矢量，箭頭上面的圓點表示微商）。寫出後他發現這四個公式實際上是不相容的，裡面彼此要發生矛盾。如不把它寫成數學的公式，單看這四個定律，那就不太容易了解它們之間是不相容的。可是寫成了數學的公式，便可以運用數學中積累了好幾個世紀的一些知識，做一些運算，這樣麥克斯韋就發現它們的不相容。為了使它們相容，他（在安培定律中）加了一項 $\dot{\vec{E}}$ 就是電場對時間的微商。

下面就是麥克斯韋加了 $\dot{E}$ 以後的麥克斯韋方程組：

$$\vec{\nabla}\cdot\vec{E}=4\pi\rho$$
$$\vec{\nabla}\cdot\vec{H}=0$$
$$\vec{\nabla}\times\vec{H}=4\pi\vec{j}+\dot{\vec{E}}$$
$$\vec{\nabla}\times\vec{E}=-\dot{\vec{H}}$$

楊振寧接着說：

> 加了這一項，就變成相容的了，而且又不違反原來法拉第的定律和安培的定律。這是物理學史上一個非常重要的發展。
>
> 這樣，他的方程組就具有了完美的對稱形式，有了這四個方程，再利用數學方法，麥克斯韋竟然推出電磁場的波動方程，而且發現光也是一種電磁波！[3，141—142]

最後一句話需要解釋一下。麥克斯韋在仔細研究他的方程組以後，獲得了物理學中的一個真正讓人吃驚的發現：在變化的電場周圍有電磁波的存在。概略地說，如果我們處於一個電場隨時間變化的空間區域，那麼在鄰近的空間就會產生磁場；這個磁場也是隨時間變化的，它又產生電場。這就像投進池塘的石子激起的水波一樣，電磁場也以波的形式傳播出去，電能和磁能相互轉換。

而且麥克斯韋還驚訝地發現，由他的方程可以精確地算出電磁波的速度。光的速度在那時已經由實驗和天文觀察精確地測出了，麥克斯韋從理論上得到的電磁波的值和測到的光速值極其相符！這實在是一個非常意外和絕對了不起的發現！麥克斯韋由此推斷，光只是眾多電磁波中的一種。牛頓和荷蘭物理學家惠更斯（Christiaan Huygens，1629—1695）總結出的光學中的定律，如反射、折射、衍射等定律，全部可以由麥克斯韋的方程組導出。這是物理學史上一次偉大的突破！

光學從此成為電磁學的一個分支。

在物理學發展史上，麥克斯韋是第一個在沒有充分的經驗事實的情況下，僅依靠純抽象的、數學上的對稱性，也就是一種數學上的美學判斷，就得到了電磁波的結論，並將光學和電磁學統一起來的科學家。這是一個劃時代的事件。也許正是因為這一思想方法是如此新穎，致使一些與麥克斯韋同時代的偉大物理學家如玻爾茲曼、亥姆霍茲（H. L. F. von Helmholtz，1821—1894）都不能立即接受麥克斯韋的電磁理論。德國物理學家、諾貝爾獎獲得者馮·勞厄曾說過：「儘管麥克斯韋理論具有內在的完美性並和一切經驗相符合，但它只能逐漸地被物理學家們接受。它的思想太不平常了，甚至像亥姆霍茲和玻爾茲曼這樣有異常才能的人，為了理解它也花了幾年的力氣。」[92，53]

從麥克斯韋方程和狄拉克方程的建立過程，我們可以深刻領會楊振寧前面說的話：「我們對理論物理學中美的理解是變化的。對於這種變化，影響最顯著最重要的是理論物理學日益增長的數學化。」許多物理學家一時不能接受麥克斯韋的理論的原因，實際上是他們對「理論物理學日益增長的數學化」沒有做好思想上的準備。這種狀況在現代物理學創建的過程中一再發生，反覆出現，今後也還會發生。

直到1888年，德國物理學家赫茲（H. R. Hertz，1857—1894）用奇妙的電火花實驗證實了電磁波的存在以後，人們才不僅承認了麥克斯韋的偉大理論，而且莫不驚歎數學、對稱性威力如此之大，以及麥克斯韋方程如此之優美。玻爾茲曼就曾用歌德的詩句讚美道：「是哪位神明寫出了這些？」

英國物理學家麥克斯韋。他的麥克斯韋方程組改變了我們的世界。

楊振寧，攝於 1963 年。

麥克斯韋方程對愛因斯坦的物理學研究產生了重大的影響，導致他建立了 20 世紀最偉大的物理學理論 —— 相對論。楊振寧對此有清楚的分析：

> 麥克斯韋方程組導致了場論的誕生，而場論至今仍然是粒子物理的中心論題。麥克斯韋方程組還導致了洛倫兹變換的概念，這個變換通過愛因斯坦的工作揭示了平直時空的幾何。
>
> 愛因斯坦所做的一個特別重要的結論是對稱性起了非常重要的作用。在 1905 年以前，方程是從實驗中得到的，而對稱性是從方程中得到的，於是 —— 愛因斯坦說 —— 閔可夫斯基（Minkowski）做了一個重要的貢獻：他把事情翻轉過來，首先是對稱性，然後尋找與此對稱性一致的方程。
>
> 這種思想在愛因斯坦的頭腦中起着深刻的作用，從 1908 年起，他就想通過擴大對稱性的範圍來發展這一思想。他想引進廣義坐標對稱性，而這一點是他創造廣義相對論的推動力之一。另一個推動力是等價原理的思想，這兩者結合在一起，經過七年多的奮鬥，在 1915 年，他終於給出了一個彎曲時空的幾何與廣義相對論。[3，163]

楊振寧這兒說的「對稱性」已經不是表觀上、直觀的對稱性，而是更加高級的數學上的對稱性。

在麥克斯韋、愛因斯坦之後，楊振寧把這種數學上的對稱性思想做了重要的推進，得出「對稱性支配相互作用」這一偉大的原理。有關這一部分，以及數學與物理學的進一步關係，讀者可以參閱本書第五章第四節「楊振寧與現代數學」。

其次，讀者可能關心的是，不是物理學家的讀者如何理解物理學中的美呢？看來這的確是一個很大的問題。其實這個問題之所以存在，多半是因為以前我們不太了解或者重視物理學中有美的存在，因此很少注意介紹這方面的常識。今後如果加強這方面的介紹，那麼小學生、初中學生就至少可以了解物理學中一部分的美。對此，楊振寧在《美和理論物理學》一文中寫道：

> 存在三種美：現象之美、理論描述之美、理論結構之美。當然，像所有這一類討論一樣，它們之間沒有截然明確的分界線，它們之間有重疊，還有一些美的發展，人們發現很難把它們歸入哪一類。但我傾向於認為一般來說，在理論物理學中有不同類型的美，而我們對這些美的鑒賞稍有不同，這取決於我們已在討論的是哪一類美。而且，隨着時間的推移，我們對於不同類型的美的欣賞也隨着變化。[3，268]

現象之美是組成了科學主題的那些實體所呈現出的美麗的現象，例如朝霞暮色、雨後的七色霓虹、極地的極光、牛頓用三棱鏡折射出來的連續彩色光譜和晶瑩剔透的美麗晶體等，這種從實體中獲得的美感，只需要觀察就夠了，人人都可以欣賞，一般不需要特定的理論知識就可以感受到。宋代陸游在《泛舟澤中夜歸》中描述彩虹時寫道：

> 虹斷已收千嶂雨，鶴歸正駕九天風。
> 漁舟容與橫沙際，水鳥號鳴傍葦叢。

這是描述現象之美的美麗詩句，人人可以感受。

理論描述之美則是客體自然規律中反映出來的一種讓人愉悦的美。例如引力定律，熱力學第一、第二定律等，都是對自然界某些基本性質的很美的理論描述，它們往往會給人們一種意料不到的、震撼性的美的感受。每當一個高中學生學習了牛頓的引力定律以後，心中一定自然而然地會有一種神聖感、莊嚴感，因為從此他掌握了宇宙間一個偉大的奧秘——萬有引力定律。這其實就是一種神聖的美感。美感而又帶有一種神聖感，那才是真正的美感！接着，當教科書上告訴我們英國天文學家哈雷（Edmund Halley，1656—1742）僅僅根據牛頓引力定律就預言哈雷彗星回歸的時間，法國天文學家勒威耶（Urbain Le Verrier，1811—1877）和英國天文學家亞當斯（John Couch Adams，1819—1892）同樣僅僅根據萬有引力定律就能夠預言在浩渺宇宙中一顆未知行星海王星運行的軌道，這時每一個學生心中蘊藏的美感會使他激動得想大聲喊叫，表示自己的激情和感動。這種激情和感動，就是美感達到極致的一種自然反應。

這些定理或者定律，它們在自然現象中不能直接見到，只能由掌握了一定的科學理論的人感受到。這些理論之美就是科學家最神往的美，並且正是這些美使得科學家在冗長沉悶的工作中得到愉悦、欣慰，並成為研究科學巨大的動力之一。理論描述（和部分理論結構）之美，一般受過高中教育的讀者就可以理解和接受。

理論結構之美就需要更多的知識背景才能夠理解，它是指理論有一個漂亮的結構，在 20 世紀以後它通常是指理論本身的數學結構。楊振寧教授説：

> 自然界為它的物理定律選擇這樣的數學結構是一件神奇的事，沒有

> 人能真正解釋這一點。顯然，這些數學思想的美是另一種美，它與我們前面討論的美很不相同，物理的日趨數學化意味着在我們的領域內這最後一種美越來越重要。[3，269]

舉一個例子。在20世紀以前，科學家常常是根據實驗或者現象找到一個方程；例如開普勒、牛頓、庫侖（Charles Coulomb，1736—1806）、奧斯特、法拉第等人，他們的那些重要定律，都是先從實驗中發現的，然後用一個方程表達這個定律，然後再由實驗證明這個方程的正確與否。現代物理學則有很大的不同。20世紀以後，由於麥克斯韋、愛因斯坦、狄拉克和楊振寧等的貢獻，物理學家們驚訝地發現自然界有一種非常美麗的對稱性結構，於是他們常常先擴大理論結構的對稱性原理，並從中得到一個方程，再用實驗證明這個方程是正確的。整個過程反過來了。對此楊振寧論述道：

> 愛因斯坦決定倒轉他的做法。……這是一個如此令人難忘的發展，愛因斯坦決定將正常的模式顛倒過來。首先從一個大的對稱性出發，然後再問為了保持這個對稱性可以導出甚麼樣的方程來。20世紀物理學的第二次革命就是這樣發生的。[3，271]

楊振寧的非阿貝爾規範場理論的偉大發現，就是他充分認識到愛因斯坦「倒轉法」和外爾發現的局域性對稱的重大價值以後，在物理學研究中進一步取得的20世紀物理學最偉大的成就之一。

要理解和欣賞理論結構之美，比較困難，因為需要較多的數學知識，尤其是群論方面的知識。

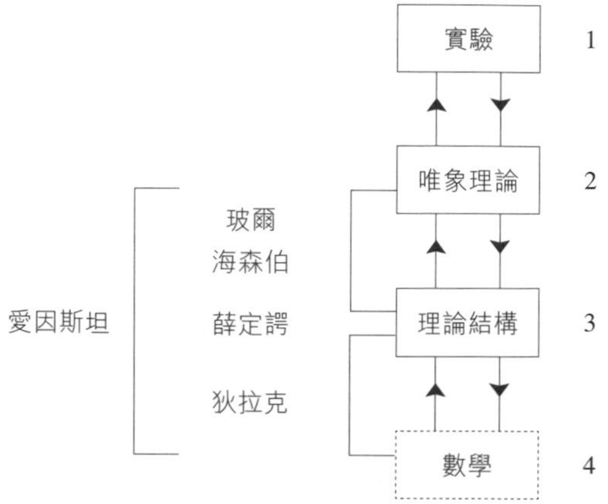

實驗、理論、理論結構和數學四者之間的關係，楊振寧畫了一個示意圖表示。物理學家，尤其是 20 世紀以前的物理學家，一般都是從實驗 (1) 開始，得出一些唯象的理論 (2)，最後才有可能進入理論結構 (3)。在力學中，首先是第谷・布拉赫做了大量的天文觀測，他的研究基本上在區域 (1) 裡，然後開普勒在仔細分析了布拉赫的觀測數據以後，建立了開普勒三大定律，這是唯象理論（也就是前面說的「理論描述」）；還有伽利略根據他的實驗得到了落體定律，這也是唯象定律。以後牛頓在他們建立的唯象理論之上創建了牛頓三大定律，這已經進入了理論結構 (3) 的領域。在電磁學領域裡，也經歷了同樣的過程，先是庫侖、安培（André Amperé，1775–1836）、法拉第等人從實驗 (1) 得到庫侖定律、安培定律和法拉第電磁感應定律這些唯象理論 (2)。麥克斯韋建立了麥克斯韋方程組以後，電磁學才終於步入了理論結構 (3) 的範疇。

在現代物理學中，英國物理學家金斯（James Jeans，1877–1946）、德國物理學家維恩（Wilhelm Wien，1864–1928）和普朗克等一大批物理學家，通過許多實驗在熱輻射方面得到金斯定理、維恩定理和普朗克定理等，這些理論都是唯象理論。直到海森伯和狄拉克建立了海森伯方程和狄拉克方程之後，理論結構 (3) 才建立起來。

物理學從 (1) → (2) → (3) 發展過程中各自的美，楊振寧曾做過一個深刻和形象的總結：

> 物理學自 (1) 到 (2) 到 (3) 是自表面向深層的發展。表面有表面的結構，有表面的美。譬如虹和霓是極美的表面現象，人人都可以看到。實驗工作者做了測量以後發現虹是 42° 的弧，紅在外，紫在內；霓是 50° 的弧，紅在內，紫在外。這種準確規律增加了實驗工作者對自然現象的美的認識。這是第一步 (1)。進一步的唯象理論研究 (2) 使物理學家了解到這 42° 與 50° 可以從陽光在水珠中的折射與反射推算出來，此種了解顯示出了深一層的美。再進一步的研究更深入了解折射與反射現象本身可從一個包羅萬象的麥克斯韋方程推算出來，這就顯示出了極深層的理論結構 (3) 的美。〔1〕
>
> 牛頓的運動方程、麥克斯韋方程、愛因斯坦的狹義與廣義相對論方程、狄拉克方程、海森伯方程和其他五六個方程是物理學理論結構的骨幹。它們提煉了幾個世紀的實驗工作 (1) 與唯象理論 (2) 的精髓，達到了科學研究的最高境界。它們以極度濃縮的數學語言寫出了物理世界的

---

〔1〕 1997 年楊振寧在回答《中國青年報》記者肖英的提問時說：「物理學可以分為實驗物理、唯象理論和理論結構三個領域，雖然，每個領域都有自己獨特的美，但物理學最後的精華在於理論結構。牛頓的運動方程、麥克斯韋方程、愛因斯坦狹義和廣義相對論方程、狄拉克方程、海森伯方程，以及另外的五六個方程，合在一起就是整個物理學的理論結構。」[128，97]

基本結構，可以說它們是造物者的詩篇。

這些方程還有一方面與詩有共同點：它們的內涵往往隨着物理學的發展而產生新的、當初所完全沒有想到的意義。舉兩個例子：上面提到過的19世紀中葉寫下來的麥克斯韋方程是在本世紀初通過愛因斯坦的工作才顯示出高度的對稱性，而這種對稱性以後逐漸發展為20世紀物理學的一個最重要的中心思想。另一個例子是狄拉克方程。它最初完全沒有被數學家所注意，而今天狄拉克流型（Dirac Manifold）已變成數學家熱門研究的一個新課題。

學物理的人了解了這些像詩一樣的方程的意義以後，對它們的美的感受是既直接而又十分複雜的。

它們的極度濃縮性和它們的包羅萬象的特點也許可以用布萊克（W. Blake，1757—1827）的不朽名句來描述：

To see a world in a grain of sand
And a heaven in a wild flower
Hold Infinity in the palm of your hand
And Eternity in an hour〔1〕

〔1〕陳之藩教授的譯文如下：

一粒沙裡有一個世界
一朵花裡有一個天堂
把無窮無盡握於手掌
永恆寧非是剎那時光

—— 原書作者註（這首詩的中譯文可見《時空之海 · 看雲聽雨》，陳之藩著，黃山書社，2009年，第33–34頁）

它們的巨大影響也許可以用波普（A. Pope，1688—1744）的名句來描述：

Nature and nature's law lay hid in night

God said, Let Newton be!! And all was light [1]

可是這些都不夠，都不能全面地道出學物理的人面對這些方程的美的感受。缺少的似乎是一種莊嚴感，一種神聖感，一種初窺宇宙奧秘的畏懼感。我想缺少的恐怕正是籌建哥特式（Gothic）教堂的建築師們所要歌頌的崇高美、靈魂美、宗教美、最終極的美。

第 325 頁圖中理論結構（3）之下的數學（4）又是怎麼一回事呢？楊振寧舉了一個例子來說明其間的關係。海森伯方程和狄拉克方程雖然都是理論結構的範疇，是量子力學的最高成就，但是它們建立的過程卻非常不同。從圖中可以看到，海森伯的物理活動主要在唯象理論和理論結構之間，這表明海森伯主要是從實驗和經驗事實出發建立他的方程的。而實驗和經驗是色彩斑斕、盤根錯節、錯綜複雜、雲詭波譎和千變萬化的，在這一過程中海森伯幾乎不可避免要猶豫、彷徨和不斷地試錯。1963 年 2 月 25 日，海森伯在科學史家庫恩（T. S. Kuhn）採訪時曾經說過：「當你爬甚麼山時……你有時……想登上某一山峰，但是到處都是雲霧……你有一張地圖或別的東西表明你可能必須去的地方，但是你卻在雲霧中完全迷路了。然後……突然間，你在雲霧中相當模糊地看到了一點點東西，於是你說：『噢，這就是我要找的岩

〔1〕我的翻譯如下：「自然與自然規律為黑暗隱蔽 / 上帝說，讓牛頓來！一切遂臻光明。」—— 原書作者註

德國物理學家海森伯，1932 年獲得諾貝爾物理學獎。

石。』就在你看到的那一瞬間，整個的圖景完全改變了，因為，雖然你還不知道是不是要到那塊岩石上去，但是有一會兒，你說：『……現在我知道我在哪兒了；我必須走到離那岩石更近的地方去，然後我肯定就會找到要走的路……』我只要看到一些細節，就像在爬山的任何部分行程中那樣，我就當然可以說，很好，我可以再向前走 15 碼，或者 100 碼，或者也許走 1 公里，但是我仍然不知道這走對了呢，還是完全離開了正路。」[93，401]

這就可以說明為甚麼海森伯的文章讀起來讓人覺得講得不清楚，有渣滓。例如海森伯發現奇怪乘法的第一篇文章，玻恩開始看不懂，後來才知道原來這個「奇怪的乘法」就是數學中的矩陣。而狄拉克與海森伯不同，他活動在理論結構和數學之間，他的文章從美妙的數學靈感出發。當他在思考他 1928 年最著名的那篇文章的時候，他對海森伯、泡利為自旋建立種種模型完全不屑一顧，認為那簡直可笑。他的進路是從數學的結構美和簡潔的邏輯美出發，並由此建立了一個驚世駭俗的狄拉克方程！楊振寧對這個方程一再驚歎不止，在《美與物理學》一文中讚歎道：

> 狄拉克方程「無中生有、石破天驚」地指出為甚麼電子有「自旋」(spin)，而且為甚麼「自旋角動量」是1/2而不是整數。初次了解此中奧妙的人都無法不驚歎其為「神來之筆」，是別人無法想到的妙算。當時最負盛名的海森伯看了狄拉克的文章，無法了解狄拉克怎麼會想出此神來之筆，於1928年5月3日給泡利寫了一封信描述了他的煩惱：「為了不持續地被狄拉克所煩擾，我換了一個題目做，得到了些成果。」[3，279–280]

由此可見，他們兩個人的科學素養、喜好和注意方向不同，所以他們的工作領域也不一樣，因而他們寫出各自方程的途徑也完全不同。關於愛因斯坦，楊振寧認為他興趣廣泛，在許多領域中，自 (2)、(3) 到 (4)，都做出過劃時代的重大貢獻。

楊振寧沒有談到自己在哪些領域裡活動。其實，從前面敘述楊振寧的貢獻中就可以看出，楊振寧和愛因斯坦一樣，由於他從小受到父親的影響，對於數學有一種特有的敏感和喜愛，再加上有費米的影響，所以他像愛因斯坦一樣，從 (2)、(3) 到 (4) 都做出了劃時代的貢獻。例如，宇稱守恆的問題是從關注實驗 (1) 出發而得到宇稱在弱相互作用中不守恆的重大發現 (2)；而非阿貝爾規範場理論 (3)，則像狄拉克一樣，是從理論結構 (3) 和數學美 (4) 出發而得到的一個偉大的發現。而且最令人驚訝的是，無論是楊—米爾斯理論還是後來的楊—巴克斯特方程，現在都已經進入數學 (4)，成為當今數學家非常關注的數學結構之一。

在楊振寧畫的圖裡，最下面數學 (4) 用虛線畫的方框，其中的含義是數學和物理學是兩門不同的學科，它們只是在極少的部分重疊，實驗 (1) 和唯象理論 (2) 都不在重疊區，同樣，數學絕大部分也在重疊區之外。〔1〕楊振寧還特別指出：

> 值得注意的是即使在重疊區，雖然基本概念物理與數學公用，但是二者的價值觀和傳統截然不同，而二者發展的生命力也各自遵循不同的莖脈流通。[3，286]

有了楊振寧這種科學的劃分，我們對物理學之美的了解就會有一個比較明確的概念，並且也可以加深我們對物理學本身的了解。

〔1〕楊振寧畫了一個物理學與數學重疊的「二葉圖」，見本書第五章第四節「楊振寧與現代數學」。

第五章　紐約州立大學石溪分校（1966–1999）

前面我們提到過，1953 年的冬天，楊振寧在長島布魯克海文國家實驗室訪問的時候，曾帶着杜致禮和長子楊光諾驅車沿長島的大西洋海岸向北方駛去。來到一個美麗的小鎮時，他被這個小鎮旖旎的風光所吸引，不由停車觀賞了一番。他當時打開地圖查了一下，才知道這個小鎮叫 Stony Brook，譯成中文是一個很有詩意的名字：石溪。這不由得使人想起唐朝王維的詩句：

颯颯松上雨，潺潺石中流。
靜言深溪裡，長嘯高山頭。

當時，楊振寧沒有想到，13 年以後，他會離開生活了 17 年的普林斯頓，舉家搬到美麗的石溪來，成為新建的紐約州立大學石溪分校創建時代的明星。

一、跳出象牙塔

1965 年前後，紐約州在州長納爾遜・洛克菲勒的建議下通過一項決議，在愛因斯坦逝世十週年之際，要在紐約的幾所大學中設立五個愛因斯坦講座教授席位，至於設在哪五所大學，由各大學競爭來決定。這是紐約州首次設立自然科學傑出學者的講座席位。每一個講座席位的教授每年可以獲得 10 萬美元的資助，這在當時是全美國最高的教授資助金額，學校可以用它支付一位傑出學者的薪金和支持講座教授研究項目的一些開支。這一決議，引起了紐約州立大學石溪分校校長約翰・托爾 (John S. Toll) 的高度關注。

1962 年，紐約州立大學計劃成立一所新的分校，將 1957 年成立的一

在 1960 年羅徹斯特會議上一群諾貝爾獎獲得者留影。左起：塞格雷、楊振寧、（前排坐者）張伯倫、李政道、麥克米倫、安德森、拉比和海森伯。

個學院從位於奧伊斯特貝鎮（Oyster Bay）的「種植園」遷到離紐約市 60 英里（約 97 公里）處的石溪鎮，並計劃將這所分校辦成一個第一流的研究型大學。到 20 世紀末，這所分校的本科生達到 1.2 萬人，研究生達到 3400 餘人；設有社會科學系、美術與人文科學系、生物系、物理系、數學系、工學院、醫學院等，共 11 個院系。1965 年初，物理學家約翰．托爾接受剛成立的石溪分校校長一職，托馬斯．龐德（Thomas A. Pond）為物理系的系主任。

1966 年，楊振寧夫婦在普林斯頓家中院子裡。

要想辦好一所大學，尤其是想辦成一所一流的研究型大學，必要的條件是要請有卓越研究成果的大師來任教，否則是達不到預期目標的。托爾想到了在普林斯頓的諾貝爾獎獲得者楊振寧。托爾明白，想請楊振寧到石溪分校來談何容易！如果石溪分校能夠爭取到愛因斯坦講座教授的席位，楊振寧教授也許可以答應來；反之，如果能夠把楊振寧教授請到石溪分校來，那麼得到愛因斯坦講座教授的席位也有了可能。這可是一箭雙雕的大好事啊！

1965 年初，托爾與楊振寧通了電話，說過兩天他有事要來拜訪楊振寧。過了兩天，托爾如約來到普林斯頓。他對楊振寧說，如果石溪分校爭取到愛因斯坦講座教授的席位，希望楊振寧能夠答應到石溪分校來。系主任龐德和物理系教授馬克斯．德雷斯登（Max Dresden）也來勸楊振寧接受這一建議，他們還動員石溪分校電子工程系系主任、當年在西南聯大與楊振寧同窗的張守廉，來遊説楊振寧先去參觀一下石溪分校的校園，以便對它的學術氛圍和教職員工有一個了解。

楊振寧不能拂老友之情，在 1965 年春帶着妻子和光宇、又禮訪問了石溪。楊振寧後來用頗有詩意的情調寫道：

> 我們下榻於大學的日森（Sunwood）賓館，從那裡可以遠眺長島海峽。在我們到達的那個傍晚，從房間的窗框望出去，看到了海峽日落壯觀瑰麗的景象，我們的心都快要被它攫去了。[1，148]

然而，對於是否離開普林斯頓高等研究所，接受石溪分校的聘請，楊振寧還是猶豫不決。托爾和龐德還答應，幾年之後分校將成立一個理論物理研究所，聘請楊振寧為研究所所長。他們還説，研究所不會很大，作為所長不必把很多時間花在研究所的行政事務上。楊振寧像費米一樣，天生不願意做行政管理的事。當年芝加哥大學成立核物理研究所時，本想讓鼎鼎大名的費米出任所長，但費米認為自己管不好一個研究所，就推薦阿里森出任所長。楊振寧也是這樣想的，他説：

> 我天性不是那種喜歡管事務的人。我對他們這個建議的第一個反應是：我究竟是否懂得如何去掌管一個群體，哪怕它只不過是很小的群體？自覺或半自覺地，我一直拿不定主意。[1，148]

楊振寧與他的女兒和小兒子

在 1965 年，這已經是楊振寧第二次碰上這個難題了。

這年春天，普林斯頓高等研究所所長奧本海默決定，1966 年他將從高等研究所所長的職位上退休。楊振寧覺得奧本海默選擇這個時機退休是聰明和恰當的，因為這位曾經紅極一時的「美國原子彈之父」，由於反對研製氫彈和其他一些原因，在 1954 年被他的國家羞辱了：原子能委員會褫奪了他的國家安全許可權，認為他不再適合擔任公職；美國政府再也不需要他的意見和諮詢服務了。

正在他遭難時，普林斯頓的教授們聯名寫了一封信，希望研究所能夠留住奧本海默。他們寫這封信的原因是擔心原子能委員會主任劉易斯．施特勞斯（Lewis Strauss）會落井下石。施特勞斯本來是奧本海默以前的好友，但是在「奧本海默案」中，他曾經向美國總統艾森豪威爾説過不利於奧本海默的壞話，正好他又是普林斯頓研究所的董事長，所以大家不免擔心他會乘機趕走奧本海默。聯名信起了作用，奧本海默繼續留在普林斯頓高等研究所當所長。

1963 年奧本海默才重新獲得國家的尊崇。這一年 12 月 2 日，美國剛上任的總統詹森親自將費米獎授予奧本海默，並在演説中感謝奧本海默為美國做出的貢獻。忍住淚水的奧本海默則説：「總統先生，您必定是具備了很大的勇氣和慈悲才能頒這個獎給我，對我來説，這代表着我們未來子孫的好預兆。」[94，180]

1965 年，奧本海默私下告訴楊振寧，他預備退休，問楊振寧對此有甚麼意見。楊振寧認為：「獲得這個榮譽一年半之後宣佈退休，看來是再恰當不過了。」[1，147]

奧本海默又説，他將向高等研究所的董事會建議，請楊振寧接任空缺下來的所長之職。楊振寧認真考慮了奧本海默的建議，幾天以後給奧本海默寫了一封信：「我能否當一名出類拔萃的所長是值得懷疑的，但毋庸置疑的是，當研究所所長決不會讓我高興。」[1，147]

亞伯拉罕．派斯在他寫的《奧本海默傳》中提到這件事：「奧本海默告訴楊，他想建議楊作為他的繼任人，但是楊謝絕了。」[95，297]

楊振寧剛把奧本海默的建議婉言拒絕了，托爾和龐德的建議又來了，怪不得楊振寧説：命運似乎有意安排要改變我的生涯。

楊振寧在普林斯頓高等研究所已經工作了 17 年，已經成為這個研究所資深的理論物理學家，並且為研究所帶來了很高的榮譽。再説楊振寧本人的

1966 年春，楊振寧全家在普林斯頓默瑟街 284 號家中後花園裡。這樣美好的環境是不容易一下子捨離的。

重大成就都是在這兒做出來的，要想遽然做出決定離開這兒，顯然是十分困難的。這一年楊振寧已經 43 歲，過了不惑之年，許多人認為，楊振寧很可能會像愛因斯坦 54 歲時到普林斯頓高等研究所以後那樣，一直心安理得地留在這個理想的位置上，不再輕易變動。楊振寧也有同樣的想法：

> 我喜歡這裡樸實無華的喬治式建築和平靜的、嚴謹的氣氛。我喜歡它延伸到林中小吊橋的長長的通幽曲徑。它是世外桃源。它是一個冥思苦想的國度，住在這裡的人都在默默地思考自己的事情。研究所的終身

教授們全是第一流的，到這裡訪問的人一般說來也都很出色，它是一座名副其實的象牙之塔。[1，158]

經過一番認真的考慮之後，楊振寧於 1965 年 4 月底前後做出了決定：接受石溪分校愛因斯坦講座教授的席位，並告知石溪分校的校長托爾，他決定於 1966 年到石溪就任新職。

轉眼間到了搬家的時間。孩子們永遠是喜新厭舊的，所以他們的雀躍和歡樂可以理解；對於楊振寧來說，雖然沒有遵照費米的勸告只在這個「象牙塔」待一年時間，而是待了 17 年，現在真要離開這已經熟悉的「象牙塔」，仍然有一些留戀。但是，一想到即將到來的新的環境和新的挑戰，心情也不免有幾分激動和歡愉。楊振寧在下面的回憶中不僅表白了自己難捨的真情，也表述了自己迎接新挑戰的振奮心情。他寫道：

搬去長島，我們全家都感到興奮。但是，我卻別有一番滋味在心頭。從 27 歲到 44 歲，我在高等研究所整整度過了 17 個春秋（1949—1966）。在這裡，做出了許多科研成果，也過得很快活。……

搬家期間，有時我免不了要捫心自問：離開高等學術研究所究竟是否明智之舉。每次，我都得到同樣的答案：是的，我做得對。象牙塔畢竟不是整個世界，為建造一所新大學而出力，這種挑戰是令人興奮的。[1，158]

40 年以後，2006 年的春天楊振寧帶他的新夫人翁帆來高等研究所，向她介紹舊日的辦公室等。然後兩人閒坐在研究所的小湖邊休息。翁帆問：「你怎麼會離開這個象牙塔天堂？」楊振寧說：「我今天仍然常常問此問題。」

二、更廣闊的天地

楊振寧在1965年已經不僅僅是一位有諾貝爾獎頭銜的傑出學人，而且已經是當時世界公認的最拔尖的理論物理學家之一。戴森在2009年2月份的 *Notice of the AMS* 上發表了一篇文章《鳥與青蛙》("Birds and Frogs")，文章裡是這樣提到楊振寧的：

> 最近50年一直是鳥兒們的艱難時期。但儘管處在艱難時期，還是有工作等待鳥兒們去做，而且鳥兒們表現出了解決困難的勇氣。在外爾離開普林斯頓不久，楊振寧從芝加哥來到這裡，並住進了外爾的住宅。[1]楊振寧取代了外爾的地位，成為了我這一輩物理學家的領頭鳥。……對稱性決定相互作用這個思想是楊振寧對外爾思想的推廣。外爾曾注意到規範不變性與物理守恆定律密切相關，但他未能更進一步，因為他只知道對易的阿貝爾場的規範不變性。然而，楊振寧通過引入非阿貝爾規範場而使這種聯繫更加緊密。由於非阿貝爾規範場生成非平凡的李代數，場之間的相互作用的可能形式成為了唯一的形式，因此對稱性決定了相互作用。這個觀點是楊振寧對物理學最偉大的貢獻。這個貢

---

〔1〕戴森這兒說的有一些含糊，可能會引起讀者的錯覺。事實上筆者看了戴森的文章就很迷惑，後來在採訪楊振寧時特別問到這件事，楊振寧說明了事情詳細的經過。1955年外爾去世，楊振寧到1957年才買下外爾在默瑟街284號的房子。1966年楊振寧從普林斯頓移住石溪分校時，把房子賣給了研究所。兩年後奧本海默退休交出所長住的公家住宅，買下了楊振寧住過的房子。愛因斯坦在1955年去世以前也住在默瑟街，是112號，距楊振寧家的房子不遠，據楊振寧說大約1000米。

獻是一隻鳥的貢獻，她高高翱翔在小問題的雨林之上，而我們大多數人在雨林中消耗着我們的一生。[71，302]

如果楊振寧同意到紐約州立大學石溪分校來，可以說立竿見影，立即會提高石溪分校的學術地位。所以不僅托爾十分盼望楊振寧能夠答應他的邀請到石溪分校來，紐約州教育局也深知楊振寧答應的分量，所以他們決定將第一個愛因斯坦講座教授的席位給石溪分校。

普林斯頓大學得知楊振寧想離開研究所，頗有些緊張，物理系曾開會商議如何把楊振寧留下來。有人說，也許聘一位楊振寧喜歡的人來做研究夥伴，可以把他留下。時任布魯克海文國家實驗室主任的戈德哈伯（Maurice Goldhaber，1911—2011）說：「楊振寧並不需要同任何人合作。」[17，47]

當外界知道楊振寧決定到石溪分校就任以後，1965 年 11 月 11 日《紐約時報》的頭版刊出了這個消息，報道中還引用了戈德哈伯的話，說楊振寧的這一決定，必將使石溪分校迅速走到現代理論物理學的最前沿；他的加盟，必將為石溪分校引來第一流的學生，也必然會把一些傑出的物理學家吸引到石溪來。[16，178]

這個預言很有水平，楊振寧到了石溪以後，果然吸引來了不少傑出的物理學家和優秀的學生。

1967 年，楊振寧最敬重的理論物理學家之一狄拉克，來到石溪分校做訪問教授。一般都認為，自愛因斯坦以後，在場論方面做出最重要貢獻的就是狄拉克。狄拉克是英國科學家，1933 年因為提出狄拉克方程（描述電子運動並滿足相對論的波動方程）而獲得諾貝爾物理學獎。楊振寧非常欣羡狄拉克的科學風格，他曾經說：

紐約州立大學石溪分校辦公大樓。楊振寧理論物理研究所就在這座大樓的頂層。

> 狄拉克對問題的認識常常能正中要害。這是狄拉克一生中工作的最重要的特點。……他的每一步跟着的下一步，都有他的邏輯。而他的邏輯與別人的邏輯不一樣，但是非常富有引誘力。跟着他一走之後，你就覺得非跟他走不可。最後忽然得出了一個非常稀奇的結果。所以我想了想，説他是「神來之筆」。

在日常生活中，狄拉克話講得很少，要言不煩。你問他三句，他最多回你一句。有一個非常著名的故事説，有一次他到一個很知名的大學做演講，講完以後，主持人向聽眾説：「你們如果有甚麼問題，可以問狄拉克教授。」一個學生站起來説：「剛才您在黑板上寫的那個方程我不懂。」狄拉克沒有回

狄拉克（左）和海森伯在劍橋，攝於 20 世紀 30 年代。

答，等了很久，他還是沒有回答，主持人就提醒狄拉克：「狄拉克教授，您可不可以回答這個問題？」狄拉克說：「那不是一個問題。」

還有一次，一位美國雜誌的記者採訪狄拉克。記者問：「在美國您最喜歡甚麼？」狄拉克回答：「土豆。」「您最喜歡的運動是甚麼？」「中國象棋。」「您看過電影嗎？」「看過。」「甚麼時候？」「1920 年，也可能是 1930 年。」[25，63–64]

後來，1969 年狄拉克第二次來石溪分校。

1968 年，楊振寧還想邀請施溫格加盟石溪分校。施溫格「因為在量子電動力學方面所做的對基本粒子物理學具有深刻影響的基礎工作」，與費曼、日本的朝永振一郎共同獲得1965年諾貝爾物理學獎。楊振寧對施溫格的科學成就和個人風格都非常欽佩，所以曾在1968年4月18日寫信給在哈佛大學任教的施溫格，邀他加盟石溪分校：

> ……還想說的是我們希望很快會聽到您的回覆（我希望是肯定的答覆）。
>
> 請允許我補充說一點我一直在想的意見：即使像哈佛大學這樣最負盛名的地方，也不能給您增加榮耀。正是您，卻會給您選擇加入的任何研究機構帶來榮耀。[1，823–824]

雖然施溫格後來選擇了加州大學洛杉磯分校（UCLA），不過施溫格還是到石溪訪問過，並做了一次系列講座。施溫格的講座，在石溪是當時的一大盛事。

還有美國科學界的奇才、以開玩笑著名並與施溫格同時獲諾貝爾物理學獎的費曼，也曾多次到石溪分校來參加會議或者做訪問學者。

除了這幾位重要的物理學家到石溪分校來訪問或者演講以外，還有許多其他物理學家、數學家來這兒演講。由於這些重量級人物的到來，石溪分校的地位無形中得到提高。

石溪分校的首任校長托爾在紀念楊振寧七十壽誕時寫了一篇文章《楊振寧在一所大學發展中的關鍵作用》，文中他寫道：「……不少文章介紹楊振寧教授在理論物理學方面做出的巨大貢獻，這些聞名於世和令人敬佩的科學成就無疑對科學進步具有廣泛而深遠的意義。然而，在他70歲生日之際，我們還應該認識他偉大事業中的另一些重要方面。」

接着他寫道：

> 本文將綜述楊教授在一所著名大學發展歷程中所做的巨大貢獻。據我判斷，1965 年他決定到紐約州立大學（SUNY）石溪分校工作，以後他把他的卓越才能貢獻給了這所大學，這是紐大石溪分校發展的頭等大事。從那時起，楊教授完成的每件事都具有雙重意義。因為他的許多貢獻不僅對科學和社會具有重要意義，而且對他所服務的、正在發展中的石溪分校形成的特色起着關鍵作用。
>
> ……在搬到石溪以後的 20 年裡，物理系擁有東海岸公立大學中最好的研究生課程。能夠取得如此地位的關鍵，是在學校搬到石溪兩年後，楊振寧教授的到來，以及他所具有的吸引力。[1，980–981]

楊振寧到石溪後，給理論物理研究所的組建制定了非常嚴格的標準，請來的同事都是非常有才能的人，初期有李昭輝（Benjamin W. Lee，1935–1977）、傑拉德·布朗（Gerald E. Brown，1926–2013）等。由此，這個研究所有很濃厚的學術氣氛，成為石溪分校其他部門的學習榜樣。

除此以外，楊振寧不希望研究所成為他的獨立王國，他希望有與學生們及物理系其他教師接觸交流的機會，因此他同意把研究所作為物理系的組成部分，和其他教師一起承擔研究生和本科生的教學，參加系裡的一切活動。楊振寧還十分注意與其他學科尤其是數學的密切聯繫。整體微分幾何奠基人陳省身教授就多次來過石溪訪問。

楊振寧還非常樂意幫助學校做一切他能做到的事。托爾曾講到一件十分令人感動的事件。在美國大學生非常關注越南戰爭和其他一些敏感問題的那

陳省身與楊振寧，攝於石溪。

段時期裡，學生中發生了一些動亂。在憤怒中，學生們要求學校領導和教職員工在校門口的警衛室值班，並無端地向楊振寧施壓。托爾知道之後，「憤怒至極」。因為在托爾心目中，楊振寧的時間太寶貴了，所以作為校領導他平時很小心地盡量不浪費楊振寧的時間，而現在學生們居然要楊振寧去門衛值班室值班，實在可惡！但「一件特別的事發生了」，在托爾設法阻止學生的無理要求之前，楊振寧已經答應學生在門衛值班室值一夜的班。結果，楊振寧竟然利用值班時間，為學生舉辦了一整夜的討論會，討論了科學、社會、國際關係和其他一些學生關心的問題。後來，學校的各種刊物和其他媒體對這件事做了廣泛的報道和宣傳，對緩解這一時期緊張的衝突起了積極的作用。

托爾在前面提到的那篇文章結尾處寫道：「石溪已經成為紐約州立大學系統裡最活躍的研究中心。這種學術界的領導地位可以從多方面得到認可……許多人為此做出了貢獻，但就我看來，楊振寧教授的榜樣、卓越的領導為石溪成為學習、教學、科研的美好學府，定下了基調。」[1，986]

接替托爾成為石溪分校校長的馬伯格（J. H. Marburg）也指出：楊振寧教授來到石溪，是石溪在發展成為一個優秀的研究學術機構過程中的突破，使石溪成為一個優秀的科學中心。

優秀的科學中心，除了有著名科學家來訪以外，還應該有優秀青年學者來做研究。楊振寧顯然在十分重視前者的同時，也非常關注後者，因為他經常強調：在每一個學科裡，最生氣蓬勃、能夠決定科學前途和方向的，是年輕人。

最早跟隨楊振寧到石溪分校的，是韓裔物理學家李昭輝。1960 年秋天，李昭輝到普林斯頓高等研究所做博士後，他們兩人相識。多次接觸後，李昭輝的獨立思考能力給楊振寧留下了很深的印象；在以後幾年的共同研討中，楊振寧更加確信他是一位卓越的物理學家。李昭輝也非常欽佩和欣賞楊振寧的科學成就和科學風格，所以當楊振寧邀請李昭輝一同去石溪分校時，他欣然同意。李昭輝的同意使楊振寧十分高興。從 1966 年到 1977 年，李昭輝在基本粒子、量子場論等方面做出了極其重要的研究成就，他和其他人各自獨立地證明：弱相互作用與電磁相互作用的統一場論能夠重整化。1972 年，他預言了「重輕子」的存在。1973 年，李昭輝到費米國家加速器實驗室任理論部主任，但一直都保持着與石溪的密切聯繫。

1977 年 10 月，李昭輝原計劃在費米研究所組織一次國際物理學會議，討論宇稱不守恆、規範理論等重大內容，但誰也沒有料到的是 6 月中旬傳來

楊振寧在石溪理論物理研究所研討室，攝於 20 世紀 80 年代。

李昭輝

噩耗：李昭輝在一起車禍中不幸喪生。結果，10 月份的國際物理學會議改名為「紀念李昭輝國際會議」。在會上，楊振寧沉痛地說：

> 李昭輝生於 1935 年，今年年初逝世，終年 42 歲。他一生發表了 100 多篇理論物理的研究論文。……因為自然界是微妙的複雜的，對於理論物理的追求需要勇氣和熱忱，要敢於涉足到混沌朦朧的新現象裡。因為所運用的概念是優美的深奧的，對於理論物理的追求需要鑒賞力與洞察力，要能總體地了解與掌握理論結構。李昭輝的研究工作表明，他在這兩個方面都有高超的能力。……昭輝的夭逝是他的家人和朋友巨大的損失，是費米實驗室的巨大損失，也是物理學的巨大損失。[1，225]

隨楊振寧到石溪的還有傑拉德 · 布朗。楊振寧認為布朗有很好的物理直覺，就邀請布朗與他一起在石溪做研究。布朗本人曾回憶過他到石溪的經過。他說，當楊振寧於 1967 年回普林斯頓做一次短期訪問時，有一天楊振寧來到布朗在普林斯頓的辦公室，請他到室外樹林子裡散步。那時布朗在普林斯頓已經建立起世界上最好的核物理學理論研究小組，而石溪在核物理學方面才剛剛起步。但布朗一來非常敬仰楊振寧，二來被楊振寧的科學視野所吸引，於是同意了楊振寧的邀請，於 1968 年辭去了普林斯頓的工作，來到石溪分校。布朗後來說：「這是我一生中許多好的決定中最好的一個。」[17，48] 楊振寧也欣慰地說，讓布朗加盟石溪分校理論物理研究所，是他對石溪分校的發展所做的又一貢獻。

在《楊振寧對我的生活和研究工作的影響》一文中，布朗說：「對楊振寧在普林斯頓邀我『到樹林子裡去走一走』，從而使我下決心加盟石溪，我將永懷感激之情。同楊振寧一起，我們在石溪創建了那些可以讓我們感到驕傲的事物。基於楊振寧創立的楊—米爾斯理論，我們對核物理可以有更好的理解，而核物理本身在概念上則是深奧和內容豐富的。當然，核物理只是受到楊—米爾斯理論深深影響的領域之一。它是我進行研究的領域，同時，也是一個興味無窮的領域。」[17，50–51]

楊振寧到石溪後，受到他的影響的年輕物理學家很多，下面介紹幾位。

鄒祖德來自中國台灣，在愛荷華大學得到博士學位，於 1966 年春天來到石溪做博士後。他想向楊振寧請教，可是又有些擔心，因為他聽說過許多著名科學大師對待年輕人很粗暴的故事，例如瓦利（K. C. Wali）寫的《錢德拉塞卡傳》（*Chandra: A Biography of S. Chandrasekhar*，1991）一書中就寫了有關錢德拉塞卡的傳言故事，說當學生們知道錢德拉塞卡在辦公室裡的時候，都情願繞更遠的路走，而不走經過他的辦公室的那條近路。但鄒祖德的擔心是多餘的，第一次見面，楊振寧不僅沒有一點架子，還十分熱情、真誠地接待了他。鄒祖德説：「我的擔心一下子全沒了。」他還説，楊振寧「建議我不要雄心勃勃地去搞大的時髦問題，也不要盲目地跟着別人的腳印走。人們應當從簡單的可以做的，與物理現象有密切關係的問題着手。他還告誡我在進行理論工作之前，務必去熟悉實驗事實」。[1，922]

鄒祖德和楊振寧的真正合作是從 1966 年底開始的，合作領域是高能碰撞中的散射。鄒祖德後來成為美國佐治亞大學物理系教授，他們的合作一直堅持到 1997 年，最後的一篇文章是《鈷 60 分子振動問題的精確解》。他一直非常敬仰楊振寧的學識和品格，沒有忘記楊振寧給他的幫助和關懷。在紀念楊振寧七十壽辰時他講道：「楊振寧是一位偉大的物理學家，也是一位偉大的人物。他高雅、誠實、和諧、慎思。他是一位正直的完人，具有中國文化傳統的君子和學者風範。作為世界上的著名人物，他一直十分謙虛，令人可

鄒祖德和楊振寧在討論着甚麼。鄒祖德從 1966 年底到 1997 年與楊振寧合作寫出論文 30 多篇，是楊振寧合寫文章最多的一位合作者。

親。不管他的工作日程何等繁忙，凡是向他尋求幫助和徵求意見的人，特別是正在為他們的事業奮鬥的年輕人，總是可以得到和他接近的機會。他會毫不遲疑地做坦率的評論，給予鼓勵和建議，使你自由地分享他的智慧。他的慷慨是出名的。」[17，63–64]

鄒祖德還講到一件有趣的「爭論」。從這些鮮為人知的小事，可以看出楊振寧的一些寶貴品格。鄒祖德在抗戰期間曾經在西北重鎮蘭州住過四年，對那兒比較熟悉。1977 年，楊振寧打電話告訴鄒祖德，說他回國期間到過蘭州。楊振寧知道鄒祖德曾在蘭州生活過，所以比較詳細地介紹了老城區的現狀。鄒祖德發現楊振寧的描述大部分都與他的記憶相符，但是有兩處不一致。鄒祖德說：「他對老城區的描述，大部分都同我童年的記憶相吻合。事實上，我們可以肯定，他下榻的賓館就在我兒時的住所附近。但是，在兩點上我們意見相左，這使我感到困惑。首先，他沒有見到那座形狀為梯形、裝飾得很雅致的木橋，這座橋至少已有兩百年歷史；另外，他沒有見到蘭州市郊風景名勝地興隆山上成吉思汗的金靈柩和其他文物古董。」

鄒祖德表示了自己的看法。哪知兩星期後，鄒祖德收到楊振寧寄來的一幀照片，上面正是他記憶中的那座橋，是從瑞典探險家斯文．赫定（Swen Hedin，1865－1952）20 世紀初出版的一本書中複印下來的。除照片外，還附有一個便條：「你說的是不是這座橋？它已不復存在。成吉思汗的古董，已在 1954 年歸還蒙古了。」

看了楊振寧的便條，鄒祖德感慨地說：「雖則物理和數學是他的第一愛好，但他的知識和興趣絕不止於此。舉凡藝術、中國古典詩詞、古典文學、歷史乃至於中國的政治和事務，他都十分關心。在專業之外的這些領域，他也會像做學問那樣打破砂鍋問到底。」[72，63]

楊振寧常說他不是「帝國的建造者」(empire builder),「沒有很多好題目給研究生做」。在普林斯頓,他沒有帶研究生,到了石溪以後,他也沒有招收很多研究生,跟他做博士論文的總共十人。這為數不多的博士生,現在大多已經成為物理學界的重要人物。其中趙午現在是史丹福大學 SLAC 實驗室有名的專家,也是楊振寧非常看重的人。楊振寧曾經說,趙午能力很強。

從中國台灣清華大學到美國留學的趙午,在 1973 年成為楊振寧指導的一名高能物理學的研究生。趙午後來回憶,他 1971 年到石溪——那是他第一次離開中國台灣。他選擇到石溪讀研究生的理由很簡單,那就是楊振寧在石溪。楊振寧的名字激勵了大陸和台灣整整一代的年輕學生們。以前他倒未必夢想過做楊振寧的學生,但的確是因為楊振寧他才到石溪去的。「如果楊在那裡,那它一定是個值得去的地方。」後來趙午發現,他從楊和石溪那裡收穫的比預想的還要多。

1971 年,中美關係正在解凍,楊振寧不久前剛從他具有歷史意義的第一次回中國訪問後歸來。世界正處在巨變之中。趙午到石溪後不久,楊振寧正準備對全校就新中國做一場大報告。包括趙午在內的所有學生都去聽了演講。石溪處在這樣一種巨變潮流的前沿,楊振寧則是一個引領者。那是些激動人心的日子。對一個剛從中國台灣過來的年輕學生趙午來說,的確非常令人震撼。

趙午在開始一段時間並沒有機會單獨面見楊振寧。直到一年之後,他通過了資格考試,才鼓起勇氣到楊振寧的辦公室,向他做自我介紹。當時趙午肯定有些局促不安,但楊振寧的耐心和鼓勵使他很快進入輕鬆的交談之中。不久之後,楊振寧接收趙午作為他的博士研究生。趙午後來回憶:「35 年後的今天,我認為自己依然是他的一名學生,不僅跟着他學習物理學,而且向他學習關於社會、人、政治、文學以及藝術的豐富的知識。楊振寧對學生很好，非常關心他們。作為他的學生，常常會得到他的令人驚喜的建議或安排。比如 1973 年，他安排我整個暑假到當時新建不久的費米實驗室訪問。那次訪問成了我的蜜月，因為我正好剛剛結婚。1973 年他給我的另一個重大驚喜是，他要求我去跟庫朗（Ernest Courant）教授學習加速器理論這門研究生課程。當時我還不知道這將成為我事業道路選擇的開端。在沒有完全領會他的深層次意圖的情況下，我欣然聽從了建議。而結果發現，我非常喜歡這門課程。在此之前，我從沒想到加速器理論竟然如此豐富，如此有趣。它簡直太迷人了。」[72，513]

當 1974 年趙午面臨畢業的時候，他對自己未來從事哪一方面的研究有些猶豫。楊振寧勸趙午把加速器物理學研究作為終生的選擇。這可是一件人生的大事，不可不慎。當趙午有些猶疑時，楊振寧再次和他談話。楊振寧後來回憶：「我說高能理論這一行裡粥少僧多，每年每人能做出有意義的結果很少。相反地，加速器原理裡面有很多問題，可是年輕人都不曉得這一行，不知道其中粥多僧少。」

經過一番爭論，趙午幾乎是在不太情願的情況下接受了楊振寧的忠告，轉到了加速器的領域。後來，趙午果然在加速器領域大放異彩，聞名於世，成了他那一行裡的耀眼明星。

趙午後來說：「今天回過頭來看，我覺得很榮幸的是，在我選擇研究方向的關鍵時刻，有機會接受一個如此有遠見的建議。我，以及其他像我一樣的石溪學生，都應該深深地感謝楊教授。」[72，516]

比爾．薩瑟蘭（Bill Sutherland）是楊振寧的第一個博士生，曾任美國鹽湖城大學的物理學教授。現已退休。薩瑟蘭是 1963 年跟隨龐德教授一起到石溪分校來做研究生的。1965年春天，石溪分校物理系的氣氛十分令人興奮，原因是大家聽說楊振寧要離開普林斯頓高等研究所，準備接受石溪分校愛因斯坦講座教授的席位。後來，當楊振寧果然來到石溪後，薩瑟蘭成了楊振寧的第一個博士研究生。他原先想做高能物理方面的研究，但楊振寧建議他研究統計力學。「因為這方面的貢獻會更持久，雖然眼下不是大家關注的熱門課題。」薩瑟蘭接受了楊振寧的建議。

在接觸楊振寧以後，薩瑟蘭發覺楊振寧「非常和藹，一點也不覺得可怕(他似乎一直是那個樣子)」。他在回憶中說：「三年裡我一直和楊振寧教授在一起。他似乎有無限的時間花在我身上。」薩瑟蘭常常很早趕到學校去，想請楊振寧抽幾分鐘時間與他一起討論在研究中碰到的問題。每遇到這樣的請求，楊振寧總是「非常和藹」地邀請薩瑟蘭進入他的辦公室。薩瑟蘭回憶：「這是一個令人愉快、誘人工作的地方。我們開始討論，很快各自進入工作狀態。……午餐期間以及飯後，我們總是不停地討論，研究和比較結果，一直堅持到傍晚，我已是筋疲力盡了。就這樣日復一日，從來沒有如此努力工作，也從來沒有如此感到快活。辦公室的氣氛非常溫馨、安靜，連空氣也充滿着智力的亢奮。很多出色的工作得益於那種討論的氛圍，而且，說真的，那種氣氛一直到今天仍是出成果的源泉。我要感謝楊振寧離開普林斯頓高等研究所這座象牙塔，走進一個更廣闊的天地。我想這是他一生中非常勇敢的行動。我衷心感謝他給予我比單純教育和友誼更多的東西。」[1，974]

還有許多年輕的學者，仰慕楊振寧的大名到石溪向他求教，與他討論他們共同關心的問題。其中有鄭洪、朱經武、黃克孫、李炳安、聶華桐、吳大峻、葛墨林、馬中騏和張首晟等人，他們都先後從楊振寧那兒獲得了寶貴的幫助，從而啟迪了他們的智慧。

楊振寧在石溪的辦公室。這是楊振寧到石溪最開始時的辦公室。因為校方重視，給了他很大一間，也就是薩瑟蘭説的辦公室。後來研究所搬到物理系大樓，楊振寧選了稍小的一間。

鄭洪原來是中國台灣大學的一個學生，在得知楊振寧和李政道獲得諾貝爾獎之後，就希望有一天能見到楊振寧，並能向他求教。1963 年，鄭洪的第一個願望實現了：在普林斯頓大學中國學生組織的聖誕聚會上，楊振寧和他的夫人到會，與大家共度佳節。在接下來的晚會上，楊振寧夫婦跳起了十分優雅的華爾茲，那真是技壓群芳！鄭洪回憶：「我從來沒見過任何理論物理學家跳華爾茲能跳得這麼好。」[1，917]

到了 1968 年，鄭洪和吳大峻合作研究高能散射時，常常開車去石溪，向楊振寧報告他們在研究中的最新結果，並和他進行「極富激勵性的討論」。後來鄭洪回憶：「我非常欽羨他的直率、他的真誠、願意傾聽不合常規的意見，以及無私地讓我們分享他的睿智。我們能夠在面對眾多的反對意見的情

況下，終於得出全截面散射會隨能量增加而無限發散的結論，楊先生的鼓勵和支持乃是一個主要的原因。」[1，917]

鄭洪高度評價了楊振寧的同情心、寬容和真誠正直，並將宋朝范仲淹《嚴先生祠堂記》中的四句詩獻給楊振寧，以表達他的敬意：

雲山蒼蒼，江水泱泱。

先生之風，山高水長。

吳大峻是哈佛大學應用物理系 Gordon McKay 教授和物理系教授。他在 1956 年獲得博士學位後，到布魯克海文國家實驗室過暑假時見到楊振寧。吳大峻向楊振寧求教，那時楊振寧正忙於和李政道研究宇稱不守恆的問題，日程安排得非常滿，但他仍然在百忙之中抽出時間，和吳大峻談如何研究物理學的問題。吳大峻本來是電機工程 / 應用數學的博士，因為成績優秀獲得哈佛大學初級研究員（Junior Fellow）的位置，這樣，他有三年時間「可以不必承擔各種任務而自由研究」。在讀大學期間，他聽過楊振寧在哈佛大學做的令人激動的演講，因此對物理學一直有着特別的興趣，他決定利用這段「自由研究」的時間為學習物理打下堅實的基礎。楊振寧給他定了一個八年計劃：兩年把基礎打扎實，兩年學習統計物理，再兩年學習量子場論，最後兩年學統計物理。此後幾年，在楊振寧的指導下，吳大峻發表了一些很有水平的文章。吳大峻在回憶中寫道：「雖然楊教授……的貢獻比我多，但是他拒絕在論文上署名，以對我的事業表示支持。這種事情發生過好幾回。直到五年之後的 1964 年，我們才聯合署名發表第一篇論文《K^0 和 $\bar{K}^0$ 衰變中 CP 不守恆的唯象分析》[見《物理評論》13，380（1964）]。……因為那時我已經獲

1984 年夏，吳大峻（左）在荷蘭與楊振寧合影。那時楊振寧在荷蘭萊頓大學任洛倫茲教授。

得這終身職位（tenure），所以楊教授才終於同意和我聯名發表文章。就是現在，這篇文章還在頻頻引用。」[17，109–110]

1975 年，吳大峻與楊振寧合作寫了一篇非常重要的文章《不可積相位因子的概念和規範場的整體表示》。這篇文章和楊振寧 1974 年寫的《規範場積分形式》一起成為物理學和數學史上的里程碑事件。對於這一合作，吳大峻在回憶中寫道：

在我和楊先生合作完成的論文中，我特別引以驕傲的（我想楊先生一定也是如此）論文，是有關不可積相因子和規範場的整體公式——《物理評論》，D12，3845（1975）。他許多次對我闡述，可是只是在完成這篇論文之後，我才真正欣賞到數學和物理學之間的神奇而美麗的深刻聯繫，這就是纖維叢和規範場。……

在私人交情方面，當我和秀蘭在1967年決定結婚時，她的父母沒能夠來美國。楊先生來到劍橋參加我們的婚禮，代表她的父母把新娘交到我的手裡。到現在，我還沒有像楊師母教我的那樣學會跳舞，不過我希望最後會成功地彌補我的這一缺陷。[1，994]

朱經武是國際著名的物理學家，1987年他因為發現轉變溫度為96K的高溫超導體，成為這一領域非常活躍的人物，曾任香港科技大學校長及物理學教授，以及美國休斯敦大學講座教授及得克薩斯超導中心創始主任。朱經武在成長過程中受益於楊振寧的教誨多多。

朱經武和許多年輕人一樣，是在1957年由於楊振寧和李政道獲得諾貝爾獎而得知楊振寧其人的。那時朱經武還只有16歲，在中國台灣中部一所閉塞小鎮的中學讀書。那時他大約沒有想到自己有機會與楊振寧這樣的大師見面和討教。但是楊振寧、李政道獲獎，卻使得這個偏遠小鎮的中學生下決心把物理學作為自己終生追求的事業！朱經武在回憶中寫道：「事隔多年，我已記不起具體日期了。那是1957年10月一個陽光普照的颱風天，消息傳來，兩位年輕的中國物理學家剛剛贏得諾貝爾獎。這是一個劃時代的事件。它使中國人恢復了自信心；由於中國一次又一次地慘敗於科技優越的西方，致使中國人開始懷疑起自己的科技能力來。對我這一代以及今後幾代人來說，這一事件使許多中國人覺得物理學有了那麼一種傳奇的色彩。……平時我就喜歡電啊、磁啊這類玩意，所以，這個消息自然促使我不費躊躇地選擇了物理專業。」[17，65]

朱經武在中國台灣成功大學物理系畢業以後到美國留學。1968 年，27 歲的朱經武獲得加州大學聖地牙哥分校博士學位。第二年，他終於有機會在石溪分校見到仰慕已久的楊振寧教授，從此有了向楊振寧討教的機會。後來在楊振寧七十大壽的學術研討會上，朱經武道出了自己心中久已想表達的感激之情：

> 1969 年我在石溪見到了楊教授，對於我，他既是一位給人以鼓舞的物理學家，也是一位世交（通過我同陳省身教授女兒陳璞的婚姻）。生活裡有許多意想不到的事。在這之前，我一直認為世界上只有兩種類型的科學家：一種人專談自己在做甚麼，另一種人則專問別人在做甚麼。我發現楊振寧教授屬於為數極少的第三類：他常常慷慨地把自己那些令人激動的研究成果拿出來與人共享，同時，對不論哪一行科學家的工作都有一種令人驚異的好奇心。他靜心仔細聆聽別人的述說，給別人提出有用的建議從而使同他交談的人獲得鼓舞並增強自信心。他是文藝復興時代的那種人：無論科學、文學、歷史和藝術知識都非常淵博。
>
> 楊教授不但是一位物理學家，同時也是一位富有同情心的人。他所做的一切，已經對物理學（尤其對中國血統的物理學家）和中國科學的發展產生了與日俱增的深遠影響。當初我向陳璞小姐求婚，楊教授就曾經把我已故導師 Bernd Matthias 教授對我的好評轉達給陳省身教授（有時楊教授主動説，或者陳教授問到時講）。他的這些作為決定性地改變了我的生活。在這歡樂的時刻，我願意把關於高溫超導的一些想法敬獻給楊教授。[17，66]

加州大學戴維斯分校物理系教授喬玲麗，1969 年到 1986 年在布魯克海文國家實驗室工作。那時，從她的住處到石溪分校楊振寧的研究所，比到她工作的實驗室更近，因此只要有機會她就參加楊振寧組織的研討會。楊振寧除了歡迎她參加討論會以及和所裡來自世界各地的訪問學者們交流之外，還慷慨地允許喬玲麗直接向他學習物理。

喬玲麗在一篇有趣的回憶文章《楊振寧金字塔裡遺忘的珠寶》中寫道：「他不介意花上數小時在他那整潔雅致的辦公室裡和我討論物理：回答我的問題或者給予指導。讓我感到奇怪的是他總能找到我正需要的文獻、書或者論文。從他的研究所裡，我收穫的是加深和拓展了自己對物理學及相關數學的理解與欣賞。事實上，不止我一個人有這樣的收穫。其他許多科學家也有類似的經歷。他的研究所所提供的氛圍真的是前沿物理學界獨一無二的。至今我仍沒弄明白他是如何做到這一點的。」[127，79]

石溪分校理論物理研究所長期從事理論物理學研究的榮休教授聶華桐，曾經長期與楊振寧合作。聶華桐出生於武漢市，祖籍應山縣（現在劃為廣水市）關廟鎮聶家店。少時曾就讀於漢口市立十四小學、武昌文華中學。1949 年初，年僅 13 歲正在讀初中二年級的聶華桐，隨着母親、哥哥和姐姐一家五口，從武漢取道廣州離開大陸去了台灣，在台灣師範大學附屬中學就讀。1957 年，聶華桐獲台灣大學物理系理學學士學位。以後赴美留學，1966 年獲哈佛大學哲學博士學位，導師是楊振寧十分欽佩的著名物理學家施溫格，以後就一直在石溪分校與楊振寧一起工作。改革開放以後，聶華桐曾任國務院國外智力引進辦公室顧問、中美人才交流基金會理事等職，也曾任清華大學高等研究中心主任。

聶華桐跟楊振寧相識近 40 年，所以對楊振寧做人和做學問的態度有相當深刻的了解。他曾經在一次演講中詳細談到楊振寧的成就和治學方法：「楊先生的成就是很大的，不誇張地說，近幾十年來在科學裡有這麼大成就的人為數不是很多的。但如果說這是由於他是個天才，我看就流於浮面了。我認為他今天能有這麼大的成就，是他的個性與才智融為一體的結果。當然，楊先生的才智很高。但是為甚麼世界上許多聰明的人沒有做出貢獻而他做出了貢獻呢？我個人認為，這是因為他性格中的很多成分不是許多其他人所具有的。」

聶華桐教授認為，楊振寧具有一些一般人不能同時具有的性格，正是這些性格使得他能夠取得如此重大的成就。據聶華桐的歸納，一共有五個方面。[1，965–969]

一是非常實在，扎扎實實地工作，從來不做虛功和表面文章。聶華桐說：通常一個非常實在的人往往容易缺乏想像力；同樣，一個想像力豐富的人又不容易很實在，往往容易變得想入非非，想些不切實際的事情。可是楊先生一方面很實在，另一方面又有十分豐富的想像力，這是他很重要的一個特點。

二是興趣非常廣泛。接觸過楊振寧的人都有這樣的感觸：雖然數學和物理是楊振寧的第一愛好，但他的知識和興趣遍及許多學科，從藝術、中國古典學術、中國歷史，以至中國政治事務，甚至在從事業餘愛好時，他也像做科學研究那樣深入鑽研。喬玲麗也說過：

回顧所有這些發展，我認為，要表述楊振寧對物理學的影響，最好的辦法是把它比做一座金字塔，在物理學這座金字塔的基礎上挖得越深，它的基座就越寬廣。楊教授喜愛唐詩宋詞。他曾經把心愛的杜甫

(712—770，唐代）詩句「文章千古事，得失寸心知」翻譯成下面的英文：

A piece of literature is meant for the millennium,
But its ups and downs are known in the author's heart.

還把陸放翁（1125—1209，宋代）的詩句「形骸已與流年老，詩句猶爭造化工」翻譯為：

My body creaks under the weight of passing years,
My poems aim still to rival the perfection of nature. [17，53–54]

1978 年，在飛越西藏那木卓巴爾瓦山時，飛機下「深邃凝靜」、「玲瓏晶瑩」的景致觸動了楊振寧的詩情，他乘興寫下了《時間與空間》一詩：[128，10]

玲瓏晶瑩態萬千，雪鑄峻嶺冰刻川。
皚皚遍目無邊際，深邃凝靜億萬年。
塵寰動蕩二百代，雲水風雷變幻急。
若問那山未來事，物競天存爭朝夕。

新加坡學者潘國駒先生對此也有深刻的體會。有一年他與楊振寧一起在日本做研究，一次空閒時遊覽奈良，楊振寧突然觸景生情，居然一字不漏地將李商隱的長詩念下來；還有一次他們一同參觀巴黎的龐畢度博物館內的現代畫廊，在兩個鐘頭的參觀過程中，楊振寧能很具體、很系統地介紹現代畫的不同人物、不同派系，甚至他們的特點。潘國駒先生說，像這些例子還有很多。[30，133]

還可以舉一個例子。 1995 年，楊振寧在香港為中國美院（浙江美院）油畫展剪彩，看到油畫系教授秦大虎（1938－　）所作《漢唐風範》，他指着畫中馬問：這馬的造型是不是以西安的昭陵六駿[1]為依據？這使秦大虎吃驚不已，說：「許多記者來採訪我這幅創作，都說不出出處，而一個科學家居然能對中國文化如此通曉……」[128，9]

多方面的興趣使楊振寧隨時都在吸收新的東西；而與此同時，他又能坐下來做很深入的研究工作。一般說來，興趣太廣的人往往難以收心深入鑽研一件工作。但正如聶華桐所說：「楊先生令人驚訝的一點就是：他對多方面的事情深感興趣，而同時又能坐下來就很多問題進行深入研究，並且做出重要的貢獻。」

三是誠實。這種品質對學術研究至關緊要，是做學問的基本要求。那些容易自我欣賞、自鳴得意，甚至自欺欺人的人，很難在研究中抓到真實的東西。聶華桐認為：一個人只有對自己非常誠實，總是對自己懷有疑問，常常更正自己的見解和觀點，常常老老實實地去思考自己在這件事情上做的是對的還是錯的，力求抓住事情的本質，才能真的抓到事情的本質，而不僅僅是抓住一些表面的虛像。而楊振寧正是具備這種品質的人。他偶爾也會做出一些與事實不相符合的評語或者論點，但是當他知道自己的觀點不正確的時候，他總是很快就公開承認。如果他認為自己是正確的，那他就會不管自己一時如何被孤立，也一定會堅持到底絕不妥協。

---

〔1〕昭陵是唐朝第二代皇帝唐太宗李世民的陵墓，是陝西關中「唐十八陵」中規模最大的一座，位於陝西省禮泉縣城東北 22.5 公里的九嵕山上，距西安市 70 公里。昭陵「六駿」是原置於昭陵唐太宗北麓祭壇兩側廡廊的六幅戰馬的浮雕石刻，它們分別為颯露紫、拳毛騧、白蹄烏、特勒驃、青騅、什伐赤。浮雕以簡潔的線條、準確的造型，生動傳神地表現出戰馬的體態、性格和戰陣中身冒箭矢、馳騁疆場的情景。每幅浮雕都告訴人們一段驚心動魄的歷史故事。

四是非常容易受到激發，在新的物理現象出現時充滿激情。這種特點是大多數人不常具備的。一方面很實在，另一方面又能夠對新現象有激情和靈感，這也是楊先生又一個難得的特徵。聶華桐的這一感受十分真實。例如在「θ-τ之謎」出現時，有些物理學家非常實在，對一些事實拚命進行認真、努力的分析，卻像戴森所說的那樣：產生不了一丁點靈感，更沒有勇氣打破舊框框，提出突破性的解決辦法。但楊振寧和李政道卻由這個謎想到了對傳統物理思想不可思議的一種解決困惑的新思路。這種新的物理現象出現時迸發出的滿腔激情，在規範場理論產生的過程中，也同樣非常突出。當物理學家們熱衷於對量子電動力學進行重整化的時候，他卻獨自思考：為甚麼不能把同位旋守恆的性質，也像電磁學中的電荷守恆那樣，變成一個規範場理論呢？事實上，楊振寧在讀大學的時候就在思考這個問題了，這種激情從來沒有消失，並且讓他「走火入魔」。1954 年他終於取得成功，與米爾斯一起提出了現在人們熟識的非阿貝爾規範場理論。

五是謙虛好學和獨立思考的完美結合。我們常常可以看到，許多傑出的科學家如倫琴（Wilhelm Röentgen，1845–1923，1901 年獲得諾貝爾物理學獎）、拉曼（Chandrasekhara Raman，1888–1970，1930 年獲得諾貝爾物理學獎）等人，很善於獨立思考但又往往走向極端，獨立到不願了解別人在想甚麼，不願讀別人寫的東西，更不看重自己學生的某些閃耀火花的新思想，只顧自己一味地「獨立思考」。這樣的獨立思考往往限制了自己的能力。好的做法應該是既能吸引別人的好思想，又保持獨立思考的能力和習慣。楊振寧可以說是這種完美結合的典範。聶華桐說：「他今年 60 歲了，而且得了這麼大成就，普通人也許不會去聽年輕人的意見了，但他卻不然。我們每個星期有兩三次討論會，對於有興趣的討論會發言，他都把它記下來，而且不懂就問。他不了解的，討論會完了之後他也會找着去問，一直到今天他還保持着謙虛好學的態度。但在另一方面，他對每件事情又都有自己的判斷和自己的見解，這種結合也是使他具備了取得成果的又一要素。」[17，101]

從復旦大學到美國留學的張首晟（1963－2018），是凝聚態領域頂尖水平的物理學家，30 歲就成為史丹福大學終身教授。他在考進復旦大學一個學期之後就獲得了一份寶貴的本科生獎學金，去柏林自由大學學習。1983 年張首晟獲得本科學位，當時柏林自由大學的孟大中教授（楊振寧的老朋友），以及他的論文指導老師施拉德（Schrader）教授，都力勸他到石溪去接受研究生教育，說那兒有楊振寧主持一個研究所。張首晟高興地接受了他們的建議，因為他曾經說過：「自從我作為一個學生第一次接觸物理學以來，楊振寧一直都是我的偶像。」當他收到石溪的錄取通知時，他高興地說：「我的夢想終於成真了！」

到了石溪以後，張首晟找到楊振寧，儘管楊振寧很忙，還是抽出時間和新來的研究生談話。在第一次見面的時候，楊振寧問張首晟的興趣是甚麼。張首晟回答：「理論物理的最高目標是追逐愛因斯坦的夢想，將引力和其他力統一起來，而我的興趣也正在於此。」

使張首晟大為驚訝的是，楊振寧不但不贊成他追求這樣一種目標，甚至不贊成他去從事通常意義上的高能物理研究。他頗有說服力地指出，物理學是一門範圍十分寬廣的學科，隨處可以找到有趣的問題。這不由得使當時還心高氣傲的張首晟有一些失望。

後來張首晟回憶：「我在困惑與矛盾中離開了楊教授的辦公室。幸運的是，他給研究生新生開設了一門叫作『理論物理問題選』的課程。在這門課程裡，他根本不涉及我所認為的物理學『前沿問題』，而是討論諸如Bohm-Aharonov效應、伊辛模型的對偶性（duality of the Ising model）、超導體磁通量的量子化、位相和全息術、非對角長程序、規範場概念以及磁單極子等之類的問題。在這門課程中，我最大的收穫是課題的選擇。這些課題反映出他在物理學方面的個人興趣，而這是不容易從書本上學到的。通過這些問題，我明白了自然的複雜性可以統一於理論的美與簡潔之中。而理論物理學的意義正在於此。」[72，19]

楊振寧還對張首晟說，我們這兒的研究生，有權自由地選擇自己的研究方向，他還建議張首晟盡快拿到博士學位。這個建議符合張首晟的設想，但是他沒有完全接受楊振寧的建議，還是跟紐溫惠曾（Peter van Nieuwenhuizen）教授研究超引力。不過他很快完成了幾篇論文，1987年在石溪獲得博士學位。後來，一方面由於楊振寧的建議，另一方面也因為基維爾森（S. Kivelson）教授頗有感染力的熱情，他離開了超引力研究，越來越着迷於凝聚態物理。1987—1989年他成為加州大學聖芭芭拉分校（UCSB）理論物理研究所的一名博士後，在施里弗（J. R. Schrieffer，1931—2019，1972年獲得諾貝爾物理學獎）教授研究小組開始了他的研究生涯。最終張首晟完全轉向凝聚態物理，在凝聚態物理等研究方向上取得了大量國際一流的原創性成果：提出了基於超導與反鐵磁相SO (5) 對稱性的統一理論、室溫下無耗散的量子自旋流、四維量子霍爾效應和拓撲絕緣體等理論。

在1999年楊振寧退休研討會上，張首晟發表了題為「高溫超導：對稱與反射」的演說。在談到自己如何受益於楊振寧時，他說：

能夠在慶祝楊振寧教授退休的「對稱性與反射」討論會上發言，我感到非常榮幸。要在台下眾多為這半個世紀物理學做出巨大貢獻的先輩面前介紹我本人的工作，實在很不合適。因此，我更願意藉此機會回顧一下我和楊教授之間的個人交往，以及他對我科學生涯的巨大影響。自從我作為一個學生第一次接觸物理學以來，他一直是我的偶像。今天，長島這一可愛的春日，使我生動地回憶起我到石溪讀研究生的第一天的情形。自那天以來，他不但在課堂上教給我物理學，也在私人談話的場合向我傳授物理學知識。他會給我提出豐富多彩的建議，給我講一些鼓舞人心的事例。但最最重要的是，他教導我，物理學是美的，而且他的研究經歷也告訴我們大家，對美、品位、風格的主觀判斷，往往可以導致理論物理學上的重大發現。[127，74]

當我開始上學的時候，中國尚處在混亂的「文化大革命」時期。然而，儘管那時我們在學校學不到多少科學知識，每個學生卻是都熟知楊振寧和李政道的名字，以及他們對科學所做出的巨大貢獻。科學家居然能夠「證明」大自然的「左手性」，我對此大為震撼，並立即決定將我所有課餘時間都用來學習物理學。……我在科學之美中找到了慰藉。這說起來要歸功於楊教授在中國所產生的影響，對此我永遠都感激不盡。

在演講結束時，張首晟動情地說：

我開始將 SO (5) 作為一種統一 AF 和 SC 序的有效的對稱，來建構高溫超導理論。這一理論不僅將兩個形式看似不同的序統一起來，並能解釋它們在高臨界溫度系統中極為相近的表現，而且還做出了一系列驚人的實驗預言。現在，該理論正在接受數值模擬和實驗的檢驗，它有希望最終揭開高温超導之謎。楊教授曾經將20世紀發展的物理學基本定律總結為一個簡潔的口號「對稱性決定相互作用」。如果SO (5) 理論被證明在凝聚態物理中是成功的，那麼它將成為「對稱性決定相圖」的一個例子。毋庸置疑，依靠這樣一個較高級的組織原理，絕對能夠引導我們去探索和組織各種各樣的物質以及它們的相。

我希望藉此機會對楊教授深表感謝，謝謝他對我所從事的事業的重要影響，並祝他退休愉快。他的精神和建議將永遠伴隨着我探索物理學之美和真理。[72，22–23]

三、統計力學中的輝煌

楊振寧除了在粒子物理學中做出了傑出貢獻以外，在統計力學領域裡也做出了非常重要的貢獻，尤其是在到石溪以後不久提出的楊—巴克斯特方程（Yang-Baxter Equation，YBE），更是統計力學中的一朵奇葩。20世紀末，理論物理學家和數學家對楊—巴克斯特方程進行了廣泛而深入的研究，取得了重大的突破。為求解楊—巴克斯特方程建立起來的量子包絡代數理論，本身就是數學理論的重大發展。1985年德林費爾德（Vladimir G. Drinfeld，1954– ）建立了霍普夫（Hopf）代數與楊—巴克斯特方程之間的基本關係，為了紀念楊振寧教授在該研究領域的重大貢獻，還將這種代數稱為Yangian。Yangian屬於數學上的霍普夫代數，從物理學的角度看，它描述了完全量子可積問題中一類非線性相互作用模型所特有的新型對稱性。馮恩．瓊斯（Vaughan F. R. Jones，1952– ）和德林費爾德因在這一領域的突出貢獻而榮獲1990年數學最高獎——菲爾茲獎（Fields Prize）。

數學大師陳省身曾經説：「這種代數結構在理論物理這麼多領域的可解性方面起着如此根本的作用，真是不禁令人嘖嘖稱奇！楊—米爾斯方程和楊—巴克斯特方程引起了這麼大的數學興趣，我想，在未來的歲月裡，還會有許多數學家爭相研究它們呢！」[17，15]

1. 統計力學中兩項開創性研究

我們知道，在 19 世紀末，經典物理學獲得了空前的成功，形成了以經典力學、電磁理論和經典統計力學為三大支柱的理論體系。這一理論體系，可以説達到了相當完整、系統和成熟的地步，因而有一種樂觀主義的情緒認為，物理學家已經充分掌握了理解整個自然界的原理和方法，除了以太理論尚留下一點需要解決的問題以外，剩下的工作只需將物理常數的測量在小數點後面增加一點數值。

可是到了 1900 年 4 月 27 日，英國科學家開爾文勳爵（Lord Kelvin，即 William Thomson，1824—1907）在英國皇家學會中承認，有兩朵「烏雲」使物理理論的優美性和明晰性「黯然失色」了。第一朵「烏雲」涉及的是經典力學和電磁理論中最基本的物理思想，第二朵「烏雲」涉及的是統計力學。

統計力學在英國物理學家麥克斯韋的研究之後有了重大進展。麥克斯韋充分認識到統計方法的重要性，統計方法的研究對象不是個體，而是物體在每一組內的概率數。他十分清楚，描述分子運動，除了力學定律以外，還必須應用統計規律，而且後者更重要。後來，玻爾兹曼進一步利用概率的思想和方法來解決熱力學中不可逆的困惑，於是統計力學逐步建成。經典統計力學的最終建成，有賴於美國物理學家吉布斯（Josiah Willard Gibbs，1839—1903）。

到了 20 世紀初，德國物理學家普朗克在研究黑體輻射時得到了一個與實驗很符合的黑體輻射公式，但他用到了不同於經典統計力學的方法。到了 20 世紀 20 年代以後，由於量子力學的發展，又出現了玻色—愛因斯坦統計（Bose-Einstein statistics）和費米—狄拉克統計（Fermi-Dirac statistics），這已經屬於量子統計力學了。

前面我們已經講過，楊振寧在西南聯大讀本科時，由於王竹溪老師做了關於相變的一系列講座，統計力學第一次引起了他的注意。雖然當時他沒有完全聽懂王竹溪老師講甚麼，但他卻知道了相變理論的重要性，這對他此後的科學歷程「有決定性的影響」[41，129]。

1942 年楊振寧畢業於西南聯大之後，在王竹溪指導下做碩士研究生的時候，開始研究統計力學。他的研究生論文是《超晶格統計理論中準化學方法

英國物理學家開爾文勳爵

挪威出生的美國化學家昂薩格，1968 年獲得諾貝爾化學獎。

的推廣》。當楊振寧1983年出版他的《論文選集》時，他選的第一篇文章就是他的碩士論文的一部分。

在楊振寧當研究生期間，有一天王竹溪向他講起挪威裔美國科學家拉爾斯·昂薩格（Lars Onsager，1903—1976，1968年獲得諾貝爾化學獎）已經得到了二維伊辛模型的一個嚴格解。楊振寧許多年以後回憶，王先生是一個沉靜而內向的人，很少興奮和激動，但那天王先生顯然十分興奮，語氣之中不時透露欽羨和激奮之情。半個世紀過去了，王先生的激動和興奮之情，楊振寧一直沒有忘記，依然歷歷在目。

昂薩格是挪威出生的化學家，1935年獲美國耶魯大學哲學博士學位，後來一直在耶魯大學任理論化學教授。1968年他因為不可逆過程熱力學的研究，獲得諾貝爾化學獎。王竹溪先生提到的「伊辛模型」是瑞典物理學家伊辛（G. A. Ising，1883—1960）提出的一個模擬鐵磁物質結構的簡單粗略模型，它可以用來研究在居里點附近鐵磁體隨溫度而變化時產生的一種相變現象。我們都知道，鐵、鎳等鐵磁性物質在低於某一臨界溫度（即居里點）時，原子內部電子的自旋會部分排列有序，形成自發的極化。由於這種自發的極化的結果，在磁體外部就會產生一個磁場；當磁體被加熱溫度逐漸升高時，到了居里點，原子中電子自旋的自發極化現象會突然消失，其外部產生的磁場也會隨之消失。在這一過程中，鐵磁體經歷了一個鐵磁質到非鐵磁質的「相變」過程，即「從有序到無序」的相變過程，變成了普通的沒有磁性的物質。當溫度從上、下兩個方向趨近居里點時，物質會有甚麼樣的表現？伊辛模型就是研究這一現象的統計力學中一個著名的數學模型，也是統計力學中一個最基本的模型。

1944年，昂薩格做出了令人激動的突破，即將伊辛的一維問題推廣到了二維問題上，而且嚴格解決了這個問題。在西南聯大時，王竹溪非常激動地告訴楊振寧的就是這件事。那時楊振寧雖然對這個問題很有興趣，並且後來認為「這可真是一件令人叫絕的傑作」，但是當時並不懂得其中的奧妙。

1947 年在芝加哥大學時，楊振寧試圖深入研究昂薩格的論文，「但始終未弄懂其方法」。據楊振寧説其中原因是昂薩格「所使用的方法極為複雜，內中變了許多代數『戲法』」[1，21]。1949 年在一次國際學術會議的討論中，昂薩格在黑板上寫下了長程序與溫度的關係。但是昂薩格是怎麼得出這一結果的，卻成了一個永久的謎。所有這一切深深吸引着楊振寧，但是在芝加哥大學時他始終不得要領，入不了門。

1949 年 11 月初的某一天，在往返於普林斯頓大學和普林斯頓高等研究所之間的專用小巴士上，魯丁格告訴楊振寧，昂薩格的一個叫布魯妮婭．考夫曼（Bruria Kaufman）的女學生最近發表了一篇文章，大大簡化了昂薩格的代數運算方法。回到研究所以後，楊振寧立即研究了考夫曼的方法，這才理解了昂薩格的方法。楊振寧十分高興，幾年來懸在心中的一個問題終於化解。他由此想把昂薩格和考夫曼的方法進一步推廣到「三角形晶體」，並邀請魯丁格一起研究，但魯丁格覺得這個問題還不夠過癮，於是楊振寧放棄了這個打算。

雖然暫時放棄了，楊振寧卻一直捨棄不下這個想法，不時思索它。1951 年 1 月開始，經過長達六個多月斷斷續續的研究，終於結出了碩果。楊振寧説，在這幾個月裡，他做了他物理生涯中「最長的一個計算」，在計算過程中碰到許許多多的困難，但都一一克服。到 6 月下旬，他終於利用微擾法把整個計算完成了，得到了一個伊辛模型的自發磁化強度的解析表達式。1952 年，這項研究以《二維伊辛模型的自發磁化》為題發表於《物理評論》上。這是一篇很有名的文章，在文章的開始，楊振寧寫道：

這篇文章的目的是計算鐵磁體二維伊辛模型的自發磁化（也就是在沒有外場情形下的磁化強度）。范德瓦爾登（Van der Waerdeng）、阿斯金（Ashkin）和蘭姆（Lamb）對自發磁化得到一系列自發磁化展開式，它們在低温時迅速收斂。但是在臨界温度附近時他們的系列展開式失去了作用。在這篇文章裡我將利用蒙特洛爾（Montroll）、克拉莫斯（Kramers）和萬尼爾（Wannier）在二維伊辛模型統計問題中引入的矩陣方法，得到一個閉合的展開式。昂薩格在1944年對這個矩陣給出了一個嚴格解。他的方法後來被考夫曼大大簡化，這個結果被用來計算晶體的短程序。

這篇文章裡將利用矩陣問題的昂薩格—考夫曼解來計算自發磁化。……[40，142]〔1〕

30年後的1982年，楊振寧仍然十分欣慰地說：

整個過程充滿了局部戰術上的技巧，計算進行得迂迴曲折，有許多障礙，但總是幾天後找到了一個新的技巧，指出一條新的途徑。麻煩的是，我很快感到像進入了迷宮，並且不能肯定在經過這麼多曲折之後，是否確定在某種程度上比開始時更靠近目標。這種戰略上的總的估價非常令人沮喪，有幾次我幾乎要放棄了，但每一次總有某種事情又把我拉回來，通常是一個新的戰術上的技巧使情況變得有希望，即便僅僅是局

〔1〕即長程序。

部的。最後經過六個月斷斷續續的工作，所有部分突然都相互一致，導致了奇跡般的相消，我瞪眼看着令人驚奇的簡單的最後結果。[40，12]

這一段回憶十分珍貴。它生動而具體地反映了科學家的執着、困惑和由於堅持不懈的努力所帶來的「奇跡般」的「最後結果」，這是科學家研究過程最真實的敘述，親切可信而又極富啟發性。

楊振寧得到的是一個伊辛模型自發磁化強度的解析表達式。由此，二維伊辛模型嚴格解的第一個詳盡推導，成為楊振寧的一個重要貢獻。這是楊振寧在嚴格的統計力學方面的第一項工作。完成這項工作後不久的 1951 年 6 月 28 日，楊振寧的長子楊光諾出生。真是雙喜臨門！

有意思的是楊振寧的朋友戴森當時覺得，楊振寧研究伊辛鐵磁模型這麼簡單的玩意兒實在不可理解。戴森在 40 年後回憶：

40 年前，楊振寧發表了一篇論文，準確地計算了二維伊辛鐵磁模型的自發磁化。他的計算結果以其美麗的簡潔使我們嘖嘖稱奇；他的計算本身則以其漂亮的複雜使我們震驚。這項計算是一位巨匠所做的雅可比橢圓函數的一種練習。而得到的結果則是一個簡單的代數表達式，完全看不到橢圓函數的任何痕跡。讀完這一令人驚愕的五光十色的數學炫耀之後，我感到有點失望：楊振寧為何要選擇這麼一個不重要的問題來浪費自己的才能？當時，由於少不更事，我竟口出狂言：如果楊振寧能選擇一個非常重要的課題並做出同樣漂亮的工作，那麼，他就真的有點像一位科學家了。這以後，我有幸注視着楊振寧如何比自己高出一頭，成為一個世界水平科學家的經過。僅僅兩年之後，他就找到了一個與他的天賦相稱的重要問題並將之解決。他以 1954 年發現的非阿貝爾規範場理論奠定了一個堅實的基礎，經過許多常常以失敗告終的相互競爭的嘗試之後，終於在這個基礎之上建立了粒子相互作用成功的統一理論。通過規範場和粒子對稱性的工作，他向我們展示了，把對自然界的深層次了解同美麗的數學技巧結合起來是可能的。[17，25]

戴森當時的看法也有一定的道理，因為楊振寧自己也曾經説過：

伊辛模型是一個不斷地使人感到詫異的問題。從物理方面來説，20 世紀 50 年代有些人認為它不過是一種有趣的數學遊戲，不值得太過於認真地對待。20 世紀 60 年代，情況發生了戲劇性的變化。人們發現，伊辛模型不僅對鐵磁性研究極其重要，對其他許多種相變問題也同樣重要。到了 20 世紀 70 年代，人們逐漸弄清楚，這個模型同場論也有非常密切的關係。從數學方面來説，提出了攻克這個問題並求得多點關聯函數的各種新的巧妙方法。巴克斯特還找到了八頂角模型問題的解答，而這個八頂角模型把伊辛模型作為一個極限情形包含在內了。[1，22–23]

以後人們將逐漸發現，楊振寧經常研究一些在開始看來的確是不顯山不露水的物理問題，但是過了 10 年或者 20 年（乃至三四十年）之後，他的研究會突然成為極其重要的研究課題。這種情形是因為他具有與眾不同的品味、風格，對物理學欣賞的角度不大相同。

1951 年秋天，因為李政道在加州大學伯克利分校一年的工作中有些不愉快的遭遇，所以楊振寧向奧本海默推薦李政道，於是李政道也來到了普林斯頓高等研究所，由此開始了兩個人卓有成效的合作。到1952年夏天，兩人合寫了一篇關於統計力學的論文《狀態方程和相變的統計理論》，它分成上下兩篇發表：I凝結理論，II格氣和伊辛模型。在這篇文章裡，他們提出的相變理論被稱為「楊—李相變理論」。

在上篇的前言中，他們寫道：

> 這一篇和後一篇文章涉及的將是狀態方程和相變的統計理論問題。這個問題一直使得物理學家頗為關心，其原因有兩個方面，一是實踐方面的，希望尋找一個切實可行的物質性質的理論（如一個液體的理論）；另一是比較學術方面的原因，希望了解熱力學函數中相變不連續性的發生。[40，151]

第一篇文章提出了兩個定理，第二篇文章提出了非常重要的「單位圓定理」（theorem of unit circle）。單位圓定理主要是楊振寧研究出來的，這是楊振寧在統計力學中第二個有價值的工作。楊振寧曾經特地談到過「單位圓定理」產生的過程：

> 這兩篇文章討論了相變，其中有一個非常妙的定理，叫作「單位圓定理」，這個定理是説統計力學計算中產生的許多多項式（polynomials）的根（roots）都在單位圓上。後來有許多人問我，統計力學一直都在用這些多項式，沒有人去研究它們的根，你們為甚麼要找出它們的解？而且由此就有很妙的結果。
>
> 我想了一下，知道其中的緣由。我父親在我小的時候對我説過，代數中有一個重要的定理，他説這是代數中的「第一定理」，我不知道這個

名稱是他發明的還是在甚麼地方有。甚麼是代數第一定理呢？他說，任何一個n次多項式一定有n個根。這是極為重要的定理。我不知道這是誰發現的，可能是高斯。李政道和我一起，整天研究多項式的時候，我小時候知道的這件事就發生了作用。我告訴李政道說，我們把所有多項式的根找一下，這一找奇怪的事就發生了，不同的模型有不同的多項式，我們先做簡單的多項式，只有2、3次的多項式，可以很容易地解出來，結果發現這些解都在單位圓上。我猜這是一個普遍的情況。結果奮鬥了兩三個月以後，證明所有的多項式的根都在單位圓上，這是很重要的一個定理。這個定理證明以後，我非常得意。這裡有一個故事，我弟弟振平，那時他還是一個大學生，到我那兒，我對他說，這可能是我一生最重要的工作。說明我那時非常得意。這是一個非常重要的定理，現在還有人做，已經推廣到很廣的範圍。不過很多人問我為甚麼研究這些根，因為我父親再三告訴我，根的重要性，根和多項式有極為重要的關係。我想，我小的時候學習四則的故事，以及狄拉克的故事和這個多項式的故事，這些都告訴我，每一個人他所喜愛的東西不一樣，如果一個人能夠發現自己喜愛的東西，就像吳清源早年下圍棋一樣，那就遲早會有結果的。〔1〕

---

〔1〕2009年7月6日上午在清華大學高等研究院楊振寧辦公室採訪楊振寧時的錄音資料。文中談到四則問題，解釋於下：楊振寧小的時候從父親那兒學習算術中的四則問題，過了一年父親問他的時候，他還記得清清楚楚，一點都沒有忘記；但是後來楊振寧給他的兒子講四則問題，第二年再問他們，他們忘得乾乾淨淨。狄拉克的故事是說狄拉克在一次傍晚散步時思考海森伯最開始提出的不對易公式，突然想到這個公式應該與以前學過的泊松括號有關，後來發現果然如他所想，於是他得到了量子力學一個極為重要的公式。楊振寧用這些例子說明，一個人喜愛的東西，常常是他可能成功的地方。

楊振寧和李政道的工作引起了愛因斯坦的注意，因此他讓助手布魯妮婭．考夫曼來請他們兩人去他那兒面談一下。這次見面，楊振寧的回憶在前面已經寫到過，他說是他一人去見愛因斯坦的，而且沒有聽清楚愛因斯坦說些甚麼，但是李政道的回憶與楊振寧的不同。李政道回憶：

在高等研究所的偉人中，愛因斯坦超越一切其他人。年輕人看到他都十分敬畏，他經常和哥德爾（K. Gödel）一起走着去辦公室。我們所有的人都過分靦腆不敢同他談話。1952 年的一天，愛因斯坦叫他的助手考夫曼來問，他是不是能同楊和我談談。我們立刻回答：「當然可以！」我本想把我的一本《相對論的意義》帶去請愛因斯坦簽名，但是我沒有做，我一直為此感到遺憾。

我們到了愛因斯坦的辦公室。他說他讀了我們關於統計力學的兩篇文章，給他很深印象。他首先詢問我們關於巨正則系統的基礎。顯然，他對這一方法完全不熟悉。這使我十分吃驚，因為我一直以為，這一套方法是為了推導出玻色—愛因斯坦凝聚而發明的。隨後他的問題轉向格點氣體的物理適用性以及配分函數解的分佈的細節。我們的回答使他很高興。整個談話涉及的面很廣，持續了很長時間。最後他站起來，握着我們的手說：「祝你們未來在物理學中獲得成功。」我記得他的手較其他人的大而温暖。總之，這是一件非常難忘的事。[50，236–237]

1952 年這一年，楊振寧已經成為普林斯頓高等研究所的永久成員。9 月，杜致禮帶着長子回中國台灣，看望母親曹秀清。杜致禮已經有五年沒有見到母親和弟妹，能相聚一起，當然十分開心。杜致禮在那兒住了一年時

1953 年秋，杜致禮穿日本和服留影。

間，還在花蓮中學教了一學期的英語。本來，杜致禮沒有打算住那麼久，想早一些回美國，但是 12 月份到「美國領事館」去時卻拿不到簽證。楊振寧得知這一消息後很有一點着急。幸虧在奧本海默的大力幫助下，美國移民局才在每年的 105 個可以獲得移民簽證的中國名額中擠出了兩個名額，但按規定楊振寧必須到美國以外的地方申請簽證。

正好 1953 年 9 月，在日本召開日本戰後第一次國際物理學會議，楊振寧被邀請參加，於是他決定和妻子到日本的美國領事館去申請美國簽證。當楊振寧在日本東京成田機場見到從中國台灣飛來的妻兒時，真是欣喜萬分！10 月份三人回到美國後，就直接去了布魯克海文國家實驗室楊振寧事先選好的公寓裡。

杜致禮去中國台灣的一年，感情豐富細膩的楊振寧，由於思念妻兒，加上為辦簽證有不少雜事，在物理研究中竟然沒有多大進展。一家團聚後，楊振寧心中才踏實多了，研究工作也更加起勁。

接下去，楊振寧做出了他一生最輝煌的研究：規範場理論和宇稱不守恆。這在前面已經講過，下面我們接着講的是他在統計力學中最重要的研究成就，也是楊振寧在物理學裡做出的第三個傑出的貢獻 —— 楊—巴克斯特方程。這一研究成果的獲得，也是經歷了四五年持續努力的結晶。

2. 楊—巴克斯特方程

事情要從 1961 年講起。這一年夏天楊振寧到史丹福大學訪問幾個月。這一次訪問使得楊振寧對超導中的統計力學問題發生了興趣。在研究氣氛活躍的史丹福大學，他發現費爾班克（W. M. Fairbank）和第弗爾（B. S. Deaver）正在做超導體中是否存在磁束量子化的實驗。這種實驗非常困難，楊振寧以前也從來沒有想過這個問題，因此當有人問他：「假如我們發現有磁束量子化，這是一個新的、物理的、原則性的現象，還是由原有的物理學就可以推演出來的？」楊振寧自然無法回答。但是這個問題卻引起了他的興趣。於是他和伯厄斯（N. Byers）開始研究這個問題，並且寫了一篇文章《在圓柱形超導體中磁束量子化的一些理論思考》。通過研究他們發現：「磁束量子化不是一個新的原則，用經典的統計力學加上量子力學再加上麥克斯韋方程就可以推導出來。」[1，661]

楊振寧對這一發現說：

這個事情就引導了我對這類問題發生興趣，大家也許知道量子霍爾效應（quantum Hall effect），跟這一類工作有很密切的關係。阿哈羅諾夫—博姆（Aharonov-Bohm）實驗也是跟這個有很密切的關係的。所以在1961年，從我自己的立場講起來，在斯坦福大學的訪問對我後來的工作也有很大的影響，因為它使得我走到了一個新的領域。[1，661]

這一件事還引起了楊振寧對另外一個問題的思考。他說：

從第弗爾和費爾班克獲得開創性的結果這件事，使我再次認識到，某一領域內專門家的確能覺察一些未受過訓練的外行人所不能覺察的事物。可是我還相信布洛赫、伯厄斯和我所採取的懷疑態度是一種健康的態度。不隨波逐流對我們這個學科取得進展來說是極端重要的。當然，反過來也對（或者對一些）：實驗物理學家絕不能被理論物理學家所嚇倒。[1，106–107]

1962年，楊振寧寫了一篇文章《非對角長程序的概念和液氦和超導體的量子位相》。在這篇文章中，楊振寧引入了一個重要的新名詞「非對角長程序」（off-diagonal long-range order，ODLRO）。楊振寧認為這是一篇「非常重要的文章」，1987年在南開大學做「我對統計力學和多體問題的研究經驗」演講時說：

我覺得這篇文章的重要性今天還沒有完全發揮出來。最近發現了高温超導，所以使得我對超導問題重新發生興趣，證實了我當時的想法。[1，661]

漢斯・貝特

也是 1962 年，楊振寧和二弟楊振平、吳大峻開始合作研究與超導有關的現象，此後，他的注意力被吸引到「貝特近似」上來。

「貝特近似」是德國著名物理學家漢斯・貝特（後加入美國籍）在 20 世紀 30 年代提出的一個想法，想用來解決一維空間嚴格自旋波（spin wave）碰撞散射的問題；他還認為這個設想可以推廣到二維和三維空間。但貝特本人此後沒有在這個方向上做後續研究。沒想到，這個想法卻被遠在亞洲戰亂中西南聯大的一個中國學生楊振寧盯上了，並且成了他研究生涯中持續最長、發表論文最多的一個研究方向。在芝加哥大學做研究生的時候，楊振寧就試圖在貝特近似中做一點突破性研究，但沒有成功。1962 年楊振寧與楊振平、吳大峻的合作研究雖然沒有取得甚麼進展，但是楊振寧的目光卻在這一次合作中再次被吸引到貝特近似上。

20 年來，這個問題在楊振寧心頭揮之不去，也多次做過認真研究，但是一直沒有甚麼進展。在楊振寧和楊振平做這些研究的時候，大多數人已經不再討論貝特近似，因為從它提出來之時已經過去了30多年，人們已經把它忘卻了。但是楊振寧不這樣認為，他認為貝特的這個想法是一個重要的觀念，於是在1966年與楊振平合寫的一篇文章裡，他特別把它命名為「貝特假定」(Bethe Ansatz，縮寫為B-A)。現在，貝特假定已經在統計力學中深深扎下根來，成為一個重要的研究領域。楊振寧曾經在回憶中談到自己在這一漫長的過程中的一些思考。這些思考很有價值，尤其是對於年輕的物理學家，更是難得的經驗之談。他寫道：

從1962年我所要做的一件事情，就是能不能找一個簡化的模型，使得在這個模型裡我可以嚴格地證明，它的基態波函數有ODLRO。

這個問題我弄了好幾年，中間跟我的弟弟楊振平合作，跟吳大峻合作。我們找出了一些模型，很多工作並沒有發表，我對它們不太滿意，因為這些模型都有點太牽強，使我覺得不容易跟實際發生關係。不過這一類工作搞來搞去，就把我的注意力重新吸引到貝特假定(B-A)上。因為我對B-A有了些了解，提出模型的時候，就很自然地用到了B-A，不同程度地用。所以1965年開始，我又重新注意B-A，而且注意一個問題，用B-A解出來的模型有沒有ODLRO。那個時候，離我在芝加哥討論B-A已經有十六七年了。

當時文章多得像牛毛一樣，我跟我弟弟看的時候有些苦惱。這個我也許可以和年輕的研究工作者談一談。我想你們剛走到一個領域是會很苦惱的，不過你們不要害怕，因為多半的文章都是沒有甚麼價值的，最重要的是你得抓住問題在甚麼地方，然後你有自己的想法。那麼你就發現多數的文章不必去看它。我剛才講過有人在30年代寫了一些關

> 於 B-A 的文章，這些文章越來越複雜。一個很基本的問題，也是我在芝加哥大學不了解的，不知這些有反三角函數的方程式的解是實數還是虛數。[1，662–663]

20 世紀 60 年代的一天，當楊振寧再次和楊振平討論時，他們還是老老實實地從頭做起。這一次功夫不負有心人，他們發現以前多次研究過程中失敗的地方，竟然利用一個簡單得不能再簡單的方法取得了突破性進展。直到 1987 年，楊振寧在回憶中仍然十分激動地談到這一發現：

> 60 年代的某一天跟楊振平討論時，我忽然發現一個非常簡單的道理，就是在以前寫的文章中，用了反餘切，我們覺得這不好。把反餘切換成反正切就非常好。當然，大家會想反餘切和反正切是密切相關的，這簡直是一個微不足道的進步。其實不然，因為反餘切有些不連續的地方，這些不連續處，正是最關鍵的地方。如果你把它換成反正切的話，那麼它在最關鍵的地方就沒有這個困難了。所以，一引進這個，一切東西都變得非常清楚了。我們就連續寫了很多的文章，指出這個貝特假定是非常之妙的。而且在甚麼情形下有一個實數的解，我們比較地有了一個控制。[1，663]

緊接着，楊振寧在 1967 年又發現，利用貝特假定再加上他十分熟悉的群論方法，得到了一組非常有用的矩陣方程：

$$A(u)\,B(u+v)\,A(v)=B(v)\,A(u+v)\,B(u)$$

如果貝特假定是對的，那麼這個新發現的方程就有非常重要的價值。楊振寧說：「這個方程通俗地講起來就是 ABA=BAB 這樣一個方程。」方程中的 A 和 B 都是算子，所以計算起來還是十分複雜的。

這個方程可以用來解決統計力學中非常廣泛而重要的問題。五年之後的 1972 年，被楊振寧譽為昂薩格之後做精密解的第二高手、澳大利亞物理學家巴克斯特（Rodney James Baxter），在研究統計力學中的一個二維空間經典統計力學的問題時建立了一個新的模型，也推出了一組方程。這組方程從一個與楊振寧研究完全不同的問題推出來，也十分有價值。到了 80 年代初，蘇聯著名數學家法捷耶夫（L. D. Fadeev）和他的學生在研究中發現，楊振寧得出的方程與巴克斯特的方程是一回事，只不過表達形式有些不同而已。於是，他們便把這組方程在 1981 年定名為「楊—巴克斯特方程」。

楊—巴克斯特方程和楊—米爾斯方程一樣，都是非常基本的數學結構，對此後數學的發展起了重要作用，許多數學分支都離不開這個基本數學結

巴克斯特

構，如拓撲學、量子群、微分方程、算子理論和代數等。它的重要性只舉一個例子就可以明白：1990 年 8 月在日本京都舉行的國際數學大會上，四位獲菲爾茲獎的數學家中，有三位的研究與楊—巴克斯特方程有關。

時至今日，楊—巴克斯特方程所導致的研究成果和方向，正以迅猛的勢頭在擴大。人們現在能看到的，恐怕還只是冰山一角。楊振寧自己也認為，有些物理學家目前對楊—巴克斯特方程的態度，勢必隨着研究的進展而發生改變。楊振寧還認為，無論是哪位物理學家，無論喜歡不喜歡，在許多問題上最終非用到這個方程不可。他還特別舉了物理學歷史上一個有趣的例子。

20 世紀 30 年代，當維格納用數學中的群論解決原子光譜問題時，許多物理學家厭惡群論。但是不久之後所有學習物理的人都學習「禍害的」群論，連泡利也不例外。再過若干年後，楊振寧在西南聯大也學習了群論，不過那時再沒有人稱群論為「群禍」了。

從當今發展趨勢來看，楊振寧的預言是不錯的。1999 年，美國物理學會把拉爾斯・昂薩格獎授予了楊振寧。從 1997 年開始頒發這個獎以來，他是第三個獲得此獎的人。這個獎是專門授給在理論統計物理研究領域做出傑出貢獻的科學家的，是物理學家所能獲得的最高榮譽之一。楊振寧能夠獲得這一殊榮，充分表明他在統計力學中所做出的基礎性貢獻已經得到了舉世公認。

楊振寧在統計力學方面的研究歷程，給予我們的教益非常之多，除了其貢獻本身之外，在科學方法和科學精神方面也有許多教益。楊—巴克斯特方程和楊—米爾斯方程一樣，由於它們都是最基礎的理論，是非常基本的數學結構，所以剛公佈於世的時候，往往被認為雖然很美麗，但對物理學沒有意義，不會對物理學有甚麼實際作用；而且這些非常基礎的東西，其研究的歷程往往非常艱難和曲折。在研究伊辛模型時，楊振寧甚至被人譏為「得了伊辛病」。在這個過程中，如何正確對待科學精神和正確使用科學方法，就十分關鍵。楊振寧在 1982 年曾經寫道：

建立貝特假定的嚴格性這時得到了回報。它使我們對這個問題的量子數 I_1，I_2……有更好的理解。由這種理解而產生的「安全感」使我們能夠在後來邁出更大的一步，從而解決了有限溫度的問題。這項研究當時在某種意義上為後續研究工作的起飛構築了一個牢靠的平台。

究竟在甚麼時候以及如何發生下一次飛躍，是一個常會提出的重要問題。這過程所涉及的心理因素，諸如魄力、衝動、氣質、鑒賞力和信心等，全都起着重要作用，或許就像技巧一樣重要。我們所做的這項研究的經歷正好表明，牢固的基礎十分有用。但是，過分注意基礎的牢固可能會壓抑冒險精神，而這種精神同樣也是重要的。[1，173]

這些經驗之談，對願意為科學事業奉獻終生的人，無疑都是寶貴的資源。

楊振寧在統計力學的研究中，還有一個重要的成就——「李—黃—楊修正」，它與當今熱火朝天的冷原子（cold atom）研究有重要關聯。為了本書整體結構，這方面的研究留待第六章第四節再講。

2010 年，楊振寧曾經對自己在統計力學方面的研究做了一個小結：

整體而言，統計力學向來是我的主要研究領域之一……從 1944 到 1952 年，我單獨在此領域發表過五篇文章，其中關於二維晶格系統自發磁化的文章是此領域的一個突破。1962 年……之後，我在此領域繼續工作，發表了很多文章，其中 1967 年與 1969 年有關一維系統的兩篇都具有開創性意義。1999 年我獲頒 Onsager（昂薩格）獎，那是此領域最重要的獎項。近年我重新回到此領域，在 2008 至 2009 年間又已經發表了六篇文章。[125，III]

四、楊振寧與現代數學

談到規範場和數學裡的纖維叢（fibre bundle）之間關係的發現，不僅故事令人驚詫、曲折有趣，而且還讓楊振寧悟出了一個極其重要的事實：數學與物理學的分與合，並且就這個主題寫了一篇文章《20 世紀數學與物理學的分與合》。[44]

事情發生在 1969 年，那時楊振寧在紐約州立大學石溪分校。有一天在上課講廣義相對論的時候，他在黑板上寫下了廣義相對論裡著名的黎曼張量公式。當時楊振寧忽然有一種突如其來的直覺：這個公式有一些像他和米爾斯發現的規範場理論中的一個公式。當時不能仔細思考，下課以後他把兩個公式寫到一起：

規範場理論中的一個公式：

$$F_{\mu}^{\nu}=\frac{\partial B_{\mu}}{\partial x_{\nu}}-\frac{\partial B_{\nu}}{\partial x_{\mu}}+i\varepsilon\ \ (B_{\mu}B_{\nu}-B_{\nu}B_{\mu}) \tag{1}$$

廣義相對論中的黎曼張量公式：

$$R_{ijk}^{l}=\frac{\partial}{\partial x^{j}}\begin{Bmatrix} l \\ ik \end{Bmatrix}-\frac{\partial}{\partial x^{k}}\begin{Bmatrix} l \\ ij \end{Bmatrix}+\begin{Bmatrix} m \\ ik \end{Bmatrix}\begin{Bmatrix} l \\ mj \end{Bmatrix}-\begin{Bmatrix} m \\ ij \end{Bmatrix}\begin{Bmatrix} l \\ mk \end{Bmatrix} \tag{2}$$

仔細比較以後，楊振寧發現這兩個公式不僅僅是相像，而且結構完全相同！楊振寧大吃一驚：「原來規範場理論與廣義相對論的數學結構如此相似！」他的直覺告訴他，這裡面一定大有文章。他在《我欽佩數學的美的力量——〈規範場的積分形式〉》（1974）一文之後記中寫道：

這兩個公式之所以相似，皆因式（2）是式（1）的一個特例！理解到這一點，我喜不自勝，得意忘形之狀實難用筆墨形容。我因而明白了，從數學的觀點看來，規範場在根本意義上是一種幾何的概念。我也搞清楚了，上述公式（1）與薛定諤 1932 年論文中的公式之間的相似性（泡利在 1954 年已覺察到這一點）不是偶然的巧合。[1，212–213]

而在楊振寧和米爾斯 1954 年研究規範場理論的時候，他們兩人雖然推廣了麥克斯韋理論，卻沒有明白麥克斯韋理論的幾何意義，因此就沒有從幾何觀點來審視規範場理論。楊振寧說：

這個發現使我震驚……我立刻到樓下數學系去找系主任吉姆．賽蒙斯（Jim Simons）。他是我的好朋友，可是那以前我們從來沒有討論過數學。那天他告訴我，不稀奇，二者都是不同的「纖維叢」，那是 20 世紀 40 年代以來數學界的熱門新發展！[44，19]

賽蒙斯（1938–　）還告訴楊振寧：「規範場一定同纖維叢上的聯絡（connection on fibre bundles）有關係。」楊振寧大受啟發，立即開始學習纖維叢這一新的數學理論，他找來美國數學家斯廷羅德（Norman Earl Steenrod，

1910–1971）的《纖維叢的拓撲》（*The Topology of Fibre Bundles*）一類的書來看，但是看不懂，楊振寧説：「我……甚麼也沒有學到。對一個物理學家來説，現代數學語言顯得太冷漠了。」

雖然「甚麼也沒有學到」，但是楊振寧明白了：研究場論的物理學家必須學習纖維叢的數學概念，這一點越來越清楚。因此，在 1970 年初楊振寧請賽蒙斯教授到物理系，為包括他在內的幾位物理學家，在一系列的「午餐報告」中，專門講授纖維叢理論。講了兩個星期以後，楊振寧這才弄清楚了物理學的規範場正是微分流行纖維叢上的聯絡。他後來感慨地説：

> 客觀宇宙的奧秘與基於純粹邏輯和追求優美而發展起來的數學概念竟然完全吻合，那真是令人悚然。[126，95]

楊振寧永遠不會忘記賽蒙斯給他的幫助，所以在 1999 年榮休晚宴上還特別提到這件事情：

> 對在座各位，我與你們幾乎每一個人都有非常愉快的共同回憶，特別是吉姆·賽蒙斯。他既然提到了我對他是怎麼慷慨，我也要告訴大家他對我又是如何慷慨。他不僅最先把「纖維叢上的聯絡」這一專門術語介紹給我，而且他所做的比介紹這名詞要多得多了。1970 年年初我們在理論物理研究所的同事都認為應該弄懂「纖維叢上的聯絡」這個數學觀念，所以請了吉姆來給我們上一系列的午餐討論課。他慷慨地答應了，從此犧牲了大概兩個星期的午餐時間給我們。討論會結束時，我們全學

楊振寧與賽蒙斯的合影

會了那個觀念是甚麼，它跟 A-B 效應[1]的關係又是如何。而那也就是後來我與吳大峻合寫的論文的來源。這篇論文包括了這次會議中屢次提到的那個字典。[41，294]

1974 年和 1975 年，楊振寧在《規範場的積分形式》和《不可積相位因子的概念和規範場的整體表示》（與吳大峻合寫）兩文中，進一步發展了規範場的整體表述。在 1974 年的文章中，楊振寧還並沒有理解在規範場理論中必須做整體考慮(global consideration)，到 1975 年與吳大峻合作的文章中，他才明白了規範場具有整體性的幾何內涵(global geometrical connotations)，這種內涵可以自然而然地用纖維叢表示。因此，這個內涵

〔1〕 A-B 效應為阿哈羅諾夫—玻姆效應（Aharonov-Bohm effect）的簡稱。這一效應説明，在量子力學裡，電磁勢（electromagnetic potentials）是一個比電場和磁場更基本的物理量。詳見參考書目 41，第 63—86 頁。

不能與物理學家的整體相位因子混為一談，必須把非阿貝爾規範場理論建立在嚴格的數學基礎上。由此人們才知道，規範場理論的數學結構就是拓撲學纖維叢理論。這種數學和物理學有歷史意義的結合，使得從大範圍、整體和拓撲的視野來研究物理現象成為20世紀80年代的潮流。在物理學和數學史上，這是一次偉大的事件！對此，楊振寧曾經寫道：[44，19]

> 學到了纖維叢的數學意義以後，我們知道它是很廣很美的理論，而電磁學中的許多物理概念原來都與纖維叢理論有關聯。於是1975年吳大峻和我合作寫了一篇文章，用物理學的語言，解釋電磁學與數學家們的纖維叢理論關係。文章中我們列出了一個表，是一個「字典」。表中左邊是電磁學（即規範場理論）名詞，右邊是對應的纖維叢理論的名詞：

規範場術語	纖維叢術語
規範或整體規範	主坐標叢
規範類	主纖維叢
規範勢	主纖維叢上的聯絡
S	變換函數
相因子	平行移動
場強	曲率
源（電）	?
電磁作用	U（1）叢上的聯絡
同位旋規範場	SU（2）叢上的聯絡
狄拉克的磁單極量子化	按照第一陳類將U（1）叢分類
無磁單極的電磁作用	平凡U（1）叢上的聯絡
有磁單極的電磁作用	非平凡U（1）叢上的聯絡

表格中的「源」的右邊沒有對應術語，這是因為賽蒙斯說，在纖維叢理論裡沒有這個概念，所以出現了一個問號。有意思的是，正是這個問號又引出一段故事。這個故事的起因是美國麻省理工學院的數學家伊薩多・辛格（Isadore Singer，1924—2021）來紐約州立大學石溪分校訪問，楊振寧和他談了規範場裡的「源」在纖維叢理論裡沒有對應項的事。辛格隨後去了英國牛津大學，他把楊振寧和吳大峻合寫的文章帶去，給英國著名數學家邁克爾・阿蒂亞（Michael Atiyah，1929－2019，1966 年獲得菲爾茲獎）[1]和牛津大學數學教授奈傑爾・希欽（Nigel Hitchin，1946— ）看，後來他們合寫了一篇關於無「源」的文章。

阿蒂亞與辛格、希欽 1978 年合寫的這篇文章的標題是《四維黎曼幾何中的自對偶性》。這篇文章還沒有發表，它的預印本在 1977 年 5 月前後就在業內廣泛傳開了。在這篇文章裡，阿蒂亞和辛格把「指標定理」（index theorem）[2]用於楊—米爾斯方程，結果竟然得到了該方程的自對偶解。因為他們三人尤其是阿蒂亞在數學界的名望，規範場與纖維叢的密切關係很快即被數學界人士重視。1977 年阿蒂亞出版了一本專題文集《楊—米爾斯場的幾何學》（*Geometry of Yang-Mills Fields*），由此更加引起眾多數學家對規範場的重視。誠如楊振寧所說：

---

〔1〕阿蒂亞曾任英國倫敦數學學會主席，英國皇家學會會長，並被英國女王冊封為爵士，是當今世界上屈指可數的頂尖數學家之一。

〔2〕1963 年，阿蒂亞和辛格證明了指標定理，這一定理被認為是 20 世紀數學最重要的成就之一，它把微分方程、微分幾何、代數幾何和拓撲學等幾個不同的數學分支中的一些「經典不變量」聯繫起來，因而對整個現代數學的發展產生了深遠的影響。詳見參考書目 126，第 95—96 頁。

> 阿蒂亞和辛格是當代數學大家，他們建立的指標定理，溝通了幾何學與分析學的聯繫，是當代數學發展的一個里程碑。恰巧指標定理可用於楊—米爾斯方程的自對偶解個數的確定，這一結果及其他數學成就對物理學研究當然有很多幫助。[43，261]

而且由於這一系列的研究，還迎來了以後物理學與數學重新合作的高潮。阿蒂亞後來在他的《論文選集》第五卷用「規範場理論」作為標題。在這一卷的前言中，他寫道：「從 1977 年開始，我的興趣轉向規範場理論以及幾何學和物理學間的關係。一直以來，我對理論物理的興趣不大，大多數的衝激都是來自跟麥凱（Mackey）的冗長討論。1977 年的動因來自兩方面：一是辛格告訴我，由於楊振寧的影響，楊—米爾斯方程剛剛開始向數學界滲透。當他在 1977 年初訪問牛津時，辛格、希欽和我周密地考察了楊—米爾斯方程的自對偶性，我們發現簡單應用指標定理，就可得出關於『瞬子』（instanon）參數個數的公式……另一個動因則來自彭羅斯（Roger Penrose）和他的小組。」[1，733]

這本書出版以後，阿蒂亞簽名送給楊振寧一本，以表示對楊振寧的尊敬和欽佩。

我國數學史家張奠宙先生在他的《20 世紀數學經緯》一書中專門列出「楊振寧與當代數學」一節，在這一節裡他寫道：「楊振寧—辛格—阿蒂亞，這條物理學影響數學的歷史通道，肯定是 20 世紀科學史上的一段佳話。關於楊—米爾斯理論在當代數學中的作用，在美國國家科學研究委員會數學科學組的一份報告裡這樣寫道：『楊—米爾斯方程的自對偶解具有像柯西—黎曼方程的解那樣的基本重要性。它對代數、幾何、拓撲、分析都將是重要的……在任何情況下，楊—米爾斯理論都是現代理論物理學和核心數學的所有子學科間緊密聯繫的漂亮的範例，楊—米爾斯理論乃是吸引未來越來越多數學家的一門年輕的學科。』」[43，261]

對於數學和物理學的這種溝通、結合，連楊振寧都覺得實在太神奇和不可思議。他說：

> 非阿貝爾規範場在概念上等同於纖維叢，纖維叢這一漂亮的理論是在與物理學界無關的情況下由數學家發展起來的，這對我來說是十分令人驚歎的事。在 1975 年我與陳省身討論我的感覺時，我說：「這真是令人震驚和迷惑不解，因為不知道你們數學家從甚麼地方憑空想像出這些概念。」他立刻抗議：「不，不，這些概念不是憑空想像出來的，它們是自然而真實的。」[1，242]

後來陳省身教授有感於楊振寧對物理學和數學的貢獻，寫了一首詩：

> 愛翁初啟幾何門，楊子始開大道深。
>
> 物理幾何是一家，炎黃子孫躋西賢。

詩後作者還特意做了註釋：愛因斯坦的廣義相對論將物理釋為幾何。規範場論作成大道，令人鼓舞。[16，8]

1992 年 7 月 9—10 日，中國台灣新竹清華大學為楊振寧校友七十壽辰舉行學術會議。據顧毓琇教授回憶：在會上，陳省身教授盛讚楊振寧可與牛頓、麥克斯韋、愛因斯坦並列為四大物理學者。丁肇中博士從日內瓦來，報

告十年以來高能實驗證明楊氏學說之正確。[64，284]

陳省身給予楊振寧極高的讚譽，有深刻的數學緣由。1986 年和 1990 年的菲爾茲獎（被譽為數學界的諾貝爾獎）的頒發，就可以清楚地看到這一點。

1986 年，菲爾茲獎頒發給了英國數學家唐納森（Simon Donaldson，1957– ）。在介紹唐納森的貢獻時，文告上是這樣寫的：

> 唐納森所採用的是全新的方法，這些方法來自理論物理學，是以楊—米爾斯方程的形式出現的，這些方程基本上是電磁理論中的麥克斯韋方程的非線性推廣，並且是一個自然的幾何泛函的相伴變分方程。微分幾何學者們研究纖維叢上的聯絡與曲率，而楊—米爾斯泛函正是曲率的 L^2 範數。……唐納森的高明之處在於用瞬子作為一般四維流形上的一種新的幾何工具。他發現了全新的現象並證明了楊—米爾斯方程可以完美地用來研究與探索四維拓撲的結構。……唐納森的成功取決於他對楊—米爾斯方程的分析學有透徹的了解。[97，168–169]

1990 年的國際數學家大會有四位菲爾茲獎獲得者：德林費爾德、瓊斯、森重文（Mori Shiefumi，1951– ）、威滕（Edward Witten，1951– ）。他們四人的工作，除了森重文以外，都和楊—米爾斯或楊—巴克斯特方程有關。

德林費爾德所做的先驅性工作，實際上是楊—米爾斯方程的解；此後他在物理學上的興趣，保持在楊—巴克斯特方程的研究上。

馮恩．瓊斯的研究與楊—巴克斯特方程的解有關。

美國物理學家愛德華．威滕的研究與楊—米爾斯方程和楊—巴克斯特方程有密切關係。早在 1978 年，威滕就對楊—米爾斯方程做出過先驅性的研

左起：陳省身、拉比、戈德伯格、楊振寧，攝於 1963 年 11 月。

究，寫出《經典楊—米爾斯理論的一個解釋》（"An Interpretation of Classical Yang-Mills Theory"），刊登在《物理快訊》（*Physics Letters*）上。在 2005 年紀念楊—米爾斯理論誕生 50 週年時，威滕寫了一篇文章《在弱耦合中規範 / 弦的對偶性》，他寫道：「我們在這篇文章中綜述了微擾的楊—米爾斯理論的意料不到的簡化，由此激起一個想法 —— 利用一個靶空間（target space）是瞬子空間的弦理論來解釋這種簡化。微擾的楊—米爾斯理論散射振幅起因於這個弦理論的一種瞬子展開（instanton expansion）。」[39，459]

由此可見，即使在當今最抽象、最前沿的弦理論中，楊—米爾斯理論也有不可忽視的價值。

這種數學和物理學相互溝通、關聯的局面在 19 世紀以前是比較容易看清楚的，也為眾多物理學家和數學家認可。但是 19 世紀末以後的半個多世紀的時間裡，卻出現了另一種景象：數學變得越來越抽象。美國著名數學家哈維・馬歇爾・斯通（Harvey Marshall Stone，1903—1989）是研究拓撲學和泛函分析的，楊振寧在芝加哥大學讀書的時候，他正好是數學系的教授。斯通在 1961 年寫了一篇比較通俗的文章，文章寫道：「1900 年起數學跟我們對於數學的一些觀念，出現了非常重要的變化，其中最富革命性的發展是原來數學完全不涉及物理世界。……數學與物理世界完全沒有關聯。」[44，16]

楊振寧指出，斯通說的「數學……出現了非常重要的變化」指的就是「越來越抽象」，他還補充說：

> 他講的這個話確實是當時數學發展的整個趨勢。當時數學發展就是要研究一些數學結構之間互相的、非常美的、非常妙的關係，這是當時數學思想的主流。所以在 20 世紀的中葉，數學跟物理是完全分家了。[44，16]

從物理學的歷史上看，數學和物理學是同源的。兩者之間關係緊密，相互之間一起發展，一起前進。無論是牛頓，還是麥克斯韋和愛因斯坦，都在發展自己的物理學理論的同時受益於數學的支持，而物理學的發展，也使得數學受益匪淺。但是 19 世紀末葉以來，數學變得越來越抽象。

楊振寧是當代物理學家中特別偏愛數學而且大量應用數學的少數物理學家之一，他曾經說過：

> 我的大多數物理學同事都對數學採取一種功利主義的態度。或許因為受父親的影響，我比較欣賞數學。我欣賞數學的價值觀念，我欽佩數

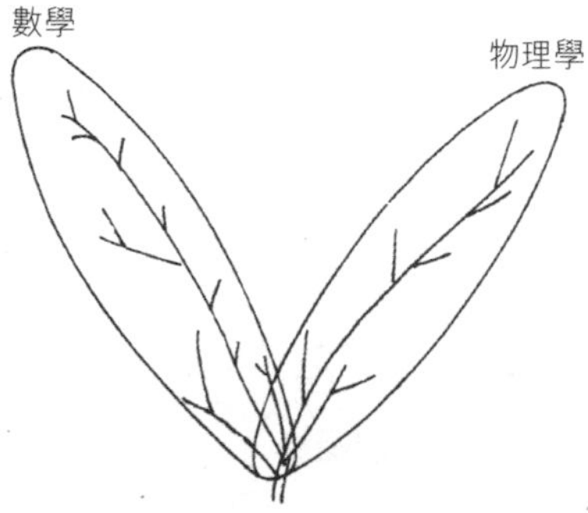

楊振寧提出的數學和物理學「雙葉理論」示意圖

學的美和力量；在謀略上，它充滿了巧妙和紛雜；而在戰略戰役上則充滿驚人的曲折。除此之外，最令人不可思議的是，數學的某些概念原來竟規定了統治物理世界的那些基本結構。[1，214]

但是就連這樣一位欣賞、欽佩數學的物理學家楊振寧，在 20 世紀 60 年代對當代數學也感到無法理解了。有一次楊振寧在韓國的首爾做物理學演講的時候說：「有兩種數學書：第一種是你看了第一頁就不想看了，第二種是看了第一句話就不想看了。」當時在座的物理學家聽了哄堂大笑。

楊振寧這樣說也是事出有因。事情起因於當他得知規範場理論與數學上的纖維叢理論有關聯時，他就打算自學這個數學理論，上面提到過，他找來斯廷羅德的《纖維叢的拓撲》來讀，但是看不懂，上面從頭到尾都是定義、定理和抽象的演繹，使人丈二和尚摸不着頭腦，完全看不到活潑動人的實際背景。

楊振寧的笑話本是即興之談，卻不料被一份數學雜誌登了出來。數學界肯定會有人不高興，認為數學本來就是抽象而又抽象的，否則甚麼是數學？楊振寧得知數學界一些人的反對意見以後並不以為然，說：「我相信還有許多數學家支持我，因為數學畢竟要讓更多的人來欣賞，才會產生更大的效果。」

還有一個楊振寧講的笑話，美國數學家烏拉姆（S. M. Ulam，1909—1984）在他的自傳《一位數學家的經歷》裡有記載：

> 諾貝爾獎獲得者楊振寧講過一個故事，説明了現在數學家和物理學家在認知方面的關係。
>
> 一群人一天晚上來到某城，因為有衣服要洗，就上街去找洗衣店，找到一個櫥窗裡有「此處接受需洗衣物」招牌的地方，其中一個人就問：「把我們的衣服給你們行嗎？」店主説：「不，我們這裡不洗衣服。」客人問：「怎麼，你們櫥窗裡的招牌上不是寫着嗎？」回答是：「這裡是造招牌的。」這就有點像數學家的情形，數學家是製作招牌或者説記號的，並且希望自己製作的記號能適合一切可能發生的情況。不過，物理學家也創立過許多數學思想。[98，258—259]

烏拉姆還問道：「我常常迷惑不解的是，數學家為甚麼不把狹義相對論推廣為多種不同類型的『特殊相對論』（不是如現在熟知的廣義相對論）。」

這種「老死不相往來」的隔離局面，在楊—米爾斯規範場理論和楊—巴克斯特方程出現以後，有了巨大的改觀，引起了物理學與數學重新合作的新高潮。

現在數學家基本上一致認為：楊—米爾斯理論和楊—巴克斯特方程，都是現實世界所提出的非常基本的數學結構。俄羅斯數學家德林費爾德已經證明，由楊—巴克斯特方程可以導致霍普夫代數，進而衍生出其他數學分支。楊振寧甚至後悔自己以前沒有足夠重視楊—巴克斯特方程。[43，264]

由以上所述，可以知道楊振寧在現代數學上的地位了。這兒引用張奠宙教授在《20世紀數學經緯》中說的一段話，作為本小節的結束語：「榮獲諾貝爾獎的楊振寧是當代的大物理學家之一。20世紀的物理學史上，將會用大字寫上楊振寧的名字。與此同時，楊振寧對20世紀數學的發展，亦有非凡的貢獻。特別是1980年代以來，導源於楊振寧的兩個數學研究分支：楊—米爾斯理論和楊—巴克斯特方程，先後進入當代數學發展的主流，引起文獻爆炸，形成了少見的全球性研究熱潮。僅以四年一度的世界數學最高獎——菲爾茲獎來說，1990年在日本京都授予四位數學家，其中竟有三人的工作和楊振寧的名字密切相關。人們認為，在對數學有重大貢獻的物理學家中，繼牛頓之後有傅里葉、麥克斯韋、愛因斯坦和狄拉克，及於當代則無疑是楊振寧。」[43，252]

五、另一個研究領域——物理學史

1962年，普林斯頓大學出版社出版了楊振寧的一本小冊子《基本粒子發現簡史》。在這本書的前言中，楊振寧寫道：

> 我試圖通過採用簡單的詞句來敘述發現基本粒子過程中所包含的種種概念，描繪過去60年來在探索物質結構方面的研究工作的概況。……我希望類似本書這樣一種敘述性的歷史，即使不能對主題做適

當的討論，卻可以稍稍表達出物理學家在探討這種問題時所具有的精神和所處的氣氛。[23，前言]

《基本粒子發現簡史》是楊振寧首次在物理學史領域小試牛刀。開始它還只是1959年在普林斯頓大學「凡紐興講座」(Vanuxem Lecture) 演講時的講稿，後來於1961年修訂成一本小冊子，1962年正式出版，供大學物理系師生和物理工作者閱讀。哪知到了石溪分校以後，物理學史乃至一般科學史，竟然成了楊振寧十分關注的一個領域了，他在物理學史方面寫的文章逐漸增多，而且也受到人們的關注和好評。

楊振寧的各種演講和文章經常從歷史角度開始。這樣的例子可以説舉不勝舉，我們這兒信手拈來幾個精彩的例子。

在1992年寫的《關於理論物理發展的若干反思》一文中，楊振寧花了不少筆墨講述歷史：

> 1936年，在英國有一次拍賣，其中拍賣了牛頓的許多論文，這是牛頓在離開三一學院赴倫敦時放在一隻箱子中的。偉大的經濟學家凱恩斯……

這種開場，幾乎像偵探小説一樣把讀者深深吸引住了；然後，楊振寧講述了凱恩斯寫的文章《牛頓其人》，凱恩斯曾寫道：「18世紀以來，牛頓曾被認為是近代第一個最偉大的科學家，一個理性主義者，一個教導我們按照客觀的和不加色彩的理智來思考問題的人。我卻不用這種眼光來看待他。……牛頓不是理性時代的第一個人。他是最後的一位巫師，最後一個巴比倫人和蘇美爾人，最後一位偉大的智者，他看待周圍世界和智識世界，和幾千年開始建立我們知識遺產的那些人的眼光一樣。」[1，769]

引用了這句話之後，楊振寧驚歎地寫道：

> 牛頓深深沉浸在神秘與奧秘之中。在如此大的干擾下，他能夠集中進行清晰的數學思維，寫出他的巨著《自然哲學的數學原理》，這必須被看成是偉大的歷史奇跡之一。[1，770]

接下去，楊振寧又講了法拉第和麥克斯韋的故事，最後得出一個具有哲學氣質的結論：

> 自然界似乎傾向於用數學中漂亮的基本結構去組織物理的宇宙。我們可以不明白為甚麼這樣，但我個人堅信，在下一個世紀，[物理和數學]交疊區域將繼續擴大，這對兩門學科都會有益處。[1，780]

在 1990 年寫的《對稱與物理學》一文中，楊振寧更是以飽蘸激情之墨，揮毫於人類藝術史、認識史和物理學史之間，讓讀者不僅知道了豐富的歷史知識和現代科學知識，而且他的激情會讓讀者長時間心情激蕩，為人類文明的進展而驕傲，也會激勵讀者為此更加努力去奮鬥，解開對稱之謎。楊振寧一開始就寫道：

> 對稱概念像人類的文明一樣古老。它是如何誕生的，也許是一個永恆的秘密。但是，生物世界和物理世界中的令人驚奇的對稱結構，必定會給先民們留下深刻的印象。[1，687]

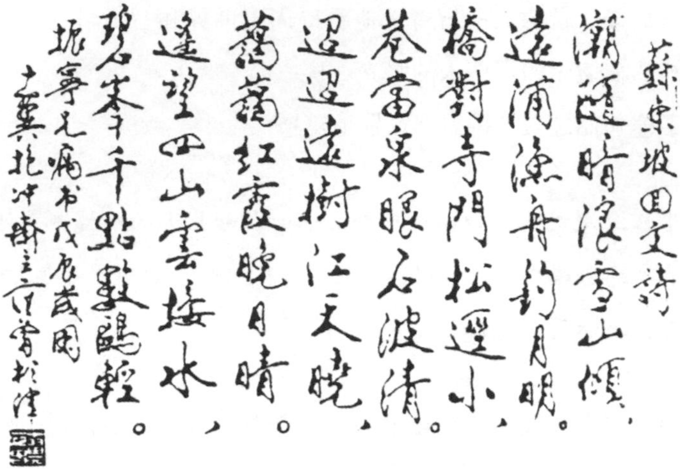

蘇東坡的回文詩，范曾書寫。

接下去，楊振寧舉蘇東坡的回文詩和巴赫的小提琴二重奏為例寫道：

> 可以肯定的是，二者都起因於藝術家對於對稱概念的感染力的深刻鑒賞。[1，687]

然後，楊振寧講到了對稱概念在古希臘時期如何進入科學，講到了開普勒，講到了許多數學家和物理學家對於科學中引入對稱性概念所做的貢獻。到了文章的結尾，楊振寧如椽大筆一揮，指向了「21 世紀：對稱的新方面？」：

> 分析物理學中對稱概念在許多世紀中的演進，我們不能不為下述諸事實而得到不可磨滅的印象：古希臘哲學家的直覺概念確是在正確

的方向上，這個概念在數學和物理學中的演變導致在兩個學科中的深遠發展，而現在依然懸而未解的基本物理的最深奧的秘密與這個概念好像全都糾纏在一起，等待未來的進一步的發展。在理解物理世界的過程中，下一個世紀會目睹對稱概念的新方面嗎？我的回答是，十分可能。[1，703]

由此，我們可以充分看出，楊振寧研究物理學史不僅僅是為了發現有趣的問題，而且試圖從歷史的發展對未來的發展做出預言。

古羅馬政治家、作家西塞羅説得好：「如若你不了解在你出生以前發生的事情，你始終只能是個孩子。」美國第三任總統傑斐遜説：「歷史告訴人們甚麼是過去，並幫助他們預測未來。」楊振寧正是站在這樣的高度對待物理學歷史的。對於像楊振寧這樣一位「幾乎有了愛因斯坦地位」[1]的頂尖物理學家來説，他有責任對物理學的未來説明他的意見。為了做好這一點，他不能不對物理學、科學和文明人類史有相當深入的了解和獨特的研究。

1961 年，在 4 月 8 日美國麻省理工學院 100 週年慶祝會的小組座談會上，楊振寧發表了題為「物理學的未來」的簡短講話。講話雖短，卻表達了他對現代科學發展的透徹看法，和在哲學和文化方面的思考。即使在 40 多年後的今天看來，仍然具有現實的指導意義。在這次會議上，由於物理學在 20 世紀前 60 年所取得的輝煌成就（「恰如一首英雄詩」），因而整個氛圍充滿了對過去獲得的成就的自豪和對未來發展前景的信心。楊振寧卻認為，「在這充滿着激情的氣氛中插入一些不和諧的旋律也許並非完全不合適」。他提

〔1〕 意大利著名理論物理學家圖里奧．雷傑（Tullio Regge）語，見參考書目 16，第 239 頁。

出四點意見，其基本精神是告誡同行們不要過於自信，不要盲目樂觀：在物理學今後的進展中，由於「研究的內容與人類直接感覺的經驗已經相距很遙遠⋯⋯這種遙遠性肯定還會增加」，因此「實踐時困難越來越大」，而物理學家與數學家和藝術家不同，「物理學家不能憑自由的想像去創新新概念、構造新的理論」。而且，「由於實驗的複雜性和間接性，出現了這樣的情況：人們沒有認識自己所做實驗的選擇性質。選擇是建立在概念上的，而這個概念也許是不合適的」。楊振寧據此種種限制認為：

> 相信人類智力的威力是無限的信念也是不正確的。一個重要的必須考慮的事實是，每個人的創造力的生理局限性和社會局限性可能比自然的局限性更為嚴重。[1，112]

楊振寧這些預言，顯然是基於他對物理學、科學發展歷史背景的深入了解。中國宋代王安石有詩云：「不畏浮雲遮望眼，只緣身在最高層。」這是說要想看得遠、看得清，必須站得高；而想站得高，必須有深厚的歷史資源為後盾，正所謂明察歷史，方可通幽洞微、料遠若近也！

在 2009 年一次接受採訪的時候，楊振寧再次提到 1961 年的這篇文章。他對記者說道：

> 我很喜歡愛因斯坦的一句話，就是「這個宇宙有一個秩序，我們有能力去發現出來」。我在 1961 年曾經發表過一個《物理學的未來》的文章，我對於愛因斯坦說的前一點是同意的，對於第二點我認為是對的，但有一個極限。[110，57]

楊振寧曾多次建議中國的物理學家們讀一讀物理學史方面的書，他介紹了三本，兩本是亞伯拉罕・派斯寫的：《上帝是微妙的——愛因斯坦的科學與生平》和《基本粒子物理學史》〔1〕，還有一本是克里斯和曼恩合寫的：《第二次創生——二十世紀物理學革命的締造者》[74]。對派斯的第一本書，楊振寧在 1986 年的演講中說道：

我介紹大家去看派斯在四年以前所寫的愛因斯坦的一個科學傳記。以前雖然有過很多愛因斯坦的傳記，但都不是真正深入做理論物理的學者所寫的。這卻是第一次，所以立刻就成了一本非常重要的書。書名取了愛因斯坦的一句名言。意思是說上帝十分微妙，可並不狠毒。上帝創造了自然，自然的規律是很妙的，但並不會故意引你入歧途，使你不懂。只要你弄對了，你就可以懂。派斯就拿它做了書的名字。[3，230]

關於《基本粒子物理學史》，楊振寧介紹：

派斯以其深厚的歷史感，洞悉了悠久的物理學發展史。同時，他還引入一種新的科學史敘述風格，呈現出史詩般的人類探索自然奧秘的英雄時代。這將是一部不朽的著作。[22，封4]

〔1〕此書有關洪、楊建鄴等譯的中譯本，英文書名為 *Inward Bound, of Matter and Force in the Physical World*，中譯本書名改為《基本粒子物理學史》，武漢出版社，2002 年。

除了以上所說的三本書以外，楊振寧還多次推薦年輕人看美國生理學家詹姆斯・沃森（James Watson，1928– ）寫的《雙螺旋——發現 DNA 結構的故事》（*The Double Helix: A Personal Account of the Discovery of the Structure of DNA*）。1983 年 2 月，楊振寧在香港對香港中學生有一次演講，題目是「關於怎樣學科學的一些意見」，演講中楊振寧提到這本書：

> 在下面我想給你們寫下這樣一句話：「初生之犢不畏虎。」也許很難將這譯成英語，可以直譯成：A young calf does not know enough to fear the tiger。這是個非常重要的概念，我之所以在此特別強調這一點，是因為我認為傳統的中國文化不提倡這一點。我認為沃森寫的《雙螺旋》是一本真正優秀的通俗讀物。沃森和克里克（Crick）在 20 世紀 50 年代初對遺傳物質 DNA 的結構有了深刻的發現。他們考察了富蘭克林（Franklin）小姐幾張 X 光照片之後，率先提出了 DNA 分子是雙螺旋鏈式結構的設想。我無須強調這個發現的重要性。我相信若干年之後人們會把它看成是 20 世紀生物學最重要的發現。在 60 年代沃森寫了這本通俗讀物，描述了他與克里克的經歷。這本書很精彩，非常生動地闡述了（雖然沒有直接這樣說）那些知識雖不太豐富，但有強烈熱情、無所畏懼、敢於涉足新領域而不被束縛的年輕人是搞科學的好材料。事實上他在書裡所講的一些事嚇壞了許多因循守舊的人。[3，320–321]

以史為鑒，楊振寧建議年輕人尤其是中國年輕人應該看看這本書。

> 從這本書裡我們可以吸取一個教訓，而且這個教訓對於一個中國血

統的聽眾來説也許尤其重要。因為正如我所説的，中國的傳統觀念太傾向於崇拜權威，而不鼓勵年輕人開創出新路子。[3，321]

11 年之後，楊振寧再次對記者提到沃森和他的《雙螺旋》。[110，58]

楊振寧除了寫了許多與物理學發展史有關的文章以外，還寫下了數量不少的介紹物理學家功績和他們治學方法的文章。例如：1961 年寫過《憶費米》，1962 年寫了《悼念馬仕俊博士》，1964 年寫了《賀奧本海默六十壽辰》，1965 年發表《湯川秀樹的貢獻》，等等；到了石溪以後，這方面的文章寫得就更加多，而且介紹得也更加詳細，例如 1967 年寫了《奧本海默的悲劇》，1979 年寫了《愛因斯坦對理論物理學的影響》，1980 年寫了《愛因斯坦和現代物理學》，1985 年寫了《外爾對物理學的貢獻》和《對湯川秀樹 1935 年的論文的評價》，1986 年發表《幾位物理學家的故事》，等等。在《幾位物理學家的故事》一文中，楊振寧生動地介紹了費米、特勒、奧本海默、愛因斯坦、泡利、海森伯、狄拉克和昂薩格八位 20 世紀重量級物理學家的成就和治學方法、態度，讓讀者在生動有趣的故事中領略物理學的風采，真有「倜儻指揮天下事，才華驅使古今書」的氣概和「江山代有才人出，各領風騷數百年」的豪情，讓人看了不免心潮澎湃，豪情激增；而且還使人明白，大師也是普通的人，他們也會犯下普通人常犯的錯誤，不能把大師當作高不可及的偶像供奉。

例如談到被譽為「上帝的良心」和「上帝的鞭子」的泡利，楊振寧認為他的確是令人信服的物理學家，但缺點是對別人很不客氣，講話常過於刻薄(奧本海默也有這個毛病，最後為此大倒其霉)。楊振寧也碰過泡利的釘子，有時楊振寧甚至設法避開他。到了晚年，泡利對自己年輕時自負氣盛的做法頗有悔意，説：「有時候我自己認為是當時最好的理論物理學家，是一個革

楊振寧和他的博士論文指導老師特勒，一直保持着很好的情誼。

楊振寧在王淦昌家中暢談，攝於 1996 年。

命者，大問題來了，我將是解決它的人。但當大問題來了以後，卻由別人解決，我只是一個學者，不是革命者。」[105]

談到他的老師特勒，楊振寧說特勒對於對稱原理和群論都很在行，當楊振寧想成為他的研究生時，特勒只問了一個很基礎的問題就收楊振寧為學生。特勒不怕說錯話，往往十句中只有一兩句是對的，有人指出他說錯了，他就會和批評他的人一起討論，然後寫一篇文章。但他後來在一次聽證會上不明智地說了一些不利於奧本海默的話。當奧本海默最終受到美國政府不公正的對待時，許多科學家對特勒的行為公開表示鄙視，甚至見到他就趕快轉身避開，表示對他的輕蔑，這讓他非常傷心。

在研究物理學史方面，對於中國物理學和科學的發展，楊振寧也傾注了相當的精力。1991 年他曾經說：

> 我覺得我自己有責任做一點中國現代的物理學史研究，介紹和評論一些當代中國物理學者的貢獻。說起來，這還是受日本學者的啟發。日本人對本國學者的貢獻研究得很透徹，而且「寸土必爭」，著文論述。……相比之下，我們在這方面做得不夠。……對本國學者取得的科研成就確實應該認真對待。中國前輩科學家在艱苦條件下取得的成果更應該珍視。正是在這種刺激下，我開始做一些工作。[3，87]

1986 年，楊振寧與李炳安合作寫了《王淦昌先生與中微子的發現》、《趙忠堯與電子對產生和電子對湮滅》；1987 年寫了《一個真的故事》，講述了中國物理學家謝玉銘先生的重要貢獻；1995 年在訪談中又寫了《華人科學家在世界上的學術地位》一文。在這些文章中，楊振寧以確鑿的事實為根據，實事求是地介紹了中國科學家對科學和物理學發展過程中做出的重要的甚至是卓越的貢獻。這些文章不僅對物理學是重要的文獻，而且對於中國讀者來說，更能深刻感受到楊振寧的拳拳之心。

在《王淦昌先生與中微子的發現》一文中，作者開門見山地寫道：

> 在粒子物理的歷史中，中微子是「基本」粒子家庭中特別神奇的一員，自從1930年泡利提出中微子可能存在的假說……以後，一個中心問題是如何直接驗證它的存在。關於這個問題，從1934年到1941年間文章很多，可是都沒有找到問題的關鍵，這是因為中微子不帶電荷，而且幾乎完全不與其他物質碰撞（譬如，可以自由地穿過地球），不易直接用探測器發現。[1，560–571]

正在這時，王淦昌從貴州湄潭（抗日戰爭時期浙江大學避難地）的窮山溝裡給美國《物理評論》寄去一篇論文，提出了尋找中微子的一個建議。根據這個建議，只需要測量某種反應後元素的反衝能量和動量，就很容易測出中微子的質量和能量。這對於當時物理學家們在驗證中微子質量無所適從的情況來說，真是在「山重水複疑無路」的困境下，帶來了「柳暗花明又一村」的境界！楊振寧對王淦昌測量中微子的質量和能量的論文給予了高度的評價，他說：

> 在確認中微子存在的物理工作中，是王淦昌先生一語道破了問題的關鍵。這是一篇極有創建性的文章，此後的十餘年間，陸續有實驗物理學者按照這一建議做了許多實驗，終於在50年代初成功地證實了中微子的存在。[1，560]

王淦昌的文章發表後幾個月，物理學家艾倫（J. S. Allen）就按王淦昌的建議做了實驗，可惜因為精度不夠，未能完全實現王淦昌的建議。當時正處於第二次世界大戰期間，實驗條件不理想，王淦昌的建議只是在戰後 1952 年才完成。如果艾倫在 1942 年完成，肯定會在當時物理學界產生巨大的衝擊。1952 年，一位叫戴維斯（R. Davis, Jr.）的物理學家，終於在王淦昌提出建議十年之後，找到了中微子存在的證據。讓楊振寧感到不平和不安的是：「現在人們提到中微子的存在實驗時，往往只有戴維斯的工作，卻把王淦昌的原始構想忽略了。」因此，楊振寧和李炳安合作寫了一篇文章，「以期引起世人的注意」。

楊振寧還指出過：「整理和評價當代中國學者的科學貢獻，應當是中國科技史研究的重點之一。特別是一些重要的歷史性的貢獻，應當恢復其歷史本來面目，不可馬虎。」為此，他和李炳安又寫了一篇《趙忠堯與電子對產生和電子對湮滅》[1，572–585]的文章，為趙忠堯在 1930 年做的極重要的貢獻伸張名譽，恢復其歷史真面目。

文章開門見山地寫道：

> 本文分析了趙忠堯 1930 年所做的實驗，在促使物理學家於 1933—1934 年間接受 QED（量子電動力學）理論的過程中所做的貢獻。文章指出布萊克特（P. M. S. Blackett）和奧克里尼（G. P. S. Occhialini）[1] 在 1933

〔1〕布萊克特（1897—1974），英國物理學家，1948 年獲得諾貝爾物理學獎。奧克里尼（1907—1993），意大利物理學家。1933 年，布萊克特和奧克里尼發現宇宙射線中的電子和正電子簇射，以及由 γ 射線形成的電子—正電子對的現象。

> 年提出的關於空穴理論的關鍵性的建議是建立在這樣一個基礎上，即確認趙忠堯的「額外散射射線」是來自電子對湮滅。[1，572]

本來是趙忠堯最先由實驗發現電子對產生和湮滅過程的一種「異常吸收」值（約 0.5MeV），卻被冠以國外科學家的名字，而且在文獻中把最先、最精確的實驗論文排到最後，還把論文發表日期由 1930 年誤寫為 1931 年。楊振寧對此嚴正地說：

> 調查一下（電子）對產生和（電子）對湮滅的發現史，我們對於趙忠堯的實驗印象很深，這些實驗探究了重要的問題，並且這些實驗難度很大，從他的對手在反常吸收實驗和額外散射實驗中所陷入的困境可以看出實驗的難度。這些實驗具有古典美——簡單、可靠且經得起時間的考驗，很不幸由於布萊克特和奧克里尼文章中對參考文獻粗心的引用和由其他實驗引起的混亂和爭論，趙的文章沒有得到應有的重視。[1，582–583]

後來，瑞典皇家科學院院士、諾貝爾物理學獎評選委員會前主任埃克斯朋說，「疏漏」了趙忠堯的這一歷史功績，是一樁「十分令人不安的、無法彌補的疏漏」。想必埃克斯朋是看了楊振寧和李炳安發表的文章以後，才發現了這一「無法彌補的疏漏」。由此可以想見，中國科學史工作的責任實在不輕！

楊振寧還在《一個真的故事》[1，651–653]一文中，講了一個他偶然發現的有關中國一位物理學家的貢獻的故事。1986 年 3 月，楊振寧買到一本新書《第二次創生》，書中下面的句子引起了楊振寧的好奇和關注：

A second Caltech team, William Valentine Houston and a visitor from China, Y. M. Hsieh, also examined the fine structure of hydrogen. They, too, found that some of the fine structure lines were about 3 percent off the predictions of the theory. The discrepancy was "large", they said. It was caused by "a deficiency in the theory".[74，112]

這段話的意思是説，加州理工學院的豪斯頓和來自中國的訪問學者謝（Y. M. Hsieh）對氫原子光譜的精細結構做了非常準確的測定，發現實驗結果與當時的量子理論預言有 3% 的誤差，這個誤差「太大」，只能説明當時的量子理論有問題。1939 年 9 月，他們寫了一篇長文投到《物理評論》，五個月之後文章發表了。《第二次創生》一書的作者指出，這篇文章中有一個「從現在看來是驚人的提議」，即他們二位認為這是因為現行的理論「在計算頻率的時候忽略了輻射場和原子（即自能）之間的相互作用」。[74，113]

這篇文章的實驗結果和由此提出的建議，實際上都驚人地正確，如果不是因為當時其他一些不同實驗結果的干擾，這篇文章本應引起很大的震驚，導出重大的發展。楊振寧以前沒聽説過豪斯頓和謝的文章，當看到《第二次創生》敘述這件事的時候，立即想到書中提到的「Y. M. Hsieh」也許正是當時中國復旦大學校長謝希德的父親謝玉銘先生。

謝玉銘出生於 1895 年，四歲時父親去世，幸好母親非常疼愛他，彌補了過早失去父親的不幸。小學畢業後，進入福建泉州私立教會中學培元中學，他靠自己畫地圖賣給外國人，不僅還清了家中債務，還可以付出自己的學費。後來謝玉銘考入北平協和大學（後與其他幾所教會大學合併改名為燕京大學）。1923 年，謝玉銘得到洛克菲勒基金會的獎學金，到美國留學，先在

謝玉銘全家在廈門大學時的合影。後排中間站立女性是曾任復旦大學校長的謝希德。

哥倫比亞大學獲得物理學碩士學位，後在芝加哥大學獲得博士學位。在芝加哥大學期間，與楊武之交往頗深。

回國後，謝玉銘在燕京大學物理系執教。這時由於燕京大學與清華大學相距很近，所以他與楊武之常有來往。那時，楊振寧的聰明好學給謝玉銘很深的印象，常以「楊武之之子」的好學精神教導女兒謝希德和她的弟弟們。

這是謝希德最早得到有關楊振寧的印象。1932年，謝玉銘趁休假之際，到美國加州理工學院做訪問研究。在這期間，謝玉銘與豪斯頓合作，發現他們對氫原子光譜的精細結構所做的準確的測定，與當時量子力學理論不符，因此他們兩人發表了一篇論文，預言這種不符可能是電磁輻射場起了重要作用。楊振寧1986年在《第二次創生》上看到的「驚人的提議」(an astonishing suggestion)，指的就是這篇文章中提出的預言。

後來謝玉銘回國，1946年前後在廈門大學任教，由於內戰爆發，通貨膨脹，他的收入難以維持生活，就應朋友之約到菲律賓謀職，後來在馬尼拉的東方大學任教。原打算安頓好之後，將全家接到菲律賓，哪知世事變遷出人意料，全家從此未能再聚。後來，謝希德在美國完成學業後寫信給父親，説她想回到中國，謝玉銘回信説「感到很不安」，不贊成她回國。

楊振寧看到在《第二次創生》一書中提到「謝」，就立即想到謝玉銘，這本身就有點讓人感到驚訝，畢竟他對謝玉銘並不十分熟悉。接下去，楊振寧就寫下了《一個真的故事》。這篇短文充分顯示了楊振寧的文章「風格典雅、言辭簡潔而意境深遠」，誠如熊秉明先生所説：「楊振寧的這一篇文章，有俄國文學家契訶夫小説的風格。」[16，436]下面是這篇短文的後一半：

豪斯頓和謝的工作我從來沒有聽説過。看了《第二次創生》中對他們工作的推崇以後，我想謝也許是現任復旦大學校長謝希德的父親謝玉銘教授。可是一時不能證實。非常湊巧，幾天以後謝希德從美國西岸打電話來討論學術交流的事情，我趁機會問她謝玉銘教授是否曾於30年代初在加州理工學院訪問，並曾與豪斯頓合作。她説：

「是的。你為甚麼要問？」

我興奮地告訴了她書中的故事，並且問：「你知不知道你父親那時的工作很好，比蘭姆 (W. E. Lamb, Jr.) 的有名的工作[1]早了十幾年，而且蘭姆的結果證明你父親的實驗是正確的？」

「我從來不知道。當時他只告訴我，在從事很重要的實驗。」

「你們父女都是研究物理的，蘭姆 1946—1947 年的工作引起震驚的時候你已經是物理學工作者了，他怎麼沒有和你説起他自己在 30 年代的工作呢？」

電話那端沉默了一會兒：「説來話長。我們沒有機會。家父於解放前去了菲律賓，他寫信要我留在美國或英國。我於 1952 年回國。回國後曾多次給他老人家寫信，都沒有收到回信。我猜他對我不聽他的話很不高興。所以我們始終沒有機會討論他早年的工作。」

我本來知道謝希德在 50 年代培養中國半導體研究人才的功勞，也知道她在「文革」時期所受到的災難，和「文革」以後對復旦大學的貢獻，卻不知道她和她父親之間的這一段歷史。一時我不知應説甚麼好。謝希德停頓了一下，接着説下去：

「前幾天，我剛自上海來到美國西岸，到芝加哥時突然接到消息，家父於 3 月 20 日在台灣去世了。他大約是十多年前自菲律賓退休以後搬去中國台灣的。」

又停頓了一下。

「我們父女 40 年沒有見面了。他一定很傷心。我也很傷心，因為我知道他一直特別喜歡我。」[1，652—653]

〔1〕 蘭姆「因為有關氫光譜方面的發現 (即蘭姆位移)」獲得 1955 年諾貝爾物理學獎。

就是經過楊振寧的這番努力，謝玉銘的重大貢獻才再次為科學界人士所知，這對於中國物理學史無疑是一份重要的貢獻。

還有一件事情，也可以見到楊振寧對中國科學家貢獻的重視。在《我對統計力學和多體問題的研究經驗》一文中講述自己的研究歷程時，他特別提到一位中國物理學家的貢獻：

> 我現在應該補充一下，在 1951 年我寫出了 Ising 模型的方晶格的磁化以後，過了一年我到西雅圖華盛頓州立大學去訪問，那時在那裡有個研究生，即張承修[1]教授，現在武漢。我對他說，你也許可以把我年前的工作推廣到一個長方形的晶格做同一計算，這個計算也很複雜，不過方晶格計算用過的方法都可以搬來，只是要改一改。
>
> 這樣他計算了幾個月，把結果得出來，寫了一篇文章。非常有意思的是，在他的文章的尾巴上加了一段話，指出在二維空間中方晶格和長方形晶格得出同一 β 值的結果，都是 1/8，也許具有普適性，我相信這是歷史上第一次在文章上有這樣的觀念。[1，659]

由這一段話可以想見，楊振寧對於凡是中國科學家的貢獻，都非常關注，絕不馬虎。楊振寧曾經說過，他一生最大的貢獻是幫助「恢復了中國人在科學上的自信」，因此有人曾經問楊振寧：「您和李政道於 1957 年獲得諾貝爾

〔1〕張承修，理論物理學家，江西臨川人。1943 年畢業於武漢大學電機系，1954 年獲美國華盛頓大學哲學博士學位，1955 年回國。歷任武漢大學教授，中國科學院武漢物理研究所研究員、副所長、所長。

獎是『中國人恢復科學自信』的主要標誌嗎？」楊振寧不同意這種意見，他的回答是：「諾貝爾獎是可遇而不可求的事。『恢復中國人的科學自信』，是中國幾代科學家的努力，不是我一個人能辦到的，我只是盡了我的一份力量。」

在這「我只是盡了我的一份力量」中，包括楊振寧重視和發掘中國科學家被湮沒了的卓越貢獻。所以，楊振寧多次期望中國科學史工作者重視這方面的研究。但是，與此同時，楊振寧又時時刻刻提醒國內的學人注意，不要毫無根據地把一些並不存在的榮譽強加給中國科學家，自造一些科學術語，這樣既不嚴肅也不能得到國際普遍的認同。這些提醒，也正是楊振寧「恢復中國人的科學自信」的一個重要的方面。

六、退休

在 1982 年 60 歲時，楊振寧對老同學沃芬斯坦（L. Wolfenstein）説他最近有一個重要的發現，沃芬斯坦以為楊振寧在物理學上又有了甚麼新的創建，結果楊振寧説，他發現了「人生是有限的」。[16，472]

1992 年七十壽辰時，好幾個地方為楊振寧舉行生日慶祝會，在各個慶祝會上他一再引用陸游的詩句「形骸已與流年老，詩句猶爭造化工」來表明自己「老驥伏櫪，志在千里；烈士暮年，壯心不已」的雄心壯志。

但 1997 年的一場大病，終於使楊振寧改變了想法。那年 11 月 8 日，楊振寧在家中突然感到胸悶，檢查的結果是心臟大血管有七處堵塞，醫生建議他立即手術搭橋。

11 月 17 日，楊振寧在石溪分校醫院做了搭橋手術，而且搭了四條。手術十分成功，他醒來的第一個動作是在空中畫了一個長長的「∫」形，向親人和自己表示自己很清醒，連微積分都還可以做嘛！三個月以後，楊振寧又回到了辦公室工作。雖然他還想做許多事情，但畢竟歲月不饒人，於是他決定退休。

1999 年 1 月，在石溪理論物理研究所上完最後一節課後，楊振寧就正式退休了。5 月，長島遍地山茱萸盛開，正是普林斯頓的美景讓人流連的時候，石溪理論物理研究所特地為楊振寧舉辦了一個退休研討會。許多多年不見面的老朋友在研討會上見了面，讓楊振寧十分感動和興奮。特別值得一提的是身患癌症的米爾斯也抱病來參加研討會。五個月以後的 10 月 27 日，米爾斯去世。

在退休研討會上，接任研究所所長的紐溫惠曾說：「楊—米爾斯理論在 20 世紀物理科學上的地位，就好像麥克斯韋理論在 19 世紀物理科學的地位一樣。」

戴森在 22 日的晚宴上做了熱情洋溢的講話。他說楊振寧在 1983 年為慶祝 60 歲生日出版的《論文選集》是他最喜愛的一本書，他認為這是一本經典之著。戴森還說：「沒有美國，楊振寧不會成為世界一流的科學家；離開了中國和他的父親，將成為無根之樹。」戴森說，他喜歡楊振寧在《論文選集》前言中引用的杜甫的詩句：「文章千古事，得失寸心知。」他還推崇楊振寧是繼愛因斯坦和狄拉克之後為 20 世紀物理科學樹立風格的一代大師。他稱讚楊振寧是一個知道節制的「保守的革命者」。

晚宴上，石溪分校校長肯妮（S. Kenny）正式宣佈：石溪分校的「理論物理研究所」，即日改名為「楊振寧理論物理研究所」。

楊振寧最後上台講話。[16，487–488] 他說自己到美國已經 50 多年，經歷了芝加哥、普林斯頓和石溪三個研究所，他感謝美國給予他的發展機會，也

1999 年 5 月，楊振寧在自己的退休研討會上講話。

1999 年 5 月，紐約州立大學石溪分校理論物理研究所為楊振寧舉行盛大的退休儀式。

感謝在座的太太杜致禮 49 年來給他的支持。他的講詞是他一生簡單扼要的總結：

我平時不怎麼怕說話，但前面各位所講的卻使我真的說不出話來了。我一向知道也非常欽慕戴森的滔滔而辯的風采；但是我卻不知道我的同事斯特曼也有一種潛在的侃侃而談的口才。[1]

……

去年我的同事告訴我他們想為我辦這個研討會，我告訴他們不要辦。我說辦研討會工作太多，而且也不知道辦不辦得成；但他們不聽我的，逕自去籌劃起來；而且就辦成了。現在看起來，在 5 月這兩個燦爛的日子裡，我們有一個有聲有色的會議。對我來說，它給我機會看見這麼多老朋友，有些我已是多年不見了。對我們大家來說，它給我們機會認識許多重要而又令人感到興奮的新發展；而這些在未來幾年無疑會更顯出其重要性來。

除此之外，這次研討會重新肯定了我們的信念，就是：我們所愛的物理是異彩紛呈而又是整體不可分的；研討會同時也為我們強調了：這世界上研究物理的人所形成的是一個變幻不止卻又緊密相連的大家庭。

我自己是在 54 年前來到美國的。那是一個陰鬱的 11 月天，我在紐約沿着赫德遜河的一個碼頭下了船。說準確些，我記得是 1945 年 11 月 24 日。我當時的計劃是在美國拿博士學位，然後回到中國去教書，就像我父親以前做的那樣。而事情發展的結果卻是：我沒有回去；我留下

〔1〕 戴森是研討會上第一個演講的人，喬治．斯特曼（Jeorge Sterman）是最後一個演講者。

來了。我很感謝美國容我在這一新環境中得以生發與成長，也很感謝三個與我關係密切的學術機構：芝加哥大學、普林斯頓高等研究所，以及紐約州立大學石溪分校。我非常幸運：我似乎生逢其時，總是在事業轉折之際，走入了合適的單位。回想這些，我發覺命運待我真是非常非常仁厚。

我要謝謝你們每一位老遠來參加這個會議，也謝謝各位待我的深厚友情。但是今晚有一位特別的人，我要致以特殊的謝意，就是我的妻子。致禮是我來美前 1944—1945 年我教的班上的學生，但我那時與她還不大熟識。1949 年聖誕節前後，我同魯丁格當時都是單身漢，二人一起到普林斯頓的維特史朗街上新開的「茶園」餐廳去吃飯，就在那裡我與致禮不期而遇了。那天究竟是我先認出她來？還是她先認出我來？自那時起在我們家就成了一個爭論不已的話題。我們結婚已經 49 年了，49 年來她一直給我最大的支持，我願意在此向她公開致謝。

1982 年，我 60 歲那一年，我認為自己有一很大的發現，也可以説很深的覺悟，即：生命是有限的。好像這種想法在我 60 歲以前從來沒有在我的腦海裡出現過。而今，我 76 歲了，在過去一年半中我與致禮經歷了四次手術，所幸每一次手術都很順利。但我知道：一個人逐漸老去時，他的哲學觀點也必然會隨之改變。於此，我想起大約一千一百年以前，唐代大詩人李商隱寫下的不朽的詩句：

夕陽無限好，只是近黃昏。

本世紀初，另一大作家朱自清，他是我父親的朋友，把那兩句詩改寫成這樣：

但得夕陽無限好，何須惆悵近黃昏。[41，294—296]

七、香港中文大學

楊振寧與香港，尤其是香港中文大學，有深厚的淵源，寫楊振寧的傳記，不能不寫他與香港和香港中文大學的交往。

楊振寧在 1971 年首次訪問中國內地，然而早在 60 年代他就多次在香港訪問和講學，1964 年底還與父母弟妹在香港相聚。1986 年，楊振寧被授予香港中文大學的博文講座教授，此後他更加關注這所大學。2003 年底杜致禮去世後，他就在香港中文大學和清華大學輪流居住。

香港中文大學成立於 1963 年，它是以一大批中國著名學者和一批工商業界有志之士經過十多年的奮鬥，在原有的崇基學院、聯合書院和新亞書院三所大專院校的基礎上聯合組成的。這是香港第一所非殖民屬性的大學。在此之前，香港只有一所大學——香港大學，這是一所標準的殖民屬性的大學，基本宗旨是為香港培養政府官員，而不重視研究。[99，11–36]

香港中文大學在成立之初就決心打破香港大學一貫的辦學模式，辦成一所研究型的綜合大學。首任校長李卓敏教授以「結合傳統與現代，融會中國與西方」為創校的使命，一方面強調中文大學以中文教學，另一方面則堅持大學不能沒有科學研究。香港中文大學的校訓是「博文約禮」，這四個字來自《論語》:「博我以文，約我以禮。」由校訓的這四個字就可以看出香港中文大學的辦學宗旨和所承擔的使命。這所大學的第三任校長是高錕（任期為1987–1996 年），高錕素有「光纖之父」的美譽，選他擔任校長就可以看出香港中文大學高瞻遠矚的氣勢。當 2009 年 10 月初香港中文大學得知他們的前任校長高錕獲得諾貝爾物理學獎的時候，全校師生為之歡呼雀躍，在香港中文大學科學館的主樓高錕樓的一側懸掛了很大的慶賀畫幅。

高錕獲得2009年諾貝爾物理學獎以後，香港中文大學在高錕樓一側掛出慶賀高錕獲獎的大幅畫像（楊振寧在香港中文大學的辦公室恰好就在高錕樓三樓）。

香港中文大學的師生來自世界各地，到2008年底，本科生和研究生共達2萬之數，其中約3000人來自中國香港以外的45個不同國家和地區。目前，香港中文大學有教職員630多人。

楊振寧與香港中文大學的交往開始於1964年。這一年楊振寧動了一個念頭，此前雖然與父母在日內瓦見過面，但是一來到日內瓦為父母辦理護照很麻煩，而且旅程太遠、頗費周折，父母年齡大了，尤其是父親身體不好，來往不便；再加之他一直牽掛懷念的弟弟妹妹還沒有見到，因此他想找機會在香港與內地全家親人見面。他把自己的想法告訴李卓敏校長，並且希望李卓敏幫助他弄到親人們的簽證。但是這可不是一件簡單的事情，涉及英國、美國、中國台灣等方方面面。李卓敏為此事專門找過當時的港督戴麟趾爵士（任期為 1964–1971 年），後來總算在李卓敏穿針引線的努力後，以邀請楊振寧來港講學為名，使楊振寧全家得以在香港會聚。

12 月 19 日，楊振寧的父母和振漢、振玉從深圳乘火車過羅湖橋來到香港尖沙咀火車站，早些時候到達香港的楊振寧早就日夜思念的親人，終於見到了！這一次最激動的是楊振寧和弟弟妹妹，他們 1945 年昆明一別，到這年足足 19 年之久！那時弟妹還是小孩子，現在都成了大人。

楊振寧來港的事情雖然保密，但是還是被媒體知道了，於是媒體開始大量報道楊振寧全家來港的事情。一家報紙上分期連載著名記者趙浩生與楊振寧的訪談錄《與楊振寧暢談．諾貝爾物理學獎獲得者》。12 月 30 日，《星島日報》刊登大標題文章：《楊振寧父親證實抵港．中共秘密進行遊説楊返大陸．但楊博士卻暫無意回去．今在專題演講將有保安人員護衛》。

12 月 30 日下午 4 時，楊振寧在剛建成不久的香港最大的香港大會堂音樂廳做了題為「近代高能物理學之認識」的報告。這一次報告從一開始就引起香港巨大的轟動。12 月 31 日香港《大公報》的報道是：「中國物理學家楊振寧昨公開演講，大會堂內空前擁擠，場外有千餘聽眾輪候無法入場。」記者葉中敏後來在她寫的《人情物理楊振寧》裡描述了當時的盛況：「楊振寧此次來港的目的，是應邀為中文大學進行一次學術演講，題目是『近代高能物理學之認識』。演講會在當時全港最大的香港大會堂音樂廳舉行，大約有一千多個位子。演講會在下午 4 時開始，但 2 時未到，排隊的人龍已經從大會堂花園一直排列出外面行人路上，繞了大會堂一個圈，不少中學生、大學生、教師來了，還有不少文員、職工以至老年人士也來了，他們不一定聽得懂楊振寧要講的內容，但是，他們都要來親眼看看這位第一位獲得諾貝爾獎、為中國人增光爭氣的青年科學家，要分享一下這份中國人所共有的喜悦和光榮。結果，有千多人不得其門而入。」[57，116–117]

這一次楊振寧在香港的演講，對很多香港學生產生了深遠的影響，不少中學生、大學生從此愛上了科學，選擇了物理學。2010 年 1 月 6 日，我在採訪香港中文大學副校長、物理系講座教授楊綱凱的時候談到這一次演講，他仍然非常激動地說，那時他還是高二的學生，聽了楊振寧教授的演講後，就決定以物理學為自己終生的追求方向。後來楊綱凱果真成為加州理工學院物理系著名物理學家和諾貝爾物理學獎得主蓋爾曼的研究生，獲得博士學位。還有 2001–2009 年任香港科技大學校長、高溫超導專家的朱經武教授也曾經説過，他當年正是因為聽了楊振寧的演講才大受鼓舞，後來到美國進大學就選擇了物理系，1968 年在加州大學聖地牙哥分校獲得博士學位。

1976 年 3 月，楊振寧在回中國內地探親途經香港時，應香港中文大學物理系的邀請在該校做報告。在採訪楊綱凱教授的時候，他特地提到這一天。那時他已經是物理系的年輕教師，系裡讓他負責接待楊振寧教授。恰好那天他的太太在上午 9 時臨產，報告將於下午 4 時開始，他家住得離學校又很遠，結果這一天他真是裡裡外外忙得不亦樂乎。但他卻由此永遠記住了這一天，因為是「雙喜臨門」呀！

楊振寧下午 1 時半到達香港，4 時就在中文大學做了題為「磁單極子量子化」的學術報告。這個報告主要介紹他最近和吳大峻合作研究磁單極子量子化所取得的最新成果，在這一成果中，他們發現規範場與纖維叢有密切的關係，這使得他們大為驚詫。

這次演講，香港大專院校有 100 多名教師前來聽講，課堂裡座無虛席，就連過道上都坐滿了學生。楊振寧生動有趣和深奧的演講，引起聽眾極大的興趣，受到大家熱烈的歡迎。系主任徐培深教授最後代表大學和物理系以及聽眾向楊振寧致以謝意。演講完畢以後，楊振寧還與香港大專學生聯會的代表座談。

1982 年 1 月 21 日，楊振寧在香港中文大學做了名為「對稱與 20 世紀物理學」的演講。在這次演講中，楊振寧談到對稱性在自然界、物理學中種種為人熟知的對稱性現象，然後對這種古已有之的重要認識如何發展成「對稱性支配相互作用」做了生動的介紹。在演講結束時，楊振寧說：

> 從十分複雜的實驗中所引導出的一些對稱性，有高度的單純與美麗。這些發展給了物理工作者鼓勵與啟示。他們漸漸了解到了自然現象有着美妙的規律，而且是他們可以希望了解的規律。[1，365]

1983 年 3 月 2 日，香港中文大學為建校 20 週年舉辦了紀念活動，楊振寧在紀念講座上做了「讀書教學四十年」的著名演講。演講一開始，楊振寧首先就談到他對香港中文大學的感受和自豪：

> 這次有機會在風光旖旎的中文大學校園裡停留三個月的時間，我覺得非常高興。在天氣晴朗的時候，中文大學是非常漂亮的。在天氣陰雨的時候，如果你看的方向對的話，中文大學也是非常富有詩意的。
>
> 我尤其高興有機會參與中文大學二十週年校慶的學術活動。中文大學成立至今才二十年，是一個很短的時間。可是，這二十年中間，中文大學已經在很多方面取得了了不起的成就。這毫無疑問是香港社會人士和中大校董會、校長、行政人員、教師和學生共同努力的結果。

> 中國古語説「十年樹木，百年樹人」。「樹人」是一件很困難的工作。但中大在二十年期間已經培養了不少人才。這是值得自豪的。[24，110]

當時香港很多人對香港的未來有一些擔憂，於是楊振寧在講話結束時説：

> [1971 年]7 月我在巴黎中國大使館拿到簽證，自巴黎乘法航飛到了上海。在中國的期間，我去了上海、合肥、北京和大寨。中國的天翻地覆的變化給了我深刻的印象。個人情感上的感受絕不是三言兩語可以描述的。
>
> 在北京的時候，我很榮幸會見了周總理。他問了我許多關於美國的問題。回到美國以後我想我對於中國、美國都有一些認識，而且都有深厚的感情。在這兩個大國初步接近的形勢下，我認識到我有一個做橋樑的責任。我應該幫助建立兩國之間的了解跟友誼。所以從那年以後，我差不多每年都到中國去訪問。這些訪問引導出我與中國好幾個大學、研究所和研究院的學術合作，引導出石溪和中國幾所大學的學術交流合同。[24，122]

由於楊振寧對香港中文大學的持續關注，中文大學希望與他有一個長期和穩定的關係，而他本人也希望香港成為他與內地聯繫的紐帶，所以 1986 年楊振寧接受香港中文大學的聘請，成為這所大學的「博文講座教授」。博文講座教授是中大首創的、特設的大學講席，這樣，中文大學就成為全港唯一一所擁有諾貝爾獎得主任教的大學。

在接受聘請時所做的演講中，楊振寧表示：在香港面臨回歸祖國的歷史性轉變的關鍵時期，他願意為建設更加安定繁榮的新香港、為提高中文大學的學術研究與教學水平、為加強中文大學與海外的聯繫盡力。此後，他每一年都要在香港居住三個月左右的時間，為大學舉辦講座等。

關於「博文講座教授」還有一段小小的故事。開始我見到聘請楊振寧為 Distinguished Professor at Large，覺得這英文的意思與「博文講座教授」對不上號，但是估計就是這個稱號。後來在採訪陳方正教授的時候，他才道出其中的奧妙。他說，Distinguished Professor at Large 這個稱號在西方早就有了，意思是這種教授不屬於大學任何一個系和研究所，直屬大學，就好像歐美各國的「無定所大使」（或者「巡迴大使」）是 An Ambassador at Large 一樣。[1]因此陳方正建議授予楊振寧這一稱號。這一建議得到了認可。但是又如何翻譯成中文呢？後來教育學院的杜祖貽教授用中大校訓「博文約禮」的意思，把這個講座教授中文名稱定為「博文講座教授」。

後來，除楊振寧以外，還有四位博文講座教授，他們分別為：1996 年諾貝爾經濟學獎得主米爾利斯（James Mirrlees），唯一的華人菲爾茲數學獎得主、中大數學科學研究所所長丘成桐，1999 年獲得諾貝爾經濟學獎的「歐元之父」蒙代爾（Robert Mundell），以及首位獲得有「計算機界諾貝爾獎」之稱的圖靈獎（Turing Award）的華人計算機科學家姚期智。

有了這個職位以後，香港中文大學為楊振寧配置了一個環境安靜優雅的住宿單元，這樣，楊振寧就可以不時將母親接到香港來住，享受晚年天倫

〔1〕1986 年 3 月 26 日《華僑日報》刊登消息說：「週五楊振寧告訴《虎報》記者說，他已接受香港中文大學邀請，在該校擔任『巡迴傑出教授』。他將在 5 月就職。」

丘成桐與楊振寧，1992 年 7 月攝於中國台灣新竹清華大學。

之樂。在母子相聚的日子裡，楊振寧時常帶着母親到沙田火車站的一個商場買這買那，於是當地市民有機會看到這位著名的物理學家與他的媽媽行走在街上的情景，那種無微不至的關懷老人的親熱舉動，讓當地老人好生羨慕！有一次，楊振寧母子經過一家照相館的時候，楊振寧突然想到他們母子好久沒有在一起照一張合影，因此他們就走進這家照相館。店主熱情招待這對母子，後來在交談中店主得知面前的顧客居然是鼎鼎大名的諾貝爾獎得主楊振寧，這下可真是高興極了，決心給他們母子拍下一張最好的合影。這張照片果然拍得非常好，楊媽媽非常高興。從照片上可以看出，楊媽媽似乎有一點緊張，但是楊振寧的表情實在可圈可點，那是一副非常幸福、非常滿足的表情，能夠在這個時候與從小一起生活 23 年的老母再次生活在一起，合拍一張讓老母高興的照片，人間還有比這更加幸福的事情嗎？老母的高興就是他

楊振寧母子在香港沙田一家照相館拍的照片。

最大的幸福！據說後來這家照相館把這張引人羡慕的照片放大，放在顯眼的地方，一時轟動，生意紅火了一陣。

1987 年，香港中文大學設立「楊振寧閱覽室」。這是香港著名企業家查濟民、劉永齡先生捐款 120 萬元港幣資助的，款項中的一部分用來整修和添置必需的設備，大部分用來購買大量的圖書。在閱覽室紫紅色的木板牆上，鑲嵌着一塊大理石牌子，上面有著名國學大師饒宗頤先生撰寫的文字：「香港中文大學楊振寧閱覽室」。

楊振寧閱覽室揭幕那一天，吳大猷先生親臨現場，楊振寧對老師的出席十分感動：「中文大學和我都很感激吳教授特別來港主持開幕典禮。」

數學大師陳省身也親自撰文祝賀，文章題目是《我與楊家兩代的因緣》。文章一開頭就進入主題：「中文大學楊振寧閱覽室開幕，不可無祝。記與楊武之先生、振寧兩代半世紀的關係，以代祝賀。」[12，78]

在文章結束時，陳省身寫道：

> 我同楊氏父子的關係，有幾點值得特別提出的：第一，武之先生促成我的婚姻，使我有一幸福的家庭。第二，振寧在規範場的工作同我在纖維叢的工作，有一共同出發點。我們走了不同的方向，在物理和在數學上都成為一項重要的發展。這在歷史上當是佳話。第三，他們每人送我一首詩。社會對我的認識，這兩首詩的作用很大。1962 年夏天武之先生及楊師母在瑞士日內瓦小住，我專程去看他們，相聚數日。楊先生送我以下的詩：
>
> 衝破烏煙闖壯遊，果然捷足佔鰲頭。
>
> 昔賢今聖遑多讓，獨步遙登百丈樓。

漢堡巴黎訪大師，藝林學海植深基。

蒲城身手傳高奇，疇史新添一健兒。

振寧在一篇文章中為我作了下詩：

天衣豈無縫，匠心剪接成。

渾然歸一體，廣邃妙絕倫。

造化愛幾何，四力纖維能。

千古寸心事，歐高黎嘉陳。[1]

最後一句不敢當，姑妄聽之而已。[12，79–80]

1992 年是楊振寧七十大壽之年。這年 10 月，清華大學和香港中文大學都為楊振寧七十大壽舉行了隆重的慶賀典禮。在香港中文大學的慶典上，楊振寧的老師吳大猷也應邀出席。照片中台上兩邊的對聯很有意思：「對稱見宇宙恆律，涵蓋如湖海泰山」，橫幅是「與天地兮比壽」。

1997 年，香港中文大學授予楊振寧名譽博士學位。但是那一年年底，楊振寧在石溪分校醫院做心臟搭橋手術，所以頒獎典禮改在 1998 年 5 月舉行。談到這個名譽博士，有一個小的故事也許很能説明楊振寧為人處世的性格。在香港回歸之前，中文大學早就有意授予楊振寧這一名譽學位，但是楊振寧一直不同意。為甚麼呢？在採訪陳方正教授時，陳教授説那是因為香港

〔1〕「歐高黎嘉陳」中的「歐高黎嘉」指四位世界最著名的數學家歐幾里得、高斯、黎曼和嘉當，「陳」指陳省身。歐幾里得（Euclid，前 330—前 275）是古希臘數學家，高斯（Carl F. Gauss，1777—1855）是德國數學家，黎曼（George F. B. Riemann，1826—1866）是德國數學家，嘉當（Elie Joseph Cartan，1869—1951）是法國數學家。

回歸之前，中文大學的校監是英國人，這個榮譽學位要從校監手裡接受；而且接受儀式上有一個英國傳統，接受榮譽的人要走到校監面前鞠躬，校監還要拿一根小棍子在接受者頭上敲一下，就像英國封爵位一樣，這一敲等於你得到正式承認。楊振寧不願意接受這一敲，就不接受這個榮譽。但是，香港一回歸，校監是中國人了，他立即接受了中文大學的名譽博士學位。〔1〕

由於楊振寧和香港中文大學關係日益加深，楊振寧在 1999 年宣佈，把他的全部獎章(包括諾貝爾獎章)、論文、手稿和書信等，統統捐給香港中文大學。這一決定當然使得香港中文大學非常興奮，楊綱凱教授為此寫道：「大學因此決定成立楊振寧學術資料館，以妥善保存和利用這批珍貴藏品。除展出部分藏品外，資料館日後將會將所有資料整理編目，以供科學史家研究，為撰寫楊教授的學術傳記、出版《楊振寧全集》等工作做準備。我們非常高興，本校校董會副主席、新鴻基集團副主席郭炳聯先生對這一構想十分支持，慷慨捐資，協助資料館的設立與運作，使這一計劃能夠迅速實現。」[57，序二 3]

1999 年 12 月 3 日，香港中文大學新亞書院成立 50 週年之時，舉行了紀念活動，楊振寧在紀念會的「金禧講座」上做了題為「中國文化和科學」的演講。

楊振寧在香港中文大學還與楊綱凱教授合作為物理系高年級學生、研究生開過「理論物理主旋律」的課程。第一次大約講了三次課。有意思的是，楊綱凱聽了楊振寧的幾節課以後，發現他講的內容過於偏重哲學和物理學歷史，這樣的講法學生當然很願意聽，但是作為物理系學生的一門正規課程，

〔1〕 2010 年 1 月 6 日採訪陳方正的錄音記錄。

1992 年，香港中文大學慶賀楊振寧七十壽誕。台上講話的人是香港實業家、中大董事冼為堅。坐者左起：吳大猷、楊振寧和香港銀行家利國偉。

楊振寧學術資料館

這樣的講法當作開場白還可以，老是這樣講下去恐怕對學生的物理學習不妥。因此，楊綱凱決定自己來「狗尾續貂」，按照正規的物理學課程的講法訓練學生。〔1〕這件事楊綱凱教授講得生動風趣，不由使我想起溫伯格在《物理學的最終定律》一文中說到狄拉克的一件事：「狄拉克在一次演講中對大部分是由學生組成的聽眾講：『學物理的人用不着對物理方程的意義太操心，只要關心物理方程的美。』在場的系裡的教授都對我們的學生會去模仿狄拉克表示擔心而竊竊私語。」[55，68]

顯然，狄拉克對學生過於哲學化的演講，讓大學老師擔心；楊綱凱也有同樣的擔心。

在香港，楊振寧不僅僅是在香港中文大學做演講，還在其他一些場合做過重要的演講。例如，1980 年 1 月 3 日做了「愛因斯坦和現代物理學」的演講，1993 年 4 月 27 日做了「近代科學進入中國的回顧與前瞻」的演講。

半個世紀以來，楊振寧無數次造訪香港，最近四五年來，更是每年都在香港居住半年左右。他與香港和香港中文大學有了深厚、溫馨的感情，也感激香港各界對他的支持和幫助。反過來，香港尤其是香港教育界、科技界也因為楊振寧的關心乃至幫助而受益匪淺。許多科技界著名人物先後造訪香港，一些高級科學會議先後在香港召開，給香港各大學和科技界帶來了巨大的活力，也加速了香港教育界、科技界走向世界的步伐。

在 1999 年 12 月的世紀交接的日子裡，楊振寧對媒體記者說，只要香港人共同努力，將能迎頭趕上急速發展的世界科技潮流；他還特別矚目於年輕一代，說年輕人在 21 世紀將扮演重要的角色，只要香港青年能抓住時機，香

〔1〕這是 2010 年 1 月 6 日下午採訪楊綱凱時，他自己開玩笑所說。

港的未來一定會更美好的。

2000 年 7 月底至 8 月初，楊振寧在香港參加「第三屆全球華人物理學大會」。他再一次對媒體呼籲，香港有發展世界級物理學的良好條件，配合香港人的智慧，吸引科技人才到港工作絕不成問題，但必須及時迅速地招攬各方面的人才，以追趕信息科技的大趨勢。

我們有理由相信，香港的未來不僅僅是一個金融貿易的現代化城市，而且不久將成為世界聞名的科學技術之都。

第六章　清華大學高等研究中心（1999–　）

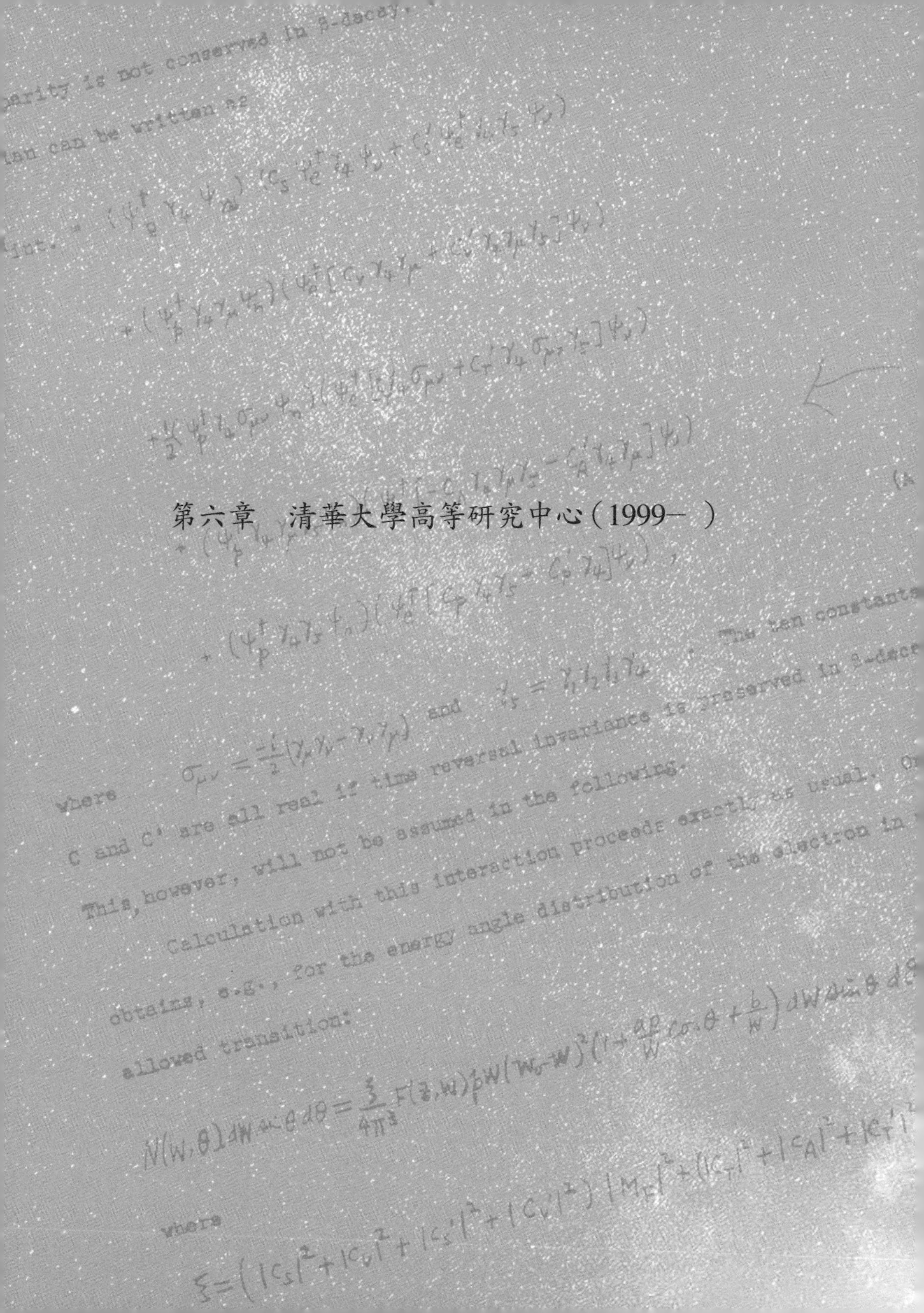

parity is not conserved in β-decay.

ian can be written as

int. =

where $\sigma_{\mu\nu} = \frac{-i}{2}(\gamma_\mu\gamma_\nu - \gamma_\nu\gamma_\mu)$ and $\gamma_5 = \gamma_1\gamma_2\gamma_3\gamma_4$. The ten constants

C and C' are all real if time reversal invariance is preserved in β-deca

This, however, will not be assumed in the following.

Calculation with this interaction proceeds exactly as usual. On

obtains, e.g., for the energy angle distribution of the electron in

allowed transition:

where

一、落葉歸根

退休以後，楊振寧的落葉歸根、定居國內的想法，不再只是設想中的事情。這實際上是很自然的，幾乎可以說是必然的結果。

1962 年楊武之從日內瓦回國後對家人說：「勸你大哥他們在時機成熟時回國來，現在看只能說是時機不成熟吧，這一點恐怕是做不到了，我覺得內疚。」[1，898]

楊振寧是何等敏感的人，他怎麼會不知道父親內心的歉疚呢？所以，他在 1982 年心情沉重地說過：「我知道，直到［父親］臨終前，對於我的放棄故國，他在心底裡的一角始終沒有寬恕過我。」[3，21]

1973 年 5 月 12 日他的父親去世，5 月 15 日在為他父親開的追悼會上，楊振寧在悼詞裡說：

> 近兩年來父親身體日衰。他自己體會到這一點，也就對我們的一切思想和行為想得很多。1971 年、1972 年我來上海探望他，他和我談了許多話，歸結起來他再三要我把眼光放遠，看清歷史演變的潮流，這個教訓兩年來在我身上產生了很大的影響。
>
> 父親於 1973 年 5 月 12 日長辭人世。在他的一生 77 年的時間裡，歷史有了驚天動地的演變。昨天收到他一位老同學，又是老同事的信，上面說：「在青年時代，我們都嚮往一個繁榮昌盛的新中國。解放以後二十多年來在毛主席和中國共產黨的英明領導下，當時我們青年夢寐以求的這個新中國實現了。」我想新中國實現的這個偉大的歷史事實以及它對於世界前途的意義，正是父親要求我們清楚地掌握的。[3，13]

1997 年，楊振寧在《父親和我》一文中再次提到他父親的教導：

> 6 歲以前我生活在老家安徽合肥，在一個大家庭裡面，每年舊曆新年正廳門口都要換上新的春聯。上聯是「忠厚傳家」，下聯是「詩書繼世」。父親一生確實貫徹了「忠」與「厚」兩個字。另外他喜歡他的名字楊克純中的「純」字，也極喜歡朋友間的「信」與「義」。父親去世以後，我的小學同班同學、摯友熊秉明寫信來安慰我，說父親雖已去世，我的身體還循環着他的血液。[3，13–14]

寫到這兒，我相信楊振寧幾乎被錐心的痛苦撕裂着，所以他才痛苦地呼喚着：「是的，我的身體裡循環着的是父親的血液，是中華文化的血液。」

當年在芝加哥大學讀書時，楊振寧的同學戈德伯格在一次吃飯時問他，拿到博士學位以後有甚麼打算，是不是要留在美國找工作？戈德伯格這樣想也不是沒有道理，因為當時從國外到美國的留學生幾乎都準備留在美國，而楊振寧的學習成績又那麼優秀，留在美國是很有前途的。但是，戈德伯格發現：「楊振寧是一心一意地要回中國去。」[16，115]

楊振寧的朋友和同事聶華桐曾經這樣說：「楊先生是牢記根本的一個人，對於中國有非常深的感情。……楊先生從來沒有忘記過自己是中國人，他留在美國，心裡一定有很多的矛盾。」[1，963–964]

現在楊振寧退休了，他必然會想到落葉歸根，回中國定居。這樣，他不僅可以為中國的科學和教育事業更好地盡自己的一份力量，也可以減輕對父親長久以來的歉疚，讓父親在天之靈感到欣慰。

楊振寧對清華大學有特別深厚的感情，他青少年時期在這兒讀書成長，

楊振寧夫婦，2000 年攝於長島居所前。

2002 年，在楊振寧八十壽辰的宴會上，可以看到楊振寧與黃昆這兩位老友是何等歡快地交談。

後來在昆明又在清華大學獲得碩士學位；所以，一旦決心回國定居，清華大學當然會是他首選的定居之所。

2002 年 5 月，清華大學在勝因院為楊振寧修建了一棟兩層樓的別墅，根據楊振寧的意思，別墅取名為「歸根居」。〔1〕這年正好是楊振寧八十大壽的一年，清華大學舉行大型研討會期間，在北京香格里拉酒店舉行了宴會。在宴會上，楊振寧在答謝詞中說：

> 1961 年賽格雷邀我寫一篇文章關於費米在芝加哥大學做教授的經歷。我寫了一篇短文，其最後一段說：「有人說一個人的生命長短不應用年份來度量，而應歷數他所經歷的成功事業。……」
>
> 費米的最後一個事業是在芝加哥。他做芝大教授的成功是今晚斯坦伯格和我都可以驗證的。
>
> 莎士比亞在 *As you like it*〔2〕中說人生就像一齣七幕戲。其第七幕即最後一幕是：
>
> 返回童年，返回茫然，
>
> 無牙齒，無眼睛，無味覺，無一切。
>
> 假如我的一生是一齣戲，那麼我實在十分幸運。今天不但我有牙齒，有眼睛，有味覺，有幾乎一切。而且我還有機會開

〔1〕清華大學在 2002 年在勝因院蓋了三棟「大師邸」，一棟由楊振寧居住，一棟由也是清華大學畢業的世界級數學大師林家翹居住，另一棟由台灣大學畢業的計算機大師姚期智居住。

〔2〕中譯文為《皆大歡喜》。

始一個新的事業——幫助清華大學發展高等研究中心。清華園是我幼年成長的地方，我一生走了一個大圈。那麼我的最後事業也將是我一生中特別有意義的一幕。[61，535–536]

但並不是人人都像楊振寧那麼幸運。正如許淵沖教授所說：「我們幾個聯大同學參加了這次盛會，有梅校長的兒子祖彥、馮友蘭的女兒宗璞、馬約翰的兒子啟偉、熊慶來的兒子秉明。振寧要秉明為他八十題詞，熊寫了幾遍都不滿意，熊夫人開玩笑說，不要寫到九十還沒寫好。不料第二年，秉明、祖彥、啟偉、宗璞的丈夫、振寧的夫人都先後去世了。」[47，61]

90 年代起，杜致禮開始身體不好，先後罹患血管瘤、癡呆症和帕金森症等疾病。她的最後幾年是在一次又一次的手術中度過的。後來不能走路，要坐在輪椅裡。後來在一次手術後，神經系統不幸受到了影響，一度疼痛嚴重，後來不知甚麼原因疼痛又自動消除。在這期間，她還到北京 301 醫院就診過。到了 2003 年上半年，杜致禮的語言表達能力出現了問題，她說的話和現實情景已經對不上號，開始的時候只有楊振寧能懂，後來連楊振寧也聽不懂她說些甚麼。幸運的是，在病情日趨嚴重的時候，並沒有嚴重的疼痛。在去世前三天，她已經完全處於昏迷之中。楊振寧和他們的兒女都守候在她的身邊。2003 年 10 月 19 日下午 1 時，杜致禮在完全沒有痛苦中離開了人世。楊振寧說：「她好像就是睡着了，再沒有醒過來。」

共同走過人生 53 年道路的伴侶撒手人寰，楊振寧的悲痛是可想而知的，但是，心中的至愛在沒有痛苦中離去，畢竟給了他一絲安慰。

安排完杜致禮的後事以後，楊振寧在 2003 年 12 月 25 日孤身一人回到歸根居，從此他將大部分時間定居國內。

西南聯大文法理工學院歡迎楊振寧的聚會留影，攝於北京大學。左起：
朱光亞（理）、許淵沖（文）、楊振寧、王傳綸（法）、王希季（工）。

許淵沖教授知道楊振寧落葉歸根，定居清華，於是他和夫人照君去他的新居看望老朋友、老同學。他還想，老友見面不容易，就約了幾個老同學到北京大學與楊振寧共進午餐。許淵沖在回憶錄裡寫道：

由我代表文學院，王傳綸代表法學院（他和振寧在聯大時都喜歡張景昭，張不幸在「文革」中去世了），朱光亞代表理學院，王希季（衛星回收總設計師）代表工學院，沈克琦代表物理系，對他表示歡迎。他談到我翻譯的杜詩「無邊落木蕭蕭下，不盡長江滾滾來」，說是如果拿到美國去講，可以大受歡迎。我卻說這兩句詩對稱，等於強相互作用下的宇稱守恆；不對稱的詩句如「夕陽無限好，只是近黃昏」卻等於弱相互作用，所以不守恆。我就這樣把他打破的宇稱守恆定律和我的翻譯理論，亂點鴛鴦譜似的結合起來了。他問照君，我得到靈感時，會不會突然叫起來。照君告訴他說，我有時半夜裡坐起，打開電燈，把夢裡想到的東西寫下，生怕第二天忘記了。也許就是這樣入迷，才能得到與眾不同的妙句吧。[47，61–62]

2004年9月，作為清華大學教授和清華大學高等研究中心名譽主任的楊振寧，特意為一年級本科生上基礎課。能夠聆聽楊振寧講大學物理課的學生，何其幸運！這件事情不由使人想起了楊振寧的導師費米，費米在去世前曾經多次對他的朋友們說，他有一個最大的願望就是給大學低年級的學生講基礎物理學課程。可惜天不假以年，費米53歲就過早地去世，沒有實現他的願望。楊振寧有幸，在他82歲的時候實現了他的老師的願望！

2004年2月6日下午和7日上午，楊振寧先生約見我，談他對我寫的《楊振寧傳》的一些意見，這使我和我的妻子吳秋芝有幸能夠訪問歸根居。因此能夠在這兒描述一下歸根居一樓會客廳的情形，並且提供幾張照片，與讀者共同分享。

歸根居一樓有一間很敞亮的會客廳。我去的時候，一進會客廳有一張長方形的條桌，我和楊先生就在這張桌子邊談話。會客廳右邊的牆壁上掛有兩幅相框，是熊秉明先生在楊振寧七十和八十壽辰時送的「七十」和「八十」立軸。這兩個立軸前面第二章已經介紹過。會客廳正面牆壁的正中間也掛着一個相框，上面是楊振寧2003年12月自己寫的《歸根》，由著名畫家和書法家范曾揮毫寫就：

昔負千尋質，高臨九仞峰。
深究對稱意，膽識雲霄沖。
神州新天換，故園使命重。
學子凌雲志，我當指路松。
千古三旋律，循循談笑中。
耄耋新事業，東籬歸根翁。

首聯取自駱賓王詩句　二〇〇二年我在巴黎的一個演講題目是《二十世紀理論物理學的三個主題旋律：量子化，對稱與相位因子》

楊振寧歸根詩　歲癸未江東范曾書

駱賓王是初唐四傑之一。說起駱賓王，在《討武曌檄》中他的「一抔之土未乾，六尺之孤何託」，讓武則天臉色大變；他的「樓觀滄海日，門聽浙江潮」，更是千古名句。駱賓王有一首詩《浮槎》，這首詩的首聯和頷聯寫道：「昔負千尋質，高臨九仞峰。真心凌晚桂，勁節掩寒松。」這四句鏗鏘有聲地表現了駱賓王對自己一生做人最高的抱負和準則——正如此詩「並言」中所說：「非夫稟乾坤之秀氣，含宇宙之淳精，孰能負凌雲概日之姿，抱積雪封霜之骨。」楊振寧把前面兩句用在首聯，顯然是藉以明志。

《歸根》詩的後幾句，是楊振寧對自己一生工作的總結，以及他對中國深厚的感情，還可以看出楊振寧先生回國後的期盼。

大約過了六七天，楊振寧先生的會客廳的擺設有了新的變化：一進入會客廳不再是一張條桌，而是在一個台架上放着一個《太極》原型縮小的製品。

我們知道，杜致禮非常喜愛雕塑，尤其是喜歡抽象派的，如美國的雕塑家摩爾．亨利（Moore Henry，1898—1986）、日裔美國雕塑家野口勇

范曾先生題寫的「歸根居」

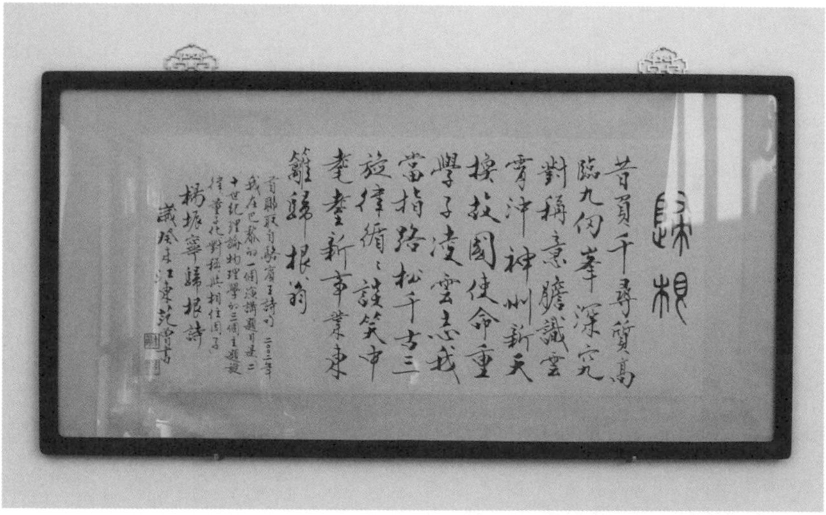

會客廳牆上的橫幅《歸根》

（1904—1988）和中國台灣雕塑家朱銘（1938－ ）等的雕塑作品。

有一次，杜致禮指着朱銘的《太極》銅雕説：「抽象的作品令人百看不厭。」[27，231]《太極》以中國太極拳的一個動作造型，曾立在法國一個廣場上，是杜致禮最喜愛的藝術品。後來楊振寧夫婦找到朱銘，買到這座雕塑縮小的原型作品。

現在，楊振寧把它放在客廳最矚目的地方，這恐怕至少有兩層意義：除了以此懷念心中至愛的妻子，讓她在天之靈今後仍然日夜陪伴着他，讓他們每天仍然像以前那樣相互扶攜；另一層意義，也許是楊振寧先生想以此向每一個走進客廳的人顯示中國文化的博大精深。

當走進客廳的來訪者看到這個《太極》的時候，肯定會被那舒展、渾厚、動中有靜的形象所吸引，並且一定會浮想聯翩：《太極》似乎馬上會用那舒展

曾經立在法國一個廣場上的《太極》原型

的雙手以迅雷不及掩耳的動作，把這個世界擾得「周天寒徹」；也可能在你的耳邊回響起古哲的聲音：「易有太極，是生兩儀，兩儀生四象，四象生八卦」和「有生於無」……當然，你也可能從《太極》那似乎對稱而又不完全對稱的動作中恍然大悟地想到楊振寧那預言家似的偈語：「在理解世界物理過程中，21 世紀會目睹對稱概念的新方面嗎？我的回答是：十分可能。」[1，703]

100 個人，肯定會有 100 種以上的想像，要不美國著名抽象派藝術家戈爾基（Arsnile Gorky）怎麼會説：「甚麼事情一結束，就意味着僵死，是不是？我信奉永恆，我從不結束一幅畫。……我們應該做的是：永遠開始，絕不結束。」[99，18]這恐怕正是杜致禮喜歡抽象派藝術作品和《太極》的原因。

在這種強烈的藝術氛圍和浮想聯翩之中，拜訪者再與楊振寧談天説地、討論問題，那一定會有另外一種意料不到的收穫。

楊振寧歸來後不久，在「中國科學與人文論壇」做了一個題為「歸根反思」的演講。這也是一篇非常重要的文獻。楊振寧是世界性的知名人物，他的一舉一動必然會引起人們普遍的關注，因此他總得為自己的歸來向世人做一個交代吧。這也許是他做這次演講的根本原因。

楊振寧在演講中詳細分析了自己的思想歷程，毫不隱晦地表明了自己對中國和世界現狀與趨勢的總看法，從而為自己的「歸根」做出了一個有説服力的説明。文章開篇寫道：

> 1929 年，我父親就任清華大學算學系教授。我們一家搬入了清華園居住。那時我是七歲。在清華園裡我過了八年的童年生活，直到 1937 年全面抗戰開始。關於那八年的生活，我曾在 1983 年的一篇演講中這樣描述：

清華園的八年在我的回憶中是非常美麗、非常幸福的。那時中國社會十分動蕩，內憂外患，困難很多。但我們生活在清華園的圍牆裡頭，不大與外界接觸。我在這樣一個被保護起來的環境裡度過了童年。

今年我即將82歲了。最近搬回清華園居住。我的一生走了一個大圈，在清華園長大，於60多年以後，又回到了故園，有感寫了一首五言古詩《歸根》……

回歸幾個月，感想良多。今天我就和大家談談我的幾點感觸和反思。[41，332–333]

首先，楊振寧廣泛地參觀了許多城市，從大處看，他發現國內這些年的變化真是迅猛，一派欣欣向榮的情景，讓人不得不興奮。從小處看，有更多細節引起他的關注和深思。在巴金提議修建的中國現代文學館裡，楊振寧感受到的是：「20世紀是中華民族浴火重生的世紀。一百年來的慘痛與悲壯的經歷、辛酸與激昂的感情，都深深注入了現代文學中，都將於此館中永遠保存。」[41，303]

中國現代文學館不僅收藏豐富，而且讓他特別關注的是裡面的13座塑像〔1〕，尤其是巴金和魯迅的塑像更是讓他讚不絕口。魯迅那種「橫眉冷對千夫指」的精神，和巴金那種忍辱負重但是內心堅守底線的神情，讓人不由駐足深思！

〔1〕這13座塑像是趙樹理、丁玲、郭沫若、艾青、老舍、曹禺、葉聖陶、朱自清、茅盾、冰心、沈從文、巴金和魯迅。

2000 年，楊振寧參觀中國現代文學館時觀看魯迅頭像。

魯迅的頭像，一定再次深深震撼着楊振寧。2000 年楊振寧曾經參觀過一次中國現代文學館，這是第二次參觀。在第一次參觀時他曾經久久地站在魯迅頭像旁邊，他在想些甚麼呢？在《中國現代文學館與魯迅頭像》一文中，他身懷敬意地寫出了自己當時的感受：

魯迅頭像是用鐵片焊接成的，高二米多，安放在高約三分之二米的一塊大石頭上面。舒乙館長說從設計到切割鐵片到焊接到最後安裝「都是熊（秉明）先生親自動手的」。

頭像立體感十分凸顯。許多鐵片造成了許多不同的面，一片一片地，一層一層地，用焊接線焊在一起，塑造出一個巍然凝聚着力量的金屬立體——魯迅的頭。它給我的總印象是憂鬱沉重的氣質，敏鋭深入的觀察力和絕不妥協的精神。

頭像面對東南。我可以想像陽光普照的時候，不同的平面當然各自明暗不同。從正面看應有許多粗的線條勾畫着頭像的臉。想到這裡我立刻想到法國畫家 Rouault（1871—1958）的富有宗教感的油畫。他用粗線條勾畫出了悲天憫人的境界。陽光下的魯迅頭像應該也會特別呈現出魯迅的深沉的內心世界吧。

轉到頭像後面，看見秉明刻上去的《野草 · 墓碣文》中的一段：「於浩歌狂熱之際中寒；於天上看見深淵。於一切眼中看見無所有，於無所希望中得救……待我成塵時，你將見我的微笑！」

這是讀了令人毛骨悚然的幾句話，是濃縮了的真正原味的魯迅。刻在頭像上將讓後世永遠不忘魯迅所經歷的陰暗時代。我以前沒有讀過這幾句話。今天讀了不禁想到假如魯迅復生，有機會觀察他死後六十多年中華民族的天翻地覆的變遷，有機會展望下一世紀的未來世界，他將會寫怎樣的文章呢？[41，304—305]

東二環的保利博物館讓楊振寧感到驚喜。這家博物館從屬於中國保利集團，1999 年 12 月正式對外開放。它是我國首家由大型企業興辦的藝術類博物館。館藏以 100 餘件青銅器為主，另有石刻、書畫等，其中不乏舉世罕見的藝術珍品。它以弘揚中華民族優秀傳統文化藝術，搶救保護流散在海外的中國珍貴文物，推進企業文化建設為宗旨。楊振寧認為「這是極有遠見，極有長遠意義的措施」。「亂世國寶流失，盛世國寶歸來。」可以看出，在海外生活 60 來年的楊振寧，對這種能夠透出國家興衰的事情是何等敏感！

楊振寧還觀看了北京人藝演出的話劇《李白》和中國國家話劇院在北京師範大學演出的《哥本哈根》。這種不同國家、不同時代、不同思想內容的話劇，給予觀眾的是不同文化、不同思想、不同領域的事件帶來的信息，一定會給觀眾不同的文化享受和思想認知。這種寬鬆、多元化的文化活動，是國家自信心強大的一種展示，這讓楊振寧感到寬慰。尤其是話劇《哥本哈根》，講的是第二次世界大戰期間科學史上一個至今沒有弄清楚的「科學史之謎」，涉及科學家應不應該支持他們國家製造原子彈的重大歷史性事件。楊振寧認為：「這種學術性的話劇有那麼多年輕人與大學生去看，給了我中華民族已邁入文藝復興時代的感受。」[41，336]

一齣話劇，就能夠使楊振寧聯想到中華民族已經步入文藝復興時代，這是海外學子寶貴的感悟，於無聲處聽驚雷的可貴品格和能力。接着楊振寧回憶了幾十年前中國被列強瓜分、戰亂連綿、國將不國的悲慘情景，以及香港回歸時國人揚眉吐氣的心情。這種種接踵而來的感受，使他想起英國著名的歷史學家湯因比（A. J. Toynbee，1889—1975）在他的著作《審判文化》（*Civilization on Trial*）一書中的一段話，這段話是想說明除了美國和蘇聯以外還會不會有第三個世界強國。湯因比寫道：「我們在甚麼地方可以找到第三個強國？不在歐洲；也不在英聯邦；當然也不在中國或印度，因為雖然這兩國都有悠久文化、眾多人口、廣大土地、豐饒資源，但是這兩個大國極不可能在未來關鍵性的歷史年代裡發展出它們的內在潛力。」[41，339]

但是，楊振寧對湯因比的結論斬釘截鐵地回答：「湯因比錯了。」

在仔細分析了中華民族的傳統，與其他民族的文化差異之後，楊振寧的結論是在 21 世紀「中國變成世界舉足輕重的大國也是必然的」。楊振寧知道，中國現在「面臨許多問題」，那麼他為甚麼還如此樂觀和有信心呢？楊振寧說：

> 我的回答很簡單：雖然我的樂觀態度確有感情成分在裡面，可是並不是沒有根據的：這些眾多的問題，比起過去一百年中華民族所已經解決了的問題小得太多了。我們有理由相信，中華文化的特點和中國共產黨的組織能力也能夠幫助中華民族解決目前這些複雜的問題。[41，342]

我想，正是有了這些冷靜深刻的分析，楊振寧為自己的「歸根」做出了完整而有說服力的說明。

這年 3 月中旬，楊振寧去德國烏爾姆——愛因斯坦的出生地——參加愛因斯坦誕辰 125 週年紀念的為期 5 天的慶祝活動，而且楊振寧被邀請在 14 日於烏爾姆大學做特別演講。這一天正好是愛因斯坦的生日，這對於楊振寧當然是一種殊榮。但是仔細一想，請楊振寧做這一次特別演講也是很合適的，因為正是楊振寧在愛因斯坦之後把對稱性做了最重要的發展，使得除了引力相互作用以外的三種相互作用得到統一，還得到「對稱性支配相互作用」的重要結論。香港中文大學楊綱凱教授以前曾經說過：「現在我們知道：物質之間的相互作用可分為四類，即維繫原子核的強作用、眾所周知的電磁作用、導致粒子衰變的弱作用，以及萬有引力。前三者都可以用規範場描述，而且在規範場架構內得以統一；至於萬有引力，則必須用愛因斯坦的廣義相對論描述。……因此，說楊—米爾斯場論能夠和廣義相對論分庭抗禮，大致上是可以成立的。」[57，序二 5]

楊振寧在烏爾姆的演講題目是「愛因斯坦對21世紀理論物理學的影響」。開始演講時，楊振寧感謝給予他這次演講的機會：

125年前愛因斯坦誕生於烏爾姆。今天我受邀在此城市做關於愛因斯坦的演講，實感非常榮幸。我很希望我能用德語來講，可是我知道，如果我這樣做，可能因為我的德文用字不當，會使你們聽起來很費力。承蒙你們同意，我用英文來講。

愛因斯坦是20世紀最偉大的物理學家，他和牛頓是迄今為止世界歷史上最偉大的兩位物理學家。他的工作特點是：深入、廣闊、豐富和堅持不懈。20世紀基礎物理學三個偉大的概念上的革命，兩個歸功於他，而對另外一個，他也起了決定性的作用。[111，101]

2004年11月初，楊振寧得到了在中國的永久居留證。就像他在1971年是第一個回國訪問的華裔知名學者一樣，他也是首批獲得在華永久居留證的外籍人士之一。中央電視台節目主持人王志就這件事與楊振寧有一段對話：

王志：去年楊先生拿到了第一批綠卡中間的一張。

楊振寧：是。

王志：為甚麼拿這張綠卡呢？您跟所有的領導人都是朋友，在我們看來您用不着拿這張卡，但是您有發自內心的喜歡的真情的流露。

楊振寧：因為我本來就已經有五年的多次往返的簽證，所以這個綠卡對於我的作用並不那麼大，不過它有一個很重要的象徵性的意義，我相信以後用這個綠卡的方法，中國可以吸引很多很多的優秀的人才來。

我覺得這是一個明智的舉動。

王志：您想用您的行動，來表明您對中國開放的這種支持？

楊振寧：這不是我的目的，不過可能是一個後果。假如我1945年離開的中國是舊中國的話，假如我1971年回來所看見的是新中國的話，那麼到了21世紀，這個中國是一個新的新中國。在這個情形之下，我回來的心情是我要加入一個欣欣向榮、正在崛起而有非常好的前途的大的事業，我希望能夠在這個大事業裡頭，做一些我自己所能做的小貢獻。[41，368–369]

這正是：「耄耋新事業，東籬歸根翁。」

二、上帝的禮物

2003年的冬天，正是楊振寧孤獨一人從美國回到中國的時間，發生了一件他絕對沒有想到的大事：82歲的楊振寧意外地得到上帝賜給他的一位安琪兒——翁帆女士。

許淵沖教授在2003年冬天邀請西南聯大老同學為楊振寧定居歸根居洗塵時，還心懷欷歔地寫道：

我們幾個老同學聚會時，都有夫人陪同，只有振寧一個人孤零零的。大家覺得像他這樣有成就的科學家，應該算是沒有年齡的人，最好能夠續弦，才好安度晚年。果然，不久得到他的電話，說有個年輕人要研究我的翻譯理論，但是我沒想到，這個年輕人竟是他的新夫人翁帆。

得到喜訊之後，照君立刻給他打電話表示祝賀，還談到法國大作家雨果和大畫家畢加索八十多歲還和十八歲的少女相戀的事，振寧説他和畢加索不一樣，畢加索是多次離婚又多次結婚的。他又談到美國有個八十幾歲的詩人娶了二十幾歲的女學生，過上了幸福的晚年生活。振寧打算婚後揚帆遠航去度蜜月。我就送了他們一首詩，中英文分別是：

振寧不老松，揚帆為小翁。

歲寒情更熱，花好駐春風。

The ageless won't grow old. （沒有年齡的人不會變老）

You sail with your young bride. （你和你的新人揚帆遠航）

Love will warm winter cold. （愛情會使寒冬温暖美好）

Spring will ever abide. （青春永遠伴隨新郎新娘）[47，63–64]

一般人獲得這一佳訊，恐怕大都是在 2004 年 12 月台灣的《知識．通訊．評論》雜誌上公佈《楊振寧在北京訂婚》這篇文章以後。這個佳訊迅速被內地、香港乃至全世界華人社會所知曉。這篇文章一開始就寫道：「目前常住在北京清華大學的諾貝爾獎得主楊振寧，日前給親密朋友一封電子郵件，宣佈他訂婚的消息。」

接着是電子郵件的內容：

這是一封重要的信，向你介紹我的未婚妻。

她的名字叫翁帆，她的朋友叫她帆帆。我現在也這樣叫她。我們在 2004 年 11 月 5 日訂婚。

翁帆二十八歲，出生在廣東省潮州。致禮和我 1995 年夏天到汕頭大學參加一項國際物理學家會議時碰到她。那個會議有四位諾貝爾獎得主參加，因此學校挑選學生來做接待嚮導，當時還是大一學生的翁帆是我們的接待嚮導。那是一個只有上帝才會做的安排。

致禮和我立刻就喜歡翁帆。她漂亮，活潑，體貼而且沒有心機。她是英文系學生，英文說得極好。離開汕頭之後，我們和她偶爾的有些聯絡。

大學畢業後，她結婚了，幾年以後離婚。幾年以前她進入在廣州的廣東外語外貿大學，很快要得到翻譯系的碩士學位。

有如天意，因為好幾年沒有聯絡，她今年二月給我們一封短信。信是寄到紐約石溪，後來轉到我所在的香港。也因此我們在過去的幾個月中逐漸熟識。

我發現現在已是一個成熟女人的翁帆，依然保有九年前致禮和我特別欣賞她的率真。在我最近寫的一首關於她的詩，其中有下面的幾句：

沒有心機而又體貼人意

勇敢好奇而又輕盈靈巧

生氣勃勃而又可愛俏皮

是的，永恆的青春

青春並不只和年紀有關，也和精神有關。翁帆既成熟又青春。我深信你們看到她都會喜歡她。

我也知道，雖然在歲數上已經年老，在精神上我還是保持年輕。我知道這也是為甚麼翁帆覺得我有吸引力的部分原因。

我們當然都清楚地知道，我們有很大的年歲差距。但是我們知道我們都能夠也將會以許多不同的方式，奉獻給我們的結合。我們的親人都祝福我們。

請讀一下下面的句子，這些句子説明了我對於她在我生命中扮演的以及即將要扮演角色的感覺：

噢，甜蜜的天使，你真的就是……
上帝恩賜的最後禮物
給我的蒼老靈魂
一個重回青春的欣喜[30，62–64]

楊振寧的第二次婚姻，在西方也許算不上甚麼大的事件，但是在中國，這樣的忘年之戀在大多數人心中絕對是一件非同尋常的事情，他們肯定會對這忘年之戀充滿好奇之心，這也一定會引起媒體高度的興奮和坊間巨大的反應。這一點楊振寧和翁帆已經預知，而且做好了充分的思想和心理上的準備。但是正如楊振寧自己所説，他自己還是沒有想到，人們對他的第二段婚姻的關注遠遠超過了他獲得諾貝爾獎的成就。也許更沒有讓楊振寧想到的是台灣作家平路女士在 2006 年 1 月 22 日的《亞洲週刊》上發表的一篇名為《浪漫不浪漫？》的文章。楊振寧本來希望平靜地度過媒體炒作期，一切自然就會復歸於平靜。但是這篇點名而又説三道四並帶有嘲笑和辱罵性的文章讓楊振寧夫婦動了氣，他們覺得「有必要在《亞洲週刊》上做一回應」。這篇簡短的回應文章寫得非常感人，錄在下面可以讓我們更好地認識和欽佩楊振寧夫婦美好的心靈，與為人處世的不卑不亢和有理有節的態度。他們對平路女士的文章寫道：

在我們看起來，整篇文章缺少的是陽光、是希望、是同情、是愛。

文章中説：「或許因為快樂而悲傷，或許因為悲傷而快樂……問題是，誰會告訴我們這樣的真相呢？」

1995 年，楊振寧夫婦參加在汕頭大學舉辦的國際會議時，由大學一年級學生翁帆做接待嚮導。這張照片是攝影記者蔡惠中偶然拍下的。

2006 年夏，楊振寧和翁帆攝於青海湖畔。楊振寧說得不錯：「翁帆既成熟又青春。我深信你們看到她都會喜歡她。」

平路女士：我們現在就告訴你我們相處的真相：我們沒有孤獨，只有快樂；與你所描述的或所期望的，完全不同。我們兩人都認為我們的婚姻是「天作之合」。（你一定不喜歡這個成語，其實像許多漢語成語一樣，它是極富內涵的四個字。）

不管平路女士怎樣解說，在我們讀來，她的文章中多處是在咒罵我們。我們是罵不倒的。可是她是否應該反省，應該道歉呢？[41，398–399]

2006 年，楊振寧於 7 月初到中國台灣參加吳大猷科普著作獎頒發典禮，還做了「21 世紀科學發展」的報告。台灣《聯合報》記者對楊振寧夫婦做了採訪。這是他們婚後第一次面對報紙記者的採訪。在記者採訪以後寫的文章中，開篇先對人們關注的楊振寧和翁帆做了一番扼要而又精彩的描述：「穿着碎花洋裝的翁帆掩不住的青春氣息，她是楊振寧的伴侶，也是他的『耳朵』。佩戴助聽器五年的楊振寧坦然地說，到了這年紀，聽力不行，『你們得大聲點兒』；若是不清楚，他只消望妻子一眼，翁帆會握着他的手，用略帶潮汕腔的普通話把問題重複一次。」[41，391]

這簡短的開場白讓讀者了解了楊振寧畢竟是 84 歲的老者，翁帆有「掩不住的青春氣息」，但是他們那種相互敬愛和無言而完美的配合，必然會讓千千萬萬關懷他們的人感到欣慰。

記者問：「兩位結婚快兩年了，結婚對你們各自的人生，最大的改變是甚麼？」

楊振寧的回答是：

我們是不同時代的人，婚後，我們從彼此學習到一些自己以前沒經歷過的事情。我們年紀差很多，媒體有非常多討論，不過有一點大家都沒注意到：一個人到了八十多歲，不可能不想到他的生命是有限的，跟一個年紀很輕的人結婚，很深刻的感受是，這個婚姻把自己的生命在某種方式上做了延長。

假如我沒跟翁帆結婚，我會覺得三四十年後的事跟我沒關係；現在我知道，三四十年後的事，透過翁帆的生命，與我有非常密切的關係。下意識裡，這個想法對我有很重要的影響。

翁帆的回答是：

振寧講過：「有些事我看不到了，可是再過三四十年，你幫我看。」我們心底難免有點傷感，但大家都曉得這是一個事實，每個人都會經歷。對我來說，婚後經常要旅行，參加一些會議和活動，這跟我以前的生活不一樣，因為我結婚前還在念書。[41，392]

採訪中，最讓人興奮的是楊振寧透露了一個非常重要的消息：由於有了英語很好的翁帆的幫助，他決定再出一本《楊振寧選集》，而且翁帆正在幫助他整理他以前寫的一些文章，翻譯成中文。談起這件事的原因是記者問了一個問題：「你對自己的學術成就，總評是甚麼？有遺憾之處嗎？」

楊振寧回答時說出了自己的打算：

科學前沿的研究工作，我想可以比喻為衝鋒陷陣。年紀大的人衝鋒陷陣的本領不能和年輕人相比，這點和文學完全不一樣。比如我的老朋友何炳棣（歷史學家），比我大三四歲吧，著作和研究還是在前沿做得很好。我現在基本上漸漸從最前沿退下來，改走到物理學發展的歷史，注意的是過去一兩百年學術上發展的總趨勢。我到各地去演講，講題都與這有關。這些年關於這方面，我寫了不少文章，現在翁帆幫我整理文章，翻譯成中文，打算出一本《楊振寧選集》。1983 年我出過一本英文的 *Selected Papers*（《論文選集》），現在等於出續集，但用中文出版。[41，396]

物理學界的人都知道，楊振寧為慶祝 60 歲生日出版過一本英文的《論文選集》[*Selected Papers (1945–1980) with Commentary*]，現在準備出版的實際上是 1983 年《論文選集》的續集，但是以中文出版。這對於科學界無疑是一件重大的好消息，它對物理學歷史和物理學未來的發展，一定會有重要的貢獻。

1983 年的《論文選集》出版以後，吳健雄就説過：「當晚我即開始從頭閱讀，越讀越有興趣。一方面，您對近代物理發展的歷史，作了明晰有條理的簡介，同時……」[41，55]那麼楊振寧夫婦正準備出版的《楊振寧選集》一定會對 1981 年至今 20 多年物理學發展的歷史（這正是楊—米爾斯規範場理論和楊—巴克斯特方程大發展、纍纍碩果的時期），有一個「明晰有條理的」分析和歷史回顧，以及對未來的預期。

中國台灣的活動結束後，他們又到新加坡出席和主持南洋理工大學的「楊振寧優秀生計劃」推展儀式。在新加坡，楊振寧再次出現在媒體面前，新加坡《聯合早報》記者潘星華和電視節目《焦點》主持人曾月麗先後採訪了楊振寧夫婦。潘星華的採訪以《出題玩遊戲，改詩樂悠悠 —— 楊振寧夫婦專訪》和《世界在騰飛 —— 楊振寧夫婦訪談錄》發表在《聯合早報》上，曾月麗

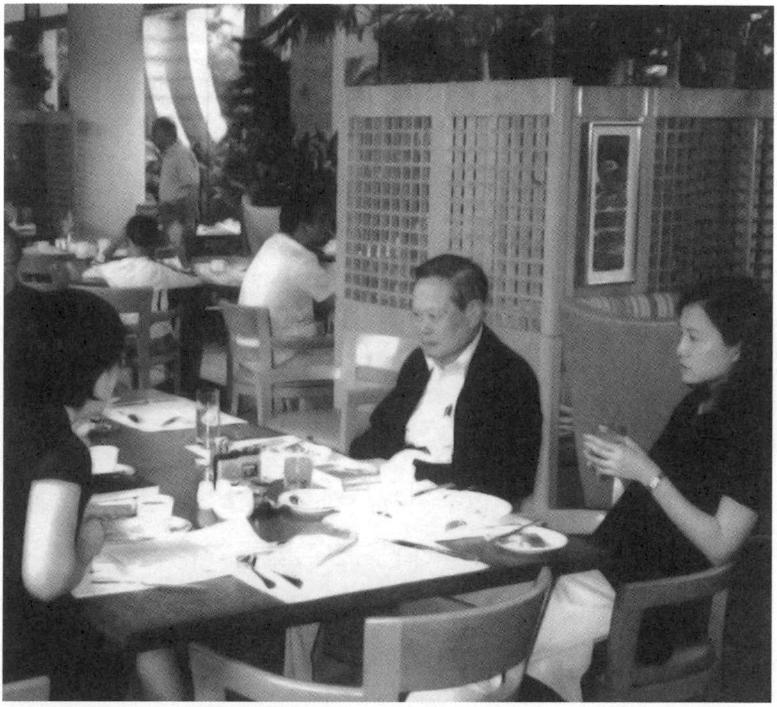

楊振寧夫婦接受媒體採訪時自然大方、平實真誠。

的電視訪談標題是《赤誠追求所愛 —— 楊振寧》。其中曾月麗開頭的一段話説得實在優雅、閒定、精彩、到位和感人：「一個人從年輕到老，敢於追求所愛，不管他的所愛是人，是事物，還是真理，他都能夠放開胸懷地去擁抱，而且昇華成樂觀前進的動力，這個人是絕對幸運的。著名的物理學家楊振寧教授可以説是最好的例子。今年 84 歲的楊振寧最近到新加坡訪問，再度成為了眾人矚目的焦點。他身旁年輕的妻子翁帆讓這股楊振寧旋風增添了不少的柔情蜜意。其實在楊振寧的人生旅途中，有三個重要的女性。一個是他的母親，一個是他的第一任妻子杜致禮，再一個就是翁帆了。」[30，48–49]

楊振寧也坦誠地對主持人說：

翁帆也給我很多照顧。我跟有些新聞記者說，你們現在見我走得很快了甚麼的，可我今天跟十年以前走路有一個很大的分別。我現在知道老年人為甚麼慢下來，慢下來的原因就是他自己知道，假如走得太快，出了問題的時候，他反應會不夠快。現在有了翁帆，我跟她走路，拉着她的手，這給我一個很大的安全感。這個當然只是一個，也可以說是一個信號。事實上對於我整個人生觀，都因為來了翁帆，有一個轉變。[30，54]

在結束採訪時，曾月麗説的一段話更是雍容大度、溫文爾雅而很有見解：「受訪那天，楊振寧穿上了一件粉紅色的上衣，精神很好，談了半個多小時。他坦誠地面對提問，就像他坦然面對他自己的婚姻決定一樣。一個敢於推翻科學定律的人，確實是有勇氣去突破一切既定的觀念，從而獲得祝福。」[30，57]

翁帆面對媒體落落大方、舉止嫻雅，回答記者的問題真誠樸實、清和平允，而且也不乏機智。當記者潘星華問「很高興看見你們兩位神采飛揚，最近感覺怎麼樣」時，翁帆回答：

我們兩人在一起很愉快。我想，要神采奕奕，首先要心情好，感覺快樂。我認為保持心態和心情愉快是很重要的。而且，我們兩人有很多話要説，談的並不是深奧的東西，不一定講哲學、講生命，總是甚麼都談。振寧的朋友都説他這兩年年輕了，每次看見他，都説比上回年輕了。[30，29]

當記者問「你覺得楊教授怎樣」時，她的回答很平實：

他是一個很有意思的人，絕不令我沉悶。而且他品德高尚，這是他最好的地方。開始認識他的時候，還會常想着他是大人物，是學者，很尊重他。慢慢接觸後，這些已不重要。他很好，常會出些數學題目給我做。説我能回答的話，就算達到甚麼水平。[30，31]

當記者對翁帆説「你把青春澆灌在他身上，而他把智慧灌注在你身上，是這樣交流嗎」，翁帆回答「並非全是這樣」的時候，一貫平實謙遜的楊振寧立即插了一句：

我覺得你智慧這個詞用得不恰當，翁帆只是從我這裡得到些經驗。如前兩天，我去台灣「中研院」開會，看到很多院士。我介紹給她，告訴她這個人做甚麼，有甚麼成就，現在在哪裡工作，我嘗試把這幾十年的經驗，慢慢傳給她。[30，29–30]

2008 年 1 月，由楊振寧著、翁帆編譯的《曙光集》在生活 · 讀書 · 新知三聯書店出版。翁帆在《曙光集》裡寫了一個「編前言」，這是她的文字第一次展現在公眾面前，所以引起了格外的關注。她寫道：

振寧和我結婚後一直有出版他的新文集的想法，可是我們總是行程匆匆，沒有做成。最近我們才挑選、整理（有些文章曾作少許字句的更改）、翻譯了部分他在過去二十幾年間所寫的文章，包括一些採訪，成為今天的《曙光集》。

關於書名，其實我們有過幾個想法。振寧以前的書有《讀書教學四十年》和《讀書教學再十年》，那我們是不是還沿用《讀書教學×××》呢？有一段日子我們一直斟酌着，直到一個早上，振寧很高興地對我說：「我找到好名字了！就叫《曙光集》。」

這個名字給我的第一感覺是很「進步」，不過後來我覺得這個名字還不錯。振寧在好些文章裡，都是以一個勤於思考的人的身份去討論一些文化及社會問題，他的感觸源自於他幾十年來所聞所睹的事物。我曾經說他有些思想或語言過於直率，我記得我笑說：「你何苦要寫呢？過後又有些人要罵你了。」他回答：「我不怕。我講的是真話！」編這本文集的時候我明白了一些道理：他看着一個民族與社會經歷了許多變化與發展的階段，而像我這一代人很難有一樣深刻的感受，因為在我們懂事的時候，社會已經開始迅速地發展了。我從而也明白了他寄託在書裡的熱情與希望。《曙光集》也可以說是這二十多年間振寧的心路歷程——他走過的，他思考的，他了解的，他關心的，他熱愛的，以及他期望的一切。[41，編前言 I－II]

楊振寧在「前言」裡寫下了他的心聲。要想理解翁帆上面最後一段話的真意，就得仔細認真讀一讀楊振寧的這篇「前言」：

1918 年錢玄同寫信請魯迅（1881—1936）為《新青年》雜誌寫稿，魯迅回答說：

假如一間鐵屋子，是絕無窗户而萬難破毀的，裡面有許多熟睡的人們，不久都要悶死了，然而是從昏睡入死滅，並不感到就死的悲哀。現在你大嚷起來，驚醒了較為清醒的幾個人，使這不幸的少數者來受無可挽救的臨終的苦楚，你倒以為對得起他們麼？

可是後來魯迅還是寫了，寫了有名的《狂人日記》，署名「魯迅」。

那是五四年代，是提倡「賽先生」和「德先生」的年代。我正是出生於那個年代。

1927 年 6 月 2 日上午王國維（1877—1927）離開清華園內西院 18 號住宅，坐人力車到頤和園，在魚藻軒投水而死。遺囑説：

五十之年，只欠一死，經此世變，義無再辱。

後來陳寅恪（1890—1969）在《王觀堂先生輓詞》中說：

凡一種文化值衰落之時，為此文化所化之人必感苦痛，其表現此文化之程量愈宏，則其所受之苦痛亦愈甚；迨既達極深之度，殆非出於自殺無以求一己之心安而義盡也。

1929 年 10 月我隨父母親搬入清華園西院 19 號居住，那時我七歲。後來聽到王國維自殺的傳聞，記得曾和同班同學熊秉明、鄭士京在 18 號門前徘徊；曾到頤和園看水邊的石碑：「海寧王靜安先生殉國處」；也曾誦讀清華園工字廳東南小土坡下的王靜安先生紀念碑。

1938 年夏清華、北大及南開三校遷到昆明，成立抗戰時期的西南聯大。由於校舍未造好，文法學院暫遷蒙自。陳寅恪到蒙自後作了一首詩：

南湖即景

景物居然似舊京，荷花海子憶昇平。
橋邊鬢影還明滅，樓外歌聲雜醉醒。
南渡自應思往事，北歸端恐待來生。
黃河難塞黃金盡，日暮人間幾萬程。

那時我是聯大一年級學生。

魯迅、王國維和陳寅恪的時代是中華民族史上一個長夜。我和聯大同學們就成長於此似無止盡的長夜中。

幸運地，中華民族終於走完了這個長夜，看見了曙光。我今年八十五歲，看不到天大亮了。翁帆答應替我看到，會驗證馮友蘭在《西南聯大紀念碑碑文》中的一段話：

我國家以世界之古國，居東亞之天府，本應紹漢唐之遺烈，作並世之先進。將來建國完成，必於世界歷史，居獨特之地位。蓋並世列強，雖新而不古；希臘、羅馬，有古而無今。惟我國家，亙古亙今，亦新亦舊，斯所謂「周雖舊邦，其命維新」者也。[41，前言III－V]

2008年1月6日下午，在北京三聯書店韜奮圖書中心二樓，舉辦了楊振寧《曙光集》新書發佈會。除了楊振寧、翁帆夫婦和三聯書店總經理張偉民、總編輯李昕之外，到會的嘉賓還有中國科協名譽主席周光召、清華大學校長顧秉林、北京大學醫學院教授許鹿希、中國科學院自然科學史研究所研究員劉鈍、新加坡世界科技出版公司主席兼總編潘國駒、中國出版集團總裁聶震寧。熱心的讀者和專程前來的首都各家媒體的記者們擁滿了會場，氣氛十分活躍。

2008 年 1 月 6 日，《曙光集》新書發佈會現場。左起：許鹿希、顧秉林、楊振寧、翁帆、周光召和聶震寧。

會上除了楊振寧、李昕發言之外，楊振寧的老朋友周光召、顧秉林、許鹿希、潘國駒、聶震寧先後講了話。

「兩彈一星」元勳之一周光召先生說，他在50年代就讀了楊先生很多關於物理學的論文，並且由此深刻地體會到大自然物理規律的美。以後，只要是楊振寧寫的文章，他都會認真拜讀，而且是懷着讀一本名著的心情去讀、去欣賞。周光召先生還說：「我們在北京、在香港都見過他母親多次，也看到楊先生和他母親之間的關係，母慈子孝充滿了中國人文精神的美好情愫。」[77，17]

清華大學校長顧秉林教授說，楊振寧在《曙光集》裡顯示出了周密而深邃的洞察力和高屋建瓴的氣勢，再加上很翔實的第一手資料，使讀者得到了美的享受。每一次閱讀這本書都會使他欲罷不能、不忍釋卷。他說：「楊振寧對現代物理學的理論如此舉重若輕的把握，使大家增加了對物理學的興趣。」他還說：「楊先生在清華大學所發揮的作用是無可替代的。清華大學的全體師生對楊先生也充滿着崇敬的心情，我們大家都會為中華民族從曙光到偉大的復興而努力奮鬥。」[77，18]

楊振寧的摯友鄧稼先的夫人許鹿希教授也在發佈會上講了話，她說：「鄧稼先對楊先生在學術上的造詣十分推崇，他曾經多次對我說，楊振寧應該再獲一次諾貝爾獎。他不但影響當代，他的前瞻性是將以世紀來論的。」許鹿希在回顧鄧稼先的這些話時，說她更體會到三聯書店出版《曙光集》的重大意義和價值。她還希望翁帆協助楊振寧翻譯編輯出版英文的《曙光集》，「把這本好書推向全世界」。[77，19]

最後發言的是中國出版集團總裁聶震寧先生，他從一個文學愛好者的立場表達了對楊振寧文學修養的高度讚賞，同時也述說了一位出版者的前瞻性的想法。他說他是學中文的，但是拿到這本書之後，居然在一天一夜間就看完了。他深情地說：「我覺得我們從事文學創作的人，雖然讀過很多書，但像楊先生這樣堪稱文化精品的著作，可以說勝過了很多虛構的小說和過於矯情的散文集，它太真實、太樸實了，可以說達到了『非奇非怪，剝落文采，知其妙而不知其所以妙』的『自然高妙』境界，完完全全非常自然的一本書，可以說左右逢源。」[77，21]

作為出版者，他希望：「通過這樣的出版，我們的科學研究活動，特別是我們的科學家們，能夠為廣大的讀者所熟知和了解，使他們存在的意義和創造的業績在公眾那裡得到認識上的提升和深化，同時也為我們社會、為我們當代和後世提供更加優秀的楷模。」[77，21]

《曙光集》不僅僅是以前文章的彙集，而且保持了 1983 年選編的英文《論文選集》的風格，在大部分文章中寫了一個「後記」，這些「後記」都是一些重要的歷史回憶，具有重要的歷史價值。例如，在《趙忠堯與電子對產生和電子對湮滅》一文「後記」裡寫道：

> 趙先生是我 1938—1939 年間在聯大讀大一物理課上的老師。多年來國內盛傳他於 1930 年的工作十分重要，但是沒有人仔細研究過 1930 年前後的物理學前沿發展情形，與他的文章為甚麼沒有在當時被大家重視。
>
> 日本學者對日本人的研究工作的重要性一貫做大量研究工作，我曾描述為「寸土必爭」。有鑒於此，我約同李炳安花了半年時間寫成此文。我們覺得寫得不錯。對 1930 年前後的情形分析得相當準確而透徹。聽說趙先生看了也很讚賞。[41，123]

短短一些文字，表示了一位物理學家的真誠和執着，也道出了中國科學史工作者重任在肩，萬萬不可懈怠！

2010 年，楊振寧教授告訴我，《曙光集》只是他準備出版的《選集》續集的前一半。他正在寫它的後一半，書名還沒有定下來。除此之外，他還「正在用英文寫 *Selected Papers with Commentary II*」。

2010 年還有一件值得一提的事是，楊振寧和翁帆共同把在廣州舉行的亞運會主題歌《重逢》翻譯成英文：

重逢	Here We Meet Again
詞／徐榮凱　曲／撈仔	譯文／楊振寧、翁帆
萬水千山	Mountains and Seas

相隔多遠	Have set us apart
珠江彎彎伸手相牽	By Pearl River again we meet
隔山遙望	Over hills messages fly
跨海相約	Across ocean dreams meet
綠茵賽場難說再見	It's hard today to bid goodbye
眼睛和眼睛重逢	Eyes blue and brown
黑眼睛藍眼睛	Skin dark and light
奔跑收穫超越	Victory, defeat and glory
把自豪舉過頭頂	Every essence of pride
Asia 太陽升起的地方	Asia, where the sun has risen
Asia 古文明的殿堂	Asia, where civilizations were born
這裡的風光最美	Ah, here is the most beautiful
這裡的陽光最亮	Here is the most bright

從這個主題歌的翻譯中，人們不難看出，沒有美好的心態，沒有愉快的心情，沒有對美好事物的敏感和憧憬，沒有對生活的熱愛和感激，他們是不可能把這首主題歌翻譯得如此生動、貼切和激勵人心的！

【附錄】我的一些記憶

在楊振寧和翁帆婚後，我有三次機會見到他們，其中前兩次有很深的感受。第一次是 2007 年 9 月 6 日楊振寧到武漢參加全國科技大會時，我和妻子吳秋芝在武漢市美亞達酒店 26 層的套房裡第一次見到翁帆；第二次是 2009 年 6 月 30 日—7 月 7 日在清華大學歸根居採訪楊振寧時，再次見到她；第三次是在香港中文大學。

第一次在美亞達酒店見到他們以後，我在《2007 年 9 月 6 日與楊振寧夫婦會面記》的回憶錄裡寫下了這樣一段話：「楊先生很精神，似乎比三年半以前顯得年輕一些。翁帆女士給我的第一印象是她很美麗，待人親切，真純樸實。這時我不由想起了楊先生的話：『我認識她的時候，用 guileless（單純）來形容她，兩年後，我覺得她仍然是這個樣子，這就是她的特點。』」

當我們到頂樓旋轉餐廳吃飯時，一出房門他們兩人就牽着手走向電梯。我不由自主地想到：天下有多少伴侶能夠這樣？在進餐時，我和楊先生談的多是物理學歷史上的一些典故，可能是由於楊先生的影響，翁帆顯然也知道一些，她會很適度地插上一兩句，使得談話顯得輕鬆適意，也得體地顯示出女主人的角色。但是她絕不搶話頭。

第二次在清華大學見面，給我的感受更多。那是 2009 年 6 月 30 日下午 5 時半，楊振寧夫婦請我們夫婦到清華大學甲所〔1〕吃晚飯。我們一行五人（翁帆的媽媽正好在北京）從歸根居後門出發向不遠處的甲所走去。翁帆拉着楊振寧的手走得比較快，總走在前面；我們夫婦與翁帆的媽媽在後面跟着邊走邊談。翁帆的媽媽說：「他們有時還喜歡不走大路走偏道……」

也巧，我們這時正好走到楊振寧以前讀過的小學成志學校。學校後面有一個小小的山坡，這時楊振寧興致很高，說：「這是我以前上小學的地方，現在好像是一個甚麼工會辦公的地方。從小山坡上走，可以看到這個學校裡面

〔1〕1917—1919 年建成專供學校高級行政領導人使用的甲、乙、丙所，甲所為校長住宅，乙所為教務長住宅，丙所為秘書長住宅。1981 年翻修後，甲所改為「專家招待所」。

的院子。」翁帆立即回頭對我們說:「他一定是又要走小路了!」

果然，與翁帆一直握手前行的楊振寧向路邊一個小坎子走去，在翁帆的幫助下，他們兩人率先跨上小坡，走上山坡上的一條彎彎曲曲的泥土小路，我們後面跟上。到了坡頂，楊先生興致很高地指着坡下的院子說:「這學校不大，但是教學質量很好。以前我們一群學生就喜歡在這坡上玩耍，衝上衝下……」我往下看去，果然這所原來的小學只有一個很小很小的院子。下坡時他們兩人的步伐沒有減慢。

我心想，楊先生 87 歲了，還跟一個小孩子一樣這樣有興致，還喜歡挑偏道走，這心態簡直和一個小孩沒有多大的分別，真是令人驚訝和羨慕!我還想，這種心態肯定與第二次婚姻給他帶來的幸福和喜悦有關。很多人都有

從小山坡上往下看成志學校

這種感受：楊振寧婚後真是越來越年輕了。後來與楊先生連續接觸五天，知道楊先生目前正在精力充沛地為正在崛起的「冷原子研究」思考、計算着。他還給我幾份他近來發表和預備發表的有關文章。有一天大約是上午11時多，我與楊先生交談結束，等我收拾完東西準備道別時，回頭一看，楊先生已經忘記了我，沉浸在思考和計算中。我心裡一熱，立即想起了亞伯拉罕·派斯的一段回憶，那是他在1954年12月與愛因斯坦晚年最後的一次見面。事後派斯寫道：

> 我最後一次看見愛因斯坦是在1954年12月。那時候，他的身體已經不太好，有好幾個星期沒有到研究所去了。以往，愛因斯坦每天上午總要在研究所待上幾個小時。我在愛因斯坦家門前見到海倫·杜卡斯，請她向愛因斯坦教授轉達我的問候，因為我要離開普林斯頓一學期。她建議我進家裡小坐片刻，喝杯茶。我當然很樂意接受了。我進門以後就上樓去，敲了敲愛因斯坦書房的門。「進來」，這是他那溫和的聲音。我進屋時，他坐在扶手椅裡，毯子裹着膝蓋，毯子上面放着一個本子：他在工作！他看見我，便立即把本子放在一旁，向我問候。我們在一起愉快地度過了大約半小時；我已經記不起討論了些甚麼。然後，我告訴他，我下學期將離開普林斯頓。我們握了握手，然後我説了聲再見。走到書房門口，這只不過四五步遠。可當我打開門轉過身來看他的時候，只見本子又回到他的腿上，手裡拿着鉛筆，忘記了周圍的一切。他又回到工作中去了。[112，479]

可惜的是派斯沒有在這一刻拍下愛因斯坦的照片。我比他幸運，照相

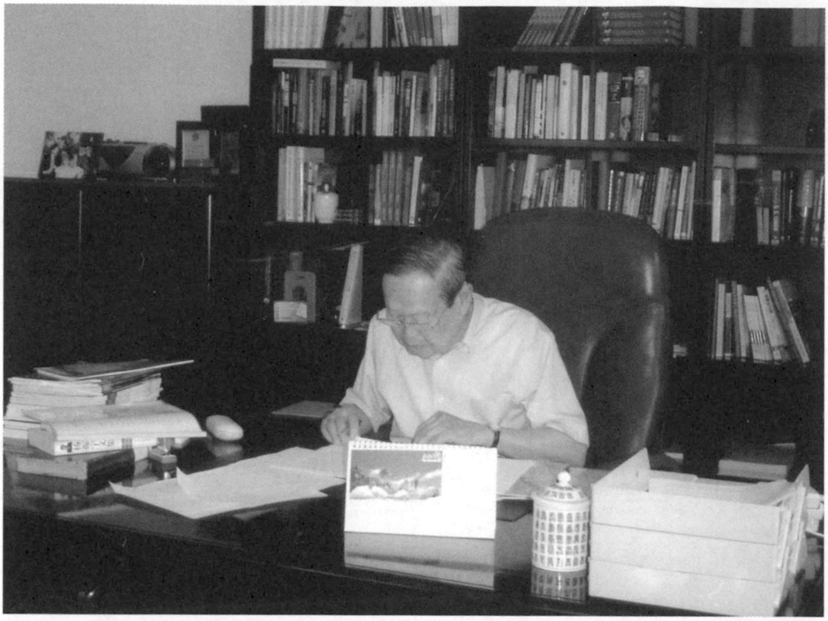

楊振寧在清華大學高等研究中心辦公室裡。他沉浸在工作中，忘記了周圍的一切。

機就在手邊，我立即拍下了楊振寧忘記周圍的一切又回到工作中去的那一剎那。

這一次與楊振寧夫婦幾天的接觸，讓我不能不相信楊振寧對他和翁帆的婚姻說的一句話：「三四十年後，大家一定會認為這是羅曼史。」[41，394]

翁帆說得更好：「我也這樣覺得。我這樣想沒有甚麼特別的理由，只因為我們生活得很好。」

這是2006年他們說的話，三年後的2009年，我親眼看到他們不僅僅生活得很好，而且生活得十分幸福、十分默契，真讓人羨慕！新加坡記者潘星華說：

坐在面前的楊振寧和翁帆，給我的感覺是快樂的、是幸福的。與其說他們像夫妻，不如說他們像一對好朋友。正如翁帆說：「我們有談不完的話題，看到甚麼就談甚麼。」真的，能夠這樣就夠了，有多少夫妻能這樣？雖然訪問之前，我是帶着同事們要求我問他們「閨房之樂」的使命去的。然而，看着他們一臉的融洽、和諧，還有從心底散發的笑容，可以想像從結婚至今，兩人適應得很好，無論在閨房內或在閨房外！

不在乎天長地久，只在乎曾經擁有。

不是嗎？[30，80]

她說的話的確正是我親身感受到的。

新加坡電視台主持人曾月麗還對楊振寧的一生說過非常具有哲理性的一段話：「一個人從年輕到老，敢於追求所愛，不管他的所愛是人，是事物，還是真理，他都能夠放開胸懷地去擁抱，而且昇華成樂觀前進的動力，這個人是絕對幸運的。」[30，48]

誠哉斯言！

這天傍晚，還有一件不能忘卻的事。吃完晚飯往回走的時候，楊振寧興致未減，又帶我們一行人繞道走到現在的清華大學二門附近第一教室樓北端後小山旁。開始我不太明白他的用意。到了小山坡邊，看見那兒豎立着一個紀念碑。走到碑前，正面寫的是「海寧王靜安先生紀念碑」。啊，原來是我國清末民初的大學者王國維先生的紀念碑。我很快想起楊振寧在他的文章中曾經多次提到王國維先生。

我們轉到紀念碑的另一面，楊振寧說：「這碑文是陳寅恪先生寫的。」接

清華大學校園裡王國維先生的紀念碑正面

着他念了開頭的一段：「海寧王先生自沉後二年，清華研究院同人咸懷思不能自已。……」

碑上最後一段文字我以前就記得：「先生之著述，或有時而不章；先生之學說，或有時而可商。惟此獨立之精神，自由之思想，歷千萬祀，與天壤而同久，共三光而永光。」

當我們離開王國維紀念碑走到二校門時，那兒有很多人納涼、散步，有一位中年男子正忙着給親朋照相。他忽然認出了楊振寧夫婦，脫口說：「這不

翁帆使楊振寧煥發出了青春的活力，2004 年攝於清華園理科樓前。

是楊……」他也夠機靈的了，立刻把照相機對準楊振寧夫婦，燈光一閃，拍了一張照片。我看到那位男子滿臉興奮的表情，還聽到他旁邊的一位朋友羨慕地説：「你真行呀！」

這種事情也許翁帆經歷過不少，她沒有受到任何影響地邊走邊繼續和楊振寧低聲説着甚麼，平靜得猶如一泓清泉。

他們兩人似乎總有説不完的話……

三、清華大學高等研究中心

2002 年是楊振寧八十大壽之年，這年 6 月 17—19 日，在清華園聚集了一批世界頂尖級的科學家，他們是來這裡參加清華大學和清華大學高等研究中心共同主辦的「前沿科學國際研討會」的。其中有諾貝爾獎獲得者 13 人（楊振寧是主辦方，沒有算在裡面），如因為發現了穆斯堡爾效應而於 1961 年獲得諾貝爾物理學獎的穆斯堡爾（Rudolf L. Mössbauer，1929－2011），因為製造第一台激光器而獲得 1964 年諾貝爾物理學獎的湯斯（Charles H. Townes，1915－2015），因為提出夸克理論而獲得 1969 年諾貝爾物理學獎的蓋爾曼，因為發現了 J/ϕ 粒子而獲得 1976 年諾貝爾物理學獎的丁肇中，因為化學過程的動力學而獲得 1986 年諾貝爾化學獎的李遠哲等，還有數學菲爾茲獎獲得者丘成桐。

在這次研討會上，許多諾貝爾獎獲得者做了精彩的報告。17 日上午，湯斯做了題為「激光：它是為何和如何發生」的報告，蓋爾曼做了題為「理論物理學的一些路徑」的報告；19 日下午，2001 年獲得諾貝爾物理學獎的康奈爾（Eric A. Cornell，1961－ ）做了題為「一個超冷原子氣體的玻色—愛因斯坦凝聚的實驗」的報告，1997 年獲得諾貝爾物理學獎的法國物理學家科昂-唐努基（Claude Cohen-Tannoudji，1933－ ）做了題為「超冷的玻色子和費米子氣體」的報告。

這些世界級科學家聚集在清華園，以及他們在清華大學做的精彩的科學前沿報告，使清華師生沐浴在令人激動的氣氛和濃濃的學術氛圍中。正如高等研究中心的主任聶華桐教授所說：

> 這次舉行前沿科學國際研討會，自然是為了慶祝楊振寧先生八十壽辰，但也是借重楊先生在世界學術界的聲望，邀請一批世界上最傑出的科學家來清華演講，以此提高清華大學學術交流的水平，擴大清華大學高等研究中心的影響，促進學術交流和基礎科學的發展。十幾位諾貝爾

蓋爾曼與楊振寧，2002 年 6 月攝於清華大學。

清華大學高等研究中心名譽主任楊振寧和主任聶華桐。

獎獲得者，包括世紀級的科學家、激光發明人湯斯先生和夸克倡議人蓋爾曼先生，以及一些其他優秀的科學家，能同時來到清華大學，對清華是一件盛事，對整個中國也是一件盛事，對清華的師生更是一個極大的激勵。這樣的盛會，在中國是首次，在世界任何地方都難得。我們希望通過這次會議，使這批一流科學家對清華大學有所了解，對中國的發展有些親身的體會。

和以往不同的是，這次會議除了邀請國內的科學家和清華大學校內的師生參加外，我們還從全國邀請了 70 多位研究生參加會議。我們希望通過這個會議，使一批中國的青年學子能親身接觸科學大師，領會他們在研究甚麼、思考甚麼、是一個甚麼樣的人。或許，對這些願意獻身科學研究的年輕人會產生難以估計的影響。[113]

高等研究中心希望通過這一類會議，讓在這些領域最活躍、最有成就的國內外研究人員聚集國內，由此推動國內外研究人員的進一步合作，促進我國在這些領域的研究工作迅速趕上世界先進水平。而這正是當年清華大學校領導們創建高等研究中心的初衷。

1. 籌建緣由

對於清華大學高等研究中心創建的初衷，中心主任聶華桐教授曾經做過簡單的介紹。他的大意是：新中國成立以前，清華大學就是中國著名的高等學府之一。現在回過頭來看，當時是哪些學科使得清華大學被認為是中國數一數二的大學呢？是文科、理科和工科。當年文科的大師們，以及後來成為中國「兩彈一星」元勳的科學家們，正是清華的驕傲。1952 年院系調整後，文科和理科被劃給北京大學，直到改革開放以後，清華大學才開始恢復理科和重建文科。清華大學的領導層認識到，清華大學要想恢復以往的輝煌，重新成為世界一流的大學，一定要堅持「綜合、研究、開放」的方針。

縱觀全球，公認的一流大學都是以追求「知識創新」為本位，追求的應該是知識創新的學科，而不僅僅是實用的學科。只有這樣，才能真正讓一所大學有崇高的學術地位。中國各階層的領導人也都認識到了這一點，也都逐漸開始注重發展文科和理科，發展綜合性的一流大學。清華大學高等研究中心就是在這樣一個大的背景下創建的。

1996 年，清華大學校長王大中和副校長梁尤能為了發展清華的理科，想借用美國普林斯頓高等研究所的模式，在清華大學也建立一個小型精幹的、純粹進行理論研究工作的中心。本書前面曾比較詳細介紹過普林斯頓高等研究所建立的過程和它的特色。可以說，世界上很少有像普林斯頓高等研究所這樣的學術機構，把追求知識創新作為自己存在的唯一理由。高等研究所尊崇人類神聖的好奇心，追求對世界和宇宙的探索，追求對自然和人類的認識。

普林斯頓高等研究所，為出於探索未知的好奇心的科學研究提供了無與倫比的組織架構。自 20 世紀 30 年代成立以來，高等研究所迅速成為世界的學術聖地。愛因斯坦在這兒度過他生命最後的 20 多年，他一直執着地研究他的統一場論，雖然有一些年輕的物理學家認為他是一個悲劇式的人物，但是從來沒有一位所長干涉他的研究。現在看來，他的研究對現代理論物理學的發展有着極為重要的啟示，為以後的理論研究指出了方向，它對基礎物理學的影響將深入 21 世紀。

清華大學領導層正是希望借鑒普林斯頓高等研究所的成功經驗，建立中國的「普林斯頓高等研究所」。

1996 年，清華大學想請楊振寧來主持清華大學高等研究中心的工作，但楊振寧那時還沒有從石溪分校退休，因此覺得自己不能長時間在清華負責中心具體事務，無法接受，希望清華自行物色一名主任人選。後來經周光召先生推薦，同時徵得楊振寧同意，清華大學決定請石溪分校的榮休教授聶華桐來擔任高等研究中心主任，楊振寧先生擔任中心名譽主任。

聶華桐教授 1935 年出生於武漢市，祖籍湖北應山（現劃入廣水市），中國台灣大學理學學士，美國哈佛大學哲學博士，師從施溫格教授。後來在紐約州立大學石溪分校楊振寧所領導的理論物理研究所工作 30 餘年，從事教學和理論物理研究，與楊振寧是多年的同事。他和中國科技大學閆沐霖教授合作所得到的 Nieh-Yan class，在引力場理論裡被廣泛應用，是一個重要的成就。

1997 年 2 月 28 日，聶華桐飛抵北京到清華大學與王大中校長面談。

2. 中心成立

楊振寧雖然沒有答應出任中心的主任之職，但是他一直對中心的創建投入了極大的關注，給予了極大的幫助。

1996 年 6 月 14 日，楊振寧夫婦訪問清華。楊振寧於當天下午 2 時半在清華大學中央主樓三樓報告廳，為清華大學師生做了題為「近代科學進入中國的回顧與前瞻」的演講。

第二天上午 8 時半，楊振寧在清華大學建築館報告廳又做了題為「在勢阱中原子的玻色—愛因斯坦凝聚」的學術演講。6 月 16 日楊振寧先生參觀了清華大學核能技術設計研究院後離開北京。

在這次訪問清華大學期間，楊振寧與王大中校長、梁尤能副校長和理學院的領導進行了三次座談。這是楊振寧第一次來清華大學討論高等研究中心組建事宜。他表示：

> 清華要辦高等研究中心，這很好。王大中校長找我，我一定盡力幫忙。不過，不一定作為學術委員會主席或主任，因為自己在國外，任務也很多，還是加上「名譽」為好，我可以在可能的方面幫忙。

他強調：如果從世界上各個辦得很成功的機構來看，不管是學校、系還是研究所，最重要的一點當然是得有經費，沒有充足的經費是不可能成功的。有了經費以後，最重要的一點是找到幾名傑出人才，有人認為有一個就可以，不過至少得有一個，當然最好是有幾個關鍵性人物。他還列舉了一些成功研究機構的範例。楊振寧也在物理、數學、化學等學科提出了一些可以聘請的人選，並表示要想辦法幫助高等研究中心籌措經費。

半年之後的 1997 年 1 月 29 日，楊振寧第二次來清華談高等研究中心的籌備工作，同意周光召推薦聶華桐教授為高等研究中心主任，認為聶華桐教授誠懇、認真，有能力。楊振寧還表示，希望能在一段時間內幫助清華大學吸引 10–20 名最有作為的年輕人。他說：「找最好的不容易，但找相對好的我可以幫清華遊說。今後 5–10 年，希望中心能培養出得到世界承認的人，這是我這輩子最後一件值得做的事情。」

1997 年 2 月 28 日，聶華桐教授抵達北京。3 月 1 日上午和 3 月 3 日下午，聶華桐教授與王大中校長進行了商談。聶華桐先生表示接受這個職位。聶華桐後來回憶：「那時我已年過六十，考慮到科學上的創新工作靠的是年輕人，尤其是在美國，科學研究進展快，自己年紀大了，再做一流工作的可能性越來越小，與其任光陰蹉跎，不如回到中國來盡自己的力量做一點有意義的實事。在這種心情下，我辭去紐約州立大學的職位，到清華來，為清華大學基礎科學的發展盡一點微薄之力，把高等研究中心建立起來，希望有朝一日清華大學高等研究中心能在世界上躋身一流。」[113]

在清華大學和楊振寧、聶華桐等人的共同努力下，清華大學高等研究中心於 1997 年 6 月 2 日正式宣告成立。聶華桐被正式任命為中心主任，物理系系主任顧秉林教授（後曾為清華大學校長）兼任常務副主任，理學院常務副院長廖沐真教授任中心副主任。在清華大學高等研究中心成立大會上，楊振寧表示：

> 王校長要我幫助建立高等研究中心，我感到義不容辭，我覺得清華大學高等研究中心在以後 10 年、20 年、50 年之間，有在世界科技領域做出重大貢獻的可能。

1997 年 8 月 17 日，楊振寧先生又一次回到國內，出席了 18 日舉行的高等研究中心第一屆學術委員會第一次會議。

這之後，楊振寧先生對高等研究中心一直非常關心，並建議於 1998 年 5 月 4–22 日面向全國有關大專院校和科研單位舉辦「加速器理論及自由電子激光講習班」，聘請中心海外客座教授、美國史丹福直線加速器中心趙午和美國布魯克海文國家實驗室余理華主講。

清華大學校報原主編范寶龍曾採訪過楊振寧，他在回憶中說：「在清華大學高等研究中心籌建過程中，楊振寧先生花費了很大的心血，僅因此事與清華大學的通信、傳真及電子郵件就有幾十封。」

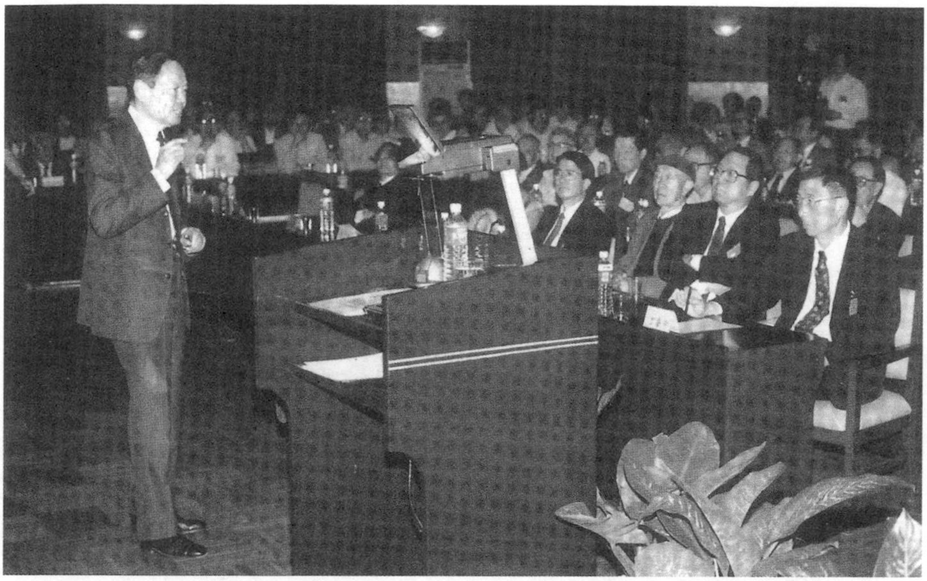

1997 年 6 月 2 日，在「清華大學高等研究中心成立大會暨 21 世紀基礎科學的展望研討會」上，楊振寧做學術報告。前排右起：丁肇中、丘成桐、黃昆、朱經武。

目前的清華大學高等研究中心的外貌，它原是清華大學科學館，古樸寧靜。

1997年6月19日，經清華大學1996—1997學年度第15次校務會議決定，1998年6月14日，清華大學在主樓接待廳隆重舉行「聘請楊振寧先生為清華大學教授」的聘任儀式，王大中校長向楊振寧先生頒發了聘書。楊振寧先生在致辭中說：「我從小在清華園中長大，對園中的一草一木都有深厚的感情。我願在有生之年盡力幫助清華大學發展，尤其是使清華大學的理科重新建立起來。」[114]

1999年10月2日，清華大學高等研究中心大樓落成。

中心成立之後，有一些經費可以由大學或者政府提供，但是最感缺少的是運行經費和研究人員的工資。楊振寧深知，這些經費如果不妥善解決，對於中心將是一個致命的威脅。為了解決這方面的費用，由楊振寧先生發起，1998年3月13日在香港正式註冊了「清華大學高等研究中心基金會有限公司」，楊振寧任基金會董事長，王大中校長任副董事長。楊振寧夫婦還認捐100萬美元；聶華桐教授不僅自己做了捐獻，還讓自己在美國的孩子向中心捐了款。

同年，也是在楊振寧的提議和籌組下，在美國成立了「清華北美教育基金會」，為清華大學高等研究中心募集更多的資金。楊振寧期望為清華大學高等研究中心募捐到1500萬美元以上，計劃每一年只動用基金本金的5%。

有了基金會的得力支持，中心在成立十多年來能夠得到穩定和健康的發展。這種做法正是借鑒普林斯頓高等研究所的經驗。

如果今天有人問楊振寧：「您現在最大的心願是甚麼？」我想，他的回答一定是：期望在他的有生之年使清華大學理科的發展日趨繁榮，走向世界一流。這當然不僅僅是個人的猜想，有楊振寧下面的講話為證。

2002年6月在清華大學高等研究中心主持召開的慶賀楊振寧八十壽辰以及「前沿科學國際研討會」結束時，楊振寧在感謝答詞中非常動情地說：

首先讓我向來參加此會議的朋友們致謝意。自這麼多國家來了這麼多朋友確實是「不亦樂乎」。

我也要謝謝清華大學的教職員們花大量精神和時間來組織這麼成功的研討會。幾天來我們重溫了半世紀以來物理學歷史中一些極令人振奮的工作，聽到了今後二三十年科學前沿中一些極令人振奮的新發展。

這麼成功的研討會今天在這個國家召開也許不是完全偶然。八十年前在我出生的時候，這個國家的近代科學是零，絕對的零。今天它在全力追趕，而且速度驚人。

數個月前，布什總統訪問了清華大學，並且就在我們開會的大樓中做了一個演講。他提到二十五年以前他曾到過北京（那時他的父親是美國駐北京聯絡處的主任）。第二天布什總統登上了長城。他堅持要超過1972年尼克松總統曾走到的最高處。記者們問他有何感想。他停了一下，然後說：

「一樣的長城，不一樣的國家。」

我相信在座的各位都會有同感。

……

而且我還有機會開始一個新的事業——幫助清華大學發展高等研究中心。清華園是我幼年成長的地方，我一生走了一個大圈。那麼我的最後事業也將是我一生中特別有意義的一幕。[61，535–536]

楊振寧的晚年生活已經與清華大學高等研究中心密不可分，它將伴隨楊振寧走過他晚年的人生之路。「雄關漫道真如鐵，而今邁步從頭越。」楊振寧學術的一生，從西南聯大開始，經過在芝加哥大學、普林斯頓高等研究

2005 年 12 月，楊振寧與兩個孫女 Alexa（左）和 Mecaela（右）攝於清華園家中。幸福之情洋溢在楊振寧的臉上，兩個孫女也非常喜歡和藹可親的爺爺。

所、紐約州立大學石溪分校，最後來到清華大學高等研究中心。這兒是楊振寧學術人生最後一站，這一站將使他整個人生顯得更加燦爛輝煌！

3. 可喜的開端

十分熟悉普林斯頓高等研究所的聶華桐教授，當然知道一個具有強大生命力的高等研究中心的創建是非常困難的，不經過一番縝密的計劃和努力的拚搏是很難達到目的的。聶華桐教授在接受主任之職時面臨的困難，恐怕比當年弗萊克斯納和奧本海默接任普林斯頓高等研究所所長職位時更加困難和嚴峻。這畢竟是在各個方面才剛剛開始與國際接軌的中國啊！

當時，他有一個憂慮；當然，也有一個希望。

憂慮的是，當時中國國內存在着一些阻礙基礎科學發展的因素。發展基礎科學，最要緊的是培養一批有才華而又一心投身科學、以獻身科學為榮為樂的人。近十多年來，由於中國政府推行「科教興國」的大戰略方針，對科技的投入大幅增加，學術性的科學研究也開始受到重視，為基礎科學的發展帶來了無限生機。聶華桐教授深知，基礎科學的重要任務是探索未知領域的知識。正是由於它們的未知性，所以它不可能像工程建設一樣「先規劃、後驗收」。例如愛因斯坦研究廣義相對論時，剛開始還不知道進路何在，還不清楚它所需要的數學知識，他只能邊研究邊改變自己的研究計劃，不斷學習新的知識，尤其是數學知識。而且愛因斯坦也絕對沒有辦法為自己的研究制訂一個甚麼進度表。楊振寧研究非阿貝爾規範場理論前後一共用了七八年，而且他也不知道甚麼時候可以完成這一研究，即便研究出結果來，其命運如何也未為可知。所以探索科學未知領域，是沒有辦法做出任何保證性規劃的，有時候多年也難出成績，甚至很長一段時間根本出不了成績。如果萬一真的要堅持甚麼計劃之類的程序，那恐怕就只有湊篇數和造假一途。聶華桐認為：「過多的規劃管制，對於基礎科學的發展，恐怕是害多利少。」

希望的是，研究中心必須依照世界一流大學的研究模式，營造出一個寬鬆自由的學術環境。只有這樣才能夠吸引一流的人才；有了一流人才，才有可能讓研究中心逐漸立於不敗之地，建立起自己的信譽。

在這一基本願望的指導下，中心在行政管理層做了大刀闊斧的改革，把行政人員數量壓縮到最低限度。在專業層面，高等研究中心設立的講座教授是長期職位，研究員和副研究員則是三年一個聘期，兩屆為止。同時，以「長江學者」講座教授的方式，聘請了一些現在美國一流大學裡工作的傑出華裔青年學者，每年來中心工作 1–2 個月，建立起交流合作的關係，這就為提高研究中心的學術水平提供了良好的機會和條件。

清華大學高等研究中心學術委員會成員合影，攝於 2002 年。右起：聶華桐、顧秉林、楊振寧、甘子釗、沈平、李東海、鄭紹遠、廖沐真、徐湛、張壽武、陳凱先。

還有非常重要的一點是，中心成立了由國內外著名學者組成的學術委員會，推行國際化的工作評估標準。中心工作人員的工作成績以及職務晉升，都以學術委員會的各個成員和特聘教授們的評判為依據。

經過十多年的努力和謹慎的經營，清華大學高等研究中心正逐漸營造出一個接近國際慣例的學術環境。從優秀人才流向中心這一至關緊要的方面看，可以説有了可喜的結果。

1999 年，在美國德克薩斯州超導研究中心工作的翁征宇教授來清華大學高等研究中心任職。翁征宇 1962 年出生，1978 年考入中國科學技術大學少年班，1987 年在中國科學技術大學獲理學博士學位，1986—1987 年，在美國得克薩斯州高溫超導中心從事強關聯電子系統、超導電性、金屬—絕緣體轉變和局域化理論、量子霍爾效應等研究工作。截至目前，他在高溫超導研究領域已經形成一個理論體系，是被世界著名同行看好的一位頗具發展潛力的青年學者。

楊振寧談到翁征宇時說：

> 他是高溫超導領域裡做得最成功的年輕的理論物理學家之一。這不僅是我們自己的判斷，也不只是國內幾個專家的判斷，而是徵求了在他所研究領域世界著名的理論物理學家們的意見，根據他們的反映，才提出請翁征宇做楊振寧講座教授。……翁征宇在美國所做的工作相當好。他如果願意留在美國的話，是完全沒有問題的。[1]

翁征宇為甚麼願意回來呢？他自己說過：找一個自己想要的工作環境，過自己想要的生活，這是我最初到清華大學訪問的初衷。到清華大學親自體驗之後，他感到這就是自己想要的工作環境，這就是自己想要的生活。他還說他之所以選擇來清華大學高等研究中心，其中很重要的一點就是這裡的研究環境寬鬆。翁征宇認為，清華要創建世界一流大學，最需要的就是有一批熱衷於埋頭搞學術研究的傑出人才，一批最有可能出高水平研究成果的人，在最有可能出研究成果的階段給他們創造寬鬆的環境，使他們能醉心於科學研究。

翁征宇教授是高等研究中心第一位被任命為「楊振寧講座教授」的。「楊振寧講座教授」由鄭家發先生和夫人捐款設立。鄭先生在石溪分校獲得（實驗）物理學博士學位，現為（美國）國泰銀行總裁，是一位著名的愛國華人。

〔1〕百度網上的「翁征宇」詞條。

第二位被任命為「楊振寧講座教授」的是王小雲教授，時間是2005年6月。王小雲是一位帶有傳奇色彩的女性，1966年生於山東諸城，1983年至1993年就讀於山東大學數學系，先後獲得學士、碩士和博士學位，導師是潘承洞（1934—1997）院士。1993年畢業後留校任教。

2004年8月，在美國加州聖芭芭拉召開的國際密碼大會上，並沒有被安排發言的王小雲教授拿着自己的研究成果找到會議主席，希望能有機會在會上發言。沒想到慧眼識珠的會議主席破例給了她15分鐘時間，而通常發言人只被允許講兩三分鐘。就這樣，王小雲在國際會議上首次宣佈了她及她的研究小組近年來的研究成果——對MD5、HAVAL-128、MD4和RIPEMD四個著名密碼算法的破譯結果。在她公佈到第三個成果的時候，會場上已經是掌聲四起，報告不得不一度中斷。報告結束後，所有與會專家對她和她的研究小組突出的工作報以長時間的掌聲，有些學者甚至起立鼓掌以示他們的祝賀和敬佩之情。

王小雲教授帶領的研究小組於2005年又破解了被廣泛應用於計算機安全系統的SHA-1密碼算法，整個國際密碼學界為之震驚，密碼學領域最權威的兩大刊物《歐洲密碼》（*Eurocrypto*）與《密碼》（*Crypto*）將2005年度最佳論文獎授予了這位中國女性。2006年6月8日，在中國科學院第十三次院士大會和中國工程院第八次院士大會上，她以《國際通用Hash函數的破解》一文獲得陳嘉庚科學獎信息技術科學獎。

圖靈獎獲得者姚期智教授評價王小雲說：「她具有一種直覺，能夠從成千上萬的可能性中挑出最好的路徑。」[1]

---

〔1〕http://news.tsinghua.edu.cn，2005年6月13日。

在王小雲來到中心之前的 2004 年，是楊振寧和聶華桐感到最高興和多少有一些意外驚喜的一年，因為這一年的 9 月，普林斯頓大學的著名理論計算機教授、計算機最高獎圖靈獎獲得者姚期智毅然辭去普林斯頓大學的講座教授職務，正式加盟清華大學高等研究中心，成為清華大學的全職教授。事情緣起於 2003 年冬天，中心請他來清華演講，聶華桐當時跟他談起請他到高等研究中心工作的想法。他們兩人都是湖北人，又都是台灣大學和哈佛大學的先後同學，所以談起來自然會比較投機。開始聶華桐對於姚期智來清華並不存太多希望，可是後來談得愈來愈投機，沒有想到的是，他那麼痛快，居然很快就說可以考慮，但要和他妻子商量後才做決定。一星期以後，他從西安回到北京，楊振寧剛好也從美國來到清華，楊振寧對於姚期智的學術和為人都極為欣賞。於是他們就一起和姚期智談他到中心來工作的這件事。他的妻子儲楓和他一樣乾脆，也贊成他來清華，於是來中心的事基本上就這樣說定了。

聶華桐、楊振寧和姚期智三人合影。楊振寧和聶華桐對姚期智 2004 年來到清華大學高等研究中心任職非常高興。姚期智對於來到清華大學也「有一種滿足感」。

姚期智幹事真是乾淨利落，答應加盟清華以後，2004 年他就迅速把在普林斯頓的住房賣掉了，令不少人驚訝不已。他說，我對來清華有信心，沒有甚麼好猶豫的；而且，如果我不辭掉那邊的工作，普林斯頓大學計算機系就無法另謀高明，會耽誤他們的工作。這種作風，表現出他處世為人的風格：坦誠，明快，敬業，正派。聶華桐教授說：「高研中心的另外一位年輕同事翁征宇也有類似的性格。和他們這樣的人相處，很痛快，誠一樂事也。」

姚期智祖籍湖北省孝感市孝昌縣，1946 年 12 月出生於上海，1967 年獲得中國台灣大學物理學士學位，1972 年獲得美國哈佛大學物理博士學位。1975 年，他又得到伊利諾伊大學計算機科學博士學位。1975 年至 1986 年，他先後在美國麻省理工學院數學系、史丹福大學計算機系、加利福尼亞大學伯克利分校計算機系任助理教授、教授，後來成為普林斯頓大學的 Willian and Edna Macleen 講座教授。1998 年他被選為美國科學院院士，2000 年獲得被稱為「信息科學領域的諾貝爾獎」的圖靈獎。

多年來，姚期智先生以其敏銳的科學思維，不斷向新的學術領域發起衝擊，在數據組織、基於複雜性的偽隨機數生成理論、密碼學、通信複雜性乃至量子通信和計算等多個尖端科研領域，都做出了巨大而具獨創性的貢獻。他所發表的近百篇學術論文，幾乎覆蓋了計算複雜性的所有方面。在獲得圖靈獎之前，他就已經在不同的科研領域屢獲殊榮，曾獲美國工業與應用數學學會喬治·波利亞獎和以算法設計大師克努特命名的首屆克努特獎。他在計算機理論方面是國際上最拔尖的學者、世界級大師。

聶華桐教授興奮地說：「因為他們來，又會帶動另外一批人來。如果這樣的人來得多了，清華大學的教師隊伍狀況就會大大地改觀，培養出來的年輕人也就不一樣了。先是楊振寧、林家翹，現在是姚期智，幾位『大師』先後來到了清華，這是個連鎖效應。如果效應的力度能愈來愈強，形成趨勢，吸引一個又一個『姚期智』來到清華，清華豈不就成了有一群『大師』的大學？一個又一個學科逐漸發展成世界一流，等到清華有十個二十個學系都達到了世界一流，清華不也就自然成了世界一流？」[115]

姚期智來到清華大學高等研究中心一事，引起了台灣學界的注意。2004年11月15日出版的《知識．通訊．評論》雜誌上刊登的一篇文章說：

> 去年12月底，姚期智和目前在香港城市大學任教的太太儲楓到清華一趟，並很快就做出姚期智到清華長期工作的決定。姚期智決定離開普林斯頓大學，到北京的清華大學，引起普大教授和學校當局討論。……
>
> ……楊振寧的學術生涯中，有17年時間（1949—1966）是在普林斯頓的高等研究所。他嘗自謂那是他研究工作的黃金時代。普林斯頓高等研究所當年邀得愛因斯坦、外爾等一代物理、數學大師的美事，以及在美國學術上造成的重大影響，一直是使楊振寧印象深刻的。
>
> 有人說，北京清華大學的高等研究中心之成立，就有師法普林斯頓高等研究所的意念，現在58歲的姚期智……的加入，似乎使這個研究中心向楊振寧和聶華桐心中的目標更進了一步。[116，58—59]

談到在普林斯頓與在清華教學的不同，姚期智說：「心理上的滿足感會不一樣。雖說『科學無國界』，但是在為中國的年輕人講解知識、看到他們真正吸收了的時候，心裡會有特別的感覺，我想是有一種天然的感情聯繫吧。」

十多年來，由於良好的學習環境和優秀的導師，高等研究中心從 1998 年到 2009 年共招收博士生 56 名，已經畢業的有 27 位。其中有幾位如翟薈、祁曉亮、顧正澄和姜紅臣等人，已經引起人們的關注。

高等研究中心從創建到 2009 年還只是短短的 12 年。12 年對於一個學術機構還是很短的一段時間，要達到初創時希望的目的還得假以時日。但是這短短的 12 年，已經顯示出高等研究中心有了非常良好的開端，取得了初步的成就。這一點成就的取得，是楊振寧、聶華桐、翁征宇、姚期智、王小雲和全中心同仁兢兢業業努力工作才得到的。

高等研究中心非常注意與國際學界的交流，差不多每年都有世界一流的科學大師到中心和清華大學研究人員交流最新的進展。除了舉辦幾次重大的

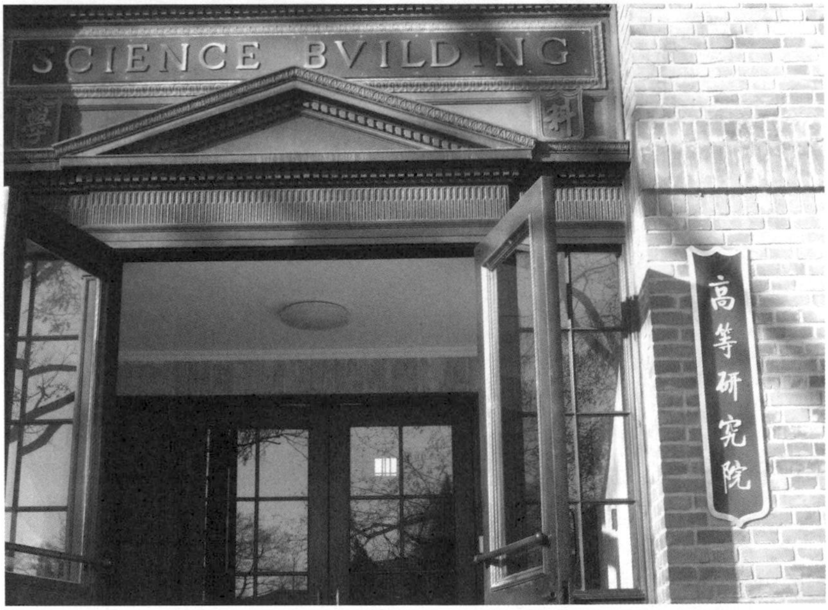

高等研究中心現在正式掛牌「高等研究院」

國際學術會議以外，中心從2001年起，每年都舉辦一次或幾次「楊振寧講壇」，每一次邀請一位諾貝爾獎級的學者來中心做大型演講，並在清華大學訪問和交流一週左右。

由於所有這些舉措的聯合效應，高等研究中心開始越來越受到科學界的關注。

四、冷原子研究

2008年10月，正是北京秋高氣爽的好日子，清華大學校園這時顯得格外美麗，滿地的落葉使得這所學校額外有一份凝重的沉思。正是在這「天高秋日迥」、「高館落疏桐」的美好季節裡，10月20–24日在清華園舉辦了「簡併量子氣體前沿」國際會議。清華人在校園的廣告牌上可以看到漂亮的會議彩色海報。如果是物理系的學生而且心細，他們從海報上可以數出有四位諾貝爾獎獲得者將參加這次會議（楊振寧屬主辦方，不計在內）。也許有些人還記得2002年由高等研究中心主辦的「前沿科學國際研討會」，那一次有13位諾貝爾獎獲得者參加會議。從參加會議的諾貝爾獎獲得者的人數看，這一次也許不及2002年的會議，但是這次會議被認為是2008年度世界上該物理學領域裡極為重要的一次國際會議。從重要性來説，這次會議絕對不亞於2002年的會議。為甚麼這樣説呢？我們先來看看這四位獲獎者的獲獎年代和獲獎原因。

菲利普斯（William Phillips，1948－ ）在1997年因為「在發展原子的激光冷卻和捕陷方法上所做出的貢獻」獲得諾貝爾獎。他是第一次來清華大學訪問。

康奈爾和凱特利（Wolfgang Ketterle，1957－ ）在2001年因為「在稀薄

An International Conference sponsored by
Center for Advanced Study and Department of Physics
Tsinghua University
FRONTIERS OF DEGENERATE QUANTUM GASES
Tsinghua University, Beijing, October 20-24, 2008
Organizers:
Immanuel Bloch (University of Mainz)
Tin-Lun Ho (The Ohio-State University)
Deborah S. Jin (University of Colorado and NIST/JILA)
Anthony J. Leggett (University of Illinois)
William D. Phillips (National Institute of Stardards and Technology, USA.)
Chen-Ning Yang (Tsinghua University)
Scientific Secretary: Hui Zhai (UC Berkeley)
Invited Speakers and Session Chairs
Alain Aspect (CNRSB and Univ. Paris XI)
Gordon Baym (UIUC)
Immanuel Bloch (Johannes Gutenberg-University at Mainz)
Eric Braaten* (The Ohio State University)
Keith Burnett (Oxford University)
Cheng Chin (University of Chicago)
Eric Cornell* (JILA)
Jean Dalibard (ENS, Paris)
Eugene Demler (Harvard University)
N.J. van Druten (University of Amsterdam)
Tilman Esslinger (ETH, Zurich)
Alexander Fetter (Stanford University)
Allan Griffin (University of Toronto)
Rudy Grimm (University of Innsbruck)
Tin-Lun Ho (The Ohio State University)
Hui Hu (Renmin University of China)
Randy Hulet (Rice University)
Massimo Inguscio (Universit`a di Firenze)
Deborah Jin (JILA)
Mark Kasevich* (Stanford University)
Wolfgang Ketterle* (MIT)
Anthony Leggett* (UIUC)
Erich Mueller (Cornell University)
Tilman Pfau (Universitat Stuttgart)
Christopher Pethick (NORDITA)
William Phillips (NIST)
Lev Pitaevskii (University of Trento)
Nikolai Prokof'ev (University of Massachusetts at Amherst)
Mohit Randeria* (The Ohio State University)
Leo Radzihovsky (University of Colorado)
Subir Sachdev (Harvard University)
Klaus Sengstock (Universitat Hamburg)
Gora Shlyapnikov (Universit'e Paris Sud, CNRS, Orsay)
Dan Stamper-Kurn (UC Berkeley)
Henk Stoof (Utrecht University)
Giancarlo Strinati (University of Camerino)
Sandro Stringari (University of Trento)
John Thomas (Duke University)
Nandini Trivedi (The Ohio State University)
Masahito Ueda (University of Tokyo)
Daw Wei Wang (Tsing-Hua University, Hsinchu)
David Weiss (Penn State University)
Chen-Ning Yang (Tsinghua University)
Sungkit Yip (Academia Sinica)
Hui Zhai (UC Berkeley)
Peter Zoller (University of Innsbruck)
(*) to be confirmed
Information and online application:
http://coldatom.castu.tsinghua.edu.cn
In case of questions, contact:
castu01@mail.tsinghua.edu.cn
Application Deadline: June 30, 2008

張貼在清華大學校園的「簡併量子氣體前沿」國際會議的海報

鹼金屬原子氣體中實現玻色—愛因斯坦凝聚態和對其性質的早期基礎性研究」獲得諾貝爾獎；這兩位在 2002 年曾應高等研究中心之邀到清華訪問過。

萊格特（A. Leggett，1938－ ）在 2003 年因為「超導和超流體現象的理論研究」獲得諾貝爾獎；他本來同意為這次會議的組織者之一，但後來因為有事沒有參加會議。

除此之外，參加這次會議的還有 2008 年獲得昂薩格獎（Lars Onsager Prize）的何天倫[1]、獲得 2003 年麥克阿瑟天才獎（MacArthur Fellowship "genius grant"）和 2008 年富蘭克林獎章的美國物理學家多玻娜．金（Doborah S. Jin，1968－ ）等人，他們都是在冷原子研究裡取得重要成就的物理學家。

對於這次會議，楊振寧有特別關注理由，因為他和李政道、黃克孫[2]、魯丁格等人在 1956 年和 1957 年就對玻色—愛因斯坦凝聚做過仔細的研究，對有關參數做過一些計算，得到一些漂亮的結論，其中最重要的是得到基態能量的第二項，後來這篇文章就被稱為「LHY 文章」[3]。但是那時的技術不能達到他們理論所需要的低溫，所以儘管也有人做過後續的研究，卻沒有辦法驗證文章中的第二項到底是對還是不對，於是只好像楊—米爾斯理論一樣束之高閣，等待有朝一日「時來運轉」再說。

---

〔1〕何天倫（1953－ ），中國內地出生，不足 1 歲即到香港定居。香港培英學校畢業後，進香港中文大學物理系，大學畢業後赴美留學。後在美國俄亥俄州大學物理系任教。2008 年因為量子氣體的玻色—愛因斯坦凝聚的出色研究，獲得美國物理學會頒發的昂薩格獎，成為該獎最年輕的得獎者。

〔2〕黃克孫（1928—2016），廣西寧明人，壯族，美籍著名理論物理學家，麻省理工學院講座教授。

〔3〕曾有人稱 LHY 計算出的第二項為「LHY 修正項」，但楊振寧本人不同意這一提法，他認為不是甚麼「修正」，只是算出來第二項。

2009 年，楊振寧曾經接受《知識 · 通訊 · 評論》雜誌社記者的採訪，其中談到他們在 1957 年的研究。記者問：「您最近在做玻色—愛因斯坦凝聚方面的研究，之所以會延續 20 世紀 50 年代的工作，有甚麼特別的道理？」

楊振寧回答：

在那時沒有很多人做玻色—愛因斯坦凝聚方面研究，那個時候這方面的理論和實驗的知識還在比較原始的狀態，緣起我們在 20 世紀 50 年代初請當時公認做液態氦方面專家的德波爾（J. de Boer）到普林斯頓高等研究所做了一系列演講，因而我對當時這方面理論和實驗的情形有一個掌握，所以想了解這個問題。起先我和黃克孫，後來，和黃克孫以及魯丁格，我們三個人寫了兩篇文章，後來李政道加入了。這個領域當時主要只有我們在搞，到 50 年代後期這個問題就做不下去了。原因是當時理論上能夠做的，我們都做得差不多了，而當時還不能做實驗。[116，56]

哪裡知道到了 1997 年前後，低溫技術飛速發展，已經能夠達到他們理論所需要的低溫，而且還有物理學家用這些低溫技術證實了 1924 年由愛因斯坦和玻色（Satyendra Bose，1894—1974）提出的玻色—愛因斯坦凝聚！對此楊振寧肯定十分欣慰和激動：驗證 1957 年結論的時候到了！2001 年末，楊振寧在中央電視台的《百家講壇》上做了一次重要的演講，題目是「新知識的發現」，其中談到 1997 年和 2001 年的諾貝爾獎：

到了 20 世紀 50 年代和 60 年代……「玻色—愛因斯坦凝聚」這件事情還是沒法子做，因為沒有那麼低的溫度，沒有那麼密的分子。一直到了 20 世紀 80 年代，因為激光的發展，有極妙的激光的工作，用了這個激光種種非常妙的技術，可以把溫度從 10^{-3} 開爾文 (K)，降到 10^{-6} 開爾文，降到 10^{-8} 開爾文。這可以說是妙不可言的一系列發展。所以到了 20 世紀 90 年代初，在這個領域的人都知道，再這樣發展下去，「玻色—愛因斯坦凝聚」就要變成現實。

所以那個時候，全世界做這一類實驗的人都在搶這個錦標，這裡頭有很多非常重要的發展。在 1996 年還是 1997 年，諾貝爾獎金委員會把諾貝爾獎給了三個人，這三個人並沒有達到「玻色—愛因斯坦凝聚」，可是他們每個人對於這個新發明的技巧，都做了關鍵性的建樹。……最先達到「玻色—愛因斯坦凝聚」的三個人，就是……今年得諾貝爾獎金的康奈爾、懷曼和凱特利，凱特利可能現在還沒有到 50 歲，我們希望他們裡頭幾個人，明年能夠到北京來訪問。[62，31–32]

楊振寧說的「全世界做這一類實驗的人都在搶這個錦標」，就是現在人們常說的「冷原子研究」。甚麼是「冷原子」呢？被冷卻到 10^{-7}K 附近的原子稱為冷原子 (cold atom) 或超冷原子 (ultracold atom)。只有將原子冷卻到這樣的低溫以下，才能夠實現玻色—愛因斯坦凝聚，得到玻色—愛因斯坦凝聚體這樣一個「人造物」。

那麼，甚麼是玻色—愛因斯坦凝聚呢？

1. 玻色—愛因斯坦凝聚和冷原子研究

玻色—愛因斯坦凝聚是印度物理學家玻色與愛因斯坦在 1924 年前後發現的一種重要的物理現象。它的內容簡單地說是：如果系統粒子數守恆，完全沒有相互作用，在足夠低的溫度下系統將發生相變，產生一種液體，它們的行為實質像一個單個的原子。這種現象就稱為「玻色—愛因斯坦凝聚」；而這種液體就是今天所謂的「玻色—愛因斯坦凝聚體」，是一種有別於傳統的全新物質狀態。

愛因斯坦的文章發表以後，他自己對實驗中能否觀察到這一現象也有一些將信將疑，他還設想把稀薄氣體冷卻到最低溫度來進行觀察。由於低溫技術的實際困難，這一預言只有在 70 年之後才能被實驗證實。但在 1924 年大家看了愛因斯坦的文章以後，卻一致表示反對。楊振寧曾經談到為甚麼大家一致反對：

> 這篇文章發表出來了以後，大家一致反對，因為當時的想法覺得，為甚麼一個東西會從氣體變成液體呢，因為分子之間互相有吸力，吸引力把它吸到一起，氣體的分子相距很遠，可是等到距離足夠近的時候，就變成了液體。所以從氣體變成液體，一個基本的原理是分子之間有吸力，這是天經地義的事情。怎麼現在愛因斯坦說是沒有任何相互作用，也可以變成液體呢？這一定是錯誤的。現在看起來，愛因斯坦的基本結論完全是對的，只是他的數學不嚴謹。[62，30]

到了 20 世紀五六十年代，物理學家才逐步認識到愛因斯坦的想法可能是正確的。而楊振寧、黃克孫和李政道他們正是在這期間，為了理解像液氦這類量子流體的性質，對玻色—愛因斯坦凝聚做了深入的研究，並在計算玻色—愛因斯坦的一個基態能量公式時計算出第二項。楊振寧曾經說，在他進行計算時，開始總是碰到一個無限大，計算不下去。好像有一層雲霧似的大幕，讓你看不清楚幕後微妙的（subtle）東西。後來在多般努力之下他忽然看明白了，一下就捅破了這層雲霧籠罩的大幕，得到後面的第二項。但是，要想知道他們的計算對不對，只有在玻色—愛因斯坦凝聚實驗得到驗證以後才能夠見分曉。但是在實驗上，為了實現玻色—愛因斯坦凝聚，要求原子氣體的溫度達到納開（10^{-9}K）的數量級。因此正如楊振寧所說，「到 50 年代後期這個問題就做不下去了。原因是當時理論上能夠做的，我們都做得差不多了，而當時還不能做實驗」。

沒有想到，20 世紀 80 年代中期，物理學家朱棣文（1948－ ）、科昂-唐努基和威廉·菲利普斯利用激光技術發展了捕陷超冷原子的技術，開拓了超低溫物理研究的嶄新領域，把溫度降到 10^{-8}K。他們三人的研究成果為超冷原子的研究鋪平了道路，也為 21 世紀高新技術的發展打下了基礎。

德國物理學家凱特利，2001 年獲得諾貝爾物理學獎。

緊接着，德國物理學家凱特利和美國兩位物理學家康奈爾、懷曼（C. E. Wieman，1951– ）運用這個新技術，在實驗室成功得到世界上第一批「玻色—愛因斯坦凝聚態」，證實了玻色和愛因斯坦在1924年預言的理論。1996年6月，康奈爾和懷曼首先製造了2000個銣原子的玻色—愛因斯坦凝聚；四個月以後，凱特利在麻省理工學院實驗室得到的鈉原子凝聚中，原子數目是先前實驗的幾百倍，而且他還從凝聚體中獲得第一束原子激光。他們三位因為這項重大的成就，獲得2001年度的諾貝爾物理學獎。

清華大學高等研究中心非常重視這個領域的進展，從1999年起就開展這方面的理論研究，並取得了可喜的創新成果。高等研究中心還與世界上許多國家的物理學家有密切的交流與合作。2006年12月，高等研究中心曾舉行「超冷量子氣體研究新進展研討會」，2007年12月舉行「冷原子氣體中的強關聯和自旋物理研討會」，邀請來自美國、意大利、丹麥等國的著名學者做學術講座，受到國內有關研究人員和大學師生的熱烈歡迎和積極參與。

2008年，高等研究中心希望通過「簡併量子氣體前沿」研討會，讓該領域最活躍、最有成就的研究人員聚集中國，共同推動國內外研究人員的進一步合作，促進我國在這一領域的研究工作迅速趕上世界先進水平。

在大會上，參加會議的物理學家們做了許多重要的學術報告。第一天上午，凱特利做了題為「費米子強相互作用研究」的報告；下午何天倫做了「如何達到量子晶格氣體的強關聯狀態」的報告。第二天，康奈爾做了題為「在強相互作用中的玻色—愛因斯坦凝聚體的布拉格光譜學」的報告；第三天，菲利普斯做了題為「凝聚物質模型的一些原子模擬：二維物理學和超循環」的演講；最後一天，楊振寧做了題為「在不同維情形下硬球玻色氣體」的演講，下午 5 時 50 分，楊振寧還做了 20 分鐘的會議結束講話。

2. 1957 年的論文是「我得意的工作之一」

非常讓人矚目的是，凱特利在他的「費米子強相互作用研究」報告中指出：

> 我們非常高興地看到，50 多年前，楊振寧、李政道和黃克孫對玻色—愛因斯坦凝聚有關參數進行了修正，最近，他們預言的理論結果已經被分子玻色—愛因斯坦凝聚實驗所證實。

凱特利指的楊振寧、李政道和黃克孫的「理論」，見他們 1957 年寫的文章《硬球玻色系統的本徵值和本徵函數以及其低溫性質》。這篇文章現在被簡稱為 LHY 文章，文中寫道：

> 本文涉及的是稀薄玻色粒子系統在低溫時的性質，這些玻色子以硬球模型相互作用。溫度雖低但是系統有一定的密度。我們清晰地計算出了基態和低激發態時的能量和波函數。[40，212]

高等研究中心的翟薈博士向我介紹：「在當時稀薄量子氣體只是一個理想的多體模型。可是，稀薄氣體模型的妙處在於當原子間的距離比相互作用的力程要大很多時，原子間相互作用力的細節就不重要了，只需要用……一個參數就可以描述相互作用。基於這一簡化，楊振寧、李政道和黃克孫深入地研究了這個系統的多體理論，得到了很多漂亮的結論，其中最重要的是他

美國麻省理工學院講座教授黃克孫。他的《大自然的基本力 —— 規範場的故事》一書中譯本 2009 年在中國出版。

們得到了超越『平均場理論』[1]的第二項。」[2]

2007 年，奧地利因斯布魯克（Innsbruck）的格瑞姆（R. Grimm）教授領導的研究組在實驗中得到的結果，與 LHY 文章中的結論非常一致。2008 年，麻省理工學院的凱特利教授的研究組用另一種實驗手段，在分子玻色凝聚體中所得到的係數和 LHY 文章中的第二項非常一致。

另外一項早年楊振寧的工作是 1969 年他和楊振平合作研究的一維玻色氣體熱力學理論，近年來被稱為 Y-Y 熱力學理論（Yang-Yang thermodynamics）。

---

〔1〕「平均場理論」的基本出發點是用一個「平均了的場」把複雜多體問題近似地化為單體問題。直到 20 世紀 60 年代前期，人們都覺得這個理論不錯。但是後來精密的實驗發現，在大多數情況下這個理論的預言與實驗不符。

〔2〕翟薈在 2009 年 12 月 8 日給筆者的電子郵件中介紹了「楊振寧教授的工作和冷原子物理的新進展」。

冷原子系統的發展，也為實驗研究 Y-Y 熱力學理論提供了一個平台。2008 年，荷蘭阿姆斯特丹大學范．德魯滕（Klaasjan van Druten）教授的實驗組利用原子芯片技術，研究了 Y-Y 模型一維玻色氣體在不同溫度的性質，結果漂亮地證實了 Y-Y 熱力學理論。

在 2008 年清華大學舉辦的國際會議的最後一天上午，德魯滕做了題為「楊和楊：實驗與理論相符」的報告，內容講的就是 Y-Y 關於一維玻色氣體熱力學理論是正確的，為實驗所證實。

上面講的兩項成功的工作都是楊振寧在 20 世紀 50 年代和 60 年代做的，2010 年楊振寧已經 88 歲了，還能夠在科學研究前沿衝鋒陷陣嗎？我們也許知道有一些著名科學家曾經談到科學家的年齡和研究能力的關係。例如，英國著名數學家哈代曾經說：「我不知道有哪個數學奇跡是由五十開外的人創造的。……一個數學家到 60 歲可能仍然很有能力，但希望他有創造性的思想則是徒勞的。」他還說過：「一個數學家到 30 歲已經有點老了。」

英國著名生物學家赫胥黎（T. H. Huxley，1825—1895）也講過：「科學家過了 60 歲益少害多。」有意思的是當英國物理學家瑞利（J. M. Rayleigh，1842—1919，1904 年獲得諾貝爾物理學獎）67 歲時，他的兒子問他對赫胥黎的話有甚麼看法，瑞利回答：「如果他對年輕人的成就指手畫腳，那可能是這樣，但如果他一心一意做他自己的事，那就不一定益少害多。」

按照上面這些名人的意見，2009 年的楊振寧應該沒有甚麼創造力了，不可能在冷原子研究領域的前沿有甚麼大的作為，更談不上衝鋒陷陣。但是從 2008 年到 2009 年底，他個人以及與他人合作接連發表了近十篇文章，還有好幾篇已經寫完，等待 2010 年發表。

在 7 月 7 日的採訪中，楊先生曾經特意對我談到他與馬中騏合寫的文章，他似乎很興奮地說：「近來和馬中騏合作的有幾篇文章，我認為解決了很重要的問題。」

我特意問了一句：「你們的文章對現在的實驗有沒有指導作用？」

楊振寧立即回答：「當然有。我相信這幾篇文章發表出來以後，做實驗的人可以用實驗來驗證我們的計算結果。」

「大家都說一般理論物理學家到四五十歲就做不出甚麼研究了。您為甚麼今天還能有效地做研究？」

楊振寧考慮了幾分鐘，說：「第一，我當初很會選題目；第二，當然靠我運氣好；第三，我很幸運，長壽，等到了冷原子領域的驚人發展。」

事實上，早在 20 年前，冷原子領域還沒有發展起來，李炳安和鄧越凡在寫楊振寧小傳時就曾經觸及這個問題：「楊振寧的工作最引人注意的特徵是眼光深遠，善於做一二十年以後才為別人注意的題目。1954 年關於規範場的工作，在二十多年以後大家才認識到它的奠基性的價值。1967 年的楊—巴克斯特方程，也幾乎二十年以後才被大家認識。並且這兩項工作都會在今後幾十年內繼續發生重大影響。選擇做這種工作的秘訣在哪裡？本文作者曾以此就教於楊振寧。他說，第一，不要整天跟着時髦的題目轉，要有自己的想法。第二，要小題目大題目都做。專做大題目的人不容易成功，而且有得精神病的危險。規範場雖然是大題目，可是 1967 年做的楊—巴克斯特方程卻是小題目。那麼小題目怎麼變大了呢？這就是第三，要找與現象有直接簡單關係的題目，或與物理基本結構有直接簡單關係的題目。楊—巴克斯特方程之發現，起源於……最簡單的、最基本的量子多體問題。研究這種問題，容易得出有基本價值的成果，研究這種問題的方法，容易變成有基本價值的方法。」[1，948–949]

五、談治學之道

楊振寧既受過比較多的傳統中國教育，又在美國直接受教於現代物理學大師費米和特勒等人，到 1966 年又到紐約州立大學石溪分校任理論物理研究所所長。正因為這種特殊的經歷，從單一的研究工作者的角色轉變為研究、教育和管理三位一體的角色，所以他對於中國傳統教育的優缺點有很深刻的認識。他在無數次歸國訪問和講學中經常談到他的教育理念，對國內教育存在的問題也多次提出自己的意見。

1995 年，楊振寧在上海交通大學做「關於治學之道」的演講時，先講了自己的學習經歷，然後真切地說：

> 中國現在的教學方法，同我在西南聯大時仍是一樣的，要求學生樣樣學，而且教得很多、很細，是一種「填鴨式」的學習方法。這種方法教出來的學生，到美國去，考試時一比較，馬上能讓美國學生輸得一塌糊塗。但是，這種教法的最大弊病在於，它把一個年輕人維持在小孩子的狀態，老師怎麼教，他就怎麼學。他不能對整個物理學，有更高超的看法。我到北大、清華去，他們告訴我，物理課本有四大厚本，學生喘不過氣來。一個喘不過氣的學生，今後不可能做得很好。他必須是一個活生生的學生，將來才行。
>
> 整個東亞教育的哲學，太使一個人受約束。如果要使每一個人學得有自己的想法，怎麼辦呢？譬如物理學，美國有一本雜誌，頭五頁是報道各方面的最新動態，我就建議留學生每期都去看看。即使不懂，也要看看。這種學習方法，我叫它為「滲透法」。中國傳統的學習方法

> 是一種「透徹法」。懂得透徹很重要，但若對不能透徹了解的東西，就抗拒，這不好。「滲透法」學習的好處，一是可吸收更多的知識；二是對整個的動態，有所掌握。不是在小縫裡，一點一點地學習。一個做學問的人，除了學習知識外，還要有 taste，這個詞不太好翻，有的翻譯成品味、喜愛。一個人要有大的成就，就要有相當的 taste，就像做文學一樣，每個詩人都有自己的風格。我在西南聯大七年，對我一生最重要的影響，是我對整個物理學的判斷，已有我的 taste。[1，839–840]

楊振寧還舉了一個切身的經歷，說明美國學生在觀念上也與他很不相同，以致造成他自己判斷上的失誤，從而失去了一些本來是很有希望的機會。在普林斯頓高等研究所的時候，所裡有一位做博士後研究的學生，叫布呂克納 (Brueckner)，這位學生後來成了非常出色的物理學家。他們兩人常在一起討論問題。楊振寧 1983 年對香港中學生的一次講話中提到了他們之間的一次討論，他說：

> 他提出一個思想而且經常談論它。我挺感興趣，就和他詳細討論了幾天。三天以後，我肯定他的整個思想是完全錯誤的，因為他回答不出任何問題。如果你問他一個問題，他第一天這樣答，第二天那樣答，所以顯然他理不出頭緒。因此我說這是完全錯誤的嘗試。但是我錯了，因為後來有人考察他的觀點，發現在這一片混亂的思想之中，雖然有些是相互矛盾的，但有些想法是極為重要的。那些想法被清理出來並加以證實，這樣去偽存真之後，它就成了一項十分重大的成果。美國是很重視這種發展模式的。現在如果我同一群美國中學生講話，我就會強調「知之為知之，

國外紀念郵票上的楊振寧。左為圭亞那郵票，右為馬爾代夫郵票。

不知為不知」是一條很好的準則，因為許多美國學生不懂得這一點而被弄得暈頭轉向。但我現在不是同在美國文化背景下成長起來的學生講話。我想這種觀念在傳統的中國教育哲學中強調得太多了。考慮怎麼樣從這個觀念的強烈的束縛下解放出來，或許對你們每個人更有好處。[3，322]

在與中國學生交談或者寫文章時，楊振寧一再強調「滲透式」的學習方法，他用許多例子説明滲透法的優點。有一次演講時，他勸大學生讀書時多聽一些講座，即使一時不能全聽懂也沒有關係。在 1978 年 8 月的一次演講中，楊振寧説：

我所在的紐約大學石溪分校物理系，每個星期二下午，利用休息時間，請醫學院研究腦神經的醫學專家，或者請化學家、經濟學家甚至寄生蟲學家等各方面的科學研究者，來談談各方面的學術研究的情況，我們叫作「非正式討論會」。這種介紹不是十分專門的，不是專學那一門學科的人一般也能聽得懂。有人問，這些報告對你們物理學研究有甚麼幫助？我説，有啟發，可以使我們知道其他學科的發展方向，保持廣泛的興趣，對於溝通各個學科之間的情況，促進科學的發展，是大有好處的。〔1〕

1995 年 6 月 9 日在華中科技大學名譽教授受聘儀式上的演講中，楊振寧以自己的一次親身經歷，説明滲透法會帶來意想不到的結果：

我在 1948 年得到博士學位以後，在芝加哥大學留校做了一年博士後，那時候叫教員。在那一年中，我參加系裡每週一次的討論會，參加討論會的人有費米、泰勒、尤里。尤里是 20 世紀的大化學家，他是發現重水的人。還有幾位別的人，人才濟濟。在這個討論會上，整個氣氛是探索的氣氛。我記得這個討論會常常沒有固定的題目，大家坐着喝咖啡，談談有甚麼心得或新來的消息。我深深地記得我最早的一篇文章就是在這個討論會受到啟發寫成的。有次討論會上特勒説，他聽説在伯克利有人發現了不帶電荷的 π 介子，而且這個 π 介子會湮滅成兩個光子；他又説，這一發現表明這個不帶電的 π 介子自旋是零，而且他可以證明這一點。於是在座的人就問他怎麼證明，他就在黑板上寫出一個證明。但這個證明很快就被我們打倒了。大家指出他的證明沒有想清楚，太簡

〔1〕上海《文匯報》，1978 年 8 月 7 日。

陋，經不起推敲。可是當天晚上回去後，我想他這個證明雖然不完全，可是卻走了第一步，再走兩步不僅可以得到他所講的結論，而且可以得到一些更新的結論。所以過了幾天，我找到了正確的選擇定則，寫出了一篇文章：《一個粒子湮滅成兩個光子的選擇定則》。

楊振寧還舉過一個絕佳的例子。這個例子是 DNA 結構的發現。DNA 學名叫「脫氧核糖核酸」，它是含有遺傳信息的物質，把遺傳信息一代一代地傳下去。在研究 DNA 結構這個極為艱難複雜的問題時，兩位年輕的科學家做出了卓越的貢獻，他們是英國的物理學家克里克（F. H. Crick，1916–2004）和美國的生物學家沃森。克里克是學習物理的，對 X 射線的種種實驗技術相當清楚，但對於生物學則基本上是一個門外漢；沃森是學動物學的，後來決定研究遺傳學，對於物理學尤其是 X 射線實驗技術恐怕一竅不通。1951 年，這兩個有雄心而且對科學有萬分熱情的人，在劍橋大學相識了，並由此揭開了現代生物學史上最激動人心的一幕。這時，克里克 35 歲，由於他後來想改行研究遺傳學，所以還沒拿到博士學位；沃森年輕，只有 23 歲，一年以前已經獲得美國印第安納大學動物學博士學位。

他們相遇以後，決心聯手研究當時最熱門、最難突破的 DNA 結構問題。想研究 DNA 結構，正好需要物理學 X 射線實驗技術和生物學兩方面的知識，因為 DNA 是生物高分子，用普通顯微鏡根本看不到它的結構，必須用 X 射線實驗技術來幫忙。後來他們果然弄清了，原來 DNA 分子是一種螺旋結構，而且是雙層的，就像一個旋轉樓梯，旋轉而上，兩邊扶手是兩個螺旋，中間有許多橫線連接。後來實驗多次驗證，這種結構與實驗結果完全吻合。DNA 結構之謎從此解開，遺傳之謎也由此逐漸大白於天下。1962 年，

美國生物學家沃森（左）和英國物理學家克里克

克里克和沃森獲得了諾貝爾生理學 / 醫學獎。後來，沃森寫了一本回憶這一發現的書《雙螺旋 —— 發現 DNA 結構的故事》，楊振寧專門向中國讀者推薦這本「真正優秀的通俗讀物」。

楊振寧為甚麼極力將這本書推薦給中國學生呢？因為中國的教育傳統過於強調按部就班、循序漸進的方法學習知識，而且中國傳統觀念中又太傾向於崇拜權威，而不怎麼鼓勵年輕人開創新路子，所以中國學生在接受中國傳統教育之後就容易膽小，瞻前顧後，謹小慎微，當斷不斷。而在《雙螺旋》一書裡，沃森強調的是儘管他和克里克的知識各有很嚴重的缺陷，沃森不懂 X 射線實驗技術，克里克對遺傳學的知識也相當不全面，但他們兩人可以相互補充，相互進行知識上的滲透；而且關鍵的是，他們有巨大的熱情，敢於冒險，無所畏懼，初生牛犢不怕虎，敢於深入鑽研非常複雜的事物，結果他們在兩門學科結合的交界處做出了重大的科學發現。楊振寧非常讚賞這種「初生牛犢不怕虎」的精神，他說：「這是一個非常重要的概念，我之所以特別強調這一點，是因為我認為傳統的中國文化不提倡這一點。」[3，320]

中國學生缺乏勇敢和創新精神除了與上面說的種種傳統觀念有關係以外，還與我國學習方法上過分強調演繹法有關。楊振寧曾經說過：

> 美國學物理的方法與中國學物理的方法不一樣。中國學物理的方法是演繹法，先有許多定理，然後進行推演；美國對物理的理解是從現象出發，倒過來的，物理定理是從現象中歸納出來的，是歸納法。演繹法是學考試的人用的辦法；歸納法是做學問的辦法。做學問的人從自己的具體工作分析中抽象出來，這樣所注意的就是那些與現象接近的東西。[118]

楊振寧先生在這兒涉及的是一個非常重要的、有關教育的基本方向問題，即我們的教育從古到今基本上是讓學生學會如何在考試中取得好的成績，其方法必然只能強調演繹法。我們都知道，在邏輯思維中，演繹法固然非常重要，卻是最缺少創造性的，不幸中的學生幾乎從小到大，從本科到博士，掌握得極其嫻熟的就是演繹法。正因為如此，我們培養出來的學生總是可以在各種奧林匹克競賽中取得讓媒體激動和大肆炒作的驕人成績，但一到發現、發明和創造上，就明顯差國外學生一大截，尤其是在獲取諾貝爾獎上，中國本土科學家多年無緣登上獎台。〔1〕我想，這並不奇怪，現在中國的

〔1〕2015 年屠呦呦為中國科學家爭得諾貝爾生理學 / 醫學獎，中國也由此進入本土科學家獲得諾貝爾獎的國家之中。

教育幾乎是全方位向應試教育偏轉，一個孩子幾乎從幼兒園、小學低年級就開始應付各種「培優」，其實就是應付各種各樣的考試，直到中考、高考、研究生考試、托福、GRE……一直考到25歲左右讀博士，也許考試才終於停止。可是，從心理學上來說，這時他已經形成「思維定式」了，已經習慣缺乏創造性地演繹一切，哪兒還有膽量去歸納、類比和想像啊！楊振寧先生常說中國學生膽小（即不敢提出問題和質疑權威），其原因與中國學生受教育的方法有重要關係。楊振寧先生雖然很早就提出了這個極其重要的問題，而且一再提醒國內教育界要特別注意這個缺陷，但應付考試的學習方法在當前不僅沒有得到遏止，反而愈演愈烈。現在高中學生普遍在前兩年學完三年的課程，到三年級用整整一年的時間來應付各種各樣的試題。這種課程安排的方式恐怕在全世界是絕無僅有的吧？

每一個學生花很多時間做各種習題，參加各種各樣的模擬考試，結果，音樂課、體育課減少了，美術課沒有了，睡眠的時間減少了，接着，好奇心與創造力也一起都消失了。也就是說在這種考試第一的制度下，我們只不過是努力「訓練」他們成為解決考卷上問題的「技工」。除此以外，豈有他哉！

1986年獲諾貝爾化學獎的李遠哲先生說得好：「一個學生在學校受教育，做習題，上課，而沒有時間深深思考的話，三五年過去了，畢業的時候，只不過像是個機械加工廠裡加工出來的人。」[32，58–59]

難怪愛因斯坦嘲諷地說：「人們為了考試，不論願意與否，都得把所有這些廢物塞進自己的腦袋……這種教學方法，竟然還沒有把研究問題的好奇心完全扼殺掉，真可以說是奇跡……認為用強制和責任感就能增進觀察和探索的樂趣，那是一種嚴重的錯誤。」[60，8]

當然，西方教育方法也不是沒有缺點的，楊振寧曾經說，美國的教育對於成績在前面 10% 的人有利，而中國的教育對後面 40% 的學生來說比較好。西方尤其是美國的教育比較放任，非常聰明的孩子如果給他機會他能很快地成長，而中國的辦法是對孩子們約束太多，不能讓他們海闊天空地發展。所以楊振寧的結論是：

> 美國的教育比較重視啟發式，中國的教育比較重視灌輸式，這個名詞也許不太好，不過實質是這樣的。這各有短長。比如為甚麼現在國內出去的大學研究生，到美國各個大學考試都考得特別好？就是因為他們從中學開始，就好好地做習題，好好地聽老師講，老師也通常很負責任。所以他們的知識肯定是比一般美國學生豐富。可是缺點呢，就是不夠廣，而且越念膽子越小。所以，對於每個學生，要教導他，使他了解自己知識面的寬廣程度，盡可能想法子彌補他過去所受的教育的缺點。……對於大多數美國的孩子，我認為美國的教育政策是太放任了。太放任的後果呢，最大的壞處是他們不能吸收上一輩的經驗。他從小就要自己搞，老師講話、家長講話他們都不願聽，而且甚至於有時候是拚命地反着來：你要他做一件事情，他就非不做這件事情；你如果不講這件事情，他也許還可以做。那麼這就常常引起悲劇。因為大人跟他講的話，常常是有幾十年甚至幾百年的經驗，可是美國的小孩不願意吸收。在中國這兒呢，是相反，吸收得太厲害。所以我想你要問哪個好哪個壞呢？這是一個複雜的事情，應該還是取長補短最好。[3，341–342]

楊振寧曾經非常形象地用「木板」和「箱子」來比喻中國和美國的學生：中國學生像一塊木板，很踏實，但厚度和觸面太小，動手能力差，在創造性

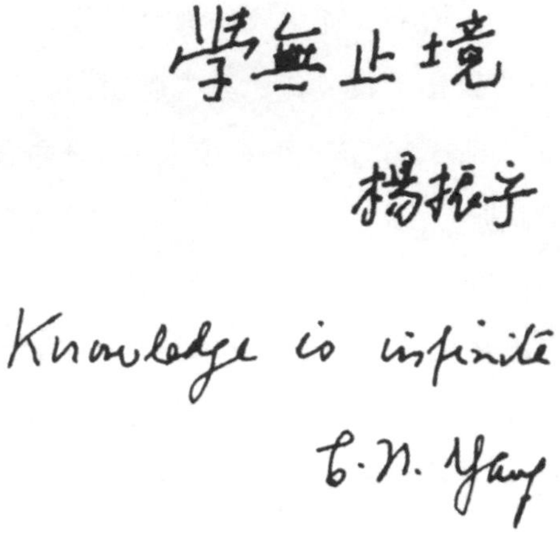
學無止境
楊振寧
Knowledge is infinite
C. N. Yang

1988 年楊振寧為南開大學物理系師生寫的題詞

領域中缺乏活力，有些死板；而美國學生則像一口箱子，有厚度，而且接觸廣泛（體積大），但掌握的知識不那麼實在，內容有些空泛。

另外，中國傳統教育習慣於讓學生虛心地向權威、老師和書本學習，學生從小就訓練得習慣於聽從教師和父輩的教誨，在這種教育理念支配下培養出來的學生通常訓練有素、守規矩、進取心強，而且學習成績比較好；但是這種教育方式的不足之處，是學生太膽怯，缺乏自信，在老師、權威、書本面前不敢提出挑戰。他們習慣於接受已經設定的問題，以擁有知識而自豪，而不習慣或沒有勇氣去懷疑和考證，更缺乏勇氣去自覺地發現問題。在他們的潛意識中，遵從這些已設定的規則就是他們的終極任務。這種習慣和認識，與科學活動中的懷疑、創造精神是完全背道而馳的，使他們缺少翱翔於陳規舊律之外的個性精神和創造性的勇氣，這就理所當然地難以做出創造性的貢獻。

而西方的教育制度，特別是美國的教育制度，強調寬鬆、活潑，倡導自由式的教育，在這種教育理念的支配下，美國「學生常常是在亂七八糟之中把知識學了進去，你只要稍微與他們交談一下就會發現，許多很優秀的學生，其知識體系中的漏洞是非常之多的，而且正確和謬誤常常糾纏在一起」[2，168]。

因此楊振寧說，要辯證地看待中國和美國的教育方法上的優缺點。對於一個美國學生，應該鼓勵他多做一些有規則的訓練；對於一個中國學生，就要多鼓勵他向權威、老師和書本挑戰，以免他永遠太膽怯。楊振寧常常說，他本人能夠成功，在很大程度上得益於他幸運地吸取了兩者中最優秀的部分。

2012 年 1 月，中國《物理》雜誌發表了楊振寧的一篇文章《我的學習與研究經歷》，這是一篇對學習和研究物理學的學生或者學者都非常有價值的文章，這兒特地把其中最重要的結論性文字轉載於下：[1]

(1) 一方面直覺非常重要，可是另一方面又要能及時吸取新的觀念修正自己的直覺。

(On the one hand our intuitions are extremely important. But on the other hand one must constantly absorb new concepts to revise one's intuitions.)

(2) 與同學討論提供了深入學習的極好機會。

(Discussions with classmates offer opportunities for deep understanding.)

(3) 博士生為尋找他 / 她的論文題目感到沮喪是極普遍的現象。

(It is very common for a graduate student to feel discouraged in looking for a good problem for his/her thesis work.)

〔1〕該文的英文版以"My Experience as Student and Researcher"為題發表在 *Int. J. Mod. Phys.* A 27 (2012) 上，此處收錄的文字轉引自英文文章及相應的中譯文，與《物理》雜誌發表的文字略有不同。

(4) 最好在一個正在發展的領域剛開始時進入該領域。

(It is best to enter a research area when it is new and developing.)

(5) 興趣 → 準備工作 → 突破口。

(Interest→Preparation→Breakthrough.)

(6) 物理中的難題，往往不可能一舉完全解決。

(It is often not possible to solve at once all aspects of a difficult problem.)

(7) 和別人討論往往是十分有成效的研究方法。

(Discussions with colleagues is oftentimes a very fruitful method of research.)

(8) 永遠不要把所謂「不驗自明」的定律視為是必然的。

(Never believe in laws which are considered self-evident requiring no experimental proof.)

(9) 把問題擴大往往是一個好的策略。

(Putting a problem in a generalized context is often a good strategy.)

(10) 基礎物理學奠基於美麗的數學之上。

(Fundamental physics is based on beautiful mathematics.)

(11) 但是不是所有的美麗的數學都能進入物理學。

(But not all beautiful mathematics find their way into physics.)

(12) 一個研究生最好不要進入粥少僧多的領域。

(A graduate student had better not choose a field which is becoming overcrowded.)

第七章 「有生應感國恩宏」

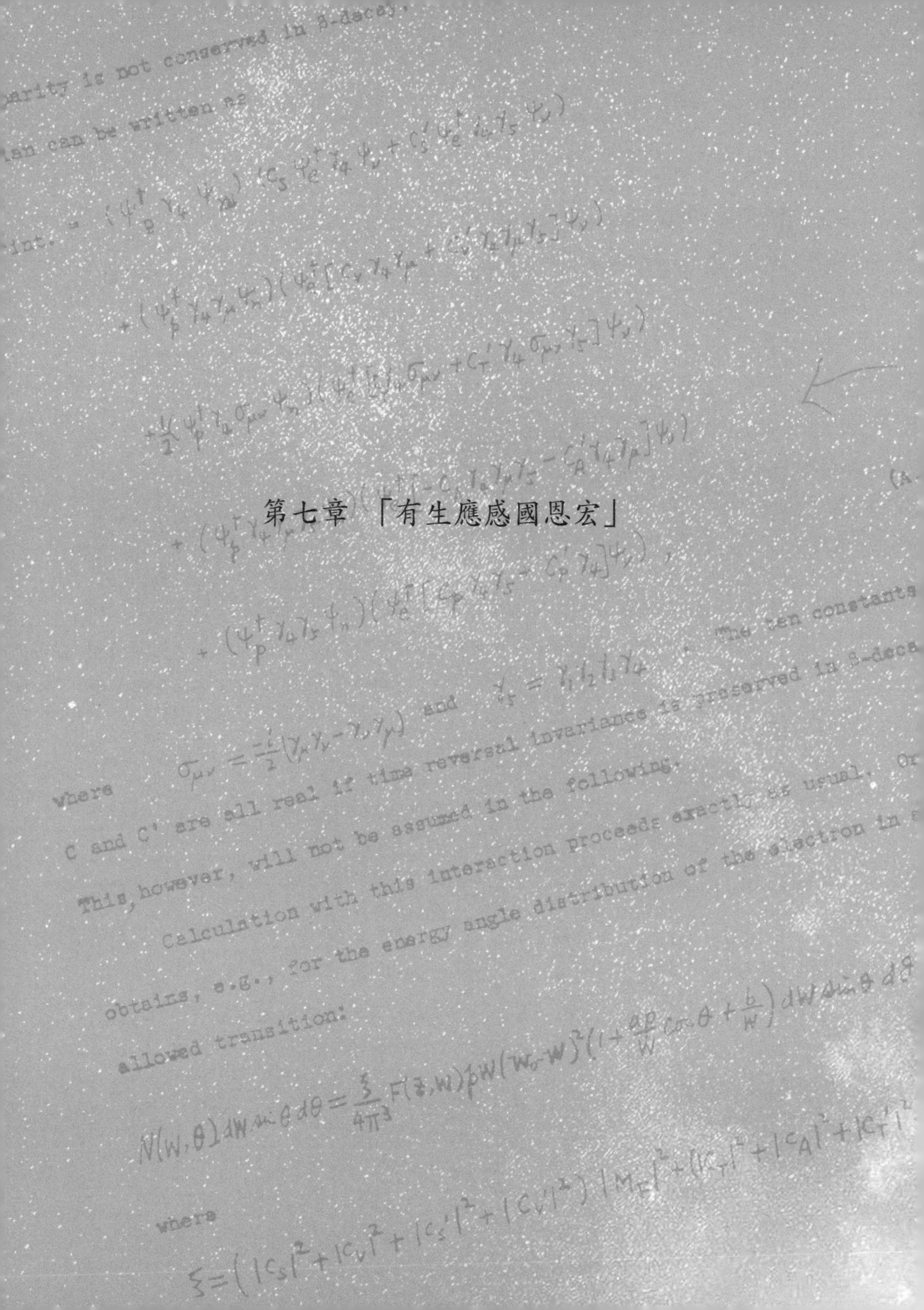

一、與祖國的聯繫

楊振寧像留學的眾多中國學者一樣，原準備在美國學成以後即回國工作，報效祖國。但是由於朝鮮戰爭爆發，美國總統下令，所有獲得博士學位以上的華裔理工博士一律不准返回中國大陸，於是楊振寧的回國問題就一時無法實現。到了後來，由於研究工作的深入，他逐漸適應了美國的生活，加之娶妻生子，就有了把家安在美國的想法。但對於加入美國籍，他的內心一直痛苦地鬥爭着，不願輕易做出這個決定。

雖然楊振寧的歸意逐漸隱去，但他和家庭的關係仍是非常緊密的。他曾經對傳記作家江才健説，他從小成長在一個非常穩定而有着豐富感情的家庭環境裡，這對於他的人生觀，對於他做人的態度，都產生了積極正面而深遠的影響。他認為，自己深受中國傳統人倫觀念影響，而這種中國文化傳統中最好的一部分，對於他後來面對不同文化和環境的挑戰，也帶來一個強大的穩定作用。[16，382]

1949 年 5 月 25 日，在中華人民共和國誕生前五個月，上海解放了，這時楊振寧還在芝加哥大學，正是想到普林斯頓高等研究所去的時候，這時他當然十分掛牽上海的家人。猶豫了好幾天之後，他終於認為自己有權和父母取得聯繫並探詢他們的近況，於是給父母發了一封問平安的電報。使他萬分驚喜的是第二天他就收到了父母的回電，回電只有「平安」兩個字。這給楊振寧帶來了極大的欣慰。他後來在回憶中寫道：「這個經歷鼓舞着我……在隨後的歲月中對我起了決定性的影響，包括在中美和解的跡象一經顯露我就當機立斷決定訪問中國這件事。」[1，16–17]

此後由於冷戰延續，中美完全隔絕。在這期間，楊振寧還算比較幸運，能經常和家中有信息往來。但是不能親自回家看望日漸衰老的父母，總是他心頭巨大的隱痛。

1957年夏天，楊振寧要到日內瓦工作幾個月，這時他雖然還沒有得到諾貝爾獎，但已經成了非常有名的物理學家，而且獲獎呼聲很高。楊振寧抱着試探的心情，給上海家中發了一封電報，説他將會帶着妻子和長子楊光諾到日內瓦，希望父親能夠到日內瓦來團聚，見見從未謀面的媳婦和孫子。幸運的是，楊武之很快就獲准到日內瓦團聚。楊武之還到北京德勝門外功德林一號看望了還在服刑且從未見過面的親家杜聿明先生。杜聿明給女兒杜致禮寫了一封家書，託楊武之帶去。6月中旬，楊武之到達日內瓦。

這一次團聚，給父子兩人帶來了極大的歡悦。在共同生活的兩個半月中，楊武之開始因為身體不好，有一個星期住在醫院裡。他的身體從西南聯大後期就一直不大好，不過這一次倒是很快就痊癒出院了。在這期間，祖父帶着小孫子常常到美麗如畫的公園散步，其心情之舒暢可想而知。而且那時，雖然國內正開始大規模的政治運動，但國家總體上欣欣向榮、生機勃勃，所以只要有空閒時間，楊武之就會向楊振寧介紹新中國成立以後的新氣象和新事物，還帶着楊振寧到日內瓦中國領事館看新聞紀錄影片《廈門大橋》，看到了建造這座大橋時所克服的不能想像的困難。

後來楊振玉在回憶中寫道：「歡聚的時刻就要過去了，大哥買了一盆終年盛開的非洲紫羅蘭，專門照了相，並在相本上寫上『永開的花是團圓的象徵』。父親臨別時寫了兩句話給大哥、致禮留念：『每飯勿忘親愛永，有生應感國恩宏。』」[1，911]

8月底，楊武之返回上海。

1960年春天，楊武之和妻子一起，經蘇聯、捷克到日內瓦再度同楊振

1957 年，楊武之在日內瓦和楊振寧夫婦及長孫楊光諾合影。

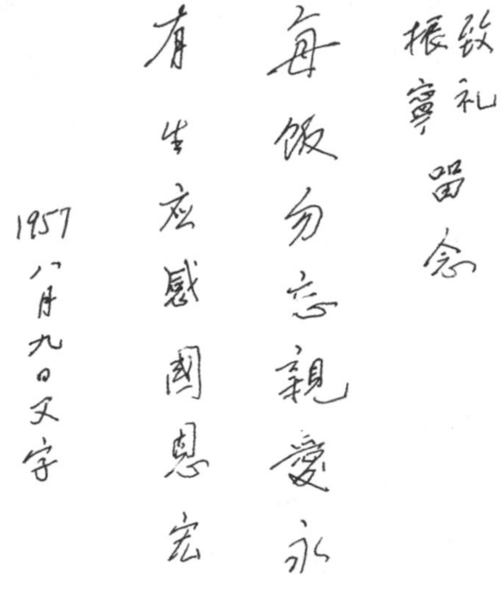
振寧 致礼 留念
每飯勿忘親愛永
有生應感國恩宏
1957 八月九日 父字

1957 年，楊武之寫給楊振寧夫婦的字。

寧見面，這次楊振平也從美國趕到日內瓦。當時中國正在「大躍進」、「大煉鋼鐵」、「人民公社化」的高潮中，全國經濟幾乎處於崩潰邊緣。在這種情況下，楊武之處於很尷尬的境地。他回國後曾對國內的幾個孩子説：「我現在很矛盾，國內各方面有些失序，我怎能勸説振寧回國來呢？他回國來怎麼還能繼續做研究？但是他老是留在美國，美國政府又老是以中國為敵，我們又都在國內，長此以往，如何是好？而且，我寫信給周總理時，曾寫過我要介紹新中國的情形給振寧，希望他們毅然回國，可現在中國的研究環境比美國差太多，生活環境也不行，我很難啟齒。」[1，897]

楊振寧的母親是一位家庭婦女，她不像楊武之那樣複雜多慮，她直截了當地把近幾年買菜買糧食等的實際情況告訴楊振寧，説上海的生活水準比以前差遠了。楊武之聽了，回到上海給孩子們説：「我聽了你母親介紹上海的社會生活給你們大哥聽，我非常矛盾，一來你母親接觸的是實際生活，她説的都是事實，但你們母親沒有從長遠看問題，二來可惜的是我不能把我對中國前途的預測完整地説給振寧，並且説服他同我看法一致。」[1，897]

1962 年，楊武之夫婦再次到日內瓦與楊振寧、楊振平相聚。這次，數學大師陳省身也專程到日內瓦看望昔日的老師和師母。這時，國內正處於所謂「自然災害」餘波的後患之中，食用品糟糕得無以復加，到處宣傳甚麼「瓜菜代」、「人造肉」和用甚麼特別烹飪的方法能夠使同樣多的米多出飯……營養不良的浮腫病全國氾濫，日常用品如釘子、肥皂、火柴都有如稀世珍寶。楊振寧的母親主持家務，一天三頓飯得由她操辦，她的痛苦感受當然比楊武之更強烈而具體入微。再一看日內瓦人民的生活，真讓人如在夢中，豈止是天壤之別！因此羅孟華反對楊振寧回國，她説，振寧回國別説得不到諾貝爾獎，恐怕還會受到政治上的衝擊。楊武之面對當時國內的現實，不能不認為

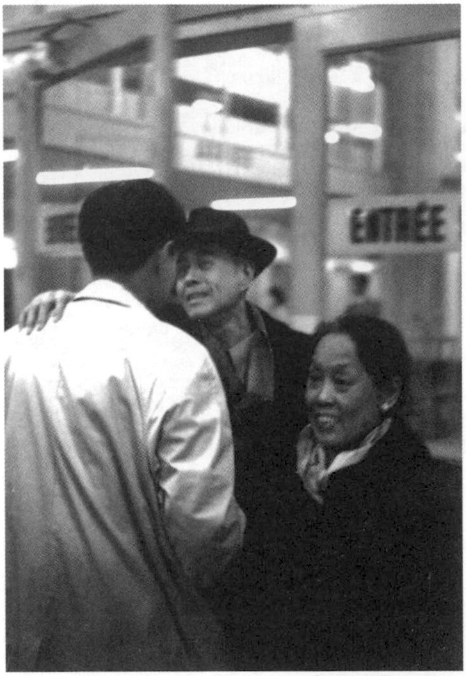

1962 年 5 月 21 日，楊振寧在日內瓦機場迎接父親和母親。

陳省身（左）和楊武之，1962 年夏攝於日內瓦。

羅孟華説的有道理，但他又想到對周總理的承諾，一是勸楊振寧不要去中國台灣（這點看來可以做到），二是勸他在時機成熟時回到中國大陸（這一點恐怕很難實現了），因此心中甚感內疚。

楊振寧後來回憶：

> 1962 年父親、母親和我在日內瓦會面，父親向我介紹了新中國的建設和新中國的思想。他的話許多地方我能了解，也有許多地方我不能了解，這樣，就產生了多次的辯論。有一晚我們辯論了很久，最後我說：「您現在所説的和您幾十年以前教我的不一樣。」他說：「你怎麼還沒有了解，我正是要告訴你，今天我們要否定許多我從前以為是對的，而實際是錯誤的價值標準。」這一句話給了我很深的印象。[1，208—209]

1997 年，楊振寧的父母都已去世，他又一次回憶起在日內瓦三次與父親、兩次與母親見面的情景：

> 和父親、母親在日內瓦三次見面，對我影響極大。那些年代在美國對中國的實際情形很少知道。三次見面使我體會到了父親和母親對新中國的看法。記得 1962 年我們住在弗洛瑞莎路，有一個晚上，父親説新中國使中國人真正站起來了；從前不會做一根針，今天可以製造汽車和飛機（那時還沒有製成原子彈，父親也不知道中國已在研製原子彈）。從前常常有水災旱災，動輒死去幾百萬人，今天完全沒有了。從前文盲遍野，今天至少城裡面所有小孩都能上學。從前……今天……正説得高興，母親打斷了他的話説：「你不要專講這些。我摸黑起來去買豆腐，排

隊站了三個鐘頭，還只能買到兩塊不整齊的，有甚麼好？」父親很生氣，說她專門扯他的後腿，給兒子錯誤的印象，氣得走進臥室，「砰」的一聲關上了門。我知道，他們二位的話都有道理，而且二者並不矛盾：國家的誕生好比嬰兒的誕生，只是會有更多的困難，會有更大的痛苦。[3，12]

楊振平兩次都到日內瓦與父親和母親見了面，當然也參與了父親、母親與哥哥的交談，他後來在回憶中談起了這些談話的情形。他寫道：「當時中國需要科學人才，父親希望能爭取已經在物理學界成名的大哥回國。大哥雖然非常願意替中國服務，可是覺得中國當時的情況不利於他的個人的學術進展。回去之後，科研工作很可能有停滯現象。他才 40 歲，如果繼續在美國做研究，將來對中國的作用和增進中美科學界的關係恐怕會更有效。父親對兒子的看法也覺得有道理。因此他心理上有矛盾，他和大哥曾經有多次辯論。終於父親沒能說服大哥。」[1，886–887]

1964 年底，楊振寧又一次到香港講學，他寫信到上海，希望和家人在香港團聚。這時，楊振寧已經加入了美國籍；關於這件事，在下面一節我們還會專門講到。這一次團聚，是真正的大團聚，不僅父母親來了，而且 20 多年沒見面的弟弟振漢和妹妹振玉也都到香港來了。這真是一次歡快的團聚。

我們也許會記得，那一年的 10 月 16 日，中國成功地試爆了一顆原子彈，因此國際上政治氣氛頗有幾分緊張。在楊振寧他們住的百樂酒店房間隔壁，就住着兩個英國的保安人員，說是保護楊振寧，實則是怕楊振寧回到中國。在家人團聚於香港期間，美國駐香港總領事曾經多次打電話給楊振寧，說如果他的雙親和弟妹們要到美國去，領事館可以立即為他們辦理好一切手續，然而，楊振寧總是一口拒絕，並且告訴他們：父母親和弟妹們都要回上海去。

楊振寧與父母、弟妹和朋友，1964 年底攝於香港。前排左起：楊振玉、羅孟華、伍美德、黃月眉、楊武之；後排左起：楊振漢、楊振寧、黃克孫（伍美德和黃月眉是黃克孫的母親和妹妹）。

1966 年，中國的「文化大革命」爆發了，楊振寧隨即和上海的家人失去了聯繫；從 10 月份開始，楊武之的工資被復旦大學造反派凍結封存，不准領取，全家僅靠三弟振漢一個人在上海柴油機廠微薄的工資度日，其艱難可想而知。再加上老五振復生病住院，更使得一家生活「屋漏更遭連陰雨」。楊武之只好隔一個月或兩三個月到外灘的中國銀行上海分行開支票，從楊振寧在瑞士一家銀行的存款中取出一些錢，幫助家中渡過難關。而楊振寧也只能通過父親在支票上的簽字，知道父親仍然健在。

1970 年國慶節，有一件不同尋常的事情發生在天安門：毛澤東邀請著名美國記者斯諾夫婦一起上天安門觀看檢閱。當時斯諾夫婦正在中國訪問。當天的《人民日報》在頭版刊登了毛澤東與這位經歷豐富的記者及其夫人在一起的照片。對斯諾照片的説明文字是「美國友好人士」，在報紙第一版右上角毛澤東語錄的專用長方形的方框裡，是一條醒目的語錄：「全世界人民，包括美國人民，都是我們的朋友。」

後來，毛澤東與這位美國左翼記者在中南海共進早餐的時候對斯諾説：尼克松先生無論是以總統的身份還是以旅遊者的身份到中國來，都會受到歡迎。此後，毛澤東立即着手準備接待美國當時的國務卿亨利 · 基辛格。

這些背後的運作，楊武之當然不十分清楚，但從《人民日報》上刊登的消息，他仍然感到了一絲暖意。恰好這年夏天，楊振寧給家人寫了一封信，

左起：楊振玉、楊振寧、楊振漢、楊振平，2007 年 8 月攝於清華園。

楊武之居然收到了。信中楊振寧説他在 12 月將到香港中文大學講學，希望父母和弟妹都來香港團聚，重溫 1964 年那次美好的日子。那時中國國內正是「文化大革命」期間，申辦護照的困難非今日所能想像。最後雖然批准他們全家到香港去，但楊武之本來身體就一直不好，經過一番為辦護照的勞累，竟病倒進了醫院，無法成行。最後是老三振漢與母親到香港與楊振寧一起度過了春節，老二振平也從美國趕來一起歡聚。楊武之只好在上海由女兒振玉陪伴；後來楊武之在醫院裡病情好轉，楊振寧得知後心中十分欣慰。更令楊振寧欣慰的是，他發現美國的政治氣氛已經在發生變化，上台不久的尼克遜總統已經開始調整美國對中國的政策，美國對中國隔離封鎖的政策有了鬆動。楊武之和楊振寧心中都為這種可喜的變化感到欣慰，楊振寧更相信，不久他也許可以實現他的回國省親夢了。

二、痛苦的決定

1964 年春天，楊振寧終於決定加入美國籍，這是十多年痛苦思考後做的一個痛苦的決定。1982 年，在加入美國籍已經 18 年之後，楊振寧仍然心情沉重地寫道：

> 從 1945 年至 1964 年，我在美國已經生活了 19 年，包括了我成年的大部分時光。然而，決定申請入美國籍並不容易。我猜想，從大多數國家來的許多移民也有同類的問題。但是對一個在中國傳統文化裡成長的人，做這樣的決定尤其不容易。一方面，傳統的中國文化根本就沒有長期離開中國移居他國的觀念。遷居別國曾一度被認為是徹底的背叛。另一方面中

國有過輝煌燦爛的文化。她近一百多年來蒙受的屈辱和剝削，在每一個中國人的心靈中都留下了極深的烙印。任何一個中國人都難以忘卻這一百多年的歷史。我父親在1973年故去，之前一直在北京和上海當數學教授。他曾在芝加哥大學獲得博士學位。他遊歷甚廣。但我知道，直到臨終前，對於我的放棄故國，他在心底裡的一角始終沒有寬恕過我。[3，21]

每念及此，楊振寧就會感到心痛，所以他在1997年寫的《父親和我》一文中寫到當他父親去世後，他的摯友熊秉明寫信安慰他說：「雖然你的父親已經過世，但你的身體還循環着父親的血液。」楊振寧接着寫道：「是的，我的身體循環着的是父親的血液，是中華文化的血液。」[3，13–14]

這幾乎是一種痛苦的呼喚，向已經故去父親在天之靈的呼喚！這呼喚表達了沉聚在內心深處無法消除的悲痛。

楊振寧的同事和好友戴森非常理解楊振寧內心的痛苦，因為戴森也是一個移民，他來自也有古老文化傳統的英國，所以他能體會楊振寧對於美國愛恨交織的複雜感情。在1999年5月楊振寧的退休研討會舉行的晚宴上，戴森第一個講話。在講話中，戴森特別提到楊振寧在《父親和我》一文中表述的對父親和中國的感情。他說，對於楊振寧來說，他個人的離開父親，以及政治上的離開中國，是同一個悲劇的兩部分。戴森還特別提到楊振寧在《父親和我》一文結尾時寫到親眼看到香港回歸時的激動心情。[41，290–291]楊振寧在這篇文章結尾處寫道：

1997年7月1日清晨零時，我有幸在香港會議展覽中心參加了回歸盛典。看着中華人民共和國國旗在「起來，不願做奴隸的人們」的音樂聲中冉冉上升，想到父親如果能目睹這歷史性的，象徵中華民族復興的儀式，一定比我還要激動。他出生於1896年——101年前，馬關條約、庚子賠款的年代，在殘破貧窮，被列強欺侮，實質上已被瓜分了的祖國。他們那一輩的中國知識分子，目睹洋人在祖國的專橫，忍受了二十一條款、五卅慘案、九一八事變、南京大屠殺等說不完的外人欺凌，出國後嘗到了種族歧視的滋味，他們是多麼盼望有一天能夠看到站了起來的富強的祖國，能看到「大英帝國」落旗退兵，能看到中國國旗驕傲地向世界宣稱：這是中國的土地。這一天，1997年7月1日，正是他們一生夢寐以求的一天。

父親對這一天終會到來始終是樂觀的。可是直到1973年去世的時候，他卻完全沒有想到他的兒子會躬逢這一天的歷史性的盛典。否則他恐怕會改吟陸放翁的名句吧：

國恥盡雪歡慶日，家祭毋忘告乃翁。[3，14–15]

1997年7月1日的香港回歸盛典

楊振寧是一個真正的中國傳統意義上的知識分子，有「天下興亡，匹夫有責」的中國知識分子的傳統意識，有「先天下之憂而憂，後天下之樂而樂」的儒家傳統心態。對於這樣一位有儒家風範的知識分子，決定加入美國籍，一定是經過了一場極其痛苦的思想鬥爭和心靈上的艱難搏鬥。

楊振寧到美國留學時已經是第二次世界大戰結束以後，在第二次世界大戰前夕，歐洲有大量的科學家移民到美國，例如愛因斯坦，他的老師費米、特勒，他的好友派斯、戴森，還有他熟識的塞格雷、貝特，等等，都是由不同的國家先後移民到美國，美國也由於這批移民而獲得了科學技術上巨大的好處，世界科學的中心也因為他們的到來而轉移到美國。因此，至少美國科學界對移民科學家並沒有歧視的態度，即使在日常生活中，歧視中國人的事情也比他父親留學的時代少多了。這種相對寬容的環境，無疑會讓楊振寧感到安心和寬慰。

但不愉快的事情總還是避免不了的。楊振寧也碰到過這種讓人痛苦的事情。1954 年，楊振寧夫婦準備在普林斯頓附近一個新開發的地段買一棟房子，他還事先預付了幾百美元的定金。但是過了幾個星期，房產開發商卻告知楊振寧夫婦，他必須將他們的定金退還給他們。楊振寧問為甚麼，開發商說因為他們是中國人，他擔心由於他們而影響房屋的銷售。

這樣的事情不止楊振寧一個人遇見過。但是，對於心靈十分敏感的「性情中人」楊振寧來說，這簡直是奇恥大辱，無法容忍。他請來一位律師，憤怒地說要上法院告那個有明顯種族歧視的開發商。但律師聽完他的傾訴後，立即勸他不要起訴，認為即便起訴了也不大可能勝訴。

隨着在美國生活時間的增多，他更進一步了解到像他父親和他這樣獲得過高學位的知識分子，在美國的遭遇還是不錯的。但他曾經遇到過一件讓他永遠無法忘卻的事情：

> 1960 年代初的一個晚上，我從紐約市坐火車經派索格到布魯克海文，夜很深很沉。搖搖晃晃的車廂幾乎是空的。我後面坐着一位老人，我跟他聊起來。他約莫是 1890 年生在浙江，在美國住了 50 年了，替人洗衣服、洗碗，[工作]不固定。他沒結過婚，一向孤零零住一間房間。他臉上總是掛着笑容；難道他心中真的毫無怨氣？我不明白。我看着他蹣跚穿過車廂裡燈光暗淡的通道在灣濱站下車，老年背駝，有點顫巍巍的，我的心中悲憤交集。[40，56—57]

1970 年 10 月 3 日，楊振寧曾在紐約香港學生聯誼會上做過一次演講，其中有兩段話如下：

> 幾年以前，我看到一篇文章提到中國人過去在舊金山所受到的歧視。作者最後說：「事實上你聽到、讀到愈多關於中國人在加州的經驗，你就會愈有傾向做出以下的總結：在美國各民族中，除了印第安人以外，沒有別的少數民族曾受到中國人所遭遇到的無理性的迫害。也沒有另外一個少數民族今天能像中國人一樣少有這些迫害所產生的心理損傷。」
>
> 他這兩句的前一句我想沒有人會不同意，但我們同意他最後一句話？在美國的中國人果然沒有「心理損傷」嗎？中國人，今天的中國人，對歷史所給我們的教訓有正確的認識嗎？對自己的經歷有健全的心理反應嗎？我以為這些都頗有商討之餘地。[1，186]

可以想見，楊振寧心中的痛苦是深沉的：美國對華人的歧視讓他悲憤。

父親幾次勸告他回國看看，內心深處是希望他回來報效祖國，但也擔心回國後會阻滯楊振寧的學術發展。楊振寧深知父親的內心願望，但在痛苦的思量後他沒有貿然回國，卻在 1964 年春天做出了一個重大的決定：加入美國籍。楊振寧做出這個決定，其內心經歷的痛苦思考，在他的一篇回憶中寫得非常生動感人。任何他人的敘述，都無法與他的文字相比較，因此，如果想了解他的心路歷程和悲劇意識，就必須看 1982 年楊振寧寫下的感人回憶：

> 1964 年春，我入了美國籍。
>
> 從 1945 年至 1964 年，我在美國已經生活了 19 年，包括了我成年的大部分時光。然而，決定申請入美國籍並不容易。我猜想，從大多數國家來的許多移民也都有同類問題。但是對一個在中國傳統文化裡成長的人，做出這樣的決定尤其不容易。……
>
> 不僅如此，我漸漸知道了華人在美國的早期經歷。那是**我們**的歷史，是浸透了難以用語言形容的偏見、迫害和殺戮的歷史。貝蒂·李·宋 (Betty Lee Sung) [1] 將這一段歷史歸納如下：
>
> > 1878 年，特拉基 (Truckee) 鎮的中國人全部被集中起來，趕出了鎮。
> >
> > 1885 年，28 名華人在懷俄明州石泉 (Rock Springs) 鎮被無恥屠殺。還有許多人受傷，數以百計的人被驅離家園。
> >
> > 1886 年，俄勒岡州的木屋 (Log Cabin) 鎮又發生一起野蠻的屠殺。

---

〔1〕 Betty Lee Sung 的中文名字是宋李瑞芳，1924 年 10 月出生於美國一個窮苦的移民家庭，後來全靠自己的奮鬥成為作家、教授。她曾經擔任紐約城市大學亞洲系系主任和教授。她的第一部著作《金山》(*Mountain of Gold*，1967) 是一部中國人在美國的編年史，也是一部開拓性的著作。

瑪麗·柯立芝 (Mary Coolidge) 教授寫道:「在克爾尼主義 (Kearneyism) 年代美國居然還有華人活着,這真是個奇跡。」

接着,又產生了 1892 年的吉芮 (Geary) 法和 1904、1911、1912、1924 年的排華法。這些法律使得在美國的華人社區變成畸形的、與美國社會隔離的、受鄙視的、被剝削的獨身男子勞工隊伍。我 1945 年來到美國的時候,情形依然如此。

……

[後來]歧視雖然不似早年那樣猖獗,但時至今日仍然存在。……

誠然,有不少因素使我裹足不前。可是我也知道,美國社會對我很寬待。我來美國時是根基很好的學生,是這個社會給了我發揮潛力的機會,我知道世界上沒有別的國家對移民如此寬待。我也認識到,我在這兒的根幾乎在不知不覺之中就已經往深處扎下了。

1961 年元月,我在電視裡觀看肯尼迪就職典禮。羅伯特·弗羅斯特 (Robert Frost)[1] 應肯尼迪的邀請上台朗誦他的一首詩。他選了《沒有保留的奉獻》。當我聽到:

---

〔1〕弗羅斯特 (1874—1963),美國現代詩人,他的詩富於象徵和哲理,同時又有濃厚的鄉土氣息。有意思的是,1976 年諾貝爾經濟學獎獲得者米爾頓·弗里德曼,在其自傳裡談到他在大學畢業時選擇經濟學為自己今後的研究方向時,也引用了弗羅斯特的詩句:

雙岔道自黃樹林中分岔,
遺憾我不能同時走兩條路。
……
我選擇人跡較少的一條,
自此面對截然不同的前途。

見米爾頓·弗里德曼:《兩個幸運的人 —— 弗里德曼回憶錄》,中信出版社,2004 年,第 44 頁。

美國詩人羅伯特 · 弗羅斯特

擁有我們尚未擁有的，
被我們已不再擁有的所擁有。
　　我們的有所保留使我們軟弱，
　直到發現原來正是我們自己，
　我們拒絕給予我們生活之地，
　而在屈服中獲得了新生。

似乎有甚麼東西一直觸到了我的心靈。後來在一本集子裡我找到了弗羅斯特的這首詩。它確實很美，很有力量。它在我申請入美國籍的決心裡起了一些作用。[3，21–23]

楊振寧雖然加入了美國籍，但他深知他父親的心底始終不會原諒他。這使他此後內心總有一份內疚和苦痛。有一件事我至今仍然記得十分清楚：

1996 年，楊振寧在華中科技大學做學術報告。

1996 年楊振寧到我任職的華中科技大學演講，當主持人介紹楊振寧於 1957 年獲諾貝爾物理學獎時，他立即插了一句：「那時我持的是中國護照！」那意思分明是說，在獲諾貝爾獎時他是中國人，這是他永遠感到自豪的地方；同時他也殷切希望人們千萬不能忘記這件事。當時在場的學生、教師立即報以經久不息的掌聲。

本來那次我想送一本我主編的《諾貝爾獎獲獎者辭典》給楊振寧，但是因為他的這句話我不敢送了，因為在附錄「獲獎者國籍統計」一欄中，我將楊振寧教授放到美國欄中了。

三、1971年的壯舉

1971 年 3 月 28 日，第 31 屆世界乒乓球錦標賽在日本名古屋市舉行。中國這次決定派代表團參加比賽。這是中國自「文化大革命」以來第一次派體育代表團參加世界性比賽。周恩來總理還特別關照代表團，應該把這次參加比賽，作為恢復1966年「文化大革命」開始以來遭到徹底破壞的對外聯繫和爭取友誼的一次良好機會，並親自規定了萬一與美國乒乓球代表隊接觸應該採取甚麼樣的態度和堅持甚麼樣的原則。3月21日下午，中國乒乓球代表團起程，新中國外交史上的創舉——「乒乓外交」的序幕由此拉開。

不出周恩來所料，參加比賽的美國乒乓球隊主動和中國乒乓球隊接觸，表示願意訪華。中國乒乓球隊迅速將這一情形報告國內，經毛澤東批准，4月7日，中國方面正式向美國乒乓球隊發出邀請。邀請的對象不僅包括美國乒乓球隊的全體運動員，還包括球隊的領隊和隨團的記者。凍結了20多年的中美關係，就這樣首先以民間交往的形式邁出了關鍵的一大步。

美國總統尼克遜在驚喜之餘感歎地說：「我從來沒有料到對華的主動行動會以乒乓球隊訪問的形式得以實現。」[26，332]華盛頓高層決策者立即意識到：中國對美國乒乓球隊的邀請，是對美國政策制定者一個充滿深長意味的微妙表示，是盼望已久的重大外交進程的良好開端。

4月14日，尼克遜宣佈結束20多年來對兩國貿易的禁令，放寬對中華人民共和國的貨幣和航運管制。同一天，周恩來在北京人民大會堂東大廳歡迎美國乒乓球代表團，發表了熱情洋溢的講話：「中美兩國人民過去往來是很頻繁的，以後中斷了一個很長的時間。你們這次應邀來訪，打開了兩國人民友好往來的大門。我們相信中美兩國人民的友好往來將會得到兩國人民大多數的贊成和支持。」[26，334]

美國代表團成員也即席發言，感謝中國政府和人民的熱情好客，並邀請中國乒乓球隊回訪美國，美國方面的請求立即得到了周恩來總理的同意。

楊振寧正是在這種有利的環境下，迅速抓住時機，終於圓了他26年來想回中國探視的心願。1971 年 4 月的一天，楊振寧在看報的時候，忽然在報紙上一處很不顯眼的地方看到美國政府發佈了一個告示，在原來美國公民不可任意去的國家（包括越南民主共和國、古巴、中國和朝鮮）中，把中國取消了。楊振寧在此前已經感到中美因共同戰略上的需要而願意彼此接觸，現在忽然看到這個告示，心情大為振奮，立即決定抓住這個說不定瞬間又會失去的機會，迅速行動起來，回國探視；何況這時他的父親又舊病重犯，住進了醫院。此時不回國，更待何時？機不可失，時不我待！

但說起來容易，真正行動起來可不像想像中那麼簡單！楊振寧為此行曾做了多年的準備，例如他在此前 20 多年中，絕對不與核武器研製的相關部門有任何瓜葛，第二次世界大戰時期製造原子彈的洛斯阿拉莫斯實驗室，他絕對不去。儘管楊振寧事先為他的回國探視做了長遠的準備，但像他這樣世界知名的物理學家，真要申請到中國去，那可又是政治上極其敏感的事情，擱在誰身上都得仔細掂量。楊振寧將自己回中國探親的決定通知了美國政府以後，白宮的科學顧問給他的回答是：歡迎楊振寧到中國去探親，但不能幫助他拿到簽證。

幸好中國國務院已經從楊武之那兒得知楊振寧想回國探親，立即請楊武之轉告楊振寧，他可以到加拿大或法國的中國大使館去拿簽證。那時除了蘇聯有班機到中國之外，只有法國航空公司每個星期有一班飛機從巴黎飛到上海，因此楊振寧決定到巴黎的中國大使館去拿簽證。

1971 年 7 月 15 日，楊振寧由紐約飛到巴黎，順利地得到了赴中國的簽證。四天以後，即 7 月 19 日，楊振寧終於登上了飛往上海的飛機，踏上了 26 年來魂牽夢縈、鏤骨銘心的返鄉之旅。這時楊振寧激動的心情是無法用筆墨形容的。在巴黎機場候機室裡，楊振寧實在無法抑制自己激動的心情，就給他的好友、麻省理工學院的黃克孫寫了一張明信片。

楊振寧的信讓祖籍廣西寧明的黃克孫教授也激動萬分，後來他在《回憶在普林斯頓的歲月》一文中寫道：

> 1971 年我正在漢堡的 DESY 訪問。一天晚上，當我走出一家餐館時，在一個報攤上看到了一則標題新聞：基辛格從北京返回，完成了歷史性的秘密訪問。稍後，我就收到了楊振寧用中文寫的一封信。「我此時此刻正在飛往上海的飛機上。」對我來說，那真是一個激動人心的時刻。[1，932]

那一時刻，恐怕不只是楊振寧、黃克孫兩個人十分激動，知道這次飛行的全世界華人都因此激動不已。楊振寧不畏一切困難和親友們的擔心，率先回到中國，的確是一件驚天動地的壯舉，全世界華人都關注着楊振寧歸國後的一舉一動。他們完全不了解中國這麼多年來到底發生了甚麼事情，都希望從楊振寧的中國之行來決定他們今後的選擇。

楊振寧乘坐的飛機，一路經過雅典、開羅、卡拉奇、仰光等地，然後從緬甸向東飛，進入中國雲南直飛上海。楊振寧在回憶中寫道：

> 1971 年夏天我回到了闊別 26 年的祖國。那天乘法航自緬甸東飛，進入雲南上空時，駕駛員說：「我們已進入中國領空！」當時我的激動的心情是無法描述的。
>
> 傍晚時分，到達上海。母親和弟妹們在機場接我。我們一同去華山醫院看望父親。父親住院已經半年。上一次我們見面是 1964 年底在香

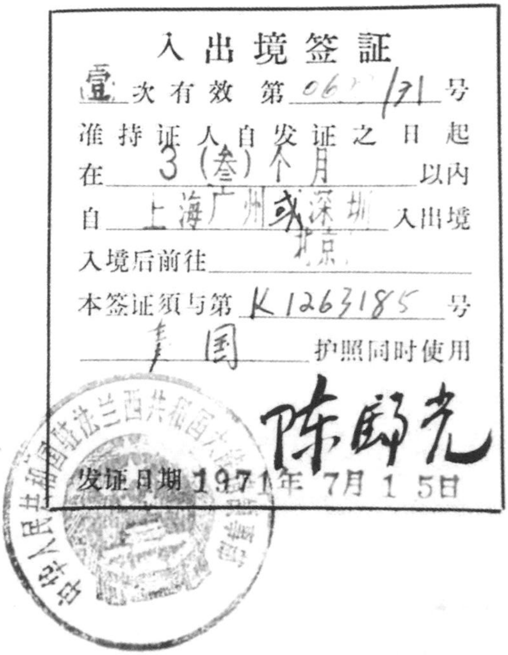

入出境签証

壹 次有效 第 06/71 号

准持证人自发证之日起

在 3（叁）个月 以内

自 上海广州或深圳 入出境

入境后前往 北京

本签证须与第 K1263185 号

美国 护照同时使用

发证日期 1971年 7月 15日

1971 年，中國駐法國大使館給楊振寧簽發的《入出境簽證》。

楊振寧和黃克孫

> 港，那時他 68 歲，還很健康。六年半間，受了一些隔離審查的苦，老了，瘦了許多，已不能自己站立行走。見到我當然十分激動。[3，12–13]

楊武之見到兒子終於回到中國，他在病榻上十分欣慰地說：「我們的家風：一生為人清白。我們家的家教：你母親勤儉持家、一生奉獻給丈夫和子女。你大哥在清華園所受的教育，在北平崇德中學念書，在西南聯大念書，還有你們四位弟妹，還有你大哥的同學和朋友很多都在國內。凡此種種，都是你大哥一定會克服障礙回國探望的基礎。」[1，902–903]

在上海，除了看望父母以外，他還訪問了復旦大學、中國科學院生物化學研究所及生理研究所等單位，還回到了他出生的城市合肥。在合肥，他住在專門接待外賓的稻香樓賓館。

回國最後一站是北京，這兒是他重點訪問的地方。在北京，他看到了自己青少年時代的好友鄧稼先、西南聯大的同窗黃昆，拜訪了他敬重的老師吳有訓、周培源、王竹溪、張文裕；還第一次見到了岳父杜聿明先生，再次見到了岳母曹秀清女士。

在他住的北京飯店房間裡，牆上有毛澤東寫的詩句「為有犧牲多壯志，敢教日月換新天」，這使他心靈受到震動，感到新中國成立後 20 多年的確有了巨大的變化，可是自己並沒有像鄧稼先、黃昆和許多老師那樣為國出力，心中不免有負疚之感。

在北京，楊振寧還訪問了許多地方，如北京大學、清華大學、中國科學院原子能研究所，還參觀了中學時讀過書的崇德學校（現改名為北京市第三十一中學）。

7 月 28 日，周恩來總理在人民大會堂設宴招待楊振寧。會見前後周恩來

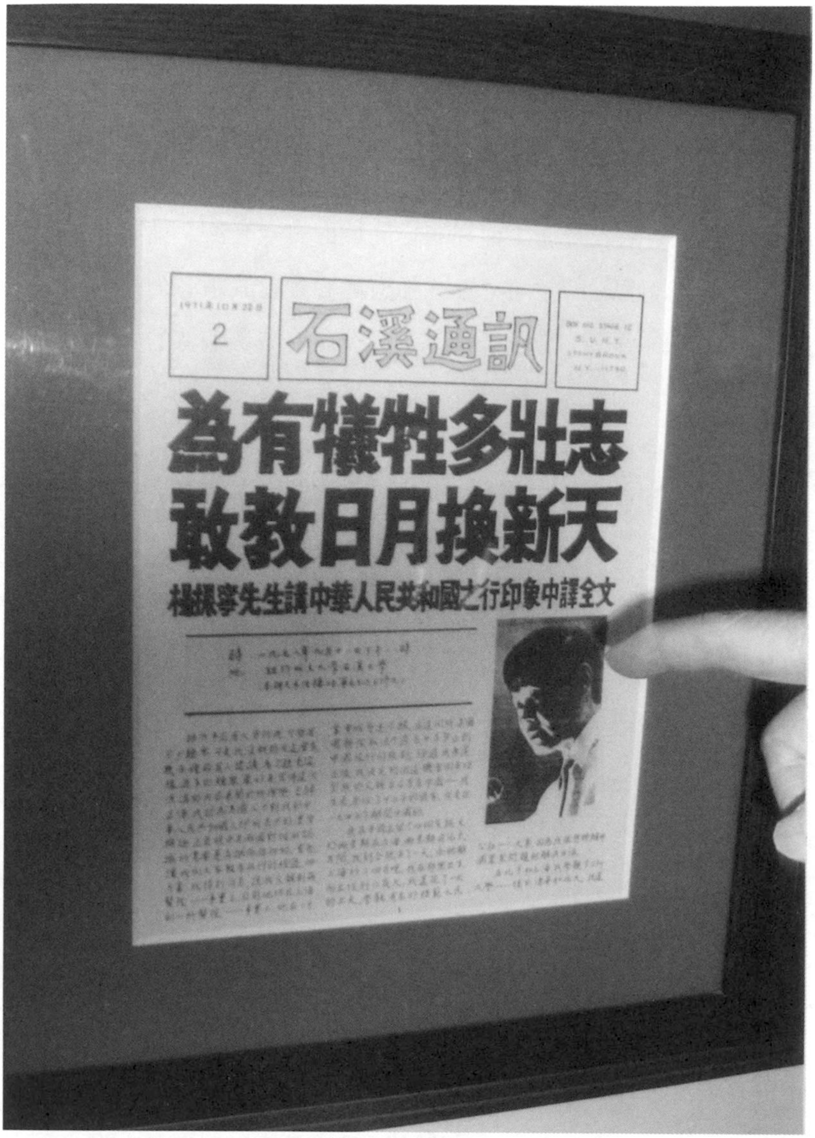

清華大學高等研究院楊振寧辦公室裡至今還有 1971 年 10 月 22 日的《石溪通訊》，上面通排的大字是：「為有犧牲多壯志，敢教日月換新天」。

與楊振寧談了幾乎五個小時，周恩來希望更多地了解美國，而楊振寧也盡可能客觀、詳盡地談了自己的看法。

8 月 4 日，楊振寧登上了八達嶺長城。「嶺斷雲飛迴，關長鳥度遲」，「長城古堞俯滄瀛，百二河山擁上京」……古今文人墨客，該有多少雄奇瑰麗的詩句驚歎長城的險峻奇麗！仰視雄偉關城的古老建築，遠望宛如長龍的城牆，加上這些雄奇瑰麗的詩句，怎會不引起心靈極其敏感的楊振寧澎湃的情感？後來在一次演講中，楊振寧提到了這次在長城參觀時的心情：

> 在此行看到的景色中，令我感觸最深的就是長城了。長城是令人歎為觀止的。它簡單而堅強。它優美地蜿蜒上下，緩慢而穩定地隨着山巒起伏。有時消失於遠處山谷中，那不過是暫時的，終於又堅毅地攀登了下一個高峰。查看它的每一塊磚石，我們會體會到在它的複雜的歷史中，真不知凝聚了多少人的血和汗。可是只有看到它的整體結構，看到它的力量和氣魄以後，我們才會體會到它的真正意義。它是悠長的，它是堅韌的。它有戰術上的靈活，有戰略上的堅定。它的長遠的一統的目的，使它成為自太空接近地球的訪客所最先辨認的人類的創作。
>
> 長城象徵着中國的歷史。它象徵着中國歷史的悠久，它象徵着中國文化的堅韌。它表現出幾千年來無數中國人民的胼手胝足，以及他們的辛勞為人類所做出的優異貢獻。它象徵着歷史上中國統一的觀念：儘管中國歷經盛衰興亡，儘管中國有過多次內戰和朝代的更換，但是，貫穿歷史的只有一個中國。在世界人民心目中只有一個中國，在中國人民的心目中只有一個中國：合則興、分則衰。[24，扉頁]

楊振寧在母校崇德學校門前

1971 年 8 月 4 日上午，
楊振寧登上長城。

長城歷來是中國的象徵，歷代文人墨客都把長城看成是中國歷史的縮影。楊振寧的激情和讚美，當然是可以完全理解的。由上面這段內心表白，我們也可以充分看出他對中國的熱愛和為中國兩岸統一的赤子之心。

在歷時一個多月的參觀和訪問中，他看到中國人民站起來後獨立自主的形象和科學技術上巨大的進步，雖然不理想的地方還很多，但巨大的成就仍然讓楊振寧心潮澎湃、興奮不已。所以，當他回到美國以後，先後四次公開發表演講，介紹新中國的成就，進一步推動中國和美國之間的了解和相互交流。1971 年 11 月，美國《今日物理》雜誌編輯盧伯金 (G. Lubkin) 採訪了楊振寧，在這次採訪中，楊振寧介紹了中國科學發展的情況。後來這次採訪以《對中華人民共和國的物理的印象》為題發表在《今日物理》上。文中有一節標題是「中國的精神」，其中寫道：

> 楊注意到，中國仍是個物質財富貧乏的國家，儘管和他生活在那裡的時候相比已有天壤之別了。然而，中國具備一種美國所缺少的精神和紀律。尼克松總統宣佈新經濟政策時，要求美國人民做出自我犧牲，厲行自持，克勤克儉。在中國，楊説，這種精神理所當然地被人們作為社會的基本信條來奉行。……為人類做貢獻的態度是支持高能物理這樣深奧的領域的理由之一。楊注意到，另外一個理由是科學發展能夠給技術帶來好處。楊舉出生物化學研究所的例子，他在該所會見了幾位 1965 年參加合成胰島素工作的科學家。
>
> 50 年代末他們開始這項工作的時候，中國一無經驗，二無需要的基本化合物。但是他們感到，除非中國動手幹起來，否則將毫無希望。憑着這一條經驗，現在中國正在生產許多化合物，特別是酶，這是中國原

先所沒有掌握的技術。[1，193—194]

楊振寧利用各種機會，不只在美國，還在歐洲、南美洲、亞洲其他各國，不失時機地介紹新中國的情況，極力促進各國與中國的溝通。

自從楊振寧1971年7月首次破冰之旅以後，加上他回到美國之後多次公開演講，大批華裔學人逐漸消除了顧慮，接着一批一批學者開始到中國探親、訪問、旅遊，其中最值得一提的是以林家翹為團長，包括任之恭、何炳棣等20多人組成第一個華裔學者訪問團來到中國，受到毛澤東和周恩來的接見。他們返回美國以後，像波浪一樣產生了更大的影響。林家翹博士在接受記者訪問時表示：他們都是受了楊振寧回國的啟示和鼓舞，才決定到新中國去的。對此，周培源教授說：「楊振寧是美籍華裔科學家訪問中國的第一人，也是架設起中美之間科學家友誼和交流橋樑的第一人。光是這方面的貢獻，楊振寧的成就就是無人能及的。」

在石溪分校物理系任教的美籍華裔物理學家聶華桐教授曾經說：

1971年，中美關係稍有鬆動，他馬上就決定回中國看一看。回到美國以後，他對中國的情形做了很多報告，由於他的名望和地位，他的作風和為人，他的演講和報道在美國社會起了很大的作用。在當時中美關係還沒有解凍的情況下，他這樣做是擔了相當大的風險的，但他認為正面報道中國在各方面的許多發展是他的義務。由於他在學術上的地位，他經常到歐洲、南美洲、東南亞、日本等地去講學或訪問，大家往往都要求他做關於中國情況的報告，他在這些地方的報告，尤其對當地的華僑產生了很大的影響。許多美國人，尤其是科學家對中國持友好的態

度，願意同中國親近，楊先生的功勞是非常之大的。[1，964]

80年代中期擔任美國國務院亞太事務助理國務卿的李潔明（James Ulley）在一次演講中特別提到了楊振寧教授：「諾貝爾物理學獎得主楊振寧博士當年到中國，對中國的現代化有促進作用，而美國目前的政策也是支持及願意協助中國進行現代化的，楊振寧可說是首開其端。」[57，154]

1972年2月20日，在尼克遜總統訪華的時候，楊振寧寫了一篇非常具有政治眼光的文章，這篇文章的題目是《戴高樂式的訪問》。在文章中楊振寧寫道：

昨天晚上，尼克松總統到達中華人民共和國，將與毛澤東主席和周恩來總理舉行會談。這次會談可能取得甚麼成果？幾個月來人們對此有種種猜測，但甚少一致意見。

從歷史的觀點來看，我相信這次會談對國際形勢將產生深遠的影響。顯然，這種看法是安排這次訪問的兩國領導人都同意的，但美國大眾對此點似乎認識不足。一些新聞分析專家甚至傾向於認為，整個事件只不過是大選年玩的把戲。這種說法我們只能認為是缺乏歷史觀的表現。

我去年曾訪問中國，於7月20日到達上海。那時正當尼克松的訪問計劃公佈幾天之後，消息轟動了全中國，人們到處在談論這件事。有人告訴我，戴高樂將軍原計劃訪問中國，但在預定日期前逝世了。大家似乎都高度讚賞戴高樂將軍的遠見卓識。好幾次我聽説，他逝世時，毛主席給戴高樂夫人發了唁電：「謹對他，反法西斯侵略和維護法蘭西民族獨立的不屈戰士，表示誠摯的悼念和敬意。」很清楚，中國人民佩服戴高樂。而且他們佩服毛對戴高樂的歷史貢獻所做的高瞻遠矚的評價。我發現，在中國所聽到的有關尼克松未來訪華的談話，表面雖是強硬的，裡面卻暗含着對他的見識的讚佩。

……

將進行的會談中雙方長遠觀點的討論無疑是關係重大的。因為在高層制定政策，正如人類其他創造活動一樣，是長遠觀點來最後決定整個事業的發展和成績。

……

5 年、10 年或 15 年以後，美國、中國和蘇聯之間的關係在世界上將顯得愈來愈重要。在我看來，美中之間長遠利益的衝突比美蘇或中蘇間的衝突要少。尼克松總統即將做的北京和莫斯科之行，也許不會立刻給國際緊張局勢帶來非常了不起的緩和，但肯定會使三國領導人更加互相了解對方的問題和願望。僅僅這一點，就值得努力安排這兩次旅行。

最近訪問過中國的人幾乎都認為，了解新中國是激動人心的經歷。我毫不懷疑，尼克松總統和夫人以及他們的隨行人員一定會有同樣的感受。中國仍然貧窮，缺乏物質財富，工業技術也十分落後。但前往訪問的人將為其精神所感動。他們會發現，她是最簡單，而又最複雜；最年輕，而又最古老的國家。

我的看法也許不對，但我相信，杜勒斯式的神話一旦破滅，一個知道美國歷史上的清教式的生活的人，一個知道美國向來同情勤勞和有自立精神的人，一個正面對美國當今存在的巨大的社會問題的人，對於中

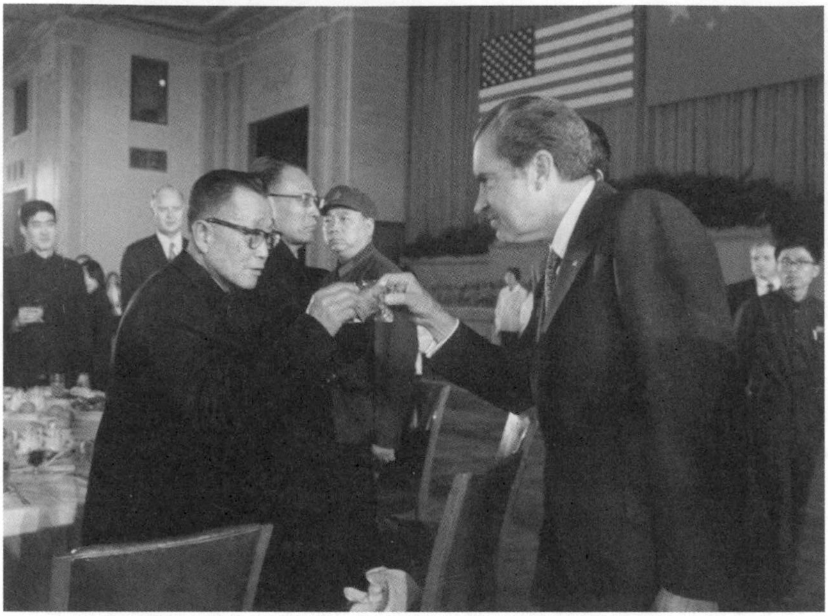

1972 年 2 月，在北京人民大會堂，杜聿明與尼克遜碰杯。

國的新精神便會產生尊重、同情和佩服之情。這也許正是台北和莫斯科對尼克松北京之行在上意識和下意識裡所存在的最深的憂慮。[1，196—198]

30 年過去了，我們可以看到，那時楊振寧的預言，都成了現實。而且，在當時對中國普遍存有誤解和完全不了解的情形下，楊振寧就以大無畏的、實事求是的精神告訴美國人中國的困難和追求進步的精神。

當然，楊振寧畢竟只是一個物理學家，對於政治當然也會有看錯了的時候。但是當他得知自己的確有錯的時候，他會坦然承認，光明磊落，是非分明。第一次訪問中國時，由於中國被封鎖、圍堵了 20 多年，包括楊振寧在內絕大多數人並不太了解中國到底發生了甚麼；而且中國官方那時也刻意封閉了許多內幕，作為物理學家的楊振寧，恐怕也一時難以明辨是非，更何況他處於與父母、弟妹、老師、同學久別重逢的高度興奮和喜悅中，也不大可能對「文化大革命」產生的嚴重後果有充分的認識。這樣，他說了一些與事實嚴重不符的話，並不是甚麼不可理解的事情。在他第一次訪問中國十多年以後，有記者問他：你今天怎麼評價你那時的一些講話呢？楊振寧立即坦然地回答：「我那時沒有了解『文革』的真相，我承認我是蹩腳的新聞記者。可是請注意我不是以一個新聞記者的身份或心情去中國的。」

以後，楊振寧每年都要訪問一次中國，有時一年還不止一次。

1972 年 6 月 16 日，楊振寧第二次回國。在上海探望了父母、弟妹以後，先後到北京、南京、沙石峪、西安、延安和廣州等地訪問，前後歷時五週。6 月 27 日到 7 月 5 日，楊振寧在北京與科學界的朋友舉行了共十次演講和座談。座談的內容十分廣泛，有理論介紹，如規範場理論、統計力學的嚴格解（主要內容為楊—巴克斯特方程）等，有與北京大學物理系工農兵大學生座談等。其中 7 月 4 日下午在北京飯店第二次就「高能物理的發展與展望」座談時，楊振寧的意見與中國物理學家的意見發生了分歧。這次會議的主持人是他當年的老師張文裕教授。當時中國物理學家對於中國高能物理處於閉塞停滯狀態非常擔憂，希望能夠迅速發展建造大的加速器，趕上世界先進水平，並以此培養高能物理學人才。這種急切的願望當然可以理解，但是，當時中國正在「文化大革命」中，經濟處於崩潰邊緣，大學六年沒有（通過高考）招生，工農兵大學生也只是剛開始招收，各種各樣的科學人才都處於極端缺乏狀態。考慮到這種情況，楊振寧對於一些人建議用巨額經費來建造大型加速器持堅決反對態度。無論參加座談的物理學家用甚麼樣的理由反駁楊振寧，他都堅持當時絕對不能建造大型加速器。他的觀點是：「拿幾千萬美元的投資來發展高能加速器，從中國工業發展來看，我很難投票贊成。」當時有一位物理學家生氣地說：那我們就一直保持與國外的這個很大的差距？楊振寧回答：

> 我不是說永遠保持這個距離。中國去年的鋼產量是 2100 萬噸，可以等這個數字增加三倍以後再來討論。這個數字是美國和蘇聯的六分之一，但美國和蘇聯的人口是中國的三分之二。中國有很多別的事情要做，中國應當對人類有較大的貢獻，但我不覺得應當就是在高能加速器方面。[119，4]

楊振寧這樣說可能基於幾個方面的原因，一是中國當時的經濟處於崩潰狀態，奢談大型加速器實在不現實；二是楊振寧更加擔憂的是當時中國的高等教育幾乎完全處於停滯狀態，各門學科都處於嚴重缺乏後繼人才的狀況。所以他幾乎是非常着急地說：

> 在物理方面，中國急需大量物理人才。由於「文化大革命」，教育中斷了，空缺要彌補，各方面的人才都要培養。普遍現象是業務隔離，各人只管一小方面，彼此不發生興趣，而科學發展要求彼此發生興趣。要多開學術討論會，多鼓勵青年人參加學術討論會，這是必要的。目前的教育制度是否與要求培養更多的科學人才有矛盾，我對中國的情況不太了解。經過「文化大革命」，教育有新的哲學，怎樣在這個哲學中把這些矛盾都解決。討論這個問題比討論十年後造大加速器重要得多！[119，18]

這一次座談會，儘管楊振寧急切地表示了自己的想法，但是由於他直言不諱的為人風格一時沒有被人理解，因而引起了一些人的誤解和不滿意。但是，楊振寧還是想辦法把自己的這層擔憂告知了他能夠接觸到的人。

周恩來總理十分誠懇地請楊振寧對中國當時的教育和科研提出意見和建議。楊振寧在兩次回國後了解到當時中國政府把大批知識分子、科學家下放到工廠、農村，作為改造對象而從事他們幾乎力所不能及的沉重而又簡單的體力勞動，心中十分痛心，認為這種不重視知識和嚴重浪費人才的現象應該迅速遏止。楊振寧直言不諱地提出：

> 中國在教學科研中重視理論和實踐的結合，這是很好的，在經濟比較落後的條件下，這也是必需的。但是目前中國理工科大學不重視基礎教學和理論研究，這是目光短淺的表現，應引起重視。在科研機關裡，也存在着不重視基礎理論的傾向。[120，15]

楊振寧還提出在中國科研經費匱乏的情況下，應發展不要花大錢的科目，如拓撲學的研究等。他還建議要注意落實知識分子的政策，如果大學只招收工農兵家庭的子女，這不利於團結知識分子。楊振寧特地提到了他的老師張文裕、王承書夫婦的獨子張哲，張哲因為出身知識分子家庭而不能報考大學，楊振寧認為這是很不合理的事情。

楊振寧的意見引起了周恩來總理的高度關切。在 7 月 2 日（第二次「高能物理的發展與展望」座談會的前兩天）會見楊振寧的時候，周總理對楊振寧說：「楊先生說我們的理論太貧乏了，而且我們也不跟人家交流，恐怕這話有道理，你看到了我們的毛病了。」

7 月 14 日，周總理在會見由林家翹、任之恭率領的美籍華人學者參觀團和美籍華人學者訪問團全體成員時，在談話中再次稱讚楊振寧提出的重要意見，並對陪同會見的中國科學技術協會副主席、北京大學革委會副主任周培源說：「你回去把北大理科辦好，把基礎理論水平提高。這是我交給你的任務。有甚麼障礙要掃除，有甚麼釘子要拔掉。……今天向周博士將一軍，請他提倡一下理論。」

周培源深知周總理一向都重視基礎理論的研究，但是在「文化大革命」時期教育事業受到嚴重的破壞，正常的教育秩序被打亂，高校基礎理論的教學和研究實際上處於停頓狀態，大學多年不招生使得後繼人才嚴重匱缺的時刻，周培源聽到周總理交代的任務備受鼓舞，並且立即行動起來。7 月 20

1973 年，周恩來與楊振寧。

日，他向周總理提交了《關於加強基礎理論和科學研究的建議》。

後來由於「四人幫」的瘋狂阻撓，周總理的指示和周培源的《建議》都沒有貫徹下去。但是楊振寧的意見和建議像一股春風，吹暖了寒冬中中國知識分子的心田，他們看到了大地將要回春的前景。在「文化大革命」結束以後，《建議》立刻得到充分的貫徹和執行。

1973 年 5 月 4 日，楊振寧第三次回國，探望病危的父親。5 月 12 日，楊武之病重去世。5 月 15 日，在復旦大學為楊武之舉行的追悼會上，楊振寧在講話中說道：

> 父親為人純真謙虛，力爭上游，是接觸過他的人都有的印象。
>
> 父親給我們子女們的影響很大。從我自己來講：我小時候受到他的影響而早年對數學發生濃厚的興趣，這對我後來進入物理學工作有決定性的影響。
>
> ……近兩年來父親身體日衰。他自己體會到這一點，也就對我們的一切思想和行為想得很多。1971 年、1972 年我來上海探望他，他和我談了許多話，歸結起來他再三要我把眼光放遠，看清歷史演變的潮流，這個教訓兩年來在我身上產生了很大的影響。
>
> 父親於 1973 年 5 月 12 日長辭人世。在他的一生 77 年的時間裡，歷史有了驚天動地的演變。昨天收到他一位老同學，又是老同事的信，上面說：「在青年時代，我們都嚮往一個繁榮昌盛的新中國。解放以後二十多年來在毛主席和中國共產黨的英明領導下，當時我們青年夢寐以求的這個新中國實現了。」我想新中國實現的這個偉大的歷史事實以及它對於世界前途的意義，正是父親要求我們清楚地掌握的。[1，208–209]

左起：鄧稼先、王承書、楊振寧、張文裕，1971 年攝於北京友誼賓館。

同年 7 月 12 日，楊振寧第四次到北京訪問，夫人杜致禮也陪他一起來了。這一次，他提出希望拜會毛澤東主席。這一願望實現了。7 月 17 日，楊振寧在周培源的陪同下，到中南海毛澤東那有名的書房裡見到了毛澤東主席。陪同會見的還有周恩來總理。最初，楊振寧聽不懂毛澤東講的湖南話，周恩來便在一旁做些解釋。毛澤東談話喜歡談大問題，比較帶有哲學性質的問題；當然，他也和楊振寧談與科學有關的哲學問題。

周恩來很希望利用楊振寧拜見毛澤東這難得的機會，讓楊振寧談談他有甚麼好辦法，來激勵中國科學的發展。楊振寧立即建議説：「尤其值得做的事也許是把 *Scientific American*（《科學美國人》）譯成中文……」後來這個建議果然得到實現，由中國科學技術情報所重慶分所負責出版這份刊物，至今沒有中斷。[1]

---

〔1〕2006 年 1 月，這份刊物改名為《環球科學》，但是仍有 70% 的文章來自《科學美國人》英文版，這是一份高品質的科普讀物。

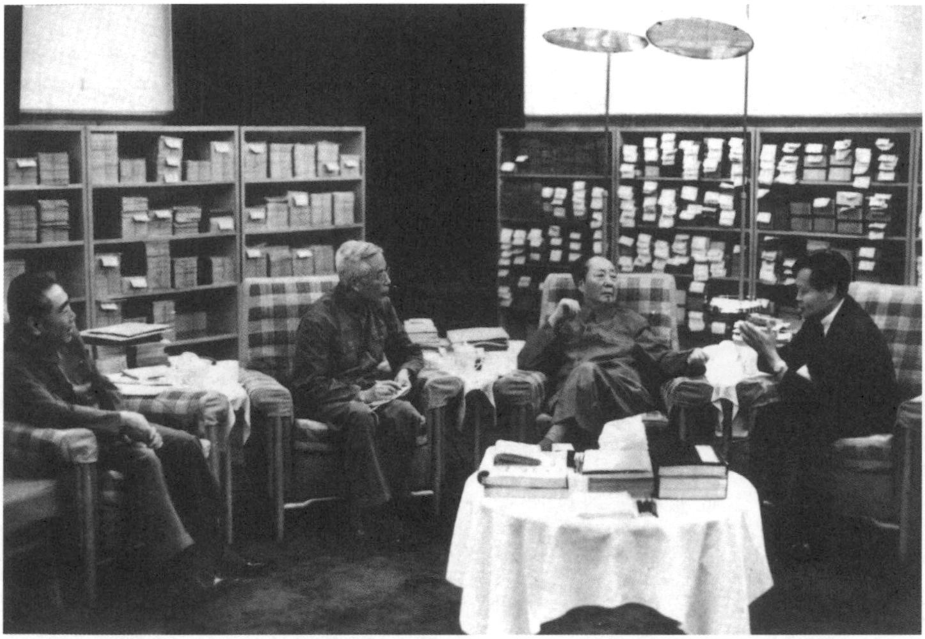

1973 年 7 月 17 日，毛澤東在他那有名的書房裡接見了楊振寧。左起：周恩來、周培源、毛澤東和楊振寧。

他們談了一個半小時。談話結束以後，楊振寧快走到書房門口時，毛澤東和他握了握手，並且說，他年輕的時候也希望在科學上能夠有所貢獻，不過自己沒有做到；他還說，楊振寧能夠對人類科學有所貢獻，他很高興。楊振寧後來說，毛澤東說的這個話，顯然是真心的，不是甚麼客氣話。

由於這次是毛澤東第一次會見華裔科學家，因此引起了國內外廣泛的關注，以致楊振寧不論走到世界哪兒，都有不少記者追逐採訪他，想盡量挖出一點毛澤東與楊振寧到底談了些甚麼的資料。而對於楊振寧來說，與毛澤東會見當然會給他留下深刻難忘的印象。毛澤東的雄才大略和極度自信，是楊振寧無法忘懷的；至於毛澤東的詩詞，楊振寧則認為不但寫得好，而且其氣魄之大，不能不讓人為之震撼。

1973年7月27日，香港《大公報》轉載日本《讀賣新聞》刊登的日本教授中村誠太郎與楊振寧的談話，標題是《楊振寧談四訪中國》，文中寫道：

中村：與毛主席的會見，情況如何？

楊：毛主席精神非常之好，跟我談上下古今極有意義的話，甚至幽默的話。

中村：主席有沒有提到對中國科學的指導概念呢？

楊：主席沒有提到這一點，不過對於科學非常注意。作為一個大國的首腦當然如此。不過，其中也有個人的關心。在我臨離開向毛主席告別的時候，毛主席說他很高興我在科學方面對世界有一些貢獻。他又說，他自己也希望能給世界有一些（科學）貢獻，不過他未能做到。

中村：科學文獻等等，主席也過目嗎？

楊：主席造詣非常之深〔1〕，對於我在1956年的研究還記得很清楚。不僅詢問了宇稱的守恆、非守恆的問題，而且問到了光子的性質和質子的可分與不可分性。

中村：那不是學者之間最新討論要解決的問題嗎？

楊：可不是！如果可分，可分之後又有甚麼變化，這是我們還弄不清的難題。

〔1〕 翻譯有誤，這句話原文是“very interested and has profound knowledge”，譯成中文是「他對物理頗有興趣，也具有深度的認識」。

中村：簡單來說，主席對於中國科學的想法是怎樣的？

楊：我只能憑印象來說。總而言之，主席對於中國出生的我，能對世界物理學做出貢獻，很是高興。而且，在主席的影響之下，中國按照理想主義來處理科學，希望它的成果能對全人類做出貢獻。

過了不到兩個月，香港《文匯報》在1973年9月11日轉載了留美中國學生刊物《星報》上的一篇文章，標題是《楊振寧三談毛主席會見》。

文章開始是楊振寧做了一點有關會見的緣起等方面的介紹：

情形是這樣的，我到了國內，便提出要求說，不知可否見到毛主席。接着便自以為不妥，怕毛主席太忙。接待的同志倒不以為有甚麼不妥，每個人都想見毛主席，沒有甚麼奇怪。

那天是由周培源先生陪我去中南海的。到了毛主席書房，周總理出來迎接我們，隨後陪我們進去，把我介紹給毛主席。最初是周培源先生和我坐在毛主席兩旁，由於我最初聽不懂湖南話的成語，周總理就和周培源先生換了位置，靠近主席坐着，以便給我們解釋。

接着回答記者問題。

問：主席書房大麼？陳設如何？

答：相當大，我見到了三進，第一進小一點；第二進特別大，可以接見許多人；第三進是我們見到毛主席的地方，大概有七八百平方英尺（約六七十平方米）吧。陳設情形，說實在話，當時都無心留意，倒要回來看看相片才想得起來。只覺得牆上有些字畫，地上有沒有地毯都記不清了。

問：您和中村的對話中，您說毛主席的物理造詣很深，您是這麼說的麼？

答：這話是經過英文譯日文、日文譯中文走了樣。我當時是用英文，是 very interested and has profound knowledge。

問：這個結論是怎麼得出來的呢？

答：這是一個總的印象，從和主席談話一個半小時得到的。

問：主席也問起宇稱守恆定律了麼？

答：是，主席說，宇稱也可以是守恆，也可以說是不守恆，對麼？這顯示他在這方面有很正確的看法。

問：您會不會覺得，在接見您之前，主席讀了一些這方面的書，或者和甚麼人討論過這方面的事情？

答：我完全不這麼想，我的印象是主席一向對這方面十分關切。平時就讀過許多，談來如數家珍、毫不生硬。總之，主席在這方面的了解，至少是 *Scientific American* 的水平。

問：周總理也談物理麼？

答：不太一樣，總理和主席不一樣。

問：怎麼說呢？

答：比如說，主席問我在物理中，理論和思想的關係與哲學中的用法有甚麼不同，在我思索時，周培源先生替我答覆，周總理也談了話。

問：這麼說來，周總理也很懂物理麼？

答：也不是，周總理是從日常生活中理論和思想的關係談起的。主席給我的印象，則是一位喜歡從大處、遠處着想的人，這在我沒有見到他以前從他的選集和詩詞中已經很有體會了。而且，除非是平常對用字觀察很細緻，推敲要求精確的人，不然不會留意這樣的問題。

問：您覺得主席接見您的意義何在呢？

答：哈！這方面的猜測已經太多了，右派、「左」派各有解釋。在我看來，一方面是主席對科學工作者的重視，另一方面是主席對海外中國人的關切。

到了 1977 年，中國和美國交往增多，中美關係受到越來越多海外華人的注意。這年夏天，楊振寧正在新疆烏魯木齊飛機場等候飛機的時候，恰好何炳棣也在烏魯木齊，還知道楊振寧在飛機場候機，於是他特地找到楊振寧商議，很多美國華人希望在美國建立一個「全美華人協會」，希望楊振寧關注這一大事。後來這個協會建成了，而且在眾多朋友和有關人士的極力勸說下，楊振寧最後同意擔任全美華人協會會長，何炳棣先生任副會長。從此，他為中美之間的交流、溝通做了更多的工作；雖然困難重重甚至還遭到美國聯邦調查局的刁難，但他寧願忍受種種非議，也絕不動搖他的這種擴大中美溝通渠道、增進理解的活動。

1979 年中美正式建交以後，1 月 30 日，在華盛頓特區希爾頓酒店為歡迎鄧小平副總理訪美舉行的盛大歡迎會上，楊振寧作為全美華人協會會長致歡迎詞。楊振寧熱情洋溢、感人至深的歡迎詞如下：

鄧總理、鄧夫人、各位貴賓：

我代表全美華人協會和全美各界華人熱烈歡迎你們光臨這個宴會！

為了寫今天這個短短的講詞，我花了很多的時間，稿紙一張一張地都被送到字紙簍裡面去。這使我想起40多年前的一個類似的經驗。那時候我在北京崇德中學初中念書。為了參加中山公園裡面的初中生演講競賽，記得我非常緊張，好幾個晚上不能睡覺。我的講題是「中學生的責任」——那是一二．九、一二．一六的時代。

中美建交和鄧副總理的訪問是近代史上的分水嶺性的發展。國際關係從今開始了新紀元。美中兩國的學術、文化和商業旅遊等一切交流都將大大擴展。我們全美華人家庭團聚的機會也將大大增加。

為了慶祝中美建交，為了慶祝鄧副總理和各位貴賓的訪問，我們和美中友好協會合辦了今天的宴會。我們特別要感謝鄧副總理接受了我們的邀請。鄧副總理，你的光臨使得在座的500位主人每人都感到他自己也在中美建交這個劃時代的歷史事件中盡了少許的力量，也在美中兩大民族間的友誼橋樑的建築工程中放上了幾塊小小的基石！

楊振寧用下面的話結束了自己的發言：

我們深深知道因為我們同時扎根於中美兩大民族的文化，我們對增進兩國間的友好和了解肩負着特別的責任。在今天這個場合，全美華人協會和全美各界華人重申我們將繼續為建造兩大民族間的友誼橋樑盡我們每一個人的責任。我們知道沒有這座橋樑，世界不可能有真正的和平與安定。[1，279–280]

左起：熊向暉、鄧穎超、羅孟華、楊振寧，攝於 1976 年。

左起：楊振寧、杜致禮、鄧小平，1979 年 1 月 30 日攝於華盛頓特區希爾頓酒店。

四、致力中國科學的發展

1993 年 4 月 27 日，楊振寧在香港大學做題為「近代科學進入中國的回顧與前瞻」的演講時說，中國在 20 世紀經歷了許許多多、大大小小的危機，但是都先後被克服化解了，因此他大膽預言：

> 這些危機沒有一個阻止得了中國在這個世紀科技上的卓越飛躍。為甚麼？因為做科學工作其實並不困難。必要的條件只是上面所講的四項，可以概括為才幹、紀律、決心與經濟支援。中國在這個世紀已經具備了前三項條件，到了下一個世紀將四者俱備。
>
> 所以我的結論是，到了 21 世紀中葉，中國極可能成為一個世界級的科技強國。[1，795]

楊振寧不僅僅是這麼說，而且還為實現他和一代中國人的這個夢想，踏踏實實、嘔心瀝血地為祖國貢獻他所有的力量。一方面他多次向中國政府提出建設性的意見，另一方面他利用自己特殊的身份和諸多良好的社會關係，請來一些一流學者到中國各個大學做學術演講和學術交流，此外，還費盡心血地籌集規模大小各不相同的基金和設立各種各樣的獎金。

從 1980 年開始，在楊振寧的直接發起和倡導下，先後設立了「與中國教育交流委員會」、「中山大學高等學術研究中心基金會」、「清華大學高等研究中心基金會有限公司」、「北美清華教育基金會」，以及幫助和促進「邵逸夫獎」、「何梁何利基金」、「求是科技基金會」等的建立。

1. 與中國教育交流委員會

1973 年，國際高能碰撞會議在石溪召開，楊振寧親自給中國有關方面發了邀請函，中國派出了三位年輕的教授汪容、高崇壽和李炳安。這是新中國第一次派往美國的學者，意義非同小可。楊振寧也知道其中包含的深刻意義，所以親自開車到機場接待這三位學者。

1974 年，在訪問上海的時候，楊振寧與復旦大學數學家谷超豪有一段密切的合作，這對於一直處於封閉環境的谷超豪來説，無疑是一次絕好的與世界接軌的時機。對此，谷超豪教授有過一段親切的回憶：

> 1974 年，楊先生訪問上海，提出和復旦大學有關數學方面的老師（特別是微分幾何）合作搞研究，復旦方面成立了一個由數學、物理兩方面的教師組成的小組，由我負責，開始和楊先生合作。在近十天的時間裡，我們幾乎每天見面。他向我們介紹規範場，提出若干問題；我們也對規範場的纖維叢聯絡的關係做了若干説明。楊先生很高興，當時就形成了若干應該研究的問題，並就這些問題取得了成果。楊先生當時認為，這些成果可以發表，並建議我去石溪分校工作一段時間。當時後一個問題是無法實現的（即去石溪分校工作），但共同成果整理成為論文，在《復旦學報》和《中國科學》上發表。
>
> 在合作討論過程中，楊先生不斷向我們介紹了理論物理和數學上的新方向。十年動亂期間，我國對外聯繫很少，理論研究處於被批判狀態，楊先生的到來給我們帶來了許多重要信息。就數學方面來説，除了規範場的數學問題之外，他還向我們介紹了孤粒子理論等重要研究方

向。他關於合作研究的倡議和行動，使我們的理論研究得以恢復，並為我們提供了重要的研究方向，影響是很深遠的。[57，161–163]

1979年，楊振寧邀請谷超豪到石溪分校做一年多的工作訪問；以後谷超豪曾多次去石溪訪問。1980年，楊振寧被復旦大學聘為名譽教授。這是復旦大學最早的一位名譽教授。在楊振寧的建議下，復旦大學與紐約州立大學簽訂了交流協議。

谷超豪頗有成效的訪問，只是中國學者與紐約州立大學石溪分校交往的一個例子，交往更多的是楊振寧啟動了資助更多中國學者到石溪訪問的CEEC計劃。

1980年，楊振寧在他所任職的紐約州立大學石溪分校發起組織「與中國教育交流委員會」(Committee on Education Exchange with China，CEEC)，它的目的是資助中國學者作為訪問學者到石溪分校研究、講演。資金由楊振寧在中國香港、美國等地募捐籌集而來，其中包括利氏獎金、應行久夫人獎金、葛任門獎金、方樹泉獎金、楊志雲獎金、馮景禧獎金、何善衡獎金、呂寧榮獎金、梁銶琚獎金、查濟民獎金、劉永齡獎金和旭日集團獎金共12個獎金。每一個獎金每一年為訪問學者提供12000美元，每一位訪問學者得到哪一個獎金就被稱為哪個獎金的學者。例如楊福家先生拿的是應行久夫人獎金，那麼他就是應行久夫人獎金學者。每一位訪問學者原來的機構，按照規定還應該為他們支付另一半薪水12000美元。

從1981年開始到1992年的12年裡，12個獎金為80多位學者提供了訪問學者的資助，其中利氏獎金提供了19位學者的資助，梁銶琚獎金13位，葛任門獎金10位，何善衡獎金9位，應行久夫人獎金7位，呂寧榮獎金

6 位，楊志雲獎金、查濟民獎金和旭日集團獎金各 4 位，方樹泉獎金 3 位，劉永齡獎金和馮景禧獎金各 2 位。

來自中國復旦大學、上海交通大學、北京大學、中國科學技術大學、蘭州大學、南開大學、中央藝術學院等不同高校，和中國高能所、社會學所、西藏博物館、上海腦研究所以及中國電影學會等研究機構的學者，先後在石溪分校訪問約 10 個月的時間裡，自由地從事自己的研究；研究的範圍非常廣泛，包括人類學、社會科學以及工程、自然科學等，沒有任何限制。

為了能夠及時募集到足夠的資金，楊振寧要花費很多心血。例如，1986 年在 51 位訪問學者得到資助來到石溪以後，楊振寧在這年的 12 月 9 日，又給所有 CEEC 的捐贈人寫了一封信：

> CEEC 一直得到捐助者慷慨的資助。在過去的五年裡有超過 50 位訪問學者在 CEEC 計劃中的科學、技術和人文科學等領域裡繼續進行研究。我在附信裡列出他們的名單。
>
> 大部分訪問學者發表了論文，並在論文裡感謝捐助者和 CEEC。我相信你們中有些人已收到這些文章的預印本。
>
> 在與中國政府領導人和行政人員的談話中，我得知他們非常感謝你們慷慨地支持這個計劃。
>
> 我呼籲你們繼續支持 1987—1988 年度的計劃，並希望你們能夠繼續幫助一個或更多的訪問學者。每一個人需要 12000 美元。這些捐贈在美國是免稅的。[1]

---

〔1〕香港中文大學楊振寧學術資料館，“C. N. Yang to Contributors of CEEC Fellow-ship”, December 9, 1986。

一旦資金到位，楊振寧對於這些中國來的學者又會一一做好安排，並且仔細過問他們的研究方向和進展。這 80 多位學者在完成進修和學術交流以後，絕大部分回國了，其中相當大的一部分此後做出了出色的工作。例如谷超豪（1979 年及以後多次訪問石溪）、楊福家（1981 年 9 月—1982 年 1 月）、陳佳洱（1982 年 9 月—1983 年 1 月）、葛墨林（1983 年 9 月—1984 年 1 月）、王元（1992 年 11 月—1993 年 3 月）和孫昌璞（1992 年 10 月—1993 年 6 月）等學者，後來都因為學術上的造詣而先後成為中國科學院院士。

1982 年 6 月 20 日，楊振寧在石溪對中國來的訪問學者和研究生做了一次演講。在演講中楊振寧説：

> 對大家做學問的方法我有幾點建議。第一個建議是隨時盡量把自己的知識面變廣一些。比如説隨時到圖書館去瀏覽一下，「開卷有益」這句話不是沒有道理的。是不是一個人會被研究工作跟生活壓迫得透不過氣來，不能夠花時間到圖書館去走走看看呢？我想這當然也是因人而異。不過一般講起來，不管多麼忙，抽空去使自己知識寬廣化最後總是有好處的。……
>
> 第二個建議是不要鑽牛角尖。假如你做一件事情做得很苦，我想也許值得考慮不要做這個東西了，去另外想想別的東西。一個學問的前線的方向是很多的，有許多有生氣的方向。最好走向這些有生氣的方向。牛角尖不是絕對不可以鑽，但是必須保持主動性，保持有見機而退的能力與勇氣。
>
> 第三點建議其實跟剛才所講的第一點有很密切的關係。我覺得學習有兩個辦法。一個辦法是按部就班的；一個辦法是滲透性的。……

最後我有一點也希望給大家講的，就是做研究工作到最後必須要做自己所做的東西，不是在那兒跟着別人跑。老跟人跑的研究工作，不大可能是有真正重要的建樹的。這當然並不是説一開始就非要獨創一家不可，那是不可能的。學問是累積起來的，所以必須要先學習別人所做的東西，然後才可能有自己的見解。不過，在學習過了一個相當程度以後，必須要發展自己的見解。不能老跟着當時「權威性」的看法跑。[1，381—382]

北京高能研究所退休的教授馬中騏，親身感受到楊振寧的建議對中國學者來説非常中肯。他是 1984 年 9 月—1985 年 6 月到石溪分校的一位訪問學者。

馬中騏 1956 年考取蘭州大學物理系，「文化大革命」前夕成為物理學家胡寧院士的研究生。可惜「文化大革命」的爆發中斷了他的學業，他像許許多多研究生一樣，在蹉跎歲月中浪費了近十年的青春年華。「文化大革命」結束後，他再次報考研究生，重新在胡寧院士的指導下完成學業，成為新中國自己培養的第一批博士，他的博士證書號碼是第一號。1984 年 9 月底，他來到石溪分校。

剛到石溪分校的第一天，馬中騏就立即去拜見楊振寧先生，彙報工作計劃。因為過去他做過磁單極方面的研究，因此想繼續做這方面的工作，同時也想開展有關萊文森定理（Levinson theorem）的研究。楊先生聽完後説：「磁單極的工作可以做，但這只是跟着別人後面做。而萊文森定理的研究就不一樣，這是基礎性的工作，是將來可以留得下來的工作。……甚麼是重要的工作？基本的工作就是重要的工作。」還説他最近發現用斯圖姆—劉維爾定理

馬中騏和楊振寧，1985 年元旦攝於石溪。

(Sturm-Liouville theorem) 研究磁單極問題很有效，相信對萊文森定理的研究也會很有效。因此建議馬中騏用斯圖姆—劉維爾定理來研究萊文森定理，並給了他一篇已經發表的短文，這是他在一個會議上的報告。馬中騏後來回憶：「剛過一個星期，他就來我的辦公室檢查工作。我説那篇文章太簡略了，看不懂。楊先生立即帶我去他的辦公室，找出他準備那個報告時的計算手稿，有一百多頁，讓我學習，我在了解楊先生的方法以後，把它應用到狄拉克方程式的萊文森定理，果然見了成效。我完成工作後，他還親自為我審閱文章初稿，提出修改意見。在楊先生的指引下，直到今天，我一直關注帶基本性的工作。」[1]

回國後，馬中騏又做出了一些有原創性的重要研究。2001 年 8 月和 2004

〔1〕 2004 年 3 月 18 日採訪馬中騏的記錄。

年2月，楊振寧兩次約見馬中騏，繼續關注馬中騏的研究，對他的一些想法和結果給予肯定、鼓勵和指導。2009年，楊振寧與馬中騏合作在新的冷原子領域做研究，已經寫出了幾篇重要的文章。

2009年，谷超豪（與孫家棟）獲得2009年度國家最高科學技術獎。在告示中有這樣一段話：

> 楊振寧和R. 米爾斯提出的規範場理論是物理學中一項極為重要的成果。1974年，谷超豪在與楊振寧合作時，他最早得到經典規範場初始值問題解的存在性，對經典規範場的數學理論做出了突出貢獻。後來谷超豪又給出了所有可能的球對稱的規範場的表示；首次將纖維叢上的和李群的理論應用於閉環路位相因子的研究，揭示了規範場的數學本質，並應邀在著名數學物理雜誌《物理學報告》上發表專輯。

2. 中山大學高等學術研究中心基金會

1982年春天，在香港中文大學科學館楊振寧教授辦公室裡，楊振寧與香港中文大學的陳耀華和廣州中山大學李華鍾兩位教授聊天。他們認為香港的工商界富豪對社會的捐贈一向熱心，尤其對於大學教育十分樂意捐贈資助；而當時內地在「文革」後，撥亂反正，百廢待興，大學經費很少。因此他們建議考慮在香港成立一個基金會，請工商界人士捐資，用於資助和支持中山大學一些基礎研究項目。

做了初步接觸商議以後，籌備工作在1982年下半年開始了。首先是中山大學校友、香港商人王文鈞贊助了籌備事務的必需開支；接着，由中山大學人類學教授梁釗滔教授引介，香港恒生銀行董事長梁銶琚先生成為第一位捐資人。此後，香港商界知名人士楊志雲、冼為堅、鄭裕彤、于元平、曾憲梓等先生的捐贈為基金會奠定了基礎。

1983 年 8 月，中山大學高等學術研究中心基金會在香港作為非牟利機構註冊成立。基金會的董事會選舉楊振寧教授為主席，冼為堅先生為副主席；董事會裡有香港高等教育知名人士、香港中文大學前校長馬臨教授和楊綱凱教授、陳耀華教授，還有中山大學的李華鍾教授。與此同時，楊振寧作為基金會董事會主席與中山大學校長黃煥秋正式商談，在中山大學相應成立了中山大學高等學術研究中心，接受基金會對中山大學的基礎研究項目資助。從此，基金會對中山大學基礎研究開始了連續 24 年（1983—2008）的資助。

資助正式啟用之前，楊振寧教授為基金會的運作擬訂了詳細的建議和細則，董事會下述的各種決定都是基於楊振寧教授的建議和理念，經過 20 多年的實踐證明可行和有效。

1983 年，基金會籌得了第一筆基金後，面臨着三個抉擇：第一個抉擇，是否按當時內地流行的做法，先建一座大樓。董事會認為建樓不是一種好的做法，他們決定先資助研究項目，開展實際的研究。第二個抉擇，是否按照當時的普遍認識，資助有經濟效益的研究課題。但董事會決定資助學術性較強、在中山大學裡基礎較好但無經濟效益的方向。這些研究當時缺乏經費，難以為繼，對它們的資助是雪中送炭。董事會基於這些考慮和量力而為的財政能力，決定資助的研究領域是人類學、古文字學、民族學、民俗學、考古學、數學和理論物理學等，基金會的資助使這些領域在它們最困難的時期得以繼續，以後在 90 年代有較好的發展。第三個抉擇，是評審評估一個申請課題是以學術評估為主導，還是以當時通行的行政為主導。董事會決定，申請項目是否批准必須基於純粹的學術評估，行政不參與、不干預申請的評估，為此董事會設立學術委員會，以香港中文大學物理系楊綱凱教授為主席，實行公平公正的評審。

董事會明確認識到，資助必須落實到第一線工作的實踐者，而不是一些只掛名領銜的「科研老闆」和科學社會活動家。鑒於當時大學教師科研人員工資收入普遍較低，董事會決定給予項目參與人員生活津貼。

此後，基金會得到足夠的捐助，於 1989 年底在中山大學建成被命名為「冼為堅堂」的研究中心大樓。與此同時，董事會決定在大樓裡豎立楊振寧教授半身銅像，由著名雕塑家潘鶴先生（1925–2020）塑造。這是全國也可能是全世界第一座楊振寧雕像。後來楊振寧提出他實在是太忙，請求辭去基金會主席一職。經過多次討論，董事會接納了這個提議：2004 年 3 月 1 日，基金會主席由冼為堅擔任。

中山大學冼為堅堂裡的楊振寧塑像

2007年3月，董事會決議基金會結束，按照基金會成立之時的章程，將財產全部無償無條件移交贈送給中山大學。基金會結束不是由於缺乏資源，當時基金會還有人民幣1000多萬元，基金會認為它的歷史任務已經完成。2007年5月，基金會將全部財產，包括現金1100萬元及冼為堅堂等移交中山大學；基金會也同時正式撤銷。基金會歷年資助中山大學高等學術研究中心共約3500萬元（其中港幣1110萬元，人民幣1226萬元，現存現金人民幣1100萬元），資助了上百個研究項目，建立冼為堅堂一座。

回顧這不平凡的24年歷程，基金會在楊振寧的精心關懷和具體領導下取得了圓滿的成功。這些看起來似乎簡易但執行起來十分困難的規則，是維持基金會24年的基本經驗，它們對於國內許多研究機構和團體有一定的借鑒作用。董事會全體成員全部是義務服務，不謀私利、同心同德，這也是這個基金會圓滿成功的基本原因之一。

3. 南開大學數學所的理論物理研究室

1986年6月6日，楊振寧受聘為南開大學名譽教授。在受聘儀式上，楊振寧做了題為「重視科學傳統」的演說：

> 我非常高興今天成為這個學術風氣非常深厚的、學術傳統很長久的學校的名譽教授。而且，我跟南開大學的關係，跟南開大學學術傳統的關係，還不止於此。因為我是西南聯大畢業的，所以，也是南開的校友。因為我一生研究工作有兩個最主要的方面：統計力學和對稱原理，基本粒子的對稱原理。規範場，是一個新的、非常大的一個對稱。宇稱不守恆，當然更與對稱性有直接的關係。而我對於對稱性發生關係是起

楊振寧接受南開大學校長母國光教授授予的名譽教授聘書。

源於我的學士論文，這論文是跟吳大猷先生做的。大家知道，吳大猷先生是南開畢業生，他對於南開有深厚的感情。所以，可以說，我是南開大學學生的學生。今天做了名譽教授當然很高興。[2，165–166]

6 月 7 日，楊振寧在與南開大學物理系部分教師座談時說：

中國要努力發展物理學。不過，這是非常困難的一件事。……可是，物理學中有一部分，就是基本的理論物理這一部分，它的發展，在一定程度內……恐怕應是中國最先發展、容易成功的方向。

我跟很多人說到過，比方說蘇聯，蘇聯在基本物理學方面最大的成就是在理論方面，常常是與數學有非常密切聯繫的一些理論方面。我想以後這現象還要更加厲害。因為實驗物理越來越複雜，不只是高能物理，就是技術物理也越來越複雜。在這個情形下，各個國家，尤其是蘇聯，將來的基本物理最容易佔先的，還是只動腦筋的方面。這個現象，再過20年、30年更會有增無已。這不是一個人、兩個人甚至一個國家所能左右的方向。這是一個事實。

前幾年，我就提出來是不是可以研究成立一個組，聯合中國各個方面各個地方的人才，來研究一個題目，叫作可積系統和凝聚態物理中的一維、二維模型。做這個方面工作的人非常多，從抽象方面搞到規範場，具體方面與固體物理有密切的關係，與實驗固體物理也有密切的關係。我們原來想的是很空洞的方向，需要把它凝集到具體方向。我想，假如在南開數學所有一個組，向這個方向發展，這是非常有利，可能做出很多事情的方向。[2，167]

楊振寧的這項建議很快得到重視，在陳省身領導的南開數學所，成立了由楊振寧領導的理論物理研究室。在楊振寧的建議下，蘭州大學的葛墨林教授被調到數學所工作。楊振寧還建議：「盡快把青年科學工作者引導到科研前沿領域的方法之一，是把國際上已活躍的前沿領域的有成就的科學家請來做系統講座，在國內逐漸建立起自己的科研基地。我打算每年為南開數學所理論物理研究室，邀請兩三位專家來講學。這樣，將有更多的國內科學工作者能及時接觸到當前的研究動態，進入前沿領域。」[128，186–187]

理論物理研究室建立一年後的1987年8月，楊振寧邀請美國加州大學戴維斯分校的喬玲麗教授來南開大學，舉辦了「可積動力系統」及「重夸克衰變、混合及CP破壞」等十場專題學術報告會，系統地介紹及評價了這兩個方向的研究工作。同年10月，蘇聯科學院院士法捷耶夫應邀來南開大學講學，對「量子反散射理論」做了系統深入的報告。楊振寧教授還邀請美國芝加哥大學弗芮丹教授和日本名古屋大學河野博士來南開大學，圍繞當時國際上數學與理論物理前沿交叉研究領域中的熱點「共形場論及辮子群」，做了一系列的精彩報告。這些講座對國內物理學家和年輕的研究生有不少啟發。

由於這個物理研究室堅持了楊振寧建議的研究方向，幾十年來已取得豐碩成果，並在國際該領域佔有一席之地。有的分支如辮子群（Braid Group）、紐結理論（Knot Theory）等已形成特色，具有國際領先地位，這個研究室正在成為亞洲太平洋地區小型理論物理基地與交流中心。

楊先生十分重視促進南開的對外學術交流，多次促成或主持在南開舉行高層次的國際學術會議，介紹有傑出成就的國外學者來南開訪問、交流。1987 年，在南開大學授予當代國際數學物理大師、蘇聯科學院院士法捷耶夫名譽教授儀式上，楊先生說：

> 我個人非常高興今天參加南開大學授予法捷耶夫院士名譽教授的典禮，因為邀請法捷耶夫教授到南開大學來進行學術訪問這件事情是我最早提出的。我希望，通過中國與蘇聯科學院的互相交流訪問能夠促進中國和蘇聯兩大民族的友誼關係。[2，198]

1992 年，陳省身辭去數學所所長職務，擔任名譽所長，葛墨林被任命為副所長之一。這一年，理論物理研究室召開了盛大的「理論物理與微分幾何」會議，會議後由楊振寧和葛墨林主編的《辮子群、紐結理論與統計力學 II》（*Braid Group, Knot Theory, and Statistical Mechanics, II*, Aspen Publishers, 2001）一書，在國內外影響很大。

2004 年，理論物理研究室改為理論物理研究中心，由楊振寧主持，葛墨林處理日常事務。這個研究室到研究中心在成立以後 20 多年來，已經培養出一些很優秀的理論物理學家，如薛康、孫昌璞等人，他們在國內外已經有了一定的知名度。2009 年，孫昌璞被選為中科院院士，是最年輕的院士之一。

4. 香港求是科技基金會

1994 年，香港查濟民先生及其家族捐款在香港創立香港求是科技基金會，目的是推動中國的科技研究工作，獎勵在科技領域有成就的學者，協助中國的著名高校培養一流的人才。基金會邀請到陳省身、楊振寧、周光召、李遠哲、簡悅威、何大一等國際知名資深教授為顧問。楊振寧除了擔任顧問以外，還是基金會的執行委員。這個基金會的獎，評選範圍比較廣，不固定在甚麼領域。

1994 年的「傑出科學家獎」有 10 位科學家獲獎，每人獲得獎金 100 萬元人民幣。他們是：中科院數學所的數學家吳文俊，從事原子彈、火箭事業的鄧稼先（已故）、周光召、于敏、任新民、梁守槃、屠守鍔、黃緯祿等 7 位物理學家，中科院化學所的化學家錢人元，上海醫科大學中山醫院的醫學家陳中偉。

在首次頒獎典禮前，楊振寧在記者招待會上做了發言：

> 今年，1994 年，是中華人民共和國成立四十五週年，今天，八月廿二日，是國策總策劃人鄧小平先生的九十壽辰。求是科技基金會選擇在這個時候頒發「傑出科學家獎」給十位有巨大貢獻的科學家是有好幾重意義的。[121]

接着楊振寧回顧了近100年中國的歷史，他說：

今天我們集合在這典禮中所要表揚的科學家。他們的貢獻改變了中華民族的地位，改變了中國人民的自我觀與世界觀。他們是「民族之光」。

求是科技基金會也希望透過表揚這十位科學家的貢獻，鼓勵今天的年輕人走向科技道路，為國家民族的前途努力。[121]

楊振寧在講話結束前，特意念了查濟民先生的詩《借放翁句告兒孫》(1988年)：

死去原知萬事空，但悲十億尚寒窮；
期增品德樹威信，兼樹謙勤篤實風。
曲巷千家齊奮發，華都百業皆圓鴻；
神州經技飛騰日，家祭毋忘告乃翁！

楊振寧說：「這首詩描述了查先生的殷切期望，也描述了求是科技基金會創建的目的。」

從1994年到2009年，基金會累計有385位科學家和數千名研究生、本科生獲得不同類型的求是獎助。

2009年，求是「傑出科技成就集體獎」給予了在超導研究中做出突出貢獻的八位科研人員，他們是：中科院物理所的王楠林、任治安、祝熙宇、聞海虎、趙忠賢，合肥微尺度物質科學國家實驗室的吳剛，中國科學技術大學物理系的陳仙輝，以及中國人民大學物理系的陳根富。

5. 邵逸夫獎

邵逸夫獎是由香港著名電影製作人邵逸夫先生於 2002 年 11 月創立的。11 月 15 日正式創立儀式上，邵逸夫宣佈：決定以他個人的名義，在香港設立以他的名字命名的「邵逸夫獎」，用以表彰全人類傑出的科學家。邵逸夫獎籌委會鄭重宣佈邵逸夫獎的頒獎原則是：「不論得獎者的種族、國籍、宗教信仰，而以其在學術及科學研究或應用上獲得突破成果，且該成果對人類有意義深遠的影響。」

邵逸夫獎基金會每年選出世界上在數學、醫學及天文學三方面有成就的科學家，頒授數學獎、天文學獎、生命科學與醫學獎三個獎項，每一項獎金 100 萬美元。它是一個國際性獎項，形式模仿諾貝爾獎，由邵逸夫獎基金會有限公司管理整個運作。

根據章程，邵逸夫獎基金會（設在香港）由董事會、理事會、評審會和秘書處四個部分組成。評審會負責選出得獎人；其下設三個獎項委員會，各設一名首席評審和四位評審，負責候選人的提名及評選工作。楊振寧出任理事兼評審會總主席，評審人員從世界各地有限期聘任。評審工作從每年 11 月開始，翌年 6 月宣佈得獎者名單，9 月或 10 月頒獎。各個獎項除了 100 萬美元獎金以外，每位獲獎者還將獲得一枚金質獎章及一張獎狀。〔1〕

邵逸夫獎首屆頒獎禮於 2004 年 9 月 7 日在香港舉行。第一次獲獎的人有：陳省身（數學獎）；詹姆斯皮 · 布爾斯（天文學獎）；生命科學與醫學獎被三位科學家獲得，他們是簡悦威、史丹利 · 科恩和赫伯特 · 布瓦耶。

從 2004 年開始頒獎，到 2009 年共有 30 人獲獎。

〔1〕 2018 年邵逸夫獎的每個獎項增至 120 萬美元。

邵逸夫獎獎章。上面為正面；下面三枚為反面，從上到下為：天文學獎、生命科學與醫學獎和數學獎的獎章。這三種獎章正面都相同。

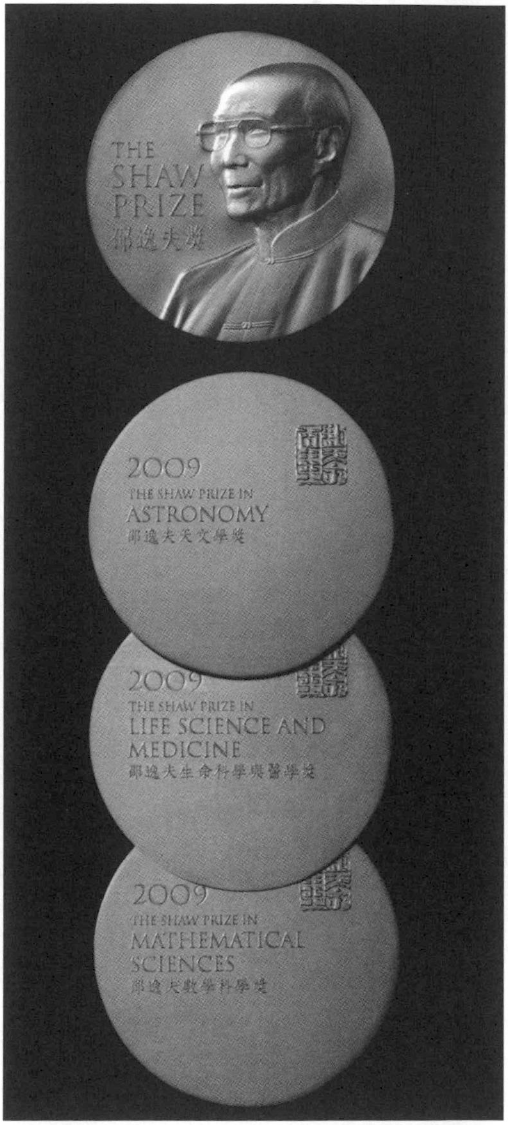

邵逸夫獎100萬美元的巨額獎金以及評審之嚴格、公正，足以媲美被視為國際最高自然科學獎項的諾貝爾獎，因而被稱為「21世紀東方的諾貝爾獎」。2007年生命科學與醫學獎獲得者里科維茲（Robert Lefkowitz）在獲獎演說時說：

> 我非常榮幸地接受今年邵逸夫獎的生命科學與醫學獎。眾所周知，在生物醫學研究裡，有許許多多特殊學科的獎項，如神經生物學、心臟病學、內分泌學以及其他更寬泛研究的學科。但是邵逸夫獎是很特別的，這不僅僅因為它的獎金數額巨大。一個新的獎項設立以後，經常需要很多年以後才能吸引人們的注意，但是邵逸夫獎在頒獎以後只有幾年的時間就很快成為最重要的獎項了。其中的原因是在此前獲獎者的水平如此之高。我想，當一個科學家得知獲得一個獎項時，他的第一個反應就會是想知道在此之前的獲獎者是些甚麼人。當我看到在我之前獲獎者名單時，我感到非常吃驚。〔1〕

楊振寧認為，邵逸夫獎是由中國人在中國的大地上設立的，但是獎項面對全世界科學家，海內外學者都可以競逐獎項，評選則會公平、公正地進行。楊振寧還預期邵逸夫獎的設立對全球、對亞洲、對中國以及對香港的科技發展產生大的推動作用。

〔1〕http://www.shawprize.org/b5/index.html. Transcription of the beginning part of the speech of Laureate Robert Lefkowitz, at The Shaw Prize Award Presentation Ceremony, September 11, 2007.

6. 何梁何利基金

1993 年 6 月 19 日，香港恒生銀行的董事長利國偉先生向時任國務院副總理朱鎔基表示，他願為內地、為國家做點好事，想拿出 1 億元港幣設立一個以教育為主、包括科技方面的獎金，獎勵內地教育界和科技界做出突出貢獻的人才。利國偉的行為很快起到「拋磚引玉」的效果，後來香港恒生銀行的前輩、曾長期擔任香港恒生銀行董事長的何善衡先生，也願意捐助港幣 1 億元；再後來恒生銀行董事梁銶琚先生、何添先生也樂於捐港幣 1 億元參加基金。這樣，基金總數就達到 4 億港元。

楊振寧受利國偉先生的委託，1993 年 8 月 9 日到北京與時任國務院副秘書長徐志堅等有關人員交換了一些意見和看法。楊振寧說，利國偉先生很欣賞諾貝爾獎金的管理和運行辦法，希望能按照諾貝爾獎金的模式設計這個他倡議的基金的管理。楊振寧還提供了整套諾貝爾獎金的組織和運行辦法，包括章程、評選委員會和基金的管理運行。後來，楊振寧成為基金會董事、評選委員會副主任。由於基金會管理得法，1999 年投資利率是 26.5%，這是很可觀的，所以現在每年的獎金數額已經達到 4000 萬元左右。再加上評委會以客觀、公正、公平為宗旨，使得這個獎項具有很高的公信力，因此這個獎項已經是國內最重要的獎項之一。徐志堅曾經說：「楊振寧先生對國內的經濟建設和科技發展一直很關心。在設立何梁何利基金的過程當中，提出了不少積極的建議，也提供了許多權威性的資料，他作為信託人之一和評選委員會副主任參與了以後基金的管理和評選活動，做出了突出貢獻。」

1994 年 5 月 14 日，何梁何利基金會成立典禮在人民大會堂隆重舉行。國務院副總理朱鎔基會見了利國偉等捐款人，他說，這是迄今為止海內外華人為中國科技界捐獻的最大一筆款項，是一件功在千秋的大好事，它將有利於創造一種尊重知識、尊重科學、尊重人才的社會環境。

何梁何利基金設有數學、物理、化學、天文學、氣象學、地質學、生理學、醫學、技術科學等獎項和其他科技獎，每個獎項分別設立「成就獎」和「進步獎」兩種。達到國際最高學術水平的中國科技人員可獲「成就獎」，每位將獲得 100 萬元的獎金。但能獲這一獎項的人數，每年不得超過 10 人，且須經評選委員會三分之二成員的同意。

1995 年 1 月 12 日，首屆何梁何利基金頒獎大會在人民大會堂隆重舉行，錢學森、黃汲清、王淦昌、王大珩四位獲得「科學技術成就獎」，陳景潤、王元、鄒承魯、袁隆平等 20 位獲得「科學技術進步獎」。

此後，從 1996 年到 2008 年共有包括彭桓武、葉篤正、唐敖慶、黃昆、朱光亞、王應睞、錢偉長、蘇步青、谷超豪、鄒承魯等 24 位科學家獲得何梁何利基金「科學技術成就獎」。

1997 年香港回歸祖國，在這一重要的歷史時刻，何梁何利基金首次在香港舉行頒獎典禮，由當時的國務院副總理朱鎔基親臨主持。

2000 年，鑒於何梁何利基金對社會的重大影響，經國務院科技部通過中國科學院向國際小行星命名委員會申請，以「何梁何利」命名一顆小行星。其後，國際小行星命名委員會於 2000 年 8 月批准將國際編號 4431 小行星命名為「何梁何利星」，並於 2000 年 11 月 7 日在香港舉行「何梁何利星」命名證書與銅匾頒授儀式。

2004 年 11 月，在何梁何利獎頒發兼基金會成立十週年慶典時，楊振寧也為慶典寫下賀詞：

十年前由利國偉先生倡議，何善衡、梁銶琚、何添、利國偉四先生捐贈巨款，成立何梁何利基金，是中國科技界的一件大事。值此十週年慶典，謹祝何梁何利基金繼續為祖國科技事業做出巨大貢獻。

2009年11月10日，是2009年何梁何利獎頒獎大會，又是何梁何利基金會成立15週年的慶典。評委會主任朱麗蘭在賀詞中說：

十五年過去，彈指一揮間。在中央人民政府和香港特區人民政府的關懷和指導下，何梁何利基金已經成為國內外關注的科技大獎。

光榮屬於何梁何利基金創立者！光榮屬於全體獲獎科學技術工作者！光榮屬於所有為何梁何利基金無私奉獻的優秀志願者！

光榮是對歷史的記載。光榮意味着責任。

2009年「科學技術成就獎」授予房建成和番興明兩位；「科學技術進步獎」授予伍小平、郭伯齡、陸埮等55位科學家。

除了以上主要的基金會以外，楊振寧還參加、主持過各種各樣的獎項，如「億利達青少年發明獎」、「吳健雄獎」，等等。

為了實現中國「成為一個科技強國」，只要是能夠促進中國科技事業發展的任何活動，楊振寧都會傾注滿腔熱情，做出無私奉獻。他所做的一切，必將對中國科學技術和教育事業的快速發展帶來深遠的影響。

我們之所以欽佩和崇敬楊振寧，不僅僅是因為他對物理學做出了重大的貢獻，還因為他的同情心、他的寬容、他的真誠、他的正直，和他對祖國一片熱忱誠摯的愛。總之，是他的整體人格。

五、親情和師情

楊振寧對於父母親給他的恩情從來沒有淡忘過，我們還記得 1945 年 8 月 28 日離開 23 年朝夕相處的家時，他痛苦難捨的心情在《父親和我》一文中有令人淚下的描述。我們這兒再引用其中一部分：

> 離家的時候，四個弟妹都依依不捨，母親卻很鎮定，記得她沒有流淚。到了拓東路父親講了些勉勵的話，兩人都很鎮定。[1，863]

後來，楊振寧上了公共汽車，擁擠的人群把父親擠到了遠處。等了一個鐘頭，汽車還沒有走，楊振寧以為父親早回去了，但他旁邊有一個美國人向他做手勢，讓他向窗外看。楊振寧接着寫道：

> 我……驟然間發現父親原來還在那裡等！他瘦削的身材，穿着長袍，額前頭髮已顯斑白。看見他滿面焦慮的樣子，我忍了一早晨的熱淚，一時迸發，不能自已。[1，863]

我不知道別人讀到這兒會有甚麼感受，我是每次讀到這兒就會淚眼模糊、鼻酸咽塞。

1973 年 5 月 12 日，他的父親病逝。楊振寧在父親病逝以前趕回上海，到上海華山醫院探視病危的父親。父親去世以後，楊振寧一直感到愧對父親的期望，到 1982 年他還難過地寫道：「我父親在 1973 年故去……但我知道，直到臨終前，對於我的放棄故國，他在心底裡的一角始終沒有寬恕過

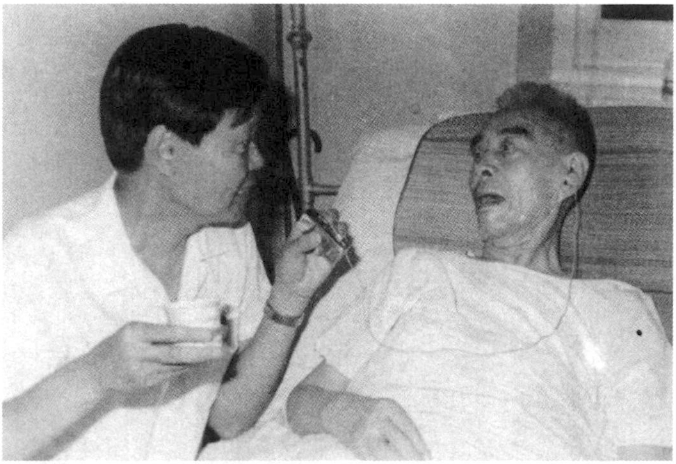

1972 年 7 月，楊振寧到上海華山醫院探視臥床不起的父親。

我。」[24，71]所以，我們不難理解為甚麼楊振寧那樣執着於推進中美的相互了解和溝通，哪怕受到再多的委屈，他也從沒有過一絲猶豫和退縮。他要盡最大的努力減輕心中對父親的負疚！

楊振寧對於母親更有特殊的情感。1992 年夏天，在南開大學為楊振寧七十壽辰舉行的慶祝會上，他用幻燈片配合講述自己的生平。當他談到母親最後的生活和去世時，忽然悲從心中迸發出來，哽咽得一時講不下去了。在場的聽眾無不為之動容。

我們知道，楊振寧在六歲之前，由於父親出國留學，他一直是由母親一人帶着在那個大家庭裡相依度日。所以，楊振寧對母親的感情會更深一層；而且，不論何時何地，他從來未敢忘卻母親的養育之恩。1973 年父親去世後，楊振寧對母親更是孝敬體貼。

1984 年，他的母親已經 88 歲，但身體還十分健朗。為了讓母親能親眼看到兒子學習、工作和生活的地方，楊振寧把母親接到美國生活了一段時間。幾個孫子、孫女對祖母非常親熱，這時楊振寧的母親是多麼欣慰和高興啊！世間最大的幸福也不過如此了吧？古人所說的「反哺之恩」、「菽水承歡」也莫過於此了吧？

楊振寧對母親的細心，實在讓人感動。有一天，他親自開車陪着他的母親來到布魯克海文國家實驗室，參觀了他 30 多年前工作過的辦公室，還告訴母親，正是在這個福地，他在 1954 年和 1956 年寫出了他一生中最重要的兩篇文章。而且非常奇巧的是，這兩篇文章都發表於陽曆 10 月 1 日，而 1922 年 10 月 1 日正是他出生的日子。想必楊振寧會把這件奇巧的事告訴他的母親。最後，他和母親在這間辦公室的窗外照了一張照片。從照片上我們可以清楚地看到，他的母親是多麼慈祥、多麼欣慰啊！從她的目光裡可以看

1984 年 4 月，楊振寧陪母親到布魯克海文國家實驗室，背後的那間辦公室是 1954 年和 1956 年他寫出了一生中最重要的兩篇論文的地方。

出，她不僅自己欣慰，而且希望天下的母親都能像她一樣幸福，願天下的子女都能像她的兒子那樣孝敬雙親。

1987 年初，楊振寧應陳嘉庚基金會的邀請到新加坡講學，雖然只有一週時間，來去匆匆，楊振寧仍然把 91 歲高齡的母親帶到新加坡玩了一趟。這件事引起了新加坡媒體的注意，《新加坡新聞》記者專門就此採訪了楊振寧。

記者問道：「你這次來新訪問，短短一星期行色匆匆，把 91 歲高齡的母親也帶來了。你對母親的深厚感情流露無遺，請你談談你和母親的關係，她對你的一生有甚麼影響？」

楊振寧回答：

> 我母親在一年半前，從上海移居到香港。雖然她已 91 歲，但精神還很好。由於她從來沒到過熱帶，所以這次我帶她來新加坡走走。她很喜歡這裡，說整個城市就像個大公園一樣。我在 1922 年出生於安徽合肥，在十個月大的時候，父親就到美國留學，前後共五年。所以，在我出生到六歲這段時間，就只有母親和我兩人相依為命，關係非常密切。
>
> 我母親沒有受過新式教育，舊式教育也受得很少，她的中文閱讀能力是自學而來的。我頭六年對中文字的認識也是母親教的。她雖然沒有真正受過教育，但她的意志非常堅強，個性也比父親強，家裡的一切都是由她決定。抗戰期間，我們一家人住在昆明，前後十年，父親雖是一名大學教授，但收入不多，那時，最小的弟弟還在念初小，一家生活十分困難。父親抗戰前的積蓄，因為通貨膨脹的關係，到了 40 年代，都蕩然無存，家庭經濟條件非常惡劣，全家就靠母親一人支撐。母親克勤克儉持家，給我們親戚朋友留下深刻的印象。

左起（不分前後排）：譚茀芸（楊振漢夫人）、范世藩（楊振玉丈夫）、楊振玉、楊振漢、杜致禮、楊振寧、史美（楊振平夫人）、楊振平，1997 年 5 月攝於石溪楊振寧家門前。

1945 年春天，當我還在昆明的西南聯大念書時，曾經為一群美國軍官和士兵教中文。一個星期教三小時，每個月賺到 100 美金，這在當時是一筆很大的數目，對家裡的經濟很有幫助。

就在那一年，我到美國留學。1948 年，父母親全家搬到上海住，三十多年來，母親一直保持她一貫刻苦勤儉的作風，為一家大小操勞。她是到了八十多歲以後，因為精力比較不夠才休息下來，真是八十年如一日。

我本人的個性和作風，受到父母的影響都很大，也許可以說，明顯的影響（如學術知識）是來自父親，而不明顯的影響（如精神氣質）是來自母親。到現在我自己年紀大時，從我和子女的接觸中，我才深深體會到，母親對我的成長所給予的熏陶和影響。母親的勤儉樸實作風給我很

楊振寧和母親，1987 年春節攝於香港。

大的影響。到現在，我還在用着一輛用了十多年的老汽車。

我總覺得，中國舊社會裡成長起來的婦女，往往比男人意志堅強。也許，這是因為舊社會對婦女施以太多的約束所造成的。在今天的社會裡，老太太們比丈夫意志堅強的例子比比皆是。我覺得這種社會現象是很值得研究的。這種特點的形成必定有其社會背景。[1，619–620]

在楊振寧母親在世的最後一年中，楊振寧經常陪母親散步、聊天，這使她老人家心中備感歡欣，精神一直很好。但人壽總是有限的，1987年，楊振寧的母親帶着無限的欣慰和滿足離開了人世。雖然楊振寧已經盡了孝，但想起母親勞累的一生，他仍然悲不自已。1988年初，新加坡《聯合早報》為此採訪了楊振寧。

記者問：「楊先生的母親最近不幸在香港逝世，您覺得您母親對您的為人有哪些方面的影響？」

楊振寧回答：

> 我母親與我的關係很深……當我年紀漸漸長大以後來觀察與了解她，我覺得她與許許多多舊式的婦女一樣，我從她們身上看到了一個共同點。這個共同點使我感受很深。
>
> 我想，她們的做人與美國人的做人態度是不一樣的，她做任何事情都不是從個人出發，她的一生是從她的父母、她的丈夫、孩子來出發的，而這個觀念是絕對的，她從來不懷疑把丈夫與孩子的福利放在第一位。對於她，這是絕對的一件事。我想，人的思想如果把一件事情變成絕對化以後，就變成一種力量，從我母親身上我看出一些禮教的優點。這個優點並不是一件複雜的事，用在一個家庭或一個人身上是好的；但是，用在整個社會上就不一定是好的。不過，它是有優點的，它的優點就是因為它有力量，這個力量的來源是因為它有個信念，這個信念是絕對的，是不容置疑的，如果你說這是愚忠，我想也不是錯誤的。不過，愚忠是一種力量，這個力量用在合適的地方，就可以發生很大的效用，所以，你問我母親對我最大的影響是甚麼，我想就是這個。我與母親的

關係是單純的，沒有複雜的成分，因為我知道她是怎麼想的，她也知道我是怎麼想的。[1，673–674]

楊振寧不僅重視和恪盡親情，他對老師的尊敬和情誼也是有口皆碑的。

1954 年秋天，當費米病危之際，楊振寧和蓋爾曼一起從普林斯頓趕到芝加哥比靈斯醫院，看望自己的恩師。1961 年，當費米的《論文選集》出版時，楊振寧又飽含深情地寫了《憶費米》一文，文章結尾處寫道：

1954 年秋天，費米病危。那時在哥倫比亞大學的蓋爾曼和我到芝加哥比靈斯醫院探望他。我們走進病房時，他正在讀一本描寫憑着堅強意志戰勝厄運和巨大自然障礙的故事集。他很瘦，但只略顯哀愁。他很鎮靜地告訴我們他的病情。醫生對他說，幾天之內即可回家，但沒有幾個月可以活了。說完他讓我們看放在床邊的一個筆記本，告訴我們那是他關於核物理的筆記。他計劃出院後利用剩下來的兩個月時間將它修改出版。蓋爾曼和我被他的堅毅精神和對物理學的熱誠所感動。有好一會兒我們不敢正眼看他。我們探望後不出三週，費米就去世了。

有人說，人的生命不應以年，而應以成功的事業衡量。費米的多種事業之一是作為芝加哥大學的一名教師。他曾直接或間接地影響了我這一輩的眾多物理學家，這是有案可查的。[3，47–48]

1986 年在中國科技大學研究生院演講時，楊振寧專門講了幾位物理學家的故事，第一個講的就是費米的故事。在演講中，楊振寧說：

> 我在做學生時，受到費米的影響非常之大。其中最重要的是我了解到物理不是形式化的東西。……費米對於「甚麼是物理，甚麼不是物理」有一個很清楚的價值觀念。他認為太多形式化的東西不是不可能出物理，只是出物理的可能性常常很小，因為它有閉門造車的危險。而跟實際接觸的物理才是能夠長期站得住腳的物理。我後來對於物理的價值觀念是深深受到了費米的影響的。這裡，我們不妨做一個比喻。物理學的發展，可以比作研究一張非常大的畫。對這張畫首先要有近距離的了解，因為它畫得非常精細，你在每一個不同的地方都可以發現非常奧妙的結構。這個近距離的了解非常必要，如果沒有這種了解，就不可能理解物理學的真正的精神。但是，如果一個人只做近距離的了解，他便不能得到最大的成就。把這許許多多近距離的了解加起來還不夠，還需要有宏觀的了解，為此就需要有能力走遠了去看。這時，你會發現一個大的結構。對於一個物理學家，最希望他能做的是，既要對大的結構有了解，又要對細緻的結構有了解。只有把這兩者結合起來，才能夠真正吸取自然界物理現象基本規律的精髓，也才能真正有貢獻。費米就是這樣一個兩方面都做到的人。[3，215–217]

楊振寧後來之所以能夠在物理研究上取得重大的研究成果，成為 20 世紀後半葉的帶頭人物之一，的確是「深深受到了費米的影響的」。例如楊—米爾斯方程和楊—巴克斯特方程的創建，基本上都是因為楊振寧能夠從遠近兩個層面來深入研究物理對象。楊振寧在取得成就以後沒有忘記自己的老師費米。

普林斯頓高等研究所所長奧本海默雖然與楊振寧沒有師生之誼，但是在普林斯頓高等研究所的年月裡，奧本海默一直是楊振寧的領導；楊振寧也一直沒有忘記他。楊振寧在 1983 年出版的《論文選集》裡寫了一篇《奧本海默的悲劇》的後記。文中寫道：

> [這篇]論文是 1967 年 2 月 27 日至 3 月 3 日在以色列舉行的一次會議上報告的。赴會途中，在新加坡短暫停留時，我獲悉奧本海默已於 2 月 18 日逝世。我在 1966 年底與他見過最後一面，當時我到普林斯頓做了一次短暫訪問。那時，大家都知道他得了癌症。我給他打了電話，並到他的辦公室去看望。我原本打算敦促他考慮寫一些關於原子彈和人類關係的文字，諸如最後的見證之類。但是，我見他如此憔悴，便沒有談及這個問題。
>
> 世界歷史上，像奧本海默那樣，生活充滿了戲劇性（或者說悲劇性）的人物並不多見。他的同輩人曾認為，奧本海默才氣橫溢，卻沒有對物理學做出甚麼重大貢獻，這更增加了他一生的悲劇色彩。這種說法現在已有改變。他同 G. Volkoff、H. Snyder 關於黑洞的開創性的工作，今天被承認是一個偉大的貢獻。在未來的歲月裡，他的這一工作肯定要在物理學和天文學中起着越來越重要的作用。[1，168]

1986 年，楊振寧在中國科技大學演講時，講了幾位物理學家的故事，其中就有奧本海默。一般人認為奧本海默天賦極高，卻沒有做出甚麼像樣的成就。楊振寧認為這不大公平，除了多次提到他的黑洞理論以外，這次演講還提到他另外一個了不起的貢獻：

> 奧本海默是在 30 年代初研究狄拉克方程式的幾個重要人物之一。

他曾經指出狄拉克空穴理論中的空穴不可能是質子。1930 年狄拉克提出空穴理論時，認為空穴可能就是質子，原因是那時知道的唯一帶正電的粒子就是質子。奧本海默指出這是不可能的。因為假如是這樣，電子很快就會跳到洞裡去。他計算了電子的半衰期，發現只有 10^{-10} 秒，這是一個正確的結果。奧本海默第一個提出（後來也有別人提出），電子有電子的反粒子，質子有質子的反粒子，它們是完全無關的兩種粒子。[1，544–545]

2005 年，83 歲的楊振寧仍然懷念以前的「老上司」，專門為翁帆翻譯的《紀念奧本海默——老師，偉人》一文做了註釋。這篇文章是奧本海默的學生愛德華 · 傑爾居埃（Edward Gerjuoy）寫的。文章中有下面一段話：「美國理論物理學家中只有少數幾位有幸於 1926 年前後在歐洲學習量子力學，又有足夠的天分把所學的帶回美國。奧匹就是其中之一。」楊振寧在這段話後加了一個重要的註釋：

這一段文字所敘述的是美國物理學史上的一件大事。奧本海默在 30 年代至 40 年代初在美國所訓練出來的幾十位研究生與博士後很多於戰後成為美國理論物理各專業的帶頭人。[107，107]

對於西南聯大的老師，楊振寧也從未忘記他們在物理學上給他的啟蒙教育。1957 年 10 月，當楊振寧和李政道得知他們獲得了諾貝爾物理學獎後，他們兩人都給當年西南聯大的老師吳大猷寫了一封感謝信，那時吳大猷在加拿大國家研究院理論物理組工作。

1986 年是吳大猷的八十壽辰，這年 7 月 28 日，楊振寧乘飛機趕到中國台灣為老師祝賀八十大壽。當楊振寧在台北中正機場下飛機時，看到老師也到了機場，他立即快步走到老師身邊親切地說：「老師，您身體還好吧！您去年住院，今年身體還好吧！」

接着，在機場貴賓室，楊振寧接受了記者的採訪。

記者問：「請談談您這次回來的目的。」

楊振寧說：「第一，吳院長今年八十大壽，我這次是專程回來給他祝壽。第二……」

記者又問：「您跟吳院長的一段師生情誼中，您認為他給您的最大指導是甚麼？」

楊振寧回答：「我在 1938 年進西南聯大時就認識吳先生，第一次聽課是 1941 年。1942 年在西南聯大需要寫學士論文，我的論文就是吳先生指導的。這篇論文對我一生影響很大，我一直覺得非常受益。也非常感謝吳先生。」[27，226–227]

1987 年 2 月 10 日，新加坡《聯合早報》發表了記者胡菊人的一篇文章《楊振寧碰跌了記者的錄音機》。這文章的題目很吸引人，不免使許多讀者感興趣，待讀完之後，才知道原來這是一篇尊重師長的感人文章。事情的原委是，這年元月 6 日，吳大猷和楊振寧在香港舉行記者招待會。楊振寧坐在吳大猷的左邊。在兩個沙發靠手上，記者們放了十來個錄音機。第一次，楊振寧動了一下手臂，錄音機搖晃了幾下；過了十來分鐘，楊振寧挪了一下身子，錄音機掉了一個在地上；再隔了約一個小時，楊振寧身子向前移動了一下，沙發也跟着動起來，錄音機嘩啦一下子全部都掉到地上了。記者湧上去搶救不及，幸好沒有一個被摔壞。

左起：楊振寧、黃昆和吳大猷，1991 年 5 月攝於美國安娜堡。楊振寧是以多麼歡欣、親切和尊敬的眼光看着他昔日的老師吳大猷先生啊！

為甚麼楊振寧會移動身體而將記者的錄音機「碰跌」到地上呢？是楊振寧心不在焉而不小心嗎？完全不是！胡菊人寫道：「楊振寧是大科學家，頭腦當然精細，哪會忘記左手邊擺着許多錄音機呢；他謙謙恂恂，亦決無不重視記者之理。我從旁觀察，發現楊振寧此時似乎天下事甚麼都不注意了，只關注一件事，就是全心全意照顧着他的恩師吳大猷。他一會兒幫老師端茶，一會兒又接過茶杯，一會兒遞紙巾，一會兒代他回答記者某些問題，那樣的全神關顧之情，就像對待父親一樣，完全忘記了自己的『存在』，只有老師是他天下間最關心的。記者們的錄音機，只好委屈一下了。但是，從中我們可以看到一種中國傳統的『尊師重道』的美德。」[5，295–296]

陳省身和夫人鄭士寧，攝於 1985 年。

1999 年 10 月 27 日，疾病纏身而住在台大醫院的吳大猷，雖然已經不能言語，但看見楊振寧特地來探望他，十分欣慰。2000 年 3 月 4 日，吳大猷去世；楊振寧於 3 月 25 日在吳大猷追悼會上致辭，表示對恩師業績的欽佩，用幻燈片陳述了吳大猷一生對物理學的貢獻。

陳省身教授是楊振寧父親楊武之的學生，比楊振寧大 11 歲，在西南聯大時期是楊振寧的老師。楊振寧在《陳省身和我》一文中曾回憶：

> 陳省身是（西南聯大）當時一位極出色和受歡迎的教授，和華羅庚……及其他年輕教授一起，在校園裡營造了活躍的數學研究氣氛。……我很可能旁聽過陳省身的好幾門數學課，但據保存至今的成績

單，我只在1940年秋天，當我還是三年級大學生時，選修過他的微分幾何課程。[3，49]

楊振寧非常欽佩陳省身的數學研究成就，曾在一篇文章中送給陳省身一首詩，讚揚他的數學研究水平可與歐幾里得、高斯、黎曼和嘉當這些世界級大師相媲美。

儘管楊振寧只「選修」和「旁聽」過陳省身的幾門數學課，但他對陳省身的尊敬和關照，讓人們無不感動。1992年6月6日，在南開大學召開第21屆理論物理中微分幾何方法國際會議時，中午用餐時發生了一件十分感人的事。那時，楊振寧正在接受一位中國學者的訪問，他一邊吃一邊回答問題。一個小時過去了，正在這時，楊振寧忽然注意到正在餐廳門口想出門的陳省身夫婦。陳省身在夫人鄭士寧的攙扶下正向門口走去，快到門口時，有人把鄭士寧請到一邊説話，陳省身腿有些行走不便，就只能站在原地不動。這一個細節，被正在談話、用餐的楊振寧發現了，年屆七十的楊振寧立即放下餐具，快步走到門口將老師陳省身攙扶着走向門外。這種事師至敬的風範，實在令人為之動容！[5，296–297]

1983年，楊振寧在香港講學時得知王竹溪先生病逝的噩耗，他立即趕到北京，弔唁他的碩士論文指導老師，並向師母表示親切的慰問。這一年，在《讀書教學四十年》一文中，楊振寧懷着感激的心情寫到王竹溪先生：

王竹溪先生於今年一月底在北京逝世，逝世時71歲，是北京大學副校長、物理系教授。我在1942年西南聯大畢業以後，進了西南聯大的研究院，又念了兩年，得到了碩士學位。為了寫碩士論文，我去找王竹溪先生。那時他是很年輕的教授，剛從英國回來不久。在王先生指導之下，我寫了一篇論文，是關於統計力學的。這篇論文把我引導到統計力學的領域。以後40年間，吳先生和王先生引導我走的兩個方向——對稱原理和統計力學——一直是我的主要研究方向。[3，33]

還有馬仕俊先生。楊振寧在西南聯大讀書的時候，馬仕俊是吳大猷最為賞識的青年物理學家。他1946年去了普林斯頓高等研究所，後來又到愛爾蘭，最後來到澳大利亞悉尼繼續任教和做研究，1962年1月27日在悉尼服藥自殺。這件事在香港中文大學任教的童元方教授寫的書《一樣花開——哈佛十年散記》中有記載。在該書「自序」裡，童教授寫道：

談起馬仕俊，楊教授惋惜不已。馬仕俊是我爸爸在北大物理系時最要好的同學，後來是楊振寧在西南聯大讀書時的老師，吳大猷最賞識的青年物理學家。大概是1962年的某一天吧，爸爸坐在藤椅上看「中央日報」，我在他的腳前玩耍。爸爸忽然指着報紙說：「這個人一定是馬仕俊，甚麼馬士甫，還是譯音。與我同歲，又念物理，哪兒還有可能是別人？甚麼時候跑到悉尼的？又怎麼會跑到屋頂上仰藥自殺？才49歲啊！」說着流下了眼淚。

楊教授告訴我馬仕俊當年不願意面對美國移民局對東方人敵對，甚至可以說是侮辱的態度，因而接受了悉尼大學的職位。他這段話寫在1962年他與李政道致馬仕俊的悼詞裡，悼詞投去《自然》(*Nature*)雜誌，而雜誌編輯竟拒絕刊登，一直到1983年楊振寧出版英文的《論文選集》時才發表出來。[122，自序20–21]

左起：楊振寧、吳大猷和馬仕俊，1949 年攝於紐約市。

楊振寧在悼念文章裡寫道：

馬仕俊博士於 1962 年 1 月 27 日在澳大利亞悉尼逝世。他過早地離開人間的噩耗對他的同事和朋友是一大的打擊。深知他的為人的朋友們，更感到無限悲痛。……

1949 至 1951 年和 1951 至 1953 年，馬先生分別在芝加哥大學和加拿大渥太華的國立研究所工作。1953 年美國好幾個單位向他發出邀請。雖然他的妻子是美國人，他卻全拒絕了，主要因為他不願意面對美國移民局對待東方人所採取的敵視的、有時甚至帶侮辱性的態度。他接受了澳大利亞悉尼大學的職位。在隨後數年裡，美國的大學一再邀請他，但他都因為同樣的理由拒絕了。

> 馬先生一直從事場論的研究，總共發表了約40篇論文。他的論著簡潔明了，實實在在，沒有半點矯揉造作，從中可以洞悉他的人格和他的一生。[1，120–121]

六、與鄧稼先的永恆友誼

楊振寧不僅重視親情、師情，而且也是一位非常看重朋友情誼的人，他與鄧稼先的友誼，譜寫出了一篇感人至深的故事。李白有詩：「桃花潭水深千尺，不及汪倫送我情。」古往今來，都用這兩句詩來形容友誼之深，但就楊振寧與鄧稼先的友誼歷程觀之，又比李汪之情深了許多層。

鄧稼先比楊振寧小兩歲，兒時他個子較小，有時會受到別人欺負。由於他對人憨厚善良，他在那時就有了一個外號叫「老憨」。有一天下午，風雨大作，他家院子裡的老槐樹被大風吹得劇烈地晃動，樹丫上有一個鳥巢也隨着樹一起晃動，搖搖欲墜。小稼先看見鳥巢隨時有墜落的危險，急得大聲喊叫：「討厭的風啊，你別颳了，鳥寶寶會摔下來的！」最終他擔心的事還是發生了，一隻鳥寶寶從鳥巢裡晃落到地上。小稼先不顧一切地衝到風雨交加的院子裡，將鳥寶寶小心翼翼地捧回屋裡，用毛巾輕輕拭去鳥寶寶身上的泥水，然後放到自己床上，用東西把它蓋好……而楊振寧那時是清華園裡一幫小孩的孩子頭，常帶領一群孩子玩各種古怪的花樣。上中學以後楊振寧認識了鄧稼先，從此他就特別喜歡與「老憨」一起玩，還常常勸別人不要欺侮鄧稼先。

從中學一直到大學，他們幾乎總是在一個學校；雖然不同年級，兩人卻志氣相投、笙磬同音。1948 年秋，鄧稼先受楊武之的囑託，與楊振寧的弟弟楊振平結伴，乘海輪到美國留學。這年10月，鄧稼先進入美國印第安納州的普度大學（Purdue University）研究生院讀物理。他的導師荷蘭人德爾哈爾是研究核物理學的，所以鄧稼先也自然而然跟着導師做核物理學方面的研究。他的論文題目是《氘核的光致蜕變》，這在當時是一個很吸引人但又困難的熱門研究題目。不到兩年時間，1950年8月20日鄧稼先就獲得了博士學位。德爾哈爾教授很重視鄧稼先的才幹和能力，想帶他到英國去做更深入的研究。但鄧稼先卻歸心似箭，他要盡快回到新中國去，為她盡力，為她服務。他有一種直感，覺得自己必須盡快行動，否則夜長夢多，想回國也回不成。所以，他在得到博士學位後的第九天（1950年8月29日）就乘船回國了。他的直覺沒有錯，本來與他同船回國的錢學森行李剛搬上船，就被扣下來，而同船的趙忠堯到了日本也被扣下，後來經中國政府交涉，才乘下一班船回國。

以後，鄧稼先成了中國著名的「兩彈元勳」之一，為發展中國的原子彈和氫彈做出了卓越的貢獻。

1971年7月，楊振寧回國探親時，與鄧稼先已經離別了21年，他是多麼盼望和青少年時期的摯友暢敘別情啊！在北京機場，鄧稼先也來迎接楊振寧，兩人心情都非常激動，但又無法傾心交談。楊振寧問他在甚麼地方工作，鄧稼先那時怎麼能夠向楊振寧公開自己的工作呢，因此含糊地回答：「在京外單位工作。」楊振寧當然是一頭霧水，不知所云。回到賓館問三弟振漢：「甚麼叫京外單位？」三弟笑答：「哪裡有甚麼京外單位啊，是他不便告訴你。」

楊振寧立即意識到鄧稼先有難言之隱。所以，在以後與鄧稼先談話時，他盡可能地避而不談鄧稼先的工作。但是，他心中的疑雲卻無法散去，因為早在1964年10月16日中國第一顆原子彈爆炸成功的時候，他就從美國報紙上看到了鄧稼先的名字。後來經過多次交談，楊振寧終於知道了一些真相。

楊振寧也許不知道，他和鄧稼先的見面使鄧稼先的工作條件有了很大的改善。鄧稼先的夫人許鹿希説：「楊振寧當然不知道他們這次的會晤對稼先來説有着多麼重大的意義，但是我們全家人從心底裡深深地感激他！」

1971年以後，楊振寧每年至少回國一次，兩人見面的機會自然也多了起來。有一次兩人見面時，楊振寧説：

「稼先，你再到美國去玩玩，一切費用都由老同學招待。」

鄧稼先搖頭説：「不行，實在沒有時間。」

「去三個月，怎麼樣？」

「不行。」

「一個月？」

「不行。」

「十天？」

「十天也不行。這樣吧，老同學，我們祖國有的是名山大川，甚麼泰山之雄，峨眉之秀，華山之險，黃山之奇……這些我也沒有看過。我可以陪你一同轉轉，怎麼樣？」

鄧稼先頗有些得意，因為他由被動轉變為主動了。哪知聰明的楊振寧抓住鄧稼先話中的破綻，立即追問：

「老同學，剛才你還講實在沒有時間，怎麼又有了時間呢？」

兩人不由同時哈哈大笑起來。楊振寧邊笑邊説：「你不説我也知道。在美國，搞你這一行的也不讓出國，只有離開這一行才可以。」

鄧稼先不置可否，只能報之以沉默。

事後，鄧稼先的夫人許鹿希問道：「你見了楊振寧為甚麼總是説着就沒詞兒了？不是支支吾吾，就是默不作聲。」

鄧稼先無奈地説：「不敢多説呀！楊振寧絕頂聰明，言多有失嘛。」

1985 年 7 月 31 日，從來不把自己的病當回事的鄧稼先住進了醫院，8 月確診為直腸癌，但因為癌細胞擴散，雖然做了兩次大手術，但仍然不能控制癌細胞的擴散。

1986 年 5 月前後，楊振寧回國訪問時兩次到醫院看望好友鄧稼先。第一次探望時，鄧稼先精神還可以，兩人高興地談了許多往事，楊振寧還興致盎然地向鄧稼先介紹了當時國際學術界的一些研究狀況，還隨手在紙上寫出了一些公式和示意圖。

1986 年 6 月，楊振寧到醫院看望病中的鄧稼先。

分別前，兩人在病房外走廊上照了一張相。鄧稼先把楊振寧送到病房門口，並請許鹿希代他送楊振寧下樓。在楊振寧上車前，許鹿希告訴他，說稼先病情險惡，可能沒有治癒的希望。楊振寧聽了，十分難過。

6 月 13 日是楊振寧要離開北京回美國的日子。這時，鄧稼先病情進一步惡化，開始大出血。楊振寧在臨行前又一次來到醫院，給好友帶來一大束鮮花，放在好友床頭。楊振寧悲傷地望着臥床不起的好友，欲哭不能。他知道，這次見面可能要與好友訣別了。鄧稼先吃力地睜開雙眼，久久凝視着楊振寧。

臨別時，楊振寧俯身輕輕地叮囑：好好養病，戰勝疾病。鄧稼先微微地笑了笑。他要讓好友欣慰地離別，讓好友記得他的微笑。

楊振寧走後，鄧稼先對許鹿希説：「振寧知道我不行了，所以送來特大束的鮮花……」[1，963–964]

一個多月以後，1986 年 7 月 29 日，中國的「兩彈元勳」鄧稼先這顆科學之星隕落了。楊振寧得知噩耗後，立即給鄧稼先的夫人發了唁電。

1992 年，新華出版社出版《兩彈元勳鄧稼先》一書時，楊振寧為該書寫了代序。序中寫道：

> 稼先為人忠誠純正，是我最敬愛的摯友。他的無私的精神與巨大的貢獻是你的也是我的永恆的驕傲。
>
> 鄧稼先的一生是有方向、有意識地前進的，沒有彷徨，沒有矛盾。
>
> 是的，如果稼先再次選擇他的途徑的話，他仍會走他已走過的道路。這是他的性格與品質。能這樣估價自己一生的人不多，我們應為稼先慶幸！

稼先去世的消息使我想起了他和我半個世紀的友情，我知道我將永遠珍惜這些記憶，希望你在此沉痛的日子裡多從長遠的歷史角度去看稼先和你的一生，只有真正永恆的才是有價值的。

回過頭去看，在西南聯大的時候或者1948年在美國的時候，你如果當時要問我，鄧稼先是不是將來能夠變成一個領導中國製作原子彈、氫彈的人哪？我會説，恐怕不能夠，他當時也不是像要向這個方面努力的一個人。可是，如果你問我，説是中國現在找到了鄧稼先這個人，這個人又做得很成功。你問我他有些甚麼特點使你覺得他會這麼成功？那我覺得很簡單：他的一個非常大的特點，在我們做學生的當時就已經很清楚了，就是他在任何場合之下，他會使人覺得，這個人是一個沒有私心的人。鄧稼先是一個很聰明的人。不過，我想他的最重要的特點是他的誠懇的態度，是他的不懈的精神，以及他對中國的赤誠的要貢獻他的一切的這個觀念。我想，他受命於中國的政府要造原子彈、氫彈這件事情，根據我對鄧稼先的認識，我可以想像到，他就是全力以赴。而且他有一個很重要的特點，這個特點我想是很少有人能做到的，就是他能夠使得他手底下的人，百分之百地相信，鄧稼先是為着公而不是為他自己。也因為這樣，所以他們尊敬他，而且能夠仿效他盡量去掉私念，而以整個的中國國防事業為他們最重要的目標。我想，這是鄧稼先他的個性和特長的地方。[3，57–58]

1993年6月，楊振寧又發表《鄧稼先》一文，追憶自己「最敬愛的摯友」。這篇文章不僅「凌雲健筆意縱橫」，而且筆力扛鼎、擲地有聲，值得每一個有志於振興中華的年輕人閱讀，它不僅表明了楊振寧對摯友的敬愛，也表白了他對祖國的一片深情。這篇文章曾被選入中學課本。文中寫道：

鄧稼先是中國幾千年傳統文化所孕育出來的有最高奉獻精神的兒子。

鄧稼先是中國共產黨的理想黨員。

……

1971 年我第一次訪問中華人民共和國。在北京見到闊別了二十二年的稼先。在那以前，於 1964 年中國原子彈試爆以後，美國報刊上就已經再三提到稼先是此事業的重要領導人。與此同時還有一些謠言說，1948 年 3 月去了中國的寒春（中文名字，原名 Joan Hinton）曾參與中國原子彈工程。[寒春曾於 40 年代初在洛斯阿拉莫斯（Los Alamos）武器實驗室做費米（Fermi）的助手，參加了美國原子彈的製造，那時她是年輕的研究生。]

1971 年 8 月在北京我看到稼先時避免問他的工作地點。他自己說「在外地工作」。我就沒有再問。但我曾問他，是不是寒春曾參加中國原子彈工作，像美國謠言所說的那樣。他說他覺得沒有，他會再去證實一下，然後告訴我。

1971 年 8 月 16 日，在我離開上海經巴黎回美國的前夕，上海市領導人在上海大廈請我吃飯。席中有人送了一封信給我，是稼先寫的，說他已證實了，中國原子武器工程中除了最早於 1959 年底以前曾得到蘇聯的極少「援助」以外，沒有任何外國人參加。

此封短短的信給了我極大的感情震蕩。一時熱淚滿眶，不得不起身去洗手間整理儀容。事後我追想為甚麼會有那樣大的感情震蕩，為了民族的自豪？為了稼先而感到驕傲？——我始終想不清楚。

……

左起：王淦昌、彭桓武、郭永懷、警衛員、鄧稼先、劉柏羅，1967 年攝於新疆核試驗場區。

青海、新疆、神秘的古羅布泊、馬革裹屍的戰場。不知道稼先有沒有想起我們在昆明時一起背誦的《弔古戰場文》：

> 浩浩乎！平沙無垠，敻不見人。河水縈帶，群山糾紛。黯兮慘悴，風悲日曛。蓬斷草枯，凜若霜晨。鳥飛不下，獸鋌亡群。亭長告余曰：「此古戰場也！常覆三軍。往往鬼哭，天陰則聞！」

稼先在蓬斷草枯的沙漠中埋葬同事、埋葬下屬的時候不知是甚麼心情？

「粗估」參數的時候，要有物理直覺；籌劃晝夜不斷的計算時，要有數學見地；決定方案時，要有勇進的膽識，又要有穩健的判斷。可是理論是否夠準確永遠是一個問題。不知稼先在關鍵性的方案上簽字的時候，手有沒有顫抖？

> 戈壁灘上常常風沙呼嘯，氣温往往在零下三十多度。核武器試驗時大大小小臨時的問題必層出不窮。稼先雖有「福將」之稱，意外總是不能免的。1982 年，他做了核武器研究院院長以後，一次井下突然有一個信號測不到了，大家十分焦慮，人們勸他回去。他只說了一句話：「我不能走。」[3，62—64]

看了這篇文章，也許有人會問：楊振寧對寒春是否參與中國原子彈研製過程為甚麼那麼在意呢？其實這件事情對楊振寧似乎非常重要。寒春原名是瓊・辛頓 (Joan Hinton)，早期在美國讀大學時曾經是費米很看重的學生之一。費米在參與美國研製原子彈工程的時候，把寒春帶到了洛斯阿拉莫斯基地，成為他實驗室的助手，也就成為研製原子彈的人員之一。在日本原子彈爆炸引起巨大傷亡的事，使寒春內心受到巨大的衝擊，她後悔自己參與到這個研製過程中。「二戰」結束後她回到芝加哥大學，想繼續完成自己的博士學業。恰好楊振寧這時也來到芝加哥大學，於是他們有同學之誼。寒春那時非常佩服楊振寧，她和羅森布魯斯都説，楊振寧的物理知識讓人驚訝，他幾乎成為許多同學的老師。但是，她永遠記得，有一次楊振寧在實驗的時候，不知怎麼把高壓電觸到她的手上，後來她手上一直留着一個傷疤。以後她見到楊振寧在實驗室就有一些害怕。但是後來談起這件事的時候，楊振寧一點也記不起來了。[16，111]令人意外的是，1948 年，在新中國成立之前，她突然「帶着一顆無比空虛的心」決定離開美國去中國。她把自己的想法告訴了費米，費米也同意了她的決定。此後她一直感激費米同意她的想法。她離開芝加哥的時候，同學們還為她開了一個惜別會。離開芝加哥那一天，還是楊振寧開車送寒春到機場。後來寒春一直在中國農業領域工作，不再介入核物

寒春與陽早（Sid Engst），1993 年 10 月攝於北京北郊。

理學。據她媽媽說，寒春一直熱衷於純科學研究，她決定放棄核物理研究，那對她一定是一件非常艱難的決定，在她心中一定曾經有撕裂般的痛苦。

寒春出走中國，以及朝鮮戰爭爆發，使美國政府大為緊張，他們唯恐她把製造原子彈的機密透露給中國，於是美國一份名為《真相》的雜誌在 1953 年 7 月突然刊登一篇文章，指責寒春是「出逃的原子間諜」、「出賣自己的祖國」，等等。1964 年中國自己製造的原子彈爆炸以後，說寒春參與中國原子彈研製的謠言甚囂塵上，某些人企圖讓世界上的人都知道中國的原子彈絕不是自力更生研製出來的，而是靠出賣祖國的原子間諜寒春才製造出來的。對於這件事，楊振寧可以說是半信半疑。這成為心中一團抹不去的疑雲。

1971 年，楊振寧第一次返回祖國時，意外地在大寨見到了 26 年沒有見過的寒春，這真是讓楊振寧感到驚喜。楊振寧還問她記不記得是他開車送她離開芝加哥的。但是楊振寧最關心的是她到底有沒有參與中國原子彈的研製，寒春回答：「沒有，絕對沒有。」

但是，楊振寧心中的疑問還是沒有最終解開。當他看到鄧稼先給他的紙條以後，他內心巨大的震蕩實在讓他一時承受不了，激動的淚水奪眶而出，不得不到洗手間用水擦去淚痕。在座的大概沒有人知道楊振寧內心的震蕩。正如葉中敏所說：「在座的人都不知道信上說了些甚麼，更不知道楊振寧此刻的心情是何等的激動和自豪！他激動和自豪的是：中國的原子彈並沒有靠外力，更沒有靠美國的幫助，而是靠中國人自己，包括像鄧稼先這樣優秀的中華兒女，用自己的雙手和智慧、用自己的熱血和生命製造出來的。他為中國的原子彈感到自豪，更為有鄧稼先這樣一位摯友而感到驕傲！」[57，145]

參考書目

1. 《楊振寧文集》，張奠宙選編，華東師範大學出版社，1998 年
2. 《楊振寧演講集》，寧平治等選編，南開大學出版社，1989 年
3. 《楊振寧文錄》，楊建鄴選編，海南出版社，2002 年
4. 《三十九年心路》，楊振寧著，甘幼玶譯，廣西科技出版社，1989 年
5. 《走在時代前面的科學家 —— 楊振寧》，高策著，山西科學技術出版社，1999 年
6. 《奇跡的奇跡 —— 楊振寧的科學風采》，余君、方芳著，上海科技教育出版社，2001 年
7. 《國立西南聯合大學校史》，西南聯合大學北京校友會編，北京大學出版社，1996 年
8. 《西南聯大：戰火的洗禮》，趙新林、張國龍著，上海教育出版社，2000 年
9. 《兩彈元勳鄧稼先》，葛康同、鄧仲先等著，新華出版社，1992 年
10. 《鄧稼先》，祁淑英、魏根發著，河北教育出版社，2001 年
11. 《華羅庚》，王元著，江西教育出版社，1999 年
12. 《陳省身文集》，華東師範大學出版社，2002 年
13. 《回憶》，吳大猷著，中國友誼出版公司，1984 年
14. 《吳大猷文錄》，浙江文藝出版社，1999 年
15. 《吳健雄 —— 物理科學的第一夫人》，江才健著，復旦大學出版社，1997 年
16. 《楊振寧傳 —— 規範與對稱之美》，江才健著，（台北）天下遠見出版股份有限公司，2002 年
17. 《楊振寧 —— 20 世紀一位偉大的物理學家》，丘成桐等編，甘幼玶譯，廣西師範大學出版社，1996 年
18. 《聞一多的故事》，龔成俊等著，中國稅務出版社，2002 年

19. 《亂世學人 —— 維格納自傳》，關洪譯，上海科技教育出版社，2001 年
20. 《物理學和物理學家》，楊建鄴等譯，華中科技大學出版社，1987 年
21. 《李政道文錄》，浙江文藝出版社，1999 年
22. 《基本粒子物理學史》，A. 派斯著，關洪、楊建鄴等譯，武漢出版社，2002 年
23. 《基本粒子發現簡史》，楊振寧著，上海科技出版社，1979 年
24. 《讀書教學四十年》，楊振寧著，香港三聯書店，1987 年
25. 《反物質 —— 世界的終極鏡像》，戈登 · 弗雷澤著，江向東等譯，上海科技教育出版社，2002 年
26. 《百年激蕩 —— 記錄中國 100 年的圖文精典》，吳鴻主編，復旦大學出版社，2001 年
27. 《楊振寧傳》，徐勝藍、孟東明編著，復旦大學出版社，1997 年
28. 《黃昆 —— 聲子物理學第一人》，朱邦芬著，上海科技出版社，2002 年
29. 《費米傳》，塞格雷著，楊建鄴譯，上海科技出版社，2004 年
30. 《人間重晚情 —— 楊振寧翁帆訪談錄》，潘國駒等編，新加坡：八方文化創作室，2006 年
31. 《美國氫彈之父 —— 特勒》，S. A. 布盧姆戈格、G. 歐斯著，華君鐸、趙淑雲譯，原子能出版社，1991 年
32. 《李遠哲的世界》，(台北) 牛頓出版社，1987 年
33. 《從 X 射線到夸克 —— 近代物理學家和他們的發現》，塞格雷著，夏孝勇等譯，上海科學文獻出版社，1984 年
34. 《陳省身傳》，張奠宙、王善平著，南開大學出版社，2004 年
35. 《天地有大美 —— 現代科學之偉大方程》，格雷厄姆 · 法米羅主編，涂泓、吳俊譯，上海科技教育出版社，2006 年
36. 《20 世紀場論的概念發展》，曹天予著，吳新忠等譯，上海科技教育出版社，2008 年
37. 《讀書教學再十年》，楊振寧著，(台北) 時報出版社，1995 年
38. 《楊振寧 · 范曾談美》，楊振寧、范曾著，新加坡：八方文化創作室，2008 年
39. 50 *Years of Yang-Mills Theory*, edited by Gerardus't Hooft, Singapore, World Scientific Publishing Co. Pte. Ltd., 2005
40. *Selected Papers (1945—1980) with Commentary*, Chen Ning Yang, 2005 edition, Singapore, World Scientific Publishing Co. Pte. Ltd., 2005

41. 《曙光集》，楊振寧著，翁帆編譯，生活 · 讀書 · 新知三聯書店，2008 年
42. 《上帝粒子 —— 假如宇宙是答案，究竟甚麼是問題？》，萊德曼著，米緒軍等譯，上海科技教育出版社，2003 年
43. 《20 世紀數學經緯》，張奠宙著，華東師範大學出版社，2002 年
44. 楊振寧：《20 世紀數學與物理學的分與合》，《環球科學》，2008 年 10 月
45. 《絕代風流 —— 西南聯大生活錄》，劉宜慶編著，北京航空航天大學出版社，2009 年
46. 《逝水年華》，許淵沖著，生活 · 讀書 · 新知三聯書店，2008 年
47. 《續憶逝水年華》，許淵沖著，湖北人民出版社，2008 年
48. 《嚴謹與簡潔之美：王竹溪一生的物理追求》，王正行著，北京大學出版社，2008 年
49. 《千年難題 —— 七個懸賞 1000000 美元的數學問題》，基思 · 德夫林著，沈崇聖譯，上海科技教育出版社，2006 年
50. 《宇稱不守恆發現之爭論解謎 —— 李政道答〈科學時報〉記者楊虛傑問及有關資料》，季承、柳懷祖、滕麗編，甘肅科學技術出版社，2004 年
51. *The Genius of Science: A Portrait Gallery of Twentieth-Century Physicists*, Abraham Pais, Oxford University Press, 2000
52. 《奇異之美：蓋爾曼傳》，喬治 · 約翰遜著，朱允倫、江向東等譯，上海科技教育出版社，2002 年
53. *Who Got Einstein's Office? Eccentricity and Genius at the Institute for Advanced Study*, Ed Regis, Addison Wesley, 1987
54. 《狄拉克：科學和人生》，赫爾奇 · 克勞著，肖明等譯，湖南科技出版社，2009 年
55. 《從反粒子到最終定律》，理查德 · 費曼、S. 溫伯格著，李培廉譯，湖南科技出版社，2003 年
56. 《邊緣奇跡：相變和臨界現象》，于淥、郝柏林、陳曉松著，科學出版社，2008 年
57. 《人情物理楊振寧》，葉中敏著，譯林出版社，2003 年
58. 《楊振寧談讀書與治學》（修訂版），楊振東、楊存泉編，暨南大學出版社，2005 年
59. 《杜聿明將軍》，鄭洞國、侯鏡如等著，中國文史出版社，1986 年
60. 《愛因斯坦文集》（第一卷），愛因斯坦著，許良英等譯，商務印書館，1976 年
61. *Proceedings of International Symposium on Frontiers of Science—In Celebration of the 80th Birthday of C. N. Yang*, ed. Hwa-Tung Nieh, Singapore, World Scientific Publishing

Co. Pte. Ltd., 2003
62. 《文明的發動機——科學》，中央電視台《百家講壇》節目組，中國人民大學出版社，2006 年
63. 《清華園風物志》，黃延復、賈金悦編著，清華大學出版社，2005 年
64. 《一個家庭，兩個世界》，顧毓琇著，上海人民出版社，2000 年
65. 《上學記》，何兆武口述，文靖撰寫，生活 · 讀書 · 新知三聯書店，2006 年
66. *American Prometheus: The Triumph and Tragedy of J. Robert Oppenheimer*, Kai Bird and Martin J. Sherwin, Vinntage Books, 2005
67. 《昔日神童——我的童年和青年時期》，諾伯特 · 維納著，雪福譯，上海科技出版社，1982 年
68. 《浦薛鳳回憶錄》(中卷)，浦薛鳳著，黃山書社，2009 年
69. 《鄒承魯傳》，熊衛民、鄒宗平著，科學出版社，2008 年
70. 《美麗心靈——納什傳》，西爾維婭 · 娜薩著，王爾山譯，上海科技教育出版社，2000 年
71. 戴森：《鳥與青蛙》，《自然雜誌》，2009 年第 5 期，第 298–305 頁
72. *Symmetry & Modern Physics: Yang Retirement Symposium*, ed. A. Goldhaber etc., Singapore, World Scientific Publishing Co. Pte. Ltd., 2003
73. *Proceedings of Conference in Honor of C. N. Yang's 85th Birthday*, Singapore, World Scientific Publishing Co. Pte. Ltd., 2008
74. *The Second Creation: Makers of the Revolution in Twentieth-Century Physics*, Robert P. Crease & Charles C. Mann, Rutgers University Press, 1986
75. 《愛因斯坦全集》(第八卷)，湖南科技出版社，2009 年
76. 《一星如月 · 散步》，陳之藩著，黃山書社，2009 年
77. 《科學文化評論》，2008 年第 5 卷第 1 期
78. 《朱自清》(自傳)，中國社會科學出版社，2003 年
79. 《馮 · 卡門——航空與航天的奇才》，西爾多 · 馮 · 卡門、李 · 愛特生著，曹開成譯，上海科技出版社，1991 年
80. 張起鈞：《西南聯大紀要》，見《學府紀聞：國立西南聯合大學》，(台北) 南京出版有限公司，1981 年

81.《西南聯大與現代中國知識分子》，謝泳著，福建教育出版社，2009 年
82.《費米傳》，勞拉．費米著，何兆武、何芬奇譯，商務印書館，1998 年
83. *Disturbing the Universe*, Freeman Dyson, Harper & Row Publishers, 1979
84.《曠世奇才巴丁傳》，莉蓮．霍德森、維基．戴奇著，文慧靜、沈衡譯，上海科技教育出版社，2007 年
85.《天才的拓荒者——馮．諾依曼傳》，諾曼．麥克雷著，范秀華、朱朝暉譯，上海科技教育出版社，2008 年
86.《諾貝爾獎講演全集．物理學卷 II》，福建人民出版社，2003 年
87.《我的一生：馬克斯．玻恩自述》，陸浩等譯，上海東方出版中心，1988 年
88.《孤獨的科學之路：錢德拉塞卡傳》，卡邁什瓦爾．瓦利著，何妙福、傅承啟譯，上海科技教育出版社，2006 年
89.《水流花靜：科學與詩的對話》，童元方著，生活．讀書．新知三聯書店，2005 年
90.《天體運行論》，尼古拉．哥白尼著，葉式輝譯，武漢出版社，1992 年
91.《莎士比亞、牛頓和貝多芬：不同的創造模式》，S. 錢德拉塞卡著，楊建鄴等譯，湖南科技出版社，2007 年
92.《物理學史》，馬克斯．馮．勞厄著，范岱年、戴念祖譯，商務印書館，1978 年
93.《尼爾斯．玻爾傳》，派斯著，戈革譯，商務印書館，2001 年
94.《原子彈之父——羅伯特．奧本海默》，傑克．隆美爾著，潘麗芬譯，外文出版社，1999 年
95. *J. Robert Oppenheimer, A Life*, Abraham Pais, Oxford University Press, 2006
96.《原子物理學的發展和社會》(書名原文是 *Physics and Beyond*)，海森伯著，馬名駒等譯，中國社會科學出版社，1985 年
97.《當代數學精英：菲爾茲獎得主及其建樹與見解》，李心燦等編，上海科技教育出版社，2003 年
98.《一位數學家的經歷》，烏拉姆著，朱水林等譯，上海科技出版社，1989 年
99.《與中大一同成長：香港中文大學與中國文化研究所圖史 1949–1997》，陳方正主編，香港中文大學出版社，2000 年
100.《當代西方美術運動》，愛德華．盧西-史密斯著，殷泓譯，湖南美術出版社，1989 年

101. 楊振寧：《母親和我》，《科學文化評論》，2008 年第 1 期
102. 熊衛民：《自由之精神，獨立之人格 —— 訪鄒承魯院士》，《科學文化評論》，2004 年第 1 期
103. 埃克斯朋：《關於 X 射線和 γ 射線散射的工作綜述》，《科學》，2000 年第 2 期
104. 楊振寧：《科學巨匠，師表流芳》，《人民日報》，1993 年 12 月 3 日
105.《楊振寧談笑風生，細數 20 世紀重要物理學家》，《參考消息》，2002 年 11 月 14 日
106. 張揚：《20 世紀物理學的第四次理論判斷》，《科學》，1993 年第 4 期
107. 愛德華 · 傑爾居埃：《紀念奧本海默 —— 老師，偉人》，翁帆譯，楊振寧註，《自然雜誌》，2005 年第 2 期
108. R. 米爾斯：《規範場》，《自然雜誌》，1987 年第 8 期
109.《大自然有一種異乎尋常的美：楊振寧與莫耶斯的對話》，楊建鄴譯，《科學文化評論》，2007 年第 4 期
110. 楊振寧：《對亞洲發展持樂觀看法》，《科學新聞》，2009 年第 10 期
111. 楊振寧：《愛因斯坦對 21 世紀理論物理學的影響》，《二十一世紀》，2004 年第 6 期
112. *"Subtle is the Lord..." The Science and the Life of Albert Einstein*, Abraham Pais, Oxford University Press, 1982
113. 聶華桐：《營造有利於基礎科學人才成長的環境》，劉冬梅採寫，清華新聞網，2002 年 6 月 16 日
114. 劉冬梅：《楊振寧與清華大學》，《新清華》，2002 年 6 月 16 日增刊第 5 版
115. 劉冬梅：《聶華桐眼中的姚期智》，新華新聞網，2004 年 6 月 2 日
116.《知識 · 通訊 · 評論》，2004 年 11 月 15 日
117.《永遠的清華園》，宗璞、熊秉明主編，北京出版社，2000 年
118. 楊振寧：《東西方文化的差異 —— 兼談科學美學》，《科學學譯叢》，1991 年第 5 期
119.《美籍中國物理學家楊振寧學術活動記錄》之八
120. 傅頤：《一篇文章背後的較量》，《百年潮》，2002 年第 12 期
121.《二十一世紀》，1993 年第 17 期
122.《一樣花開 —— 哈佛十年散記》，童元方著，黃山書社，2009 年
123. *High Energy Nuclear Physics: Proceedings of Sixth Annual Rochenster Conference*, Apr.3-7, New York, eds. J. Ballam et al., New York: Interscience, 1956

124.《李政道傳》，季承著，國際文化出版社，2010 年
125. 楊振寧：《關於季承的〈李政道傳〉及〈宇稱不守恆發現之爭論解謎〉》，《中華讀書報》，2010 年 3 月 17 日（5–6 版）
126.《當代數學史話》，張奠宙、王善平編著，大連理工大學出版社，2010 年
127. 張首晟等：《石溪回憶——楊振寧的學生回憶楊振寧》，《科學文化評論》，2010 年第 7 卷第 1 期
128.《楊振寧談讀書教學和科學研究》，楊振東等編，安徽大學出版社，2011 年
129.《楊振寧在昆明的讀書生活》，蘇國有著，雲南人民出版社，2009 年
130.《晨曦集》，楊振寧、翁帆編著，商務印書館，2018 年

索 引

C

D

F

H

J

K

L

M

N

O

P

Q

R

S

T

W

X

Y

Z

第一版後記

記得是 1957 年的 11 月份，那時我正在蘭州大學物理系讀大二。一天，我們看到報紙上報道：中國物理學家楊振寧和李政道獲得了諾貝爾物理學獎。當時，這一消息在我們這群物理系的學生中引起了極大的震動。我還清楚地記得，當時由於全國正在「向科學進軍」，再加上這樣一個振奮人心的消息，我們似乎平添了巨大的學習動力。許多同學把他們兩人作為自己學習的榜樣。

後來，一次次的政治運動，一次次的批判個人奮鬥和「只專不紅」，使得這種奮鬥目標曇花一現，很快消失。

到了我們能夠公開表示自己可以有個人奮鬥目標的時候，我們這一代物理系大學生大都已經 45 歲左右了。想起以前曾經有過的激動，竟然像在夢中一樣。但是那種激動畢竟曾經讓我熱血沸騰過，畢竟在我心中留下了深深的印記。後來，當楊振寧教授的成就越來越受到物理學界矚目時，我開始對所有有關楊振寧教授的文章和報道盡力搜尋、收藏。在閱讀這些文章和報道時，楊振寧教授對祖國那種執着的情感，對父母、老師的敬重、熱愛和對朋友的真摯、坦誠，使我一次又一次地熱淚盈眶。在「文革」以後，這些人類最寶貴的品格，似乎在我們生活中越來越成為「稀有元素」，於是，我覺得有責任把這些感動過我的東西寫出來，作為我們共同的資源來享用。

Institute for Theoretical Physics
State University of New York
Stony Brook, New York 11794-3840
Telephone: (516) 632-7980
Fax Number: (516) 632-7954
CNYang@sbccmail.sunysb.edu

STONY BROOK

Chen Ning Yang

December 22, 1994

Prof. Jian-ye Yang
Dept. of Physics
Huazhong University of
Science & Technology
Wuhan, Hubei Prov. 430074
People's Republic of China

Dear Prof. Yang:

I am responding to your letter in English by dictation. That saves me time.

My handwriting is poor, and I also have very little time, so I am sorry I have to decline your request for me to write for your encyclopedia.

I enclose my vita which has information about the prizes I have received.
I also enclose a sheet announcing that I will receive the Bower Prize.

As to my publications, Freeman and Company published my *Selected Papers 1945-1980 with Commentary*. That book has now been reprinted in Beijing. If you write to Prof. Hao Bei-Lin, Theory Institute in Beijing, he can tell you how to order it.

I am sorry I do not have a copy of the dance picture that you requested.

Do you know that in Volume 3 of the *Biographies of Modern Chinese Scientists* (Science Publishing House in Beijing, 1992) there is a scientific biography of me (21 printed pages).

Yours sincerely,

C N Yang

Chen Ning Yang

CNY:ct
Att.

楊振寧先生於 1994 年 12 月 22 日寄給筆者的信件

我開始和楊振寧教授直接聯繫。1994 年 12 月 22 日，楊振寧在百忙之中回了信；除了信文以外，他還把他獲得鮑爾獎（Bower Prize）的文告寄給了我，還附有他的比較詳細的經歷和各種獲獎、榮譽職位等方面的材料。

信中“I am sorry I have to decline your request for me to write for your encyclopedia”說的“your encyclopedia”，指的是我主編的《諾貝爾獎獲獎者辭典（1901–1995）》，我曾經希望楊振寧教授為該書題詞。“I am sorry I do not have a copy of the dance picture that you requested”中的“the dance picture”，指的是在諾貝爾獎授獎晚宴後，楊振寧教授和夫人杜致禮跳舞的照片，我在我們學校圖書館的一本書上複製下來，寄了一張給楊振寧教授。後來我在《楊振寧文集》上看到這張照片，感到十分欣慰。

1996 年春，我退休了。我決心實現我的想法，寫一本楊振寧教授的傳記。我把自己的想法寫信告訴了楊振寧教授。那時楊振寧教授還在紐約州立大學石溪分校任理論物理研究所所長。1996 年 9 月 20 日，楊振寧教授又在百忙之中給我回了一封信，認為「現在還不是合適的時候」為他寫傳記。

正好這年晚秋，楊振寧教授到我任教過的華中科技大學做學術演講，我才有機會一睹楊振寧教授的風采。我清楚地記得，當主持人介紹楊振寧教授於 1957 年獲得諾貝爾獎時，楊振寧教授立即舉手加了一句：「那時我持的是中國護照！」當時全場聽眾熱烈鼓掌，經久不息。那時我已經比較了解楊振寧教授的經歷，所以我的心情也許比一般人更加激動。從那以後，想寫他的傳記的心情更加迫切。

不久，楊振寧教授病了，而且做了搭橋手術；再後來，我從報紙上得知，楊振寧教授於 1999 年退休。2000 年，長春出版社請我寫楊振寧教授的傳記，我猶豫了好久，沒有答應。到 2002 年，長春出版社再次請我寫，我終於沒有拒絕。我想，楊振寧教授已經退休五年了，時間又到了 21 世紀，也許是到了寫楊振寧傳記「合適的時候」了。

感謝長春出版社的張櫻和杜菲兩位編輯，是她們的敦促，我才決心寫出這本久已想寫卻一直沒有寫的書。最後，我熱切期望讀者和專家們的批評和建議。

楊建鄴

於華中科技大學寧泊書齋

2003 年 5 月 6 日

增訂版後記

從第一版面世至今，已經有八個年頭了。

因為當時資料不足等原因，第一版《楊振寧傳》只寫到 1999 年楊振寧先生從普林斯頓高等研究所退休，以後的事情基本上沒有涉及。可是從 1999 年到現在已經有 11 個年頭，這些年發生在楊先生身上的事情很多。例如，楊先生在清華大學高等研究中心的活動，楊先生最近在冷原子研究中的後繼研究，還有楊先生第二次結婚後的生活……這些事情，我想讀者是十分希望了解的。

還有，第一版對楊先生的偉大貢獻沒有全面和充分地進行分析，使讀者對楊先生在科學界的重要性認識不充分；對楊先生在 20 世紀 70 年代以後為幫助中國科學事業的發展所做出的巨大努力和重要貢獻，也涉及較少。還有，楊先生與李政道先生曾經有過長達十幾年的合作，但是後來兩人不幸分手。這件事情以前我沒有寫，這些年公眾對這件事十分關心，如果我再避而不寫，恐怕就不大合適了。因此我補寫了這段歷史過程。我把目前我所知道的情況盡量客觀地介紹給讀者，但沒有做判斷。原因是，一方面我的能力有限，另一方面我以為目前不是做出判斷的恰當時機。

正是以上諸多原因，我在 2009 年決定對原來的《楊振寧傳》做一些補充。在這一寫作過程中，得到了許多人的熱情幫助。

楊振寧在2009年7月和2010年元月兩次接受我的採訪，他耐心地向我介紹許多物理學史的情況，規範場的歷史介紹尤為仔細，讓我受益良多。

清華大學高等研究中心的聶華桐主任和吳念樂副主任向我詳細介紹了清華大學高等研究中心從建立到今天的發展過程和已經取得的一些成就。

南開大學葛墨林院士向我介紹了陳省身數學研究所理論物理中心的建立和發展過程。他說，整個發展過程，楊先生給予了不可或缺的指導。

香港中文大學楊綱凱教授和陳方正教授在香港熱情地接受了我的採訪，他們詳細介紹了楊先生在香港中文大學的活動，以及楊先生這些活動對香港中文大學的重要意義。他們的熱忱使我十分感動。陳方正教授不僅慷慨為本書寫了序言，還通讀過本書二稿的清樣，提出了許多極為寶貴的修改意見。我非常感謝他的熱忱和幫助。

中國科學院高能所的馬中騏教授向我詳細介紹他和楊先生目前正在進行的冷原子合作研究。翟薈博士2009年從美國回到高等研究中心，忙得不得了，但是他仍然抽出時間兩次向我介紹楊先生和冷原子研究的歷史過程，以及現在的一些情況。

楊先生在清華大學高等研究中心辦公室的秘書許晨女士和在香港中文大學辦公室的秘書黃美芳（Judy）女士，不厭其煩地答覆和幫助解決我的許多瑣碎問題，幫我複印和郵寄無數資料，有時我自己都覺得太麻煩她們而感到內疚。

沒有楊振寧教授和以上所有提到的朋友熱情的幫助，我就沒有可能寫出十多萬補充文字。

感謝三聯書店接受這本書的增訂版，尤其要感謝徐國強編輯的不懈努力和他不厭其煩的修正，以及由他編寫的本書文前彩圖部分。

我希望我的努力不辜負他們熱情的幫助。

楊建鄴

於華中科技大學寧泊書齋

2010 年 2 月 28 日初稿

2010 年 11 月 16 日二稿

2011 年 4 月 4 日三稿

最新增訂版後記

這本《楊振寧傳》是應三聯書店編輯徐國強先生之請，在 2011 年完成的一本傳記，至今已有八年。現在商務印書館希望再版。

從 2011 年到 2019 年的八年時間裡，楊先生的生活和工作狀況一直是國內外許許多多讀者期望了解的。幸好楊先生在這期間出了兩本書——《曙光集》和《晨曦集》，滿足了讀者部分迫切的需要，但因為是楊先生本人編寫的，所以還不能滿足讀者殷切的期求。

李昕先生決定再版我寫的《楊振寧傳》，可能就是希望我的這本書能夠滿足讀者的願望。但是今年距 2011 年有八年了，楊先生的工作和生活狀況有沒有甚麼新的變化，又成為很多人關心的事情，因此三聯書店原總編李昕先生在退休後希望把我寫的《楊振寧傳》再版，並寫一個「再版後記」把楊先生的近況做一個簡單的介紹。這當然是一個很好的建議。

但是由於在 2011 年之後，除了在 2016 年編譯過一本《楊振寧選集》時，與楊先生有過一段不長時間的書面聯繫以外，我一直沒有到北京去過，因此對楊先生的現狀只能從各種報道中有些許了解。

我 2011 年採訪楊先生的時候，他 89 歲（《楊振寧傳》文後有我在那時採訪他的照片），而今年楊先生已經 97 歲，但是從他 2018 年出席《晨曦集》發佈會的照片中看，楊先生與我在七年前見到他的時候幾乎沒有甚麼變化，這使我感到十分驚訝。我想這與翁帆善於體貼和照顧楊先生，因此楊先生心情很好，肯定有密切的關係。

2018 年，在《晨曦集》的「前言」裡，楊振寧先生寫道：

10 年以前，在《曙光集》的前言裡，我這樣解釋為甚麼取了這個書名：

魯迅、王國維和陳寅恪的時代是中華民族史上一個長夜。我和聯大同學們就成長於此似無止盡的長夜中。

2018 年，楊振寧和翁帆《晨曦集》發佈會照片。

《晨曦集》封面

> 幸運地，中華民族終於走完了這個長夜，看見了曙光。我今年 85 歲，看不到天大亮了。翁帆答應替我看到……
>
> 當時覺得改革開放 30 年，看見了曙光，天大亮恐怕要再過 30 年，我自己看不到了。
>
> 沒想到以後 10 年間，國內和世界都起了驚人巨變。今天雖然天還沒有大亮，但曙光已轉為晨曦，所以這本新書取名為《晨曦集》。而且，看樣子如果運氣好的話，我自己都可能看到天大亮！

從最近楊先生的精神狀況看，楊先生真的「可能看到天大亮」了。這正是廣大讀者所期盼的。

我期望再版的《楊振寧傳》，能給楊先生和翁帆女士帶來更多的愉快，也期望這本書能夠達到李昕先生和讀者的部分願望。

祝福楊先生夫婦身體健康！

楊建鄴

於 2019 年 4 月 26 日

2020 年 11月最後審閱修改

責任編輯　梅　林
書籍設計　彭若東
責任校對　江蓉甬
排　　版　周　榮
印　　務　馮政光

書　　名　楊振寧傳（最新增訂版）
叢 書 名　20 世紀中國
作　　者　楊建鄴
出　　版　香港中和出版有限公司
Hong Kong Open Page Publishing Co., Ltd.
香港北角英皇道 499 號北角工業大廈 18 樓
http://www.hkopenpage.com
http://www.facebook.com/hkopenpage
http://weibo.com/hkopenpage
Email: info@hkopenpage.com
香港發行　香港聯合書刊物流有限公司
香港新界荃灣德士古道 220－248 號荃灣工業中心 16 樓
印　　刷　美雅印刷製本有限公司
香港九龍官塘榮業街 6 號海濱工業大廈 4 字樓
版　　次　2021 年 12 月香港第 1 版第 1 次印刷
規　　格　16 開（168mm×230mm）704 面
國際書號　ISBN 978-988-8763-48-1